第四屆台灣文化
國際學術研討會論文集

台灣思想與台灣主體性

莊萬壽　主編

主辦單位：國立台灣師範大學台灣文化及語言文學研究所、長榮大學台灣研究所籌備處
協辦單位：臺灣哲學會
贊助單位：教育部、行政院文建會、台灣師範大學學發處、長榮大學研發處、長榮大學
　　　　　人文社會學院

中 華 民 國 九 十 四 年 十 月

建構台灣思想學科，傳承台灣研究香火

—為「第四屆台灣文化國際學術研討會論文集」序

莊萬壽

　　台灣做為一個主體成為一個學術研究的對象，是近十餘年來才逐漸醞釀而出的概念。理論上台灣這個獨立的島嶼空間、住民及其文化，理所當然的要成為一個獨立的學術領域與學術研究的標的，即今所謂的「台灣學」或「台灣研究」；然而，實際上這塊被踐踏被切割的土地之上的「台灣學」還是全要依賴台灣人自己，在衝破政治的禁忌中，去經營、去建構的。

　　台灣學的領域是包括人文、社會學科許多攸關台灣研究門類的總和。具體的講，就是掙脫中國學的枷橑獨立出來，而以台灣為主體的諸專業學科，如歷史、文學、宗教信仰、藝術、語言等等的獨立成科，才能羽翼台灣學的整體建構。

　　這些專業的學科，已獨立成形，主要是在 2000 年政黨輪替後，新政府在大學置設了二十幾個台灣學門的系所，才獲得正式的名分，得以躋身於台灣教育、學術舞台的一個角落。

　　說且容易，台灣學門從無到有，並非一蹴可幾，其中的任一學科的積累，都需要專業人才、學術論述的匯集，以凝聚學科的方向、內涵與深度、廣度。在早先還沒有台灣學門系所之前，除在中文、歷史等系所，開有極少數與本土相涉的科目外，主要是依賴有心之士來舉辦有關台灣的學術研討會，設計含有本土意涵的主題，以引導論文作者朝向一個焦點的論述。台灣研究的風潮，可謂是由一波波的研討會人群簇擁而成的。

　　1993 年 8 月我出任台灣師大人文教育研究中心主任，矢志推動台灣文化教育，因構思籌辦大型的台灣文化的國際會議，次年底，終於有「第一屆台灣本土文化國際學術研討會」（綜合性）的召開，發表各類論文多達 58 篇，與會學者、來賓近一千人，是台灣首次以「台灣文化」為名的國際盛會。記得清華呂興昌教授向我說：「你是在辦文化運動！」這也引發他全力走向白話字台語文學研究之途。1995 年辦第二屆，主題是「台灣文學與社會」。1997 年辦第三屆，主題是「台灣原住民文化與教育」，接著擬在 99 年辦「新世紀新台灣文化—台灣主體性思想等」為主題的第四屆，但我在 1998 年 8 月辭去人文中心的工作。雖然我在中心所創設的活動、事務，如「台灣人文獎」和《台灣人文》年刊、《台灣文化事典》的編輯，大多延續，然而第四屆的「台灣文化國際研討會」卻耽擱下來，成為我無時不刻的掛念。

　　2003 年夏，籌辦經年的師大台灣文化及語言文學研究所成立了，我即時以「台灣思想與台灣主體性」為題，申請第四屆的「台灣文化國際學術研討會」，並獲經費的補助，本希望翌年初召開，但「台灣思想」第一次推到國際的論壇，國外學者不易尋找，會期一延再延。2004 年 8 月我應邀為長榮大學籌備「台灣研究所」而在師大退休，

台文所所長由姚榮松教授接任，由於台灣思想是我的專業，會議乃由長榮與師大共同主辦，並邀台灣哲學會協辦。

2005年3月19日至21日三天的研討會終於召開了，一向倡導台灣主體性的前總統李登輝先生親臨師大致詞，論文發表有台、日、韓、澳、加五國學者共二十三篇，前兩天在師大宣讀論文，第三天在長榮大學，有李喬先生的專題演說、和「台灣思想的建構策略」的座談會。會議圓滿的結束，亦同時啟開了「台灣思想」成為一個學科的序幕。

台灣思想（Taiwan thought）是探悉台灣文化為主體的思維方法、思辨過程。台灣主體性是一個前提、一個概念，必須依台灣思想的論証而存在的。台灣思想是台灣學的靈魂，它是最抽象最艱澀也是最後建構的一個學科，但一般的學科，如台灣文學、台灣歷史、台灣宗教、台灣藝術、台灣語言…………都是以台灣思想為終極的理論。若沒有台灣思想，那麼台灣的文學………等諸科就成為沒有精神的軀殼。有台灣思想，才能有台灣的精神、價值、以及國家意識。這就是我要推出「台灣思想」的國際會議的理由——要建構「台灣思想」的學科，唯有「台灣思想」學科的成立，台灣學才具有核心的價值。我所以未用「台灣哲學」一詞為主題，並非台灣沒有哲學，而是哲學太過於嚴肅，或過於系統性，局限性，較為不宜。

因此，此次研討會，我所擬的內容有八點：(與實際研討會論文有較大的差異)

（一）「台灣思想」義界、內涵、分類及與「台灣哲學」的關係為何？
（二）台灣住民（原住民、Holo、Hakka、新住民）的思維方法與價值觀
（三）台灣思想或台灣哲學的形成及其研究
（四）台灣主體性文化的論述
（五）台灣思想史、精神史的建構
（六）台灣哲學思想與台灣思想家（包括具有台灣特色的西方、東方、及儒道釋等的本土論述）的探討
（七）台灣人的性格論
（八）台灣思想與國際思潮

此第四屆國際研討會的舉辦，已跨進了二十一世紀，具有台灣主體性的台灣思想，已逐漸產生足以披荊斬棘、撥亂反正的精神力量。「台灣文化」的國際研討會必須永續的經營下去。國民黨統治時，不少漢學的研討會，是用屆次來表示延續性，教育部難以中斷補助；「台灣文化」是我們本土僅有的延續性國際會議，當初我就思考人文中心以合辦的方式，群策群力，以求永續經營，包括師大的文學院、國文系、歷史系以及跨校合作，與政大民族系合辦第三屆，在第三屆「台灣原住民文化與教育論文集」（1998年6月）的「代序—『台灣本土學術會』是屬於熱愛台灣文化的人所共有」開宗明義的說「凡是有理念有熱心的人士與團體，皆歡迎共同承辦，讓這個會議，永續的邁向新的世紀。」這個會議我衷心的期待由即將要成立的「台灣研究學會」接辦，永續傳承台灣研究的香火。

此次會議的事務與本論文集的出版，要歸功於長期與我共同打拼的伙伴——
姚榮松所長，謹致內心的謝忱。也感謝協助本會並參與會後論文審查的兩位哲學者—
林義正教授、葉海煙教授。

　　　　　　　　　　　　莊萬壽 2005 年 11 月 11 日 長榮大學台灣研究所

「台灣思想與台灣主體性研討會」開幕致詞

主持人莊教授、各位貴賓：大家早。

今天，登輝應邀來到台灣師範大學參加「台灣思想」與「台灣主體性」研討會，有機會與大家見面，感到非常高興。師大經常主辦台灣文化的國際會議，但是以「台灣思想」和「台灣主體性」作為國際學術會議的議題，還是第一次。尤其邀請外國的學者共同來討論這個議題，更具有開創性的意義。

師大的校址原來是台北高等學校，是我六十多年前讀書的所在。我當時十幾歲，就喜歡閱讀思想和哲學的書籍，領悟到思想和哲學是引導人生、社會與國家前進最重要的力量。日本明治維新以後，有很多思想家的論述，如夏目漱石、鈴木大拙、新渡戶稻造、西田幾多郎促進了日本國家的現代化。西方哲學家的論述，也一樣帶動西方的現代文明。但是我們台灣長時期受到外來統治，沒有自己的思想論述，我們缺乏一套台灣主體性的哲學理論，來作為引導台灣國家前進的方向與指標。

今天要馬上建立一個台灣思想的理論，可能還有些困難，有待大家的努力。登輝提供兩方面，讓大家來思考。第一就是「凝聚台灣生命共同體意識」，第二是「新時代台灣人的主體覺醒」這兩方面來思考。

第一方面是「**凝聚台灣生命共同體意識**」：近來中國不顧台灣人民的感受，通過「反分裂國家法」，目的是要求國際社會，承認中國併吞台灣的法律是屬於中國的國內法，以便作為攻打台灣合理化的藉口。台灣人民絕對不能接受，必須勇敢站出來反對，並呼籲國際社會支持台灣，一起對抗中國的霸權做法。台灣人民都應該不畏懼所遭遇的任何困難，有責任去面對、去克服，不能退縮、不能逃避。因此，為了台灣的未來，登輝肯定朝野理性的協商，但必須以認同台灣、台灣優先為溝通的平台。政治立場的差別，不應該成為認同台灣的阻礙。至於攸關國際民生的公共政策，更應該以超越黨派的共識來推動。唯有如此，才能創造安定、和平的環境，為台灣國家的正常化和永續發展，建立堅固的基礎。

中國變本加厲的要急速併吞台灣而後快，但是也因此讓台灣意識快速地高漲。這種意識是經驗與精神結合的產物，而不是超現實政治語彙的堆積。最近的民意調查顯示，越來越多人自認為是台灣人(聯合報今年三月份的民調，有 62% 承認自己是台灣人)，這種認同不是以族群為區分，而是立基在與人們生活息息相關的台灣土地上。台灣意識是建立在台灣歷史與人民生活的互動連結，然後再加上民主的公民意識、社區意識，結合成為「台灣生命共同體意識」。公民意識與社區意識能打破傳統的地緣和血緣，改用民主的公共理念，來共同重新建立新的社會。所以大家要自覺致力於締造尊重個人自由意志的民主社會，要融入公民所組成的社區共同生活圈。

自由民主社會本身，只有從對個人的肯定開始，集合自由意志的個人，才能凝聚

起生命共同體。這種有機的集合，就是「新時代台灣人」論述的關鍵，這也使得論述在性質上提升到突破過去基於地緣、血緣的分類，概括了民主政治的進取精神。這樣的觀念顯現出我們在台灣相互依存的狀態，也是台灣二千三百萬人最具有建設性的認同途徑。

再來，登輝要提第二個方面，從**「新時代台灣人的主體覺醒」**來談。「新時代台灣人」是登輝最近提出來的一個新的命題，這是台灣人自覺地從事心靈改革、意識更新、思想轉變的主體覺醒之歷程。登輝在台灣終戰五十一週年時曾經提出「心靈改造工程」，就是希望以「人」為起點，進行教育改革、社會改造、行政革新、文化提升等措施，期望健全社會架構，彰顯社會公義，重建社會倫理，最終目的是重現充滿人文關懷的和諧社會。所以「激發國民內心的覺醒，產生對這一塊土地的責任感，凝聚為共同福祉奮鬥的信心和意志」，就是「新時代台灣人」在實踐上的定義。

我們反對刻版地以來台先後作為判別台灣人的標準，而以認同這塊土地，維護台灣優先，認同民主價值，來定義「新時代台灣人」。這種論述方式不同於把台灣人民作為盲目湊合的集體，而是認為各族原住民、閩客族群、一九四九年前後來台的軍民，都是因為在台灣這塊土地上，追求自己的自由意志，經營理想的家園，而產生生活的共同目標，這樣經過融合凝聚而逐漸形成台灣意識。因此，台灣意識不再是移民社會無助的寄託，而是具體生活經驗激發的家園意識，登輝呼籲各族群能夠有當家作主的責任感、創造力，一起迎向未來。

上述討論的兩項要點：「凝聚台灣生命共同體意識」與「新時代台灣人的主體覺醒」，均有其共同的出發點。那就是哲學思想上，所謂存在的價值在何處的問題。已經擁有自由的新時代台灣人，要擺脫再次失去自由的惡夢，不能只靠形式上的民主實踐。台灣人要走出舊的歷史，從而開啓未來的歷史，必須要在民主實踐的同時，進行內在更新，勇敢地從事一切價值的價值轉換。反之，所謂的維持現狀，等於是無限期地延擱自己的內在求索，以閉鎖的心態，在瞬息萬變的世界中隨意漂流，這絕非新時代台灣人應有的認識。

特別是，在中國於三月十四日通過所謂的「反分裂國家法」的今天，由台灣地區人民所普遍發出怒吼看來，新時代台灣人的意志顯然已經凝聚成為深層意識。今天，絕對是新時代台灣人為台灣決定前途的時候了。

各位女士、各位先生：建立具有台灣主體性的台灣國家，已經成為台灣人民共同努力的目標，更可貴的是，這個議題，已經得到國際社會的普遍支持。此次會議各項主題，經過大家熱烈討論後，所獲得的寶貴結論，相信必能作為今後建立台灣主體性國家的重要參考。

最後，祝大會圓滿成功，各位身體健康！多謝！

九十四年三月十九日

目　次

建構台灣思想學科，傳承台灣研究香火

—為「第四屆台灣文化國際學術研討會論文集」序⋯⋯⋯莊萬壽⋯⋯ -1-

李前總統 登輝先生開幕致詞 ⋯⋯⋯⋯⋯⋯⋯⋯⋯⋯⋯⋯⋯ -4-

形塑一個具有台灣主體性的民主文化⋯⋯⋯⋯⋯⋯蕭欣義⋯⋯ 001

晚近國際論壇中的台灣主體思考⋯⋯⋯⋯⋯⋯⋯廖炳惠⋯⋯ 015

由集體感知呈現到倡議台灣主體地位的公共領域轉型：

　　　一九六零年代以來台灣現代性的緣起與轉變⋯⋯⋯蔡篤堅⋯⋯ 025

台、日、中、韓四國民族、國家、文化觀之比較⋯⋯⋯黃文雄⋯⋯ 041

韓國·臺灣電影中的精神創傷—

　　　以《花瓣》和《悲情城市》為中心⋯⋯⋯金良守⋯⋯ 053

從新住民觀點看台灣人的性格⋯⋯⋯⋯⋯⋯⋯⋯楊聰榮⋯⋯ 061

張深切的孔子哲學研究⋯⋯⋯⋯⋯⋯⋯⋯⋯⋯林義正⋯⋯ 077

清末台灣政經思想—以文人論述為主軸⋯⋯⋯⋯林淑慧⋯⋯ 091

台灣哲學思想的開拓者曾天從教授哲學體系的建構試探—

　　　曾天從哲學體系及其《宇宙論》⋯⋯⋯⋯⋯趙天儀⋯⋯ 109

台灣儒學的主體性問題⋯⋯⋯⋯⋯⋯⋯⋯⋯⋯葉海煙⋯⋯ 119

雞鳴不已，風雨如晦—殷海光的自由思想評述⋯⋯李黃臏⋯⋯ 129

書寫土地與主體性建構—台灣原住民寫作初探⋯⋯吳淑華⋯⋯ 145

(Writing Homeland, Writing Diaspora in Taiwanese Indigenous Literature)

臺灣本土思想的萌發：原住民族神話思維的回溯⋯⋯⋯浦忠成⋯⋯ 173

當代台灣人間佛教的成果與挑戰⋯⋯⋯⋯⋯⋯⋯釋昭慧⋯⋯ 205

楊逵所受之左翼思想及其主體性：

　　　自社會主義 realism 至普羅大眾文學回溯⋯⋯⋯垂水千惠⋯⋯ 227

「中國改造論」論戰的歷史再閱讀—

　　　左翼運動的崛起與 1927 年的台灣 ⋯⋯⋯⋯陳芳明⋯⋯ 241

畸零人「物語」：

　　　論鄭清文的〈三腳馬〉與〈髮〉的邊緣發聲⋯⋯林鎮山⋯⋯ 253

戰後現代詩人的台灣想像與現實⋯⋯⋯⋯⋯⋯⋯金尚浩⋯⋯ 267

「台灣思想」初探⋯⋯⋯⋯⋯⋯⋯⋯⋯⋯⋯⋯李 喬⋯⋯ 289

台灣精神史緒論⋯⋯⋯⋯⋯⋯⋯⋯⋯⋯⋯⋯⋯莊萬壽⋯⋯ 301

形塑一個具有台灣主體性的民主文化

蕭欣義

高雄醫學大學客座教授

一、 前言

現代台灣在文化、社會、政治、經濟各方面發展的大趨勢可用「自由化」、「民主化」、「台灣化」三個面向來予以總結。[1]這三個面向是否可以相容？或者彼此衝突呢？有些評論家認為民主化乃是西方文明的產物。它和亞洲的本土文化彼此格格不入，和回教文明更是嚴重衝突。杭亭頓在這方面的論述頗受重視。[2]他認為台灣之所以能夠在民主化的途徑上有所進展，正是因為本土文化(尤其是儒家文化)式微而後始有可能。[3]台灣的本土化到底是民主化路徑上的一顆石頭，還是奠基石呢？甚麼情況下可能成為阻礙？甚麼情況下卻可轉化成助力呢？這是本文想要探討的課題。

下一節先回顧一下主要的民主化理論，比較一下各學派對民主化成因的詮釋，然後才在其後諸節來論述什麼時代以前的台灣本土文化牴觸了民主原則，什麼時代以來的台灣本土文化則轉化成民主化的一股動力。

二、主要的民主化理論

20 世紀中葉以來，民主化的現象和成因受到各派學者的注目。一時，理論界頓然百家爭鳴，從不同角度來詮釋民主化。其中較受重視的有下列諸學派: (1)經濟社會前提論; (2)政治轉型過程論; (3)文化前提論; (4)政治體制建構論。

（一）經濟社會前提論

經濟、社會前提論(Socioeconomic Precondition Thesis)，又稱「李浦賽學派民主化理論」(the Lipset School of Democratization)，由李浦賽(Seymour Martin Lipset) 所創立，是 1960 年代最盛行的民主化理論。本派學者主張工業化造成經濟發展，由此而產生社會分殊化和多元化，終於奠定了民主化的基礎。他們的研究側重在統計社會上工業化、個人年均收入、識字率、電話機普及率、報紙雜誌收音機電視機等公共媒體普及率、都市化等等數

---

[1] Hung-mao Tien, *The Great Transition: Political and Social Change in the Republic of China* (Stanford: Hoover Institution, Stanford University, 1989).

[2] Samuel P. Huntington, *The Clash of Civilizations and the Remaking of World Order* (1997). 黃裕美譯 《文明衝突與世界秩序的重建》 台北：聯經 1997 年

[3] Samuel Huntington, "Forward", in Tun-jen Cheng and Stephen Haggard, eds., *Political Change in Taiwan* (Boulder & London: Lynne Rienner Publisher, 1992), p. xiii.

據，試圖找出這些數據與民主化的關連，來說明經濟與社會的發展乃是民主化的前提條件。[4]

他們所過濾出來的數據果然和民主化的程度有密切的關連。可是在另外一些社會和國家，經濟社會發展的情況卻不見得與民主化有多少關連。歐唐奈(Guillermo A. O'Donnell)、歐爾孫(Mancur Olson)、哈佳德(Stephan Harggard) 等研究員發現經濟發展未必能導致民主化。有時候，反而不利民主化，或甚至強化威權統治。[5]由於這些發現，經濟社會前提論從 1970 年代起就在學術界開始式微了，雖然在通俗政論界這一派還有相當的呼聲。

（二）政治轉型過程論

70 及 80 年代，政治轉型過程論取代了經濟社會前提論的地位，而成為民主化理論的顯學政治轉型過程論(Transitional Approach Thesis 或 Process-Oriented Approach Thesis)，又稱羅斯陶學派民主化理論(the Rustow School of Democratization)。

此學派的解釋重點在於突出「在朝軟性路線者」與「反對陣營內溫和主義派」合力來擴大民主的改革的力量，以促使政權從威權統治向民主轉型。此學派把政治菁英(不是普通人)分類分為五派，即「威權統治聯盟」內的(a)強硬路線派，及(b)軟性路線派；以及「反對勢力陣營」內的(c)機會主義者、(d)溫和主義派、(e)激進主義派。他們認為民主化大體取決於精英們的行為，及行為的時機、地點與方法。民主運動的精英固然要批評並反抗專制政權，但另方面也要談判、妥協與合作，尤其是反對陣營內的「溫和主義派」及威權統治聯盟內的「軟性路線派」(軟性改革派)更須合力尋求民主改革的方案，把強硬路線派擠出權力中心。[6]

附表，David Potter 等 *Democratization,* 王謙等譯《民主化的歷程》頁 20

---

[4] Seymour Martin Lipset , **Political Man** (London : Heinemann ,1960) ; expanded edition (Baltimore: Johns Hopkins University Press , 1981) .Phillip Cutright, "National Political Development: Measurement and Analysis," *American Sociological Review,* Vol. 28(April 1963), pp. 253-264.

[5] Guillermo A. O'Donnell, *Modernization and Bureaucratic-Authoritarianism: Studies in South American Politics* Berkeley: Institute of International Studies, University of California, 1973). Mancur Olson, "Rapid Growth as a Destabilizing Force," *Journal of Economic History,* Vol. 23(1963), pp. 529-558. Stephan Haggard and Tun-jen Cheng, "State and Foreign Capital in the East Asian NICs," in Frederic C. Deyo, ed. *The Political Economy of the New Asian Industrialism* (Ithaca: Cornell University Press, 1987). Stephan Haggard, *Pathway from the Periphery: The Politics of Growth in the Newly Industrializing Countries* (Ithaca: Cornell University Press, 1990).

[6] Dankwart Rustow, "Transition to Democracy: Toward a Dynamic Model," *Comparative Politics,* Vol. 2(April 1970), pp. 337-363. Adam Przeworski, "Some Problems in the Study of the Transition to Democracy," in Guillermor O'Donnell and Philippe Schmitter, eds., *Transitions from Authoritarian Rule: Comparative Perspective* (Baltimore: Johns Hopkins University Press, 1986).

[7] David Potter, David Goldblatt, Margaret Kiloh, and Paul Lewis, *Democratization* (Polity Press, 1997); 王謙等譯《民主化的歷程》頁 20 台北：韋伯 2000 年

轉型中的政治行為者

威權統治聯盟內		反對勢力陣營內		
強硬路線派	軟性路線派	機會主義者	溫和主義派	激進主義派
堅定表態維持威權統治	願意與反對勢力協商，達成政治自由化或民主化	不強求民主化，只想從中圖利	較偏好民主化，且尊重傳統菁英地位(包括軍隊)	要求民主轉型，不願與威權統治妥協

（三）文化前提論

　　文化前提論(Culture Precondition Thesis)，又稱杭亭頓學派民主化理論(the Huntington School of Democratization)。80 年代不少專家指出民主化不能僅靠單一因素來左右，而是有賴種種經濟、政治、社會、文化條件合力促成。杭亭頓 1984 年的論文，就代表這種觀點。[8]然而三年後他卻改變看法，認為民主的成敗因素中，文化因素(主觀的態度、信念、價值觀)才算最具有關鍵性。[9]

　　施伯樂(Robert Scalapino) 也呼應文化至上論。他指出亞洲民主化過程中最脆弱之處，乃是亞洲各國文化中集體主義太強而個人主義(individualism) 太弱所致。所以，亞洲推動民主化所要致力的切入點在於培養個人主義。其次，各國專制政權對於反對運動人士缺乏容忍，動輒打擊、羞辱、逮捕。所以，容忍的素養須力予培養。[10]

　　李浦賽(Lipset)的 *Political Man*《政治人》(原版：1960)在 1981 年增訂再版時，他還繼續依循經社發展前提論來論述民主化。但在 1990 年的論文："The Centrality of Political Culture，"[11]則把重點轉移到文化因素。他指出基督教所產生個人主義，由於強調對個人的尊重及對反對者的寬容，因而甚有利於催促民主化。

　　透過杭亭頓、施伯樂、李浦賽等政治學界泰斗的倡導，文化決定論在 80 年代後半期及 90 年代就成為民主化理論的顯學。其實，此學派早在 1982 年就由 Nathan Tumin (杜敏)奠基。他研究民主政治最早出現的荷蘭，指出使荷蘭跨越民主門檻的決定性的那一步是文化因素:宗教寬容、宗教自由、停止對反對者的殘酷迫害。[12]因此，任何學術著作在討論民主化過程時，儘管要考慮種種社、經因素，但都不能不承認政治文化中的價值觀對於民主化所扮演的角色。若要讓民主政治出現，則必須先培養、塑造政治文

---

[8] Samuel Huntington, "Will More Countries Become Democratic？" *Political Science Quartery* , 99:2 (Summer 1984) , PP.193-218

[9] Huntington , "The Goals of Development ,"in Myron Weiner and Samuel Huntington , eds ., *Understanding Political Development* (Boston: Little , Brown & Co., 1987) , P.229.

[10] Robert Scalapino, *The Politics of Development: Perspectives on Twentieth Century Asia* (Cambridge , Mass .: Harvard University Press , 1989).

[11] 刊載於 *Journal of Democracy* , 1:4 (Fall 1990) , P.82

[12] Nathan Tumin, "The Theory of Democratic Development, A Critical Revision," *Theory and Society*, 11 (1982), p. 160 .

化中的民主價值觀，豐富它的內容，把它推廣、深化到社會各角落，才能使民主的
體制生根、持久。

（四）民主政制建構論

與上述諸人相對，Edward Friedman(傅理德曼)認為「政治上的民主建制」才是最
重要的起步。這一步若能跨出，接下來要培養有利於民主的文化價值觀，形塑出民主
的政治文化，才能事半功倍。他強調任何社會、任何國家，只要有「政治意志」，就
可以塑建民主政制。然後一面致力形塑民主文化，一面改善政制。他強調，政治建
制是因，民主價值觀是果。[13]

（五）小結：被過分簡化了的基督教文化價值觀

以上四大學派的民主化理論中，「經濟社會前提論」漏洞最多，經過田野實證研究，
在學術界已失去執牛耳的能力。不過，在通俗政論家當中，還是時時有鑼鼓之聲。「政
治體制建構論」雖然沒有多少大師級政治學理論家予以呼應，但分析精闢，頗值政治
史家和建構主義學者繼續研究。近 30 年來，一直呼風喚雨，甚受注目的是「政治轉型
過程論」和「文化前提論」兩派。1990 年代以來，後者幾乎掌握民主化論壇祭酒的地
位。然而在說明威權主義政權在蛻變為民主政權的過程中所經歷的關鍵性階段時，文
化前提論並無法提供周全的解釋。如此，政治轉型過程論的透視角度依然有其不可取
代的功能。戴亞蒙(Larry Diamond) 所編輯的《鞏固第三波民主化》中，不少專家就採
取了轉型過程論的架構來分析朝、野雙方溫和理性份子一面互相對立抗衡，另一面
則又彼此不斷交涉，互相合作，以擴大並鞏固民主的力量。這些論述都有精闢的詮釋。
[14]

要說明台灣的民主化，其實，上述四大學派的理論都可以用來幫助我們把論述予
以廣化及深化。不過，本文編幅有限，只能就民主文化和台灣主體性這一個課題來申
論。下面的討論就侷限在這個課題的小範圍內，而不再涉及旁題了。

從第二(三)「文化前提論」這一節的簡介中，我們看到 Huntington、Scalapino、Lipset
等大師級的政治學學者都異口同聲地表示：民主化的精神來源是尊重每一個個人人格
尊嚴的個人主義和對異見人士的寬容。他們都把這種價值觀的根源追溯到基督教文
明。這樣的觀察當然是根據他們在基督教社會日常生活中所親身體驗出來的。基督教
當然有這一層面。他們對於這一個層面的闡發當然也是精確的。在這一點上不會有多
少問題。有問題的倒是：基督教的核心教義，或至少，基督教政治文化的核心原則，
是否只限於這一些？是否還有一些異質的東西？是否另有一些傾向威權主義、否認個

---

[13] Friedman, "Democratization: Generalizing the East Asian Experience," in Edward Friedman, ed., *The Politics of Democratization* (Boulder: Westview Press, 1994), pp. 19-57.
[14] Larry Diamond, et al, eds., *Consolidating the Third Wave Democracies* (Baltimore: Johns Hopkins University Press, 1997).

性尊嚴、強調原罪、迫害異端等等不利民主化的基本教義？從教會史、教義詮釋史、以及宗教與政治互動史各方面來看，答案是相當清楚的。

其實，任何偉大的宗教傳統或世俗文化傳統，在長期的歷史演進中，多多少少都會產生異質的次傳統。其中有些次傳統會被過濾掉。但另有些則會被代代傳承下來。這些傳承下來的次傳統彼此緊張矛盾，在恐怖的平衡下共存下去。基督教文明有這種情況。台灣的本土文明也同樣也有這種情況。基督教的主流文化在歷史上曾有一度是較緣近專制而遠離民主的。在近代自由派神學家重新詮釋、重新建構之下，一部分基督教宗派才逐漸彰顯出民主文化的層面。文化前提論的大師們想必清楚地瞭解這一段蛻化的過程。不過，他們的讀者如果對這段蛻化史缺乏瞭解，則未免會被誤導，以為基督教義的詮釋完全掌握在自由派神學家的掌中，以為基督教保守主義次傳統未曾掌握過教義詮釋大權，以為基督教文化沒有過強大的威權政治傾向似的。

關心台灣主體性的朋友們必需探討的是，台灣本土文化中有沒有潛在的足以催生民主的文化因素？我們能不能像現代基督教自由派神學家之重構基督教那樣，來重構台灣本土文化？如果有這種可能，而且其可能性不低，那麼最好的切入點還是確立台灣的主體性，從本土的文化因素來形塑民主的文化。西方民主化的經驗非常寶貴，但在讚嘆文化前提論大師讚揚基督教文化之後，　想要直探本源，則務必拜訪基督教自由主義次傳統，而不要去誤拜基督教保守主義次傳統為師。

三、杭亭頓和白魯洵對於台灣儒家文化的觀察

杭亭頓教授指出，第一波民主化是先從歐洲和北美洲的基督新教演化出來的。新教的文化是最有利於催生民主的文化。基督舊教(天主教)文化居次，　所以天主教國家要等到第二波民主化的時候才接連發生民主化。他認為儒家倫理並不利於民主化。至於回教，在他心目中，則是和民主格格不入的。既然儒家不利於民主，為甚麼儒家遍地傳授的台灣竟能出現民主化現象呢？他如此詮釋:

> 談到台灣，可以從兩個問題來思考。第一，有些學者認為傳統的儒家文化強調秩序(order)、紀律(discipline)、科層體制(hierarchy)、集體比個人優先(the primacy of the group over the individual)。儒家這種價值觀對於民主的發展是一種阻礙。如果台灣是一個儒家社會，那麼，我們顯然碰到一個問題。而這個問題卻帶出第二個問題:台灣是一個儒家社會嗎？我不知道怎麼回答這個問題。不過，我的同僚白魯洵(Lucian Pye)卻強有力地論證說:在台灣，儒家的價值觀和傳統是微弱的;這樣一來，才能騰出一個空間讓民主化出現於台灣;正因為如

此，台灣進一步發展民主化的前景是樂觀的。[15]

　　Huntington 和 Pye 兩位教授的論述值得我們進一步探討。說台灣民主前景有發展的餘地，這一點很多專家會讚賞。說儒家在台灣影響力微弱，可能說得不錯，不過相反的觀點也可條列出不少論證。如此，這是一個可進一步釐清的問題。說儒家價值觀屬於威權型，會阻礙民主化的推展，可算是一針見血的評語，卻只說對了保守派儒家。五四運動時代的知識份子感受到保守派儒家的陰影，評論儒家的落伍性、反民主性、保守僵硬性、威權性，論述起來頭頭是道。Pye 教授研究中國的政治文化，頗得五四健將觀點的真傳，全書論述，處處顯露一針見血的警語。然而，近來國際學術界深入研究儒家思想後，發現儒家另有一個次傳統相當重視人權和個人的人格尊嚴，注重發揚個人的內在精神力量而反對死守傳統的禮儀和規範。這個次傳統不妨稱之為自由派儒家。這方面的學術論著，份量較重的首推哥倫比亞大學的狄百瑞(Wm. Theodore De Bary)教授和哈佛大學的杜維明教授。[16]

　　鑒於新近學術研究的成果，今後在談論基督教對民主化的貢獻以及儒家對民主化的阻礙這種大問題之時，應該從另一個角度來切入，探討下面三個問題：

1. 基督教文化傳統裡面，有沒有一些宗派(次傳統)擁抱與民主理念不相融的價值觀？ (Could there be a sub-tradition in Christianity which is incompatible with democratic values?)

2. 儒家文化裡面，有沒有與民主理念相容的次傳統？(Could there be a Confucian sub-tradition which is compatible with democratic values?)

3. 台灣本土文化裡面，有沒有與民主理念相容的次傳統？(Could there be a local Taiwanese cultural sub-tradition which is compatible with democratic values?)

　　儒家文化曾經在台灣文化版圖上扮演過一定的角色。清代在台儒家多攏罩在保守派民俗儒家陰影之下。20 世紀的 20 年代和 30 年代，台灣新文化、新政治、新社會運動推展一系列的台灣主體建構和台灣新文化建構運動，儒家的體質與面貌也從前期的反民主的保守派位移到緣近於民主的自由派，並相當地殖根於台灣水土，內化為本土文化的一個要素。第二次大戰後，國民黨致力推廣保守派儒家的倫理與政治文化，但是 20、30 年代的自由主義儒家並沒有被推擠出台灣文化場景之外。相反地，自由派儒家就站在本土的立場來抗衡新外來政權的保守派儒家。台灣的民主化運動和自

---

[15] Samuel P. Huntington, "Forward", in Tun-jen Cheng and Stephen Haggard, eds., *Political Change in Taiwan* (Boulder & London: Lynne Rienner Publisher, 1992), p. xiii. For Lucian Pye's view, see his *Asian Power and Politics* (Cambridge, Mass.: The Belknap Press of Harvard University Press, 1985.

[16] Wm. Theodore De Bary, *Asian Values and Human Rights: A Confucian Communitarian Perspective* (Cambridge, Mass.: Harvard University Press, 1998. W. T. De Bary and Weiming Tu, eds., *Confucianism and Human Rights* (New York: Columbia University Press, 1997). Weiming Tu, ed., *Confucian Traditions in East Asian Modernity* (Cambridge, Mass.: Harvard University Press, 1996).

由派儒家次傳統是可以彼此互動、彼此增援的。

白魯洵、杭亭頓等人所代表的學派，對於西方文明的瞭解頗為深入，故能撥開反民主的極保守派基督教文化的雲霧，「直指本心」，指出自由派基督教對西方社會民主化所提供的關鍵性貢獻。可惜，他們對台灣文化場景有些生疏，以致未能撥開保守派儒家的雲霧，直指自由派儒家的角色。

四、在台灣的舊中華民俗文化價值觀

19世紀末葉，清帝國在甲午戰敗後把台灣割讓給日本帝國。日軍佔領台灣。清朝留下來的正規軍潰散，由農民游擊隊承擔抗日事務。各地游擊隊曾經大量散發抗日文宣品，呼籲人民參加游擊隊，或至少支持游擊隊。這些文宣品宣揚游擊隊是為了保存台灣的生活之道而戰。大量的文宣品讓我們可以重構當時台灣精神文明的面貌。下面選出三份相當有代表性的「抗日檄文」。

第一份〈抗日檄文〉流傳於1895年6月，指出了日本人的三項罪狀:[17]
　　　　剪除辮髮
　　　　姦淫婦女
　　　　人死火葬
對今天的台灣人來說，只有第二項罪名才夠得上名正言順。第一和第三兩項是不值得我們為它去打游擊戰。唯一算得上堂皇的第二項和其他相關史料的印證，因此也許是誇大的罪名。

第二份〈抗日檄文〉列出日本人四項罪狀:[18]
　　　　男人要剪斷辮髮
　　　　女人要解放纏足
　　　　不能吸鴉片
　　　　被徵去當兵

第四項罪名駁離史實。日本人治台早期，並不信任台灣人，是不敢徵召台灣人去當兵的。這項罪名可能是循環口傳的過程中不小心傳錯。有一份檄文說，日本人佔領台灣以後，台灣人不得不去參加游擊隊當兵。這份文宣口傳幾輪以後，某位替游擊隊起草檄文的秀才，誤以為台灣人被徵去當兵。其實，強制當日本兵是在日治末期，太平洋戰爭惡化後才發生的現象。至於前三項指控，那倒是真有其事。不過纏足、抽鴉片是

---

[17] 吳德功《讓台記》頁48
[18] 流傳於1897年5月，收於《台灣總督府警察沿革誌》第二編上卷 頁329 1938年

陋習。爲這些陋習以及爲留辮髮之權而討伐日本人，也未免令人啼笑皆非了。

　　第三份是流傳於 1896 年 6 月的詹振、林李成〈抗日檄文〉。他們列出日本人所犯十大罪惡，包括:[19]

> 1.不敬天，不敬神明。
>
> 2.不敬孔子，不惜字紙。
>
> 3.污吏輕侮人民。
>
> 4.不尊重法律，採行酷刑。
>
> 5.不顧廉恥，形同禽獸。
>
> 6.不辨善惡，違逆天意。
>
> 7.形同乞丐。
>
> 8.街路小便科處罰金。
>
> 9.徵收商品稅。
>
> 10.台灣人被迫參加義軍。

　　其他檄文，類多這種內容。似乎，游擊隊成員和文稿師爺或秀才們都認爲若能完成這些文宣所力求消除的，便達到了維護正確的「生活之道」的境界了。這一類舊中華民俗文化價值觀所光照之下的生活之道，顯然受到台灣民間的認可。當時民間會把這類民俗文化價值觀視爲來自中國的外來文化嗎？或者會當作本土文化呢？大概，「本土/外來」之辨並不是當時人們所關心的課題吧！抗日檄文所預設的文化價值觀是一套相當保守而又僵化的舊中華民俗文化。提倡本土文化的人，大多心中有一把嚴格的尺，有相當高度的選擇標準，而不會把過去發生的事物隨便當作本土的寶貴遺產。現代台灣人在建構本土主體性，形塑本土文化的工程上，大概不會對他它有甚麼興趣吧！

五、儒家保守派與自由派的對比

　　上面兩節指出保守派儒家和自由派儒家緊張地並立於儒家的招牌之下。其實兩派次傳統體質差異極大，正如保守派基督教和自由派基督教兩派次傳統互相針鋒相對一樣。本節把儒家兩個次傳統各自強調的價值觀列舉出來。[20]

---

[19] 收錄於《台灣憲兵隊史》頁 77~78 1932 年

[20] 下面所列舉的條目是綜合整理下列諸論著的研究成果而濃縮出來的。 余英時 《中國思想傳統的現代詮釋》台北：聯經 1987 年；Benjamin I. Schwartz, *The World of Thought in Ancient China* (Cambridge, Mass.: Harvard University Press, 1989). T'ung-tsu Ch'u, *Law and Society in Traditional China* (Paris and The Hague: Mouton, 1961)；Derk Bodde and Clarence Morris, *Law in Imperial China, Exemplified by 190 Ch'ing Dynasty Cases* (Cambridge, Mass.: Harvard University Press, 1967)； Wallace Johnson, *The T'ang Code, Vol.*

(一) 儒家保守主義次傳統

ritual, propriety 禮，禮儀

role fulfilment 倫，角色，角色的踐現

five cardinal relations 五倫

three obediences 三從

hierarchical order 輩份層級秩序，科層秩序

Confulegalism 儒法混合體(儒家化的法家/法家化的儒家)

status quo 維持現狀

stability 穩定

conformity 依順

transmission of ancient values without significant revision
傳述古代價值觀，在傳承過程中，未予以重大修正

Heaven as external authority 當作外在權威的**天**

authoritarianism 威權主義

(二) 儒家自由主義次傳統

empathy, human heartedness 仁

moral inwardness 內在的德性

dignity of the individual 個人的尊嚴

moral autonomy 道德的自主性

equality 平等

creative equilibrium 創造性的中和/平衡

social & political reform 社會/政治改革

innovative transmission of ancient values 創造性地傳承傳統

harmony but not conformity 和而不同

Heaven as inner substance 內在於人心的天

universality 普遍性(從人格尊嚴、人格平等而引申的普遍性)

primacy of the people 民為貴

rights to civil disobedience and revolt 反抗權，革命權

　　保守主義儒家和自由主義儒家的對比極為鮮明。前者強調遵禮守儀，符合外在形式規範。後者看重的卻是仁心與內在的德性。前者要求嚴守科層秩序，後輩順服長輩，

1, *General Principle* (Princeton: Princeton University Press, 1979)； De Bary 以及杜維明的論著，詳見註16。

可是後者則主張個人的尊嚴和德性與人格的平等。前者主張君爲貴，後者卻宣揚民爲貴。前者力圖維持現狀，述而不作，後者則重視述中有作，力求創造性的和諧。前者強調對威權在位者順從，而後者則容許人民對專橫君王的反抗權。前者和後者都尊尚「天」，然而保守派的「天」是外在的強制性權威，但自由派的「天」卻是內在於個人內心深處的精神力量。如此看來，保守主義儒家和自由主義儒家的差別就不是邊際性的小異，而是根本性的大異。[21]

文化前提論民主化學派的諸位大師們談論政治民主化的文化根源時，幾乎都異口同聲地提起[現代自由派]基督教文化中尊重個人和寬容的特質。有的(例如 Pye、Huntington、 Scalapino 等重量級學術權威) 則進一步說，由基督教文化所產生的 individualism (個人主義)才是民主文化的關鍵要素。相對地， 亞洲文化重集體而輕個人，重群體利益而輕忽個人基本權益。因此，民主無法在亞洲生根。他們評論的對象如果是保守主義亞洲文化，那麼他們的藥方就可算相當對症下藥了。

如果我們沒有從這個角度來理解他們的藥方，如果我們誤以爲西方基督教徹頭徹尾都在闡揚自由主義政治思想，而台灣文化中所包涵的儒家思想都徹頭徹尾在宣揚中國國民黨想要在台灣灌輸的保守派威權主義，或者是在宣揚抗日文宣式的就中華民俗保守主義，因而不屑去嘗試從本土文化的土壤來建構民主體制，那麼就將捨近就遠了。不幸地，Huntington 的診斷卻免不了這樣的誤導。

下一節，我想從 individualism 這個角度來討論民主文化的建構。

六、個人主義

相對於文化前提論者的突出「個人主義」(individualism)的正面價值，亞洲的保守派集體主義者往往譴責個人主義乃是一種自私自利，罔顧社會公眾福利，或者是一種離群索居，脫離社群的孤立的生活方式。

(一) 孤立的個人主義(Isolationist Individualism)

在西方社會，這種「孤立的個人主義」多少總會有一些市場。摩禮斯(Charles Morris)綜合出 13 種生活方式，其中第二種叫做「培養人與物的獨立性」，說:

> 一個人應該「單獨地走自己的路」，… 應該重視自給自足。… 個人應該致力
> 於使自己外在的生活簡單化，節制那些 靠外界物質的和社會的力量才能滿足
> 的慾望，並集中精力於自我的鍛鍊、修養、與指導。外向的生活是做不出什麼，

---

[21] Harry Hsiao, "Transformation of Local Culture: Taiwan's Search for Democratization," in Michael Duke and Leo Liu, eds., *Taiwanese Polity in the Twenty-First Century: Politics and Culture in Global Context* (New York: Edwin Mellen Press, 2004), pp. 135-174.

也得不到什麼的。一個人必須避免依賴他人或外物。生命的真諦應從自我中體驗。[22]

這種生活方式，在孤立主義的觀點下，也許不妨稱之為「培養獨立性」。其實，用「孤立性」一詞來描寫恐怕更為恰當。這種生活方式雖然吸引力不太大，(摩禮斯舉辦多次民調，選擇這一項的都不多)，倒是清高自得，也沒甚麼嚴重的損人之處。

另一類型的「孤立的個人主義」由諾貝爾文學獎得主沙特(Jean-Paul Sartre, 1905-1980) 領銜倡導，一度曾經有聲有色。沙特早年追求個體的絕對自由，崇尚個體的生命、情欲、直覺，他認為 intersubjective relationship (主體際間:指有獨特主體性的個人與另一個有主體性的個人互相之間的關係)為不可能之事。在人群或社會中，沙特認為不可能「既保持我的自由，又尊重他人的自由」。人要不是壓服他人，就是被他人壓服。因此，他說:「他人即地獄」。他強調，一個人必須保持孤立，在反他人、反社會、反成規、反「普遍性」之後，才能獲得絕對的自由。

沙特晚年，在 1950 年，他改變了早年的思想，漸漸修改孤立的個人義。1960 年，他發表 *Critique de la raison Dialectique (Critique of Dialectical Reason* 《辯證理性批判》)，嘗試要調和個人與他人及社會之間的關係，希望在具體的歷史與社會環境中，來尋求個體的自由。這就轉向西方主流的「參與的個人主義」了。

沙特早年的思想核心:**他人即是我的地獄。他人與我，兩者必傷其一。既要保持我的自由，又要尊重他人的自由？這是違反人性的幻想！**

這種孤立的個人主義患了嚴重的反他人/反社會症。好在他的聽眾大多僅僅欣賞他文學作品的佈局和文筆，而較少有魄力把小說的境界踐現到實際的人生中來。

(二) 參與的個人主義(Participatory Individualism)

第六(一)和六(二) 兩節的一組關鍵名詞：**孤立的個人主義(isolationist individualism)**和**參與的個人主義(participatory individualism)**，是我為了說明的方便而姑且使用的。西方一般論著通常只用「個人主義」(individualism) 一詞，似乎不必加上「孤立的」和「參與的」這一組形容詞，意思就已經夠明白了。在現代西方社會，大多數肯定個人之自主性、獨立性、尊嚴性的個人，多會參加基督教會、世俗的民間社會、娛樂的、體育的、或專業性的社團活動。在實踐上，幾乎每一位接受個人主義理念的人士，都是在參與群體活動中來充實自己，成全自己。一提到「個人主義」，差不多不會把它被聯想到含有「排除社群」之意的孤立個人主義。因此，在一般用語上，並沒有加註「參與的」或「孤立的」這一組形容詞的必要。然而在亞洲，面對保守集體主義者的質疑，卻未免有加註那組形容詞的迫切需要。

---

[22] Charles Morris, *Varieties of Human Values* (Chicago: University of Chicago Press, 1956) 所列「十三種生活方式」的第二種。

　　西方社會主流文化中的 individualism 是指一種「**參與的個人主義**」。這種個人主義主張:**有自主性的個人在人際關係中，在參與種種社團的活動中來彰顯自我，健全自我。**這種型態的個人主義，曼羅(Donald Munro)把它的要素歸納為五點。[23]

　　1.個人的獨特性(uniqueness)。每位個人應發揮自己的獨特性，而不要專事模仿他人。在西歐文化中，獨特性這一理念並沒有源遠流長的歷史。它要等到 18 世紀末、19世紀初，才在德國浪漫主義者當中演變成為新風尚。起先由詩人、藝術家、作曲家、劇作家開始，要求作品務必表達個性，展示自己風格，避免模仿。從藝術創作出發，逐步擴展到一般生活上的風格，力求表現個人的獨特性。個人獨特性的要求，並不是西方長遠的傳統，而是近代西方新建立的傳統。

　　2.內在世界的開拓(innerlichkeit)。有些研究現代化和現代性的專家指出，現代性愈高的人，就愈把注意力從內心涵養轉移到外在物質世界的追求。傳統性高的人才耽溺於內心世界。[24]個人主義是現代性的特徵之一。既然現代性愈高就愈擺脫內心世界，那麼愈接受個人主義的現代人，就會愈疏遠所謂的內心世界。不過，据曼羅教授的詮釋，一個沒有開拓內在世界的人，由於內無所主，只好跟隨外在時尚而流轉，終至失去了自我。如此，內在世界的開拓是建構個人主義的一個要素。建立了內在世界才能夠超越世俗、風尚、習慣、慣例。

　　3.隱私權(privacy)。亞洲傳統文化中沒有尊重隱私權的觀念。有人以為隱私權是西方的傳統，是不適合亞洲人的。其實，西方傳統文化也一樣沒有隱私權，也一樣是現代才發展出來的新理念。

　　4.個人的自主性(autonomy)。自主性指有關個人的事，由自己做選擇，由自己做決定，不必聽別人左右。自己要選擇遠世離俗，不與他人來往的生活方式，這是個人的權利。但在西方社會，朝這個方向來行使自主權的畢竟是很小數的例外。一般人行使自主權是在參與社會活動的脈絡下來進行的。也就是說，自己要不要參加某個社團、某個政黨、某個宗教？在抉擇過程中，雖然盡可聽聽他人的建議，但其決定權是在自己。一旦參加了，是僅僅出席部分活動，或者全力參與，也是由自己做主來決定。如此的行使自主權，使西方的個人主義朝**參與的個人主義**，而不是**孤立的個人主義**的方向來發展。

---

[23] Donald Munro's "Introduction" to Donald Munro, ed., *Individualism and Holism: Studies in Confucian and Taoist Values* (Ann Arbor: Center for Chinese Studies, The University of Michigan, 1985), pp. 1-32. Steven Lukes, *Individualism* (Oxford : Basil, 1973)

[24] 楊國樞《中國人的蛻變》頁 255~256；401~403 台北：桂冠 1989 年。

5.個人的尊嚴(dignity)。在西方傳統中,這個項目有長遠的歷史。最主要的線索有兩條。第一股傳統是希臘柏拉圖哲學中把理性當作人的最高構成要素。第二股傳統是基督教的靈魂觀。服膺自由主義的基督徒相信上帝按照祂自己的形象來造人,相信人的靈魂可以提昇為上帝之殿,成為神聖之址。柏拉圖和自由派基督教這兩股傳統匯合成為強大的信念,相信人能夠提昇為理性、神聖,而彰顯人的尊嚴。

上述五項要素皆有其重要性。不過,在文化前提論民主化論述的學者看來,「個人的尊嚴」這個要素應該最受矚目。幾乎每一位學者都反覆強調民主化的精神根源是**個人尊嚴**這一個信念,並說這個信念是來自基督新教。杭亭頓自 1980 年代末期以來著書立說,一直在彰顯這個論題。他的學術論述是可佩的。只要他的雄心稍有分寸,避免在他沒有下過功夫深入研究的儒家和回教課題上放懷指東畫西,就功德無量了。

七、結論: 各民族本土文化中的自由主義傳統

可讓各民族建構其有主體性的民主文化

文化前提論民主化論述學派最大的貢獻是面對聲勢浩大的經濟條件論、精英黨派協商論等等論述,而指出長期未受到重視的文化因素在民主化產生的過程中,可能扮演更關鍵性的角色。15 年來,他們的論述已經取得了民主化理論界祭酒的地位。本派學者指出基督新教的個人尊嚴和寬容的倫理觀奠定了民主文化的基礎。這是他們的慧見。可惜他們有盲點。他們所看非基督教國家的政治體制和政治行為,只看到其保守性、威權性、專制性的一面。他們所觀察到的政治文化也是威權的、科層的、壓制的,對於催生民主形成了一種阻礙力的那一個陰暗面。因此他們認為在非基督教國家的本土文化難免與民主文化正面牴觸。認為要推動民主化,就得把本土文化予以弱化,把本土文化場境淨空,好讓生根於基督教價值觀的能夠移植到本地來為民主化奠基。

本文第三節質疑他們的盲點。第五節說明本土文化中的自由主義次傳統其實足以和基督教自由主義次傳統媲美。第二(三)節及第六節談到[參與的]個人主義中最居關鍵性地位的個人尊嚴論。它備受文化前提論學者的一致推崇。現在,我想說明好多文化傳統都存在一些不同形貌的個人尊嚴觀。

先談佛教吧!中期的佛教超越了初期佛教的涅槃(Nirvana)即消失無蹤觀, 改而肯定永恆的佛性(Buddha Nature),並主張宇宙中的佛性可存在於每個個人的人心。有些佛教徒不太願意接受惡徒也可能俱有佛性的新信仰。然而《涅槃經》(*Nirvana Sutra*) 用明確的口氣說:人人俱有佛性,甚至**「壹闡提」**(icchantika)也有佛性。在佛教傳統中,icchantika 向來被當作無藥可救之惡徒。不過,涅槃經次傳統啟動了一個新訴求,連壹闡提也要賦予佛性了。

這種普遍神聖性的肯定，耶穌基督也有異曲同工之妙。他舉出好的撒馬利亞人當作慈悲心腸的典範。在以色列傳統中，撒馬利亞人如同印度教和佛教的壹闡提一樣，都被當作是無可救藥之惡徒。這兩個例子表示佛教和基督教自由主義次傳統對於人格尊嚴之普遍性的肯定。

此外，印度教的 atman (個我、真我)，儒家自由主義次傳統的人人具有善性、良知、良能，以及道家的**道**存在於每一個人，這些都可發展而成爲「每個人的人格都是尊嚴」的信念。

可惜的是，古代思想或宗教往往把這種尊嚴的人性論配套在科層結構之內。如遇到森嚴僵硬的科層結構，則易窒息人性尊嚴論。現代人必須將僵硬的科層人際關係論予以解構，把人格尊嚴論(concept of dignity)與平權思想配合，來建立現代式的平權民主價值觀。

長期來，亞洲的自由主義次傳統僅僅在私領域的道德修養這一個範疇內謹守自由主義的原則，卻無一把這個原則推廣到政治領域去。政治領域長期在保守主義威權體制的陰影下壓制民主的胎動。西方基督徒最可貴之處便是他們終於超越了宗教的私領域，而把基督教自由主義次傳統的啓蒙思想轉化爲政治啓蒙工作。基督教保守主義認可的威權政治體制被自由派解構，接著推展一系列的民主化建構。

現代基督教自由派這一解構及重構的成果，足以使其他文化傳統的人士作參考各自努力，把本土文化中受到保守主義次傳統架構所支配的文化現象予以解構，然後循着自己文化傳統中的自由主義次傳統的精神，來形塑成爲一個能支持民主化的新文化。

台灣 20 年代和 30 年代新文化運動，在這一方面有相當可觀的成就。19 世紀末的舊中華民俗文化中的保守主義次傳統，到了 1930 年代已有明顯的改觀。台灣新文化的主導精神是立憲、民主、自由、法治、自治。這個蛻變過程中，扮演導師角色的是林茂生博士。他綜合蘇格蘭啓蒙主義和基督教長老教會的改革精神，李白、陶淵明的自然主義和詩意境界，孟子、王陽明的溯源於個人內心的人文主義，西方現代人文主義和參與的個人主義，以及他個人對台灣本土的奉獻和他對社區主義的關懷，他形塑了一個新典範，一個如何去建構和形塑一個具有台灣主體性的民主文化的典範。[25]林茂生掌握並啓發了上文所論述的本土主體性的文化建構，足可補充文化前提論民主化論述的理論弱點。

---

[25] Mosei Lin, *public Education in Formosa Under the Japanese Administration* (PhD dissertation, Columbia University, 1929. Published in Taipei, 2002. 李筱峰 《林茂生、陳炘和他們的時代》台北：玉山社 1996年

晚近國際論壇中的台灣主體思考

廖炳惠

清大外語系教授

　　2004 年出版的英文書中有三本是探討台灣，這是歷年來少見的，而且這些書的作者都在美國任教，Emma Teng, Melissa Brown, JuneYip 對台灣的處境大致是以「無法適用後殖民」(Teng)、美中及全世界的「燙手火鍋」(Brown1-2)、「本土論者以富於創意的方式去宣稱其無可否認之獨立身份」(Yip 246)等觀點，去形容其主體位置所蘊藏之活力及困難，但紛紛表示台灣有其特殊文化主體性。同一年，我們在新左派的 *New Left Review*(Summer 2004)則看到侯孝賢、朱天心、唐諾、夏鑄九等人在三一九後對台灣本土文化主體的批評，遊走於中國與本土位置之間，近十年來的台灣公共文化論壇代表人士往往在語言中露出馬腳，幾乎情不自禁地便認定是李扁政權讓台灣走向族群衝突，使得人民生計與兩岸關係陷入空前的危機。

　　國內、外有關台灣的論述會有如此大的差距，美國學者樂見台灣主體意識形成，而台灣社會人士卻對之訴諸恐懼與焦慮，這可說是有趣的反諷現象，同時也道出台灣主體性論述的複雜面向。尤其在面對國內外各種文化、政治聲音，台灣的主體論顯然有其長期而多元情感認同結構彼此角力之糾纏，也就是至少從幾個帝國（尤其日、美、中）脫不了身，勢必要牽扯在其利害、權力、價值的互動網絡之中，這些帝國一方面促成了台灣之邊陲地位，另一方面也不斷阻撓它的「自我完成」。奇怪的是許多文化人士對台灣在帝國軍事、政治網絡之夾縫存在並不願多談，甚至跟著美國、中國等帝國的步伐起舞，不談中國挾持之政經局勢，而不斷將族群議題視作獨派政治人物的專利，對過去歷史所累積的問題以簡單的辭令去推託，因而拋下許多令人費解且又邏輯不通的控訴。

　　如侯、唐等人說：「所謂的本土化只是閩南化，去除了其他一切」，也就是因為本土化的偏頗，「我們多少有種被威脅到的嚴重感受」[1]；不止族群與語言問題，左派批判思想也「被逐出政治領域」[2]，2004 的選舉突顯出「族群」問題的另一個轉向：「不再是島民與大陸人，而是台灣與北京的共產黨。民族主義逐漸演變為一種便利，藉此

---

[1] Hou, Hsiao-hsian, et al. "Tensions in Taiwan." *New Left Review* 28 (July-August 2004)，頁 21。

[2] 同注 1，頁 22。

避免社會現實或經濟、教育、文化的問題」[3]，整個社會在閩南化之下，與中國之間的衝突很難避免，但民進黨不斷以「革命」手段吸引年輕人，四年執政的結果是國家考試也用閩南語，「目前在中文系一位教授退休或請病假，那份職位便被說成是無法再遇缺則補，以致於沒再增聘人或找代課教授。台文系所的性質則完全不同。」[4]在這種描述下，文學、電影贊助變成是政治酬庸，真正有創意的藝術家「是不屑領獎，而且電影文化整個都沒落，社會只剩政治。」[5]

針對這些論述本文擬以台灣在帝國夾縫之存在為切入點，分析其全球文化經濟位勢，尤其在中國「反分裂法」公布及扁宋會後的各種倒退主張都讓台灣的主體性備受打擊，即使物質條件不起變化，其法律形式也產生不少壓力，值得我們去進一步拒抗、拆解。

以英國浪漫詩人布雷克（William Blake）在一七八三年法國大革命的黑暗恐怖時期告終而美國獨立邁入新階段所發表的一首詩，也就是他在《天堂與地獄的婚禮》（*The Marriage of Heaven and Hell*）寫完之後又再添上去的〈自由之歌〉（"A Song of Liberty"），在這首詩裡，布雷克描述羅馬帝國的衰亡，隨著新的國家的興起，東方會在朝陽破除黑夜的曙光之中，展現出人類自由的希望。在詩的結尾，他說道，自由升揚，獅子以及豺狼都會消退。以這首詩來審視台灣目前的地位，台灣的自由奮鬥仍待努力，豺狼虎豹似乎並沒有因為新的民族主義發展而消退，布雷克所描述的帝國鎖鍊其實變本加厲地硬掛在台灣的頸項之上。

與中國帝國裡應外合、號稱左派的人士，或者是以民族主義自居的統派人士，乃至不分是非、十分弱智的媒體，都可說是中國帝國的幫兇，或紛紛為美國帝國主義的軍事和商業利益、日本帝國的消費文化及各種出版品喉舌。在中國大陸尚未對台發表激烈的言論之前，他們就透過種種的揣測，要把台灣的生路封死，用片面的詮釋扭曲美國官方對台灣的外交辭令，企圖利用這種方式來嚇唬國人，在治安、日常生活和社會倫理方面，造成台灣社會的動盪不安。因此，在審視這幾個帝國對台灣人民所構成的傷害之前，我們一定要了解到扭曲資訊的媒體和種種變形的意識型態機制，在帝國的爪牙運作之中形成非常嚴密的網絡，讓台灣人民對國家的認同變得更加艱困，讓我們的生活平添不少苦痛、憂鬱。

因此，在許多針鋒相對的論述裡，敵手往往變成了仇人，沒有任何轉圜的空間。

---

[3] 同注1，頁22。
[4] 同注1，頁35。
[5] 同注1，頁36。

針對這些帝國，在國防以及文化方面，我們往往聽到有所謂的「毒蠍」（scorpion）策略。毒蠍是一種具有劇毒的小生物，在防禦的過程中，可以置敵人於死。台灣在特殊時間、位置上，參考荷蘭、瑞典所發展出來的毒蠍軍事策略有其必要性，但是這種比較激進而又極端的策略，在打擊這些帝國的軍事、經濟力量、連結帝國內部的人民以達成文化、學術交流等面向上，其實並不盡是一項非常完美的策略，反而容易引起反感，甚至走向絕路。因此，本文最後會提出「小蜜蜂」（bumblebee）策略，和毒蠍相較之下，小蜜蜂是一種崇尚社交、溝通而且相當友善的生物，在友善之中同時又具有自我防禦和置敵手以痛苦的能力。我認為形塑這種小蜜蜂的形象，是台灣目前要打破國際封鎖，在帝國的夾縫中尋求倖存之道（the art of survival）一項相當重要的策略。

　　台灣自 1971 年離開聯合國，此後不斷受到中華人民共和國的打壓、威脅和迫害，以及利用種種手段對台進行外交、文化、軍事和經濟上的封鎖。在這個環節上，我們再回過頭來看滿清帝國對台灣的政策以及之後割讓台灣的場景，都可以在早期的歷史裡發現到各種線索。中共目前的領導人胡錦濤、溫家寶早期都是透過打壓西藏、殘害藏胞，不斷讓內地的人民移居到西藏，以軍事手段、移民和宗教迫害的方式，對西藏既有的宗教信仰和生活方式不留任何餘地，使得達賴必須逃亡到印度。就連達賴所選定的接班人也沒辦法在大陸得到承認，大陸官方自己設定了另一位接班人，取代達賴所選定的宗教精神儀式的領袖。種種跡象都顯示目前胡錦濤、溫家寶所領導的中華人民共和國，在許多宗教、政治和經濟的手段上，與滿清帝國對西藏、蒙古的鎮壓和政治迫害相當神似，甚至是變本加厲。最近有許多書籍在討論滿清帝國迫害異族的過程，而中國大陸目前也發生許多族群的暴力事件，不只是對西藏，同時也對境內的回教徒，也就是穆斯林（Muslim），採取封鎖和迫害的行為，形成相當大的衝突。之前，天主教和基督教的宗教領袖，如教宗等世界人士，還對這些行為提出人權的控訴。在這樣的局面下，中國帝國長期以來為了要鞏固漢人的中心位置，往往對異族進行極大的鎮壓和迫害，特別是在滿清帝國的時代，為了一直保護它的發源地，因此受到道統和法統的約束，對其他的族群採取相當暴烈的手段。在目前國際的人權壓力底下，中國帝國對法輪功、藏胞、蒙古人民，乃至於伊斯蘭教信徒的態度，都還可以看得出來這種帝國殘餘的氣息。

　　在台灣，許多號稱左派或是自由人權的人士，為什麼都不去討論這些問題？這實在是一件費解的事情。在他們的心目中，台灣爭取獨立是跟祖國是過意不去，因此他們寧可以種種污蔑的手法，內賊通外敵的方式去背叛全民的利益，自以為是正統或是所謂的衛道之士。在他們的論述裡，往往不去討論那些邊緣族群在滿清以至於目前中

華人民帝國的疆界裡如何地受到壓迫。這種壓迫的狀況在香港回歸中國之後更是明顯可見。九七大限讓香港的媒體、經濟和文化活動逐漸萎縮，在報紙和廣播電台上發表異議聲音的人士，遭受種種威脅、黑函，甚至監禁。中國不斷地以不法的手段來騷擾香港的民主人士，甚至以惡毒的中傷手法破壞他們的形象，利用種種欽定的方式由上而下來掌握立法院，掌握特區的統治管道。這些都可以說是活生生的例子，告訴我們中國帝國在這近百年來對全世界以及對境內的各種人權的發展，都採取相當反動的方式。而自由人士在這種情況下，為什麼反而加強中國帝國對台灣的封鎖，讓台灣在夾縫裡面更難以發展，這實在是一件令人遺憾而又百思不解的事情。他們的腦袋裡到底有沒有自由主義的思想？是否具備批判和思考的能力？

事實上，連毛澤東都曾說過安南(越南)、台灣和琉球都是被壓迫的民族，都應該爭取獨立。但是，等到他得到了政權，他和接班人鄧小平就往往採用血洗台灣，或是用經濟來封鎖台灣的政策。這種政策在目前裡應外合的狀況底下，再加上全球化的影響之下，各國紛紛拿中國作為最重要的市場投資對象。法國、歐盟、澳洲，更不要說我們長期以來的友邦美國，都以「一個中國」的政策來封鎖台灣，讓台灣無法出聲。在許多科技、資訊的交流上，都對台灣非常不利，讓台灣再度邊緣化。尤其是最近，在錄用留學生的考量上，不斷對中國的學生提供更優厚的條件，而在學術的領域上，不斷地去凸顯中國作為一個研究領域的重要性，讓台灣早期作為中國的窗戶、自由中國的這種地位逐漸沒落。而在經濟上面，更因為台灣的廠商出走，裡應外合的西進政策讓台灣的市場逐漸萎縮，勞力不斷空疏。在高等教育的自我期許上，也缺乏自信。因此，我們的國際競爭能力，在中國以及美國的聯手封鎖之下，只能變成一個設計者。我們的晶圓廠不斷出走，高等科技、學術和研發人才逐漸從美國跑到中國大陸。在最近的哈佛大學經濟評論報導和華爾街報導裡，也都開始重視到這個問題。美國第一流學院裡的學者、專家，乃至於科學園區、矽谷裡的優秀人才，現在因主要的生產工廠逐漸外移的關係，不再把美國當成最重要的基地，因此造成「腦力出走」的衰頹現象。美國長期以來因為移民社會所擁有的優勢，正不斷被挖空當中，許多城鎮和將近一半的公共設施都沒辦法再維持，教育也因為人口的流動，慢慢地從早期的多元化變成單薄而逐漸式微。在這樣一個狀況之下，美國才開始發現到所有的產品都是 Made in China，人才也不斷外流。美國現在所發現到的問題，是在歷史的條件底下逐漸產生的問題。以美國幅員廣濶、資源豐富的情況底下，都已經備感威脅，台灣這麼小的島國，居然在十幾年前就已經發覺到科學園區的許多廠房都已經撤空，為什麼我們的民間，我們的媒體、學院和政府，都不願意真正去面對這些問題？這實在是台灣的問題所在。

在經濟、生產、文化以及服務都被中國市場所支配、邊緣化的狀況底下，我們即使是有相當高的外匯存底，或者是透過各種褊狹的手段買到昂貴無比的武器，其實也沒辦法防衛自己，因為我們的內部已經被掏空。有相當多的國人不願意認同台灣，只認為所謂的商人無祖國，只要是利之所在，就紛紛以市場為取向，把民族認同、族群認同和人權問題全都拋諸腦後。所以中國帝國對台灣的封鎖，常透過所謂的自由貿易或是招攬台商的方式，對台灣文化生產、高科技研發以及經濟活動，進行更加深層的擠壓。在這種狀況底下，美國對台灣的興趣，從早期 50 年代作為自由中國的代表，在白色恐怖底下對台灣的扶植，對蔣介石政權的栽培，以對付赤色中國的意識形態，早就已經崩解。柯林頓和布希以保守的自由主義原則作為前提，對台灣的防護條約基本上是以軍售的方式進行，而更多的利益是放在跟中國大陸的貿易上，不斷加強「一個中國」的約束。在這同時，美國帝國已經對全世界形成相當嚴密、軍事而不是文化或政治的統治方式。最近有相當多的書籍討論到這種現象，2000 年 Michael Hardt 和 Antonio Negri 兩人合寫的《帝國》(*Empire*)講到以前的羅馬帝國，基本上是派總督到征服地進行政治統治的手段，美國進入到 70 年代 80 年代之後，隨著麥當勞和各種跨國公司，如微軟、英特爾的興起，或是種種投資和顧問公司的設立，讓帝國的中心逐漸變得無法看見，世界變成是在資本和市場的統治之下。正如 2003 年 Ellen Meiksins Wood 在《資本帝國》(*Empire of Capital*) 裡面所形容的，美國因為要結束恐怖主義，強調所謂的世界性防禦，已經讓帝國主義產生一種新的面貌，不再是一種殖民的征服，或是直接派總督形成政治的領導，而是透過資本主義的帝國主義的方式來形成其霸權。

因此，由早期的羅馬帝國一直到中古時代的歐洲，乃至於阿拉伯世界的穆斯林帝國，或者是 16 世紀的西班牙海上王國、荷蘭的商業帝國，逐漸到英國帝國在 19 世紀時對全世界的佔領和商業買賣，而集大成的就是目前的美國。美國透過全球的經濟管轄和投資，形成一種本地政府和跨國公司難分難解的多元合作利益團體。每一個國家都會因為軍事買賣或是超大工程，乃至教育、文化和生產事業，與美國形成一種無法避免的關係。而在這種相當不平均的發展裡面，全球的經濟、服務、生產和科技，都落入到美國一定要撈一筆的狀況。

看看我們的高速公路、捷運，或者是核電的發展，乃至於大學裡面的升等制度，期刊所依賴的全部是以英文 SSCI 的標準來看，台灣非常明顯的早已是美國帝國的次殖民地。而美國和其他早期帝國非常不一樣的地方，是她的文化和政治沒辦法達到一致性，來讓她的軍事和商業的跨國買賣能夠引起全球性的信服（conviction）。根據最新的報導，美國在 2003 年投入了金額龐大的軍事經費，來維持它在全世界的領導地位。

這些軍事的發展在幾本書裡都作了詳盡的討論，如 Michael Mann 的 *Incoherent Empire* 或 Chalmers Johnson 的 *The Sorrows of Empire*。在聯合國 176 個會員國之中，美國在 150 個國家裡面佔有兵力，而其中有 22 個都是超級大的海陸空基地，擁有航空母艦和飛彈基地等等。2002 年，美國的國防預算是三百四十兆，2003 年到秋季以前已達四百兆，其中還不包括許多和軍事有關的情報系統，以高達百分之 92 的比例分給軍方，也就是在正常的政府機構底下，只拿到了百分之八的預算。美國花大筆的錢來推展它的軍事控制，但是又很難去維持文化和商業的支配行為。在一味發展軍事的情況底下，美國將全世界納入軍事版圖，但是美國人卻缺乏對國際的知識和對中東的了解。進駐伊拉克的 14 萬部隊在出發前所作的調查顯示，百分之八十的士兵都不知道伊拉克在世界地圖裡的那一個位置。由此可見，和早期的羅馬、荷蘭這些帝國相較之下，美國花了更高比例的軍事經費，而沒有在教育、文化和政治方面達到深入的統治。因此，在美國帝國裡面，有許多弱勢的團體以人權運動的問題進行內部抗爭；而美國對外所造成的經濟不平均發展，以及對他人政治和宗教信仰的壓抑，更造成伊斯蘭世界對美國的厭惡，就連美國以前的朋友，如歐盟各國，也對美國起了反感，全世界最不受歡迎的人現在變成了美帝。在這樣一個狀況底下，台灣歷年來所依賴的美國的保障，在全世界的友誼和合法化上逐漸成為一個變數。台灣如果還一直用以美國當靠山的想法來運作，而且不斷透過一些獨立的修辭來刺激美帝和中帝的話，在外交和國際友誼的網絡上，這並不是一個牢靠、妥善的辦法。

在中帝和美帝之後，當然，在台灣重要的殖民以及後殖民的歷史裡面，不能不談的就是日帝。眾所周知，1895 年到 1945 年日本帝國對太平洋群島發動攻勢，台灣是一個非常重要的基地。日本在台北帝國大學發展了整個南進的政策，特別是對太平洋地區的風土人情作了非常詳細的研究。這些成果在伊能嘉矩的文庫裡面都有詳細的收集。甚至於在許多人類學、歷史和地理的研究上，日本對南亞的野心可以說是相當明確。1895 年日本對台的政策基本上是用鎮壓的方式，當時來台擔任總督的大部份都是將領。而在最近的一些研究裡面，已經明顯地可以看到日本殖民政策和帝國主義發展與德國有相當類似的地方。這些殖民者大部份是以軍人和官僚為主體的駐外人員，他們大部份都不像英國或是法國的駐外人員，對於外國的殖民地有一種浪漫想像或是政治野心。這些德國和日本的殖民者，通常都在短期之居留內發展出有效的統治，而且基本上都是以軍人為主，特別是陸軍。實際上，日本長期以來都是在德國進行將領和衛官的培訓和軍事訓練，在武器改良以及對亞洲的企圖心方面，與德國在歐洲的雄心壯志，甚至於種族迫害的這些作為，可以說是相當接近，彼此相輔相成，在第二次世

界大戰中對美國來講是最大的兩個威脅。

日本在對台灣的統治手段上，可以由早期的軍人鎮壓或媒體官檢看出。日本對台灣的殖民政策，雖然在公共建設、戶籍普查、人文地理以及農作物的耕作技術方面作出大量的改良;但是 1895 年對台發動攻勢，造成 10 萬人的死亡，以及 1930 年動用上千名日本警力，加上兩千多名的漢人以及其他原住民的配合，發動飛機和坦克，以發動大戰的方式針對少數兩三百位原住民進行血腥的霧社屠殺事件，在 1931 年之後，更不斷地分化團結，透過砍頭以及分配住地的方式來一一加以消滅，可以看得出來日本帝國對台的統治是相當暴力而且毫不留情。在目前討論到日據時代的記憶以及日本帝國對台的建設，許多人有比較美好的想像和回憶; 實際上，透過跨帝國的文化比較和社會分析，我們可以理解到日本帝國的本質在許多面向上和德意志帝國相當雷同。也就是在這樣一個情況底下，有許多內部衝突的情況發生。特別是在 1896 年之後開始辦官報，幾年之後由在台的日本人自己辦報，採用市場的機制來營運，因為日本內地的政治鬥爭，影響到台灣特別的公共輿論，可以對總督府提出批評。公共的輿論到了 1920 年代已經成形，台灣人自己報紙，擁有發聲的空間，特別是中文報紙不斷地突顯其自主性，可惜這種留學生、市紳以及知識份子所形成的批判空間以及公共文化，並不能夠維持太久。從 1919 年代到 1930 年代，媒體發展出來的公共輿論有相當反殖民的色彩，開發出來所謂的都會文化，也就是 cosmopolitanism，在台灣發展出啓蒙運動、現代化和知識體制化，甚至於女性主義和人權運動，在這十幾年之內也都得到相當初步的發展。1930 年之後因為霧社事件以及不斷發生的抗暴運動，日本官方採取強硬措施來壓抑台灣媒體所發出來的不同的言論，甚至於分化團結，透過辜顯榮之類的人物來當挑撥離間的象徵，讓本土的權力鬥爭逐漸高亢。

30 年代之後，雖然識字率以及報紙的閱讀能力在台灣的公民知識上佔了相當普及的作用，但是日本帝國的本色反而更加強烈，而且用發動聖戰的方式鼓勵台灣人從軍，或者是以慰安婦的方式讓台灣女子變為工具。在許多不合理的情況之下，台灣的次殖民地的位置，比起朝鮮和滿州國，在日本的帝國計劃裡可說是一個次要的仲介地位。因此，我們可以看得到 30 年代在台相當久的知識份子，開始對台灣有一些不一樣的想法，如石川欽一郎，對台灣的山水逐漸有所批判，認為台灣的玉山比不上日本的富士山，台灣的山水過於短促，比不上日本的河流淵遠流長，而日本在文化上面有一種沈穩之美，而不是短暫的華麗。在各個方面，我們都可以看得出來這種跨文化比較，而在民俗研究裡面，也開始發展出來所謂的日本性格，日本這種領先地位的文化論，在柳田國男等人的論述底下，開始透過跨社會、跨文化的研究來鞏固日本第一的想

法。在這種文化論述底下，日本帝國的合法性權威得以建立，用軍人的靈魂、武士道精神或是在台所發展出來的聖戰的修辭，來奴役台灣的原住民和漢人，並且透過這些機制來發動第二次世界大戰。因此，在討論日帝在台五十年，我們不應該遺忘有許多軍國統治的面向。但是，在文化生產的面向，也因為日本的各種機制，中國五四運動對台灣的刺激，台灣留學生的自覺運動，乃至於日本的道德會以及來台的藝術家、知識份子對台灣的同情，小說家對台灣殖民地的鋪寫，如西川滿、佐藤春夫來台灣殖民地的遊記裡對日本的批判等，都對台灣的反殖民思潮有相當重要的啟發，台灣的公民意識和改革決心也在 1940 年代達到高峰。

不幸的是，1945 年到 1947 年，國民黨來台對台灣許多知識份子公民權的壓抑甚至於屠殺，造成了血腥的二二八事件。台灣在國民黨所假設的道統和法統底下，一直被扭曲成為中華帝國的一環，使內戰進一步擴散，造成台灣歷史的幽靈，逐漸封鎖本島，讓台灣變成反攻的基地，在軍事的戒嚴體制底下再度被監禁，沒辦法獲得自由，無法發展自己的主權。因此，台灣對日本帝國及其殖民文化產生不一樣的想法，有所謂的後殖民的觀點，重新回顧日本殖民所遺留下來的公共文化、教育以及對台灣經濟發展的刺激。而在解嚴之後，日本的產品、流行文化往往變成是某一形式的哈日和新殖民的活動，旅遊日本、購買日本唱片、明星產品和配備，從玩具到 Play Station II 到偶像劇，都可以看出日本的新殖民文化產生某種的回魂作用。當然，日本這幾年來對台灣的反應，如東京都市長石原對台灣的友善態度，都可以發現日本在台灣找得到某種友誼，這種友誼是由於日據時代所產生的連結以及種種的愧疚所發展出來。相較之下，中國對台灣所發展出來的文化帝國主義，美國對台灣所發展出來的新殖民主義，就都比日本帝國更要具有威脅性。美國和中國往往在「一個中國」的政策之下，對台灣行使兩面的手法。美國一方面有防衛台灣的約束，一方面又不斷地強調一個中國的政策，對台灣形成相當大的壓抑、封鎖。同時，中國也吃定了美國對大陸的投資，不斷地透過軍事的偵測，盜取國防機密，與美國敵對，讓美國民間對台灣又產生許多同情的觀點。這些觀點雖然和美國政府的態度不大一致，但卻是台灣值得去發展的面向，特別是在台灣在教育和文化上和美國民間有密切的聯絡。

然而，近年來台灣的留學生人數逐漸下滑，以去年為例，整個留美的學生就下降了四分之一左右。這是一項非常重要的警訊，顯示中國大陸在留學生的比例以及對美國的掌控上面，逐漸發揮它的作用。美國現在所面臨的問題，在生產業史上前所未聞。中國可以提供最優秀的人才，都是跨國公司所訓練出來的研發人才，也大部份受過美國博士以上的訓練或是研究機構的培訓。在最上層的機構具有眾多的跨國資金和國際

網絡，可以取代美國在這方面最高級的研發，甚至可以盜取美國最重要的發明成果。而最低價的廠商能夠以十分之一以下的價錢，生產美國能夠生產的貨物。從最高到最低的各種層次裡面，中國都能發展出取代美國的機制，這是美國、甚至在世界上從來沒有經歷過的震撼。一直到最近這兩年美國才警覺到這個嚴重的問題。台灣可以說更加地脆弱，因為從基礎的製鞋業、成衣到精密的晶圓、筆記型電腦的設計，逐漸都隨著張忠謀、王永慶等人到大陸去設電廠、晶圓廠，整個被取代和淘空。我們的研發人才紛紛前往大陸，造成某種被吸收、含納的狀況，甚至於反過頭來又回咬台灣、盜取資訊，甚至於對我們教育文憑的認可機制產生相當大的打擊。尤其在出版業方面，透過跨國公司，特別是像李嘉誠的機構，進軍台灣的出版業和媒體業，最明顯的如蘋果日報和城邦集團，都對台灣的表達機制、發聲系統以及新聞媒體的出版產生一種抵制的作用，利用這種方式來抹煞本土的聲音，逐漸透過商業機制來斷送、抹除本土的發聲空間。在民進黨執政的情況底下，發生這種被掏空、被抹殺的狀況，而執政者又不以為意，這個實在是一個非常荒唐、值得我們反省的關鍵點。

在我們目前的內閣裡面，很少有在國際外交和文化事業機構裡長期服務的人士，大部份都是以政治的方式，以短視、功利、自私、運作椿腳為其主要考量，紛紛去除國際、法律、外交、文化這些需要長期經營的面向，往往安頓自己的人脈，甚至以口舌之快，造成友邦人士之錯愕，尤其對外面變化不大注意，更對具有歷史縱橫的研究領域全部予以抹殺。在政治掛帥的情況底下，對外的國際關係和對內的族群問題，往往都經由一些非常激烈的修辭，如LP，或是謾罵的方式讓本來的朋友變成敵人。因此在政壇，原來是政治上的敵手現在變成仇人，幾乎沒辦法有任何協商的空間，就連彼此信賴、協商的善意都不見了。而對外又往往沒有透過一些精心設計、深思熟慮的政策，來對外形成某種奧援，爭取國際友誼的支援。因此，在美日中三個帝國的夾縫中，台灣的生存空間堪憂。在這種情況底下，很多人都採用毒蠍的方式，透過軍事的手段來加強報復的可能性，把自己孤立起來，產生對外孤注一擲的心理，其實是相當不健全的心態，而且也不容易引起國外社會的共鳴。

我認為台灣要走出目前處於帝國夾縫的困境，應該要廣結善緣，多了解在美國境內弱裔所發展出來的論述。在軍事擴張之後，對健保、教育所造成的打壓，在美國內部裡面其實對軍國主義有許多不同的看法。乃至於中國在經濟掛帥之後，對環境、政治的腐化，貧富不均的狀況，特別是對非漢人團體，如西藏、伊斯蘭教徒和法輪功所形成的迫害，在人權的論述上，美國和世界各國對中帝的政策其實是有許多保留。台灣如何把這些議題加以擴充，如何連結全世界有關弱勢的論述，對人權的問題多方關

注，才是更加穩紮穩打的方式。

因此，在本文最後，我認為小蜜蜂這樣的一種形象，比毒蠍的策略要來得更加友善，崇尚社區運動，同時又具有自我防禦的功能，在友善之中也不失自己的立場。在各種動物裡面，小蜜蜂擁有好客和社交的形象，往往是以旅遊、飄來飄去的意象為主，和台灣作為一個價值開放的移民社會是相當地吻合。所以，我認為與其不斷強調毒蠍的這種政策，不如從文化和國際的友誼上面著手，透過小蜜蜂的這類活動來多關心一些處境和我們近似，而在條件上可能比我們差的國家團體，透過各式各樣的文化和財經網絡來給予奧援，如此才能更加穩固台灣在世界文化以及作為世界公民的地位，讓台灣的特色以及台灣開放的觀念在全球占有一席之地，進而能夠立於不敗之地。

參考書目

Brown, Melissa. *Is Taiwan Chinese?* Stanford: Stanford UP, 2004

Hardt, Michael, and Antonio Negri. *Empire*. Cambridge, Mass.: Harvard UP, 2000.

Hou, Hsiao-hsien, et al. "Tensions in Taiwan." *New Left Review* 28 (July-August 2004): 19-42

Johnson, Chalmers. *The Sorrows of Empire: Militarism, Secrecy, and the End of the Republic.* New York: Metropolitan Books, 2004.

Mann, Michael. *Incoherent Empire*. New York: Verso, 2003.

Teng, Emma Jinhua. *Taiwan's Imagined Geography*. Cambridge: Harvard UP, 2004.

Wood, Ellen Meiksins. *Empire of Capital*. New York: Verso, 2003.

Yip, June. *Envisioning Taiwan*. Durham: Duke UP, 2004.

由集體感知呈現到倡議台灣主體地位的公共領域轉型：
一九六〇年代以來台灣現代性的緣起與轉變

蔡篤堅[1]

陽明大學教授

一、前言

　　台灣民族認同論述呈現多元的風貌，自鄉土文學運動以來，具有地緣認同取向的台灣意識，在政治和社會力轉變中，逐漸挑戰了以血緣認同為基礎的各種中國意識。一九八零年代之後，新形成的民族意識與情愫，因緣際會地與台灣民主運動發展的經歷扣連，成為台灣政治勢力中，反省質疑任何以血緣為導向的本質性民族主義論述的重要基礎，也經由文學公共領域、歷經黨外雜誌所組成的次級政治公共領域、進而在政治公共領域中成為主流。[2]而文學作品中的集體情愫，也在公共論述的對話、思辨與沉澱的過程中，凝聚成為台灣意識的兩個主要面向，即了解「台灣一直在外國殖民者的侵略和島內封建制度的壓迫下痛苦呻吟」之現實意識，以及「累積下來的民族的反地反封建的歷史經驗」所傳續參與抵抗的精神。[3]這樣的抵抗精神，歷經保釣運動、中壢事件、美麗島事件後，在八〇年代塑造了台灣主體地位成為主流的政治、社會與文化力量，與九零年代完成台灣主體政治與文化意識建立的寧靜革命，並成為政治改革的主要力量。公元兩千年這樣的力量更進一步地促成台灣首次的政黨輪替，攸關國族認同的意識形態鬥爭持續蔓延，盲動的民族認同情緒仍是台灣民主文化無法深化的主要因素，所幸「台灣社會所擁有的自省與自我調整能力」則是克服新時代挑戰的重要倚靠。[4]新的歷史文化經驗，不斷的融入台灣社會的歷史洪流，透過文化精英的詮釋與開創，能與大眾經驗扣連政治社會變遷機制結盟的能力，形塑了攸關民族認同的文化霸權變遷，也成就成功民主轉型的公共領域風貌與台灣主體內涵。

　　在這變遷過程中，主體地位的開創與民族認同的想像，明顯地是透過社會文化精英透過凝聚感知時代的集體情愫後與大眾共同開創的。以印刷資本主義為基礎的國家

---

[1] 目前擔任台灣社會改造協會理事長。
[2] 蔡篤堅＜對 1980 年代台民族認同的文化分析＞《媒體再現與當代台灣民族認同形購的公共論述分析》頁 1-48 台北：唐山 2001。
[3] 葉石濤＜台灣鄉土文學史導論＞ 《台灣鄉土作家論集》頁 9 台北：遠景 1979。
[4] 陳君愷《台灣「民主文化」發展史研究》頁 127 台北：記憶工程。

民族想像，又何嘗不是以文學爲媒介。[5]而文學家和文學批評家們的實踐與創造，甚至是歷史的再詮釋，都成爲形塑民族國家認同的重要媒介。透過這些媒介，產生了全新的閱讀大眾。[6]不管是有意的，還是無意的，都塑造了新的歷史變遷基礎和社會力量。終戰後，打破威權國家統治，促成新民族想像的視野開創中，文學扮演著舉足輕重的角色。回顧過去，張誦聖細膩的描述現代文學的誕生，和其於威權統治背景的時代意義。在逐步邁向現代化的過程中，現代文學確立了文壇爲一獨立自主的領域的歷史地位和角色。不僅抵擋了威權政治的干預，也成爲形塑中產階級感知結構的重要媒介。[7]

美麗島事件後，對權力不平等關係的警覺、被迫害的反抗、和文化知識被壓抑的憤怒，傳承左翼思潮的陳芳明，他希望尋找已被排除或不斷歷經思考和反省的台灣人的原型與氣節，仔細思考台灣在國家現代化經驗中，知識份子所該扮演的角色和地位。[8]如此地結合文學關懷與政治實踐，呼應了當代思想家法農（Frantz Fanon）揚棄了以知識份子爲中心的任何單向認同形塑；其中，不論是全然認同殖民者的思想、接受外來的知識，或者是以完全排拒殖民經驗的態度回歸傳統，類似與民眾生活經驗脫節的知識份子使命皆遭唾棄，而以爲壓迫人民說話之知識份子的知覺感性再出發，爲重塑文學與政治運動的基礎。[9]文學也因知識份子的努力，在國家民族認同可能的形塑過程中，扮演著舉足輕重的力量。可是在一個極端的威權而文字高度受到管制與壓抑的年代，導引社會變遷的渴望與情愫如何延續、發揮、進而突破時局的限制？進而開創嶄新的時代？這是探討台灣主體性形成與轉變重要的課題。本文導向跳脫文字的束縛，以意會而非言傳的攝影藝術創作，作爲形構台灣主體之大眾感知在威權時期投射與交流的見証，也期待更爲深入地了解台灣公共領域形成與轉變的機制與過程。

二、美學品味與大眾感知

藉由非文字的歷史見證來探索台灣主體形構延續與變遷的過程，是了解白色恐怖與威權時期文獻與史料盡皆偏頗，也無由代表渴望自由與解放的集體情愫，即便是存在也不允許作爲與廣泛大眾交流的媒介。而就台灣民主運動發展史來說，日據時期豐富的看日與追求自治的經驗並未依位國民政府來台就銷聲匿跡，相反的自由中國雜誌的創刊代表在這片土地上反權威的台灣意識，是無分省籍與血緣的普世價值，這樣的

---

[5] Anderson, Bendict. *Imagined Communities.* New York: Verso. 1991.

[6] Frantz Fanon 著、陳志清譯 ＜論國家民族文化＞《中外文學》 第24卷 第6期 頁80-90 1996。

[7] Chang,Sung-seng. *Yvoinne Modernism and the Nativist Resistance: Contemporary Chinese Fiction from Taiwan.* Durham and London: Duke University Press 1993.

[8] 陳芳明 *殖民地台灣：左翼政治運動史論* 台北：麥田 1998。

[9] 蔡篤堅＜兩極徘徊中的台灣人影像與身分認同－來自新電影的反省與質疑＞《媒體再現與當代台灣民族認同形購的公共論述分析》頁119 台北：唐山 2001。

普世價值也可以在攸關美麗島雜誌進一步的分析之中呈現。[10]可是在自由中國停刊與台灣政論發刊之間，儘管保釣運動本身有著與執政當局意識型態接近但卻有這全然令人錯愕的發展趨勢，然而直接與追求現代主體的努力，直接反抗威權統治的訴求在這段期間似乎是隱晦不明的。沒有這方面的釐清，台灣意識作為無分省籍、而是以地緣為出發點追尋主體的時代地位與重要性就容易被輕忽。也因此本文藉由能夠反映時代變遷，又具有超越時空侷限之藝術創作可能的攝影，作為探討一九六零年代到一九七零年代大眾感知見證的媒介，並由攝影藝術展現的內涵呈現台灣公共領域流變的機制與過程。

蔡篤堅與張美陵探索延自日據時期的攝影技術傳承，發現民間經濟與人際網絡為基礎而奠立的公共展示空間與大眾傳播媒體，而在 1960 年代建立了另外發展的可能，這是不同於與當年國家意識形態接近的中國畫意攝影美學。[11]透過地方的自發社團持續地與日本和其他國際地區交流，成就了 1960 年代台灣本土寫實攝影的發展脈絡。在這環境中，追求開創攝影美學風格的鄭桑溪，傳承自張才和翻譯小說，著重攝影對象與環境互動的人文主義，和現代幾何構圖敏感性，開創了強調自然寫實的攝影美學發展可能。人文景觀受大量生產後，獨特幾何圖形的現代感，在鄭桑溪作品中以動與靜的平衡方式呈現。當時包括郎靜山、張才等等攝影界前輩，對於藝術創作風格的開放態度，使得台灣攝影界蘊涵此種可能發展方向。這是一個對於攝影創作風格開放的時代，透過系統性地反省作品內涵與實驗，本土的攝影美學觀點，可能奠立初步基礎。鄭桑溪與張照堂於 1965 年合辦的「現代影展」，呈現了類似的可能。現代劇場的經驗，現代文學的衝擊，前衛思想如何影響張照堂，如何幻化成為攝影創作，值得進一步探究。

誠如卡西勒所言，人類團體的社群感，是經過交感的連結，如此的交感連結，以卡西勒所舉的例子來說，就是部落中爭戰中的丈夫，與他們留在原地的妻子，透過儀式表演的行為，而產生命運膽戚與共的一體感覺。這樣的交感行為，是與藝術創作的直覺，或實證邏輯裡所蘊含的因果關係的連結，是不一樣的。[12]而印刷資本主義的興起，使我們社群想像的空間，超越了面對面的社群，而交感的連結，也擴大到非面對面的

---

[10] 關於台灣民主運動較為全面的整哩，詳見：陳君愷「台灣民主發展」台灣社會改造協會講座系列 2005 年 1 月 15 日；攸關戰後台灣民主運動的發展，可參考：李筱峰，《台灣民主運動 40 年》，台北：自立晚報社文化出版部，1987；至於美麗島雜誌深入的分析，詳見：蔡篤堅＜性別錯置、世代交替、與媒體再現：美麗島雜誌的反主流政治論述初探＞《媒體再現與當代台灣民族認同形購的公共論述分析》頁 223-299 台北：唐山 2001。

[11] 蔡篤堅、張美陵〈捕捉現代：台灣寫實攝影轉變初探〉，《現代美術學報》，第三期，頁 30-69。

[12] 卡西爾著 范進等譯《國家的神化》台北：桂冠 1992。

人群，共每日生活中的共同經驗，塑造了現代的社群想像。[13]了解卡西勒所提醒民族國家非理性部份，是經過交感的連結而可能產生的一些思想的限制之後，認同主體的形構，所蘊含的理性思維，也是包含在如此的交感社群想像裡的。不一樣的是，過去的部落將人類社群的階層分化，視為宿命般無可改變的文化常模。而知覺理性，經由法國大革命降臨人世間之後，開創出來諸多的現代感，其中之一，便是主體性的奠定。人開始覺得可以用個別或群策群力的力量，藉由理性上的辯證和懷疑，而改變傳統的宿命、絕對的權威、及所處的環境。民族國家的形成，也蘊含了一個新的認同主體的形塑，以群策群力的力量，依著一套系統性的符合邏輯的論述為基礎展望未來。其中所產生的，有如 Fanon 所言的「全新的閱讀大眾」，所顯示的不僅僅是外顯的民族國家形式，或是爭戰反抗的表現，同時蘊含了一個新的集體及個別的心理機制的形成。[14]

在《無花果》中，吳濁流認為「台灣人的大部份是漢民族的後裔」，也宣稱「台灣是台人所開拓的，並沒有借用清朝的力量。這和美國的開拓，情形正相彷」。[15]由對日本人的反抗開始，溯源二二八事件的遠因，歷經文化運動中追求「民族自決」、「民族主義」的認知，和日常生活間受歧視，而譜成了另一種民族想像的基礎。其中對日本人歧視政策的不滿，所呈現的「日本人和台灣人在台灣人在台灣的五十年間做了一種道德的競爭」[16]，呈現了 Bhabha 所「像，但仍然不一樣」的描述，在接收人員來台之前，兩個月期間的治安「由各地的青年輪流擔任，而一絲不亂地把真空狀態平安度過」。[17]吳濁流進一步描繪「瞧吧！我們的國家、我們的國民！雖然五十年間被壓制在日本人的鐵蹄之下，但是台灣人還是沒有屈服，卻經常在做精神上的對抗。」[18]於是一個以民族像為基礎的台灣市民社會形成了，戰後國軍來接收前的統治風貌，及二二八處理委員會的形成，成就了模仿日本人的公民社會道德，但卻又不一樣的特質。

書中呈現的台灣人身份認同，由客家義民廟的鄉野傳奇，到對日本人呈現道德勝利的過往，其中歷經了民國建立前的明鄭之思，中國建立後的民主自治渴望，而在二二八事件前的省籍衝突經驗，重新塑造了一個新的社會類別和族群衝突的基礎。始料所未及的是，不完全的鏡像模仿，代表被統治者的「自我」與「他者」間呈現認同內涵接納和拒斥的兩極徘徊，不同時期新奠立的文化認同主體於政治體制轉換間流亡離散的經驗，一再地在歷史中呈現，和著不同的社會基礎和國際關係，呈現交互混雜的

---

[13] 同註 5。
[14] 同註 9 頁 121-122。
[15] 吳濁流《無花果》加州：台灣出版社 頁：34-35 1984。
[16] 同註 15 頁：161。
[17] 同註 15 頁：160。
[18] 同註 15 頁：161。

身份認同形塑可能。錯綜複雜的關係中，當蘊含省籍分野的中國文化霸權在台灣確立地位後，吳濁流於七〇年代率先譜出的族群共和共融，超越省籍界線的民族國家想像基礎。誠然這視野爲當時主政者的禁忌，然而環顧往昔中華民國概念，又何嘗不是與日俱變？由此觀之，吳濁流呈現的民族想像視野，自然可視爲發展另類文化霸權的基礎？

　　蔡篤堅研究台灣新電影，發現時代流變、權力轉換，電影中的情愫，成爲新時代知覺品味再形塑的可能。如此的情愫透過電影，所呈現台灣人的身份認同影像，是在主流政治本土化過程中，對無法集中權力來建立集體共識的惶恐，不同的電影所展現的知覺品味甚至意識型態截然不同。回顧《超級大國民》，面對今日已然不存在十四、十五公園預定地貧民窟的影像，伴隨著消翳中不平凡抗爭的新歷史記憶，電影影像於預期與不預期的偶然間，擴大了台灣文化變遷中「散佈游離」兩極徘徊，與「交錯混雜」的可能，但也同時彰顯了具排它性質的主流政治論述獨特的性別、階級、省籍、世代等等社會類別區隔的特徵。提醒著我們，任何普遍性追求現代身份認同的渴望，脫離不了特殊生命閱歷和歷史經驗的侷限。深具自覺的新電影所代表的影音文化，促使人們警覺描繪時代文化霸權變遷中所蘊含的知覺感性。在一九八九年統獨聲浪中完成的《香蕉天堂》，補充了《無花果》的省籍經驗侷限，共同呈現了整體台灣社會不同省籍歷史記憶爲基礎的民族認同想像可能。《牯嶺街少年殺人事件》由邊緣青少年的角度，重新檢討台灣與大陸關係的真實性。[19]其中，在各式交錯混雜的身份認同想像已於兩極徘徊中，化解與重塑傳統與現代、新與舊、男與女、統治者和被統治者、及世代認知差異間的社會類別與權力不平等關係，不僅蘊含社會多元可能爲風貌，也呈現了對主流價值深刻的反省與質疑，呈現恢宏的氣魄。然而蔡篤堅發現，時至一九九〇年代中期，《超級大國民》與《好男好女》失去了展望可能未來的磅礴氣魄，時代的知覺感性，再度侷限於某世代的省籍情愫爲基礎的民族渴望其它的可能。[20]

　　回顧更早的年代，透過蔡篤堅與張美陵的研究，鄭桑溪＜海濱印象＞的幾何美感，無法歸類的＜福隆海濱帆船＞，＜玻璃後女體＞的視覺實驗，多樣歧異昭示著某種未完成的攝影可能性。如同鄭桑溪青少時期的舞台中的原住民與成功高中操場，彷彿是鄭桑溪人文美學與幾何構圖風格的兩個開端。意義內涵不明確的畫作，明日可能成爲其他美學概念的先導，而台灣攝影的歷史意義詮釋，將因更開放的態度，而開創新的美感經驗，反應大眾感知，也透漏在威權時期公共領域藉由非文字素材流動與轉變的可能性。本文因此延續台灣現代攝影的發展，以視覺藝術群（V-10）爲對象，探

19　黃建業《楊德昌電影研究－台灣新電影的知性思辯家》台北：遠流 1995。
20　同註9。

究張照堂等人所組成的視覺藝術群，在看似斷裂的台灣主體蘊育的過程中，如何延續與轉化台灣意識，並進一步豐富攸關公共領域的歷史與理論視野。

三、口述歷史與書寫

蔡篤堅比較近史所和史料基金會兩個不同的口述歷史發展脈落，發現張炎憲領導的史料基金會口述訪談的呈現，展現了更為尊重受訪者的風格，不同於近史所以「客觀史實」導向的問題設計主控了整個口述歷史訪談的過程與回答方向。[21]透過近史所的方式，口述歷史的目的在於回答學術圈界定的重要問題，彌補史料的不足，再以特殊史料為目的的問題引導過程中，情感的流露似乎對所設定的議題不太有幫助，旨在彰顯口述歷史的特色，而認同轉折的探索端賴訪談者自身的警覺。可是在基金會的口述歷史傳統中，生命的情感和認同意義的賦予為呈現史實的重要基礎，而每個人也有自身獨特的生命敘事邏輯，以至於訪談者應扮演傾聽和促使回憶的角色，而非以問題主宰訪談的進行和資料的獲得，這種方式與 Thompson 和 Anderson & Jack 等人的口述歷史立場相符，訪談者的角色在於藉由個別口述連結群體認同和社群記憶。[22]近史所從事口述歷史的目的，在於呈現過去的史實，而史料基金會則將口述歷史不僅視為歷史的一部分，更是重建台灣人反抗精神史的重要基礎。[23]

蔡篤堅因此倡議由同意、同理、同感三個層次，來導引足以形塑完整口述者認同風貌的口述歷史訪談。由同意、同理、同感三個層次來回顧宋嫚思所討論的實証主義與詮釋學派區隔，我們可解讀實証主義尋求的是對於理論邏輯的同意與否，也因此強調證明的功效與重要性，我們可以說這是運作在同意的層次，由類似數理邏輯的語言符號關係所決定。可是這樣的同意必須以同理為基礎，建立於涂爾幹所言的社會良知或集體共識之上，如此一來確立社會學科與自然學科不同的方法學預設，因為社會學科需經歷意義的賦予作為共識的基礎，沒有自然學科所依持的普遍共識或真理存在，互為主體的意義賦予成為不可或缺的共識建立過程，同理心與韋伯所稱的理解成為意義賦予的前提，這也是詮釋學派質疑實證主義的立論基礎。[24]可是宋嫚思對於前述兩學

---

[21] 蔡篤堅〈口述歷史實踐與台灣認同發展〉於台灣歷史學會編，《邁向 21 世紀的台灣歷史學論文集》，台北：稻鄉，頁 11-38，2002。

[22] Thompson, Paul，覃方明等譯，《過去的聲音》，香港：牛津大學出版社，尤其是第 188 到 190 頁；Anderson, Kathryn and Dana C. Jack, 1991, "Learning to Listen: Interview Techniques and Analyses", in Sherna Berg Gluck and Daphne Patai eds., *Women's Words: The Feminist Practice of Oral History,* New York and London: Routledge, pp.11-26。

[23] 張炎憲，1993，〈台灣人反抗精神史〉，《台灣史料研究》，第二號，八月，頁 3-7。

[24] Manuel Castells and Emilio de Ipola, 1976, "Epistemological Practice and the Social Science," *Economy and Society,* Vol. 5, No. 2, pp.111-144, translated by M.P. Corcoran and R.J. Webster，張景森譯，〈認識論實踐與社

派的批評，可說是對於由生命經驗衍生出感知差異的警覺與提醒，立論的基礎與由經驗出發的文化馬克思主義者威廉士（Raymond Williams）所提出攸關文化流變與差異的觀點相呼應，如此由生活體驗中形塑的感知結構成為知識權力關係發展的基礎，這也是文化霸權概念的主要意涵。[25]懷抱如此警覺出發的敘事認同方法本身，以同感作為前提，與馬庫色（Marcuse）對於新感性的重視相互呼應，不同的是，宋媄思未將挑戰人類解放的可能全然付託感性，而期待以同感為基礎，重回同理和同意層次來建構新理論和認同形塑的可能。[26]可是這一切不能由研究者主觀的、一廂情願的預設出發，而應以無預設同感、同理、或同意的方式，對受訪者的生命敘事邏輯與情感開放，來建構符合殖民場域歷史文化經驗的知識權力關係，彰顯社會中存在多元情感元素和認知模式，挑戰現代主義認識論所主導之知識權力關係的盲點，進而發展兼顧性別、階級、族群、世代等等多元面向的口述歷史分析和整理技巧，進一步豐富敘事認同方法學，使之成為足以挑戰主流知識權力關係的另類文化霸權形塑基礎。

敘事認同因此可視為思想與情感交織後的過程與結果，而思想如何成為釐清情感凝聚的分際與內容，由如何導引人們形成攸關社會的意向。本文特地延續狄爾泰的觀點，將思想視為「出現在理解和認知系統中的心智對象」，是「由心智創造出來的結構進入感官世界」的，而以將心比心的方式結合意賦予義和創造思想的情感結構。在此特地參酌由葛蘭姆西（Gramsci, 1971）到威廉斯（Williams, 1977）所開創文化研究的視野，葛蘭姆西認為知識是經由了解情感經驗而來的，可說是本文方法學預設的基礎，而威廉斯進一步闡釋葛蘭姆西文化霸權（hegemony）的概念，連結情感結構與文化霸權的變遷，具體地提供了本文分析的架構。以情感結構為一切知識形塑的基礎，在於避免經驗一詞所蘊含在時間上的過去含義，強調知識形成的可能在於每一個歷史進行中的當下，隨時處於未必能立即理解的變化情境，於是以情感名之。在此，從事一種基於感同身受的創造力，以便呼應不同歷史時空的情感結構，進而在歷史脈絡演變瞬間凝聚的情境、和權力不平等關係中形塑的場域，結合文本分析與口述歷史來探討視覺藝術群（V-10）的時代意義，以此分析台灣公共領域形成與轉變的機制，嘗試了解在威權時代的縫隙中，追尋自由與解放的集體情懷如何呈現，又如何塑造台灣主體認同的內涵意義。

V-10 最早的緣起可溯自 1969 年 12 月，一群來自不同藝術領域(設計、插畫、電影

會科學〉，於夏鑄九與王志宏編，1994，《空間的文化形式與社會理論讀本》，台北：明文書局，頁 147-183。
[25] Raymond Williams, 1977, *Marxism and Literature*, Oxford: Oxford University Press.
[26] Herbert Marcuse, 1955, *Revolution and Revolt*, Toronto: Beacon Press；Herbert Marcuse, 1987, *Ero and Civilization*, London: Art Paperbacks, RKP；蔡篤堅，2001，〈生命科技、衛生政策、與市民社會:台灣醫療文化霸權移轉之倫理意涵〉，《台灣社會研究季刊》，第 40 期，頁 181-223。

與攝影)的藝術家,於台北市武昌街之精工舍畫廊舉行「現代攝影九人展」,在攝影史上有著全新的評價:「這次展覽雖然只有五天,但是他們摒棄沙龍攝影所標榜的詩情畫意,有些呈現記錄寫實,有些則是虛無或是觸目驚心的作品,為台灣攝影界開啓了新的內涵與風貌。」[27]而 V-10 的誕生則是在 1971 年,以「現代攝影九人展」為主要班底而組成的 "V-10 視覺藝術群",十個成員假台北市農安街的凌雲畫廊舉行「現代攝影-女展」,評論者指出這次展覽「提出比『現代攝影九人展』更前衛性的思想與個人化的表現風格,也確立了現代攝影在台灣藝壇的地位。」[28]由引領時代風格轉變的角度來說,V-10 成為時代情感寄託的標記,對所有參展的人來說,代表著一種開創不同於當時主流視覺藝術表現的多元企圖,V-10 於是成為這些企圖所共同匯聚成的情感支持象徵印記。於是 V-10 這個象徵印記所代表的,不是參與者的數量,因為每次參與展覽的人數都不同,最多的時候是「76 大展」有 17 人參展,10 人意味著 V-10 這團體最初組成的參與人數。V-10 也不是表榜某種共同主張的代表,因為其所號稱的現代攝影概念,有著更早的傳承,不僅止於 1969 年的「現代攝影九人展」,更呼應著攸關小劇場、裝置藝術、文學、以及種種人文思想的表現形式與內涵,在攝影方面,更可以追溯到鄭桑溪與張照堂於 1965 年辦的「現代攝影雙人展」,甚至更早的年代。更重要的是,V-10 所有成員所表現出來多元迥異的風格,很難又一種主張或是學說來涵蓋,同時V-10 又是如此的實實在在,揚起創作者以獨樹一幟的方式引領不同於主流風格的攝影藝術實驗風帆,V-10 是認同多元藝術創作可能的集體情感象徵,以包容和相互支持的態度來成就一個集體展覽的可能,而觀展的盛況意味著 V-10 這個情感認同印記呼應著時代中求新求變的大眾期待。因此,透過了解 V-10 所代表的集體情愫,可彌補我們理解台灣主體地位公共領域形成與轉變的時代缺口。

四、由新思潮引領情感解放的時代背景

　　回顧過往,V-10 代表著在威權統治的年代藉由新思潮的刺激引領藝術創作的過往,嘗試在執政當局容許的狹隘自由空間中綻放嚮往自由表達意念的熱情,反威權的慾望投射範疇涵蓋政治、社會、與家庭,欲從貧乏的令人窒息的空氣中尋找心靈解放與真實面對自我的可能,或許這一切是促成思想與風格迥異之 V-10 成員聚合的主要緣由。於 1970 年代開始引領風潮,綻放輝煌攝影創作光彩的 V-10,所受的思想刺激源自更早現代文學與文星雜誌誕生的年代所引領的當代思潮,張照堂回憶那時候最喜歡讀的書是像異鄉人這一類的,像後來劇場介紹比較屬於荒謬劇場的東西,還有比較有新表現的小說,覺得那古典的東西整個調子太慢,非常沒有興趣,比較想要去接觸現

---

[27] 「又見 V-10」視覺藝術群 30 年大展　台北市立美術館　2003 年 8 月 23 日。
[28] 同前註。

談到現代人的精神面，際遇、以及對生命或對命運上重新的解釋。[29]然而不同於思想家用文字表達意念，以Ｖ代表影像的 V-10 利用攝影將影像視為表達思想的媒介，就本土攝影藝術的傳承來說，V-10 既不同於當時受郎靜山影響的中國畫意風格，也帶動台灣攝影不同於日本寫真學校影響的新方向，身為 V-10 成員之一的呂承祚提出當時對攝影的主張：「不僅僅只是記載，應該超脫利用大腦去思考人文」[30]。林柏樑進一步說出這主張的時代意義：60、70 年代的沙龍攝影只追求表面的美感，在當時獨裁的政治氣氛中，不鼓勵獨立思考，將不同的意見壓下來。統治者對於攝影的不正常認識，鼓勵的是那種唯美的沙龍攝影，使得攝影原來是最好的見證利器，卻被用來當作思想箝制的媒介之一，V10 大破那個時代的氛圍，打破當時的僵局。[31]

可是這在政治壓力無處不在的當時，以這樣的方式從事攝影，藉由藝術創作實踐新的人文觀點，是會飽受干擾的。如張國雄所拍葛樂禮颱風災情，被當局理解為「暴露台灣災情，為匪統戰宣傳。張照堂的一系列沒有頭的照片，被視為「中國青年無頭無腦」，葉政良以標語為作品，被解讀為「中國青年如此信仰盲目」；而周棟國所反映台灣中下階級的生活，則被指為「挖掘台灣窮苦」。[32]蘊含現代思潮的人文反思，很容易就引起當時令人窒息的台灣政治現實的不安，V10 的作品被執政當局認為影射或是反應現實時，如龍思良、周棟國、葉政良等有些成員就曾被警備總部警告。[33]對周棟國而言，當時在工作環境或是社會中都受到很大的精神壓迫，在「人二」橫行的年代，「"匪諜"就在你身邊」的壓力讓人沒有辦法放開自己的言論，這樣的壓力在攝影中找到宣洩，攝影是一種對當時所處環境的抗拒表現。[34]誠如黃永松所言，透過類似前衛裝置藝術來表現現代主義的、帶有獨特個人特質的創作，彰顯的是「對時代壓力的反抗」。[35]

西洋思潮與藝術創作的形式，成為新一代年輕人反抗威權的情感連結基礎。林柏樑回憶過往，提到：「在傳統的教育環境中，沒有溝通的空間。而自己從小又必較叛逆，不合群，被視作問題學生，感覺自己被扭曲但是沒有很大的反抗力量，透過攝影卻可以呈現。在不同的場合中發現攝影可以表現自己的意志。」[36]黃永松更進一步說明行程這協反抗的緣由，認為 V-10 代表著生長在白色恐怖的時代背景中，敏感青年產生

---

[29] 張照堂訪談稿，蔡篤堅訪談，2003 年 5 月 18 日。

[30] 呂承祚訪談稿，盧忻謐訪談，2003 年 5 月 14 日。

[31] 林柏樑訪談稿，陳怡霈訪談，2003 年 5 月 14 日。

[32] 周棟國訪談稿，陳怡霈訪談，2003 年 5 月 20 日。

[33] 呂承祚訪談稿，盧忻謐訪談，2003 年 5 月 14 日。

[34] 周棟國訪談稿，陳怡霈訪談，2003 年 5 月 20 日。

[35] 黃永松訪談稿，梁妃儀訪談，2003 年 5 月 15 日。

[36] 林柏樑訪談稿，陳怡霈訪談，2003 年 5 月 14 日。

的自覺,當時標舉 "UP" 即有抗壓之意,期許自己不要"down"下去。在資訊受到管
制的情況下,大家求知若渴,一本書大家會輪流傳閱,青年們熱切的吸收新知,當時
藝文圈不分哪個領域,大家常聚在一起熱烈的討論、批評,在這過程中得到許多觀念
的啟發,當時主要討論的問題主要是西方藝術的形式,更難能可貴的是其中共享的情
感,成了彼此鼓勵與鞭策的力量。[37]這樣的情感成為新的藝術表現慾望,莊靈記得第一
次的女展,作品的篇幅都蠻大的,一個人限四件,成為大家最合作的一次,因為作品
放那麼大,必須要大家幫忙,在當時的那個年代,用這樣的方式、內容來展覽,幾乎
是沒有過,等於 V ten 是一個開始,用攝影來表現當時的藝術觀,或者是美學思潮。[38]
而反威權的情懷尤其寄託在視覺藝術的表現上,當時迷上了電影的郭英聲,自覺受帶
六零年代法國的新浪潮導演楚浮、布烈松等等影響:「我對視覺語言的認識,絕對是
從電影開始的」。[39]視覺成為可獨立於文字之外的思想傳遞方式,涵蓋的範疇包括裝置
藝術再內的前衛藝術表現形式。針對攝影創作而言,當時最重要的讀物就是 Life 雜誌,
二十世紀成為視覺的世紀,攝影成為有力的媒介,Life 雜誌扮演關鍵的角色。Life 雜
誌在二次大戰後產生,代表美國的文化,其中將攝影的基本功能發揮到極致,且結合
不同領域的表現形式:影像、文字說明、版面設計,攝影可以服務眾多文明。[40]當這樣
的創作支持網絡逐漸形成時,周棟國回憶當時:「張國雄提議一起組個團體,就這樣
成立了 V10,V 是 vision,視覺,似乎也是張國雄的意見。」[41]張照堂說出那時候 V －
１０整個團體的心態,是大家都想在影像上有點自己的創意表現,然後回到他的工作
崗位上,展覽的意義在於希望在平凡中間有一點點能夠發表自己創意的場合或機會。
在這樣的情形下成立的 V-10 並沒有大的理念、目標、或甚至使命、責任,不是要革命,
也不是是要做一個驚天動地的事,大家其實都是很自由,很散,而且很尊重個人的東
西。[42]

　　體驗到視覺藝術足以類比語言享有其獨特的邏輯,運用視覺語言來抒發情感成為
V-10 不同主題與風格的創作實驗。而這在封閉的時代背景中,引領足以反映現代思潮
的視覺創作嘗試,需要倚賴感覺來從事技術的探索,郭英聲回憶當時:「學生時代剛
開始攝影時,我不懂技術,也不懂理論,沒有經過階段性的學習就拍了,我捉的是一
種感覺,「我把一個物體放在一個不可能的地方,不可能的場景」,應屬於裝置藝術、

---

[37] 黃永松訪談稿,梁妃儀訪談,2003 年 5 月 15 日。
[38] 莊靈訪談稿,蔡篤堅、張美陵訪談,2003 年 5 月 24 日。
[39] 郭英聲訪談稿,梁妃儀訪談,2003 年 5 月 21 日。
[40] 黃永松訪談稿,梁妃儀訪談,2003 年 5 月 15 日。
[41] 周棟國訪談稿,陳怡帆訪談,2003 年 5 月 20 日。
[42] 張照堂訪談稿,蔡篤堅訪談,2003 年 5 月 18 日。

超現實主義的表現方式。凌明聲看到我的作品很欣賞，把我介紹給周棟國、葉政良，我們三人一起開了「現代攝影三人展」（1969），我的作品是存在主義、現代主義的創作。」[43]這樣的創作機會帶動個人層次的藝術創作挑戰，張照堂回憶：「我那時候就是執迷於現代的一個青年，執迷於說我要…我要…我要革命，我要反抗，我要…我要造反，我要跟你做的不一樣，那時候年輕人總是有一點不一樣。」[44]攝影成為 V-10 的成員表達的工具，但關心表達的對象則是相當的多元，如呂承祚關心的，是「對於整個地球、整個生態，用照相機及攝影機提出一些看法」[45]，而林柏樑致力呈現「傳統教育、父權的霸道」，用攝影來傳達「地方廟會民俗活動是用來凝聚地方力量的儀式，小孩子什麼都不知道卻被利用到場面之中，是大人活動中的犧牲品。」[46]林柏樑發現攝影的力量，認為是比較有社會意識的反叛形式，值得注意的是 V-10 認為應該以攝影直接傳遞這樣的感受，無須佐以過多文字說明，周棟國陳述對攝影的主張：「喜歡用鏡頭探討生命，早期的作品以寫實為主，不喜歡 60、70 年代風花雪月的沙龍攝影，認為那是美而沒有生命的，自己拍的東西都是以台灣比較苦的東西做主題，雖然醜但是是真實的，越看越有生命力。一張好的作品不要有太多的文字陳述，讓觀者去感受。」[47]。呂承祚呼應著這樣的主張，提出如此的視覺創作在當時的大學生中，引起相當的共鳴：「那個時候有很多年輕人，包括藝專、文化學院、台大、清華一些哲學系、中文系的學生不把它當作照片，這一點是最讓我們感動的，所以我們那個時候展覽作品下面沒有題目。」[48]在威權的時代，藝術創作取代了會被極權政治力量壓抑的文字，成為自由解放意念表達的媒介，也見證了戰後台灣文學公共領域之外，還有藝術的公共領域，做為傳承具有反封建與反帝國主義內涵之台灣意識的媒介。透過 V-10 的口述歷史，我們發現葉石濤所言的台灣意識與台灣現代社會發展的每一個時刻都息息相關。

五、不同生活經驗所塑造風格的匯聚

多元的創作題材成為 V-10 顯視覺影像表達意念的媒介，這是由不同的生活經驗表所塑造出來的，V-10 可說是一個以共享攝影創作情感為基礎差異共同體，藉由視覺藝術所追尋解放的情愫打破了不同生命經驗的隔閡。胡永出生於北平，讀過北平藝術專科學校圖案系，1953 年由台灣師範學院藝術系畢業。[49]張照堂則出身於由台南遷往板橋的醫師家庭，在就讀成功高中時知名攝影師鄭桑溪是當時攝影社的指導老師。[50]莊

---

[43] 郭英聲訪談稿，梁妃儀訪談，2003 年 5 月 21 日。
[44] 張照堂訪談稿，蔡篤堅訪談，2003 年 5 月 18 日。
[45] 呂承祚訪談稿，盧忻謐訪談，2003 年 5 月 14 日。
[46] 林柏樑訪談稿，陳怡霈訪談，2003 年 5 月 14 日。
[47] 周棟國訪談稿，陳怡霈訪談，2003 年 5 月 20 日。
[48] 呂承祚訪談稿，盧忻謐訪談，2003 年 5 月 14 日。
[49] 追尋台灣曾經存在的攝影雜誌，攝影家雜誌。
[50] 張照堂訪談稿，蔡篤堅訪談，2003 年 5 月 18 日。

靈抗戰的時候在貴州出生，在時任故宮博物院古物館館長父親莊嚴的薰陶下，從小伴隨故宮文物播遷的漫長艱辛旅程長大。[51]周棟國出生於台北，是從小對繪畫影像感興趣的農村小孩。[52]呂承祚民國三十八年來台，從小住眷村，晚上會到空軍總部的「新生堂」(放映電影的大禮堂)看電影及聽廣播連續劇，因而對影像、電影產生興趣[53]。1949 年出生在台中的謝春德，初中時就立志當導演，曾說服父母親將賣田的部分所得投資買拍片又的攝影器材。[54]林柏樑則 1952 年出生於高雄，從小就喜歡畫畫，也展現這方面的天份，不過並不被鼓勵，1975-76 年間到台北跟著畫家徐德進作學徒，以席德進的名言：「藝術，從生活中學習」為圭臬從事創作[55]。1963 年出生於陽明山的劉振祥，小時候常常看著市區的萬家燈火，對於都市有一份嚮往。使得出身於世代務農家族的他，在學雕塑的三哥影響下，走向美術繪畫的路子。[56]而郭英聲則生長在相當有國際觀的家庭，父親在北京清華時響應「十萬青年十萬軍」成為軍人，母親曾赴義大利學音樂。[57]龍思良民國 26 年出生於廣州，於廣州居住僅約二個月，之後搬到越南(因為是華僑)，由於越南是法國的殖民地，藝術氣氛濃厚，因而對藝術產生興趣。[58]而黃永松 1967 年畢業自國立藝專美術科，在學期間即開始從事現在所謂的前衛、裝置藝術創作，創辦了前衛藝術團體 "UP"，舉行了三次展覽，並參加 "現代詩畫" 西門町大展。在金門服役期間，還參加了 "不定型展覽"。由於在校期間即從事多媒材的前衛創作，故對攝影並不陌生。在校期間亦曾拍攝紀錄片，對電影也興趣濃厚。[59]V-10 成員各自獨特的生活經驗，反映著新一代台灣人在大時代變遷中的人生際遇融合見證，呂承祚總結了 V-10 的背景特色：V 在那個時候是指影像的部分，10 就是當時原創的十個人，後來就變成 12 個，最多大概 15、16 個，V10 每個人的成長過程及職業背都不一樣，在 V10 剛成立的那段時間，嚴格來說每一個人都自己看、自己學，包括暗房。[60]

V-10 的聚合，生活經驗的連結與相互的支持扮演著關鍵的角色。與張照堂是中學同學黃永松回憶，兩人當時就常結伴到新竹山上，一個畫畫，一個攝影，是張照堂學生時期許多作品的模特兒，代表作是一個裸背。1966 年的 "現代詩畫" 西門町大展，張照堂、龍思良、張國雄也都有參展；1967 年的 "不定型展覽"，張照堂、黃華城也

---

[51] 莊靈訪談稿，蔡篤堅、張美陵訪談，2003 年 5 月 24 日；羅茵芬，1995，莊家藝術四連莊，中央日報 1995 年 11 月 1 日。

[52] 周棟國訪談稿，陳怡霈訪談，2003 年 5 月 20 日。

[53] 呂承祚訪談稿，盧忻諳訪談，2003 年 5 月 14 日；杜文靖，1994，從生活中習藝，吳三連獎基金會。

[54] 林宜諄，2001，從歸零、摸索、攝影、影像合成、到數位謝春德，數位時代 (http://www.bnext.com.tw/mag/2001_05/2001_05_1504.html)。

[55] 林柏樑訪談稿，陳怡霈訪談，2003 年 5 月 14 日。

[56] 劉振祥訪談稿，陳怡霈訪談，2003 年 5 月 16&19 日。

[57] 郭英聲訪談稿，梁妃儀訪談，2003 年 5 月 21 日。

[58] 龍思良訪談稿，盧忻諳訪談，2003 年 5 月 21 日。

[59] 黃永松訪談稿，梁妃儀訪談，2003 年 5 月 15 日。

[60] 呂承祚訪談稿，盧忻諳訪談，2003 年 5 月 14 日。

在內。再加上許多聚會討論的場合，事實上大家幾乎都是舊識，只是畢業後大家爲了生活各自奮鬥，一陣子之後才又開始聯絡。[61]劉振祥表示 V10 中對自己影響最多的就是謝春德跟張照堂，他記得剛開始學攝影的時候到處拍，但是不敢將自己的作品給別人看，在張照堂的鼓勵下，有一次整理了一疊照片給他看，張照堂把那些照片分成兩堆，其中一堆拿到藝術家雜誌上發表，一期連著十幾頁的版面，這對新人來說是很大的鼓勵。[62]在 V10 成立時，因爲正忙著創辦漢聲，故無暇參加的黃永松，提到當時的觀感，認爲當時社會反應不錯，因爲成員都已經不是學生，有一定的聲望、地位。黃永松說明事實上與其他藝術領域比較起來，V10 成立所標誌在攝影方面的醒覺算是晚了一點，不過在觀念、創作上是早就有了。[63]最後參與進來 V10 的劉振祥，覺得 V-10 是一群理念相近而聚在一起的人，共同創作一些東西，以情感友情來維持。現在可以一起展覽，感受到共同參與展出的興奮感。[64]

這樣的興奮感有著塑造新身分認同的意涵，龍思良說出了 V-10 的特質，這是由一群興趣相投的人所組成的，不把自己當作攝影家及畫家，因此就叫視覺藝術群。[65]V10 是因展覽而生，展覽過後大家就散了失蹤，直到下一次展覽時再相聚，周棟國說明展覽的主題是大家一起討論出來接受後，各自回去拍，到了要布展的時候才又聚在一起，這是自己很興奮很期待的時刻，去看別人拍了什麼？如何表現主題。[66]呂承祚表示 V10 在形式上並無固定，不希望大家被限制住，我們每次會發動，通知聚餐，並討論這一季或者下一季要舉辦什麼展覽，聚會及展覽是不定期的。[67]V-10 和一般人的想法有所區隔，受西洋藝術影響，使他們作品呈現了超現實及我行我素的風格，由於當時的社會無法接受，所以展覽的作品很多都是成員自己動手製作，參觀的人也大都是自己的朋友。[68]對於林柏樑來說，更重要的是他在 V10 中找到支持的力量，「有人可以理解你，有點溫暖。」以前在學校、家裡或是社會中，都感覺到自己是處邊緣，V10 一群跟自己一樣的人，自己不再是被學校社會鄙視，成爲「正常人」。[69]林柏樑覺得 V10 是一個鬆散的團體，大家各忙各的，沒有想要利用 V10 做什麼，也沒有想要影響什麼人。是一群興趣同好聚在一起，尊重個人，「學藝術的比較有自己的想法也尊重別人。」

---

[61] 黃永松訪談稿，梁妃儀訪談，2003 年 5 月 15 日。
[62] 劉振祥訪談稿，陳怡霈訪談，2003 年 5 月 16&19 日。
[63] 黃永松訪談稿，梁妃儀訪談，2003 年 5 月 15 日。
[64] 劉振祥訪談稿，陳怡霈訪談，2003 年 5 月 16&19 日。
[65] 龍思良訪談稿，盧忻謠訪談，2003 年 5 月 21 日。
[66] 周棟國訪談稿，陳怡霈訪談，2003 年 5 月 20 日。
[67] 呂承祚訪談稿，盧忻謠訪談，2003 年 5 月 14 日。
[68] 龍思良訪談稿，盧忻謠訪談，2003 年 5 月 21 日。
[69] 林柏樑訪談稿，陳怡霈訪談，2003 年 5 月 14 日。

[70]由 V-10 所代表的藝術公共領域中，我們更發現台灣人的主體性是富含內在歧異、具有高度包容性質的，而自由與解放的心靈，加上對於國際與國內政治強權的反抗，是台灣社會主體地位的重要內涵，足以跨越省籍的歧見與生活經驗的差異。

六、結論

本文結合口述歷史與後結構論述分析作爲導引，嘗試勾了出自一九六零年代開始，台灣攝影爲代表的藝術創作呈現特殊具有反抗精神的集體感知內涵，認爲這樣的集體感知是往後鄉土文學運動、政治民主化運動、乃至於台灣獨立運動的基礎。曾有學者將 V-10 與鄉土文學論戰視爲 1970 年代影響台灣攝影發展趨向的兩大里程碑，我們認爲這樣的歷史評論對於 V-10 是非常中肯的。[71]透過 V-10 的探討，本文發現 V-10 是威權時代台灣具有反抗精神之集體感知的先驅，而藝術公共領域則是由感知結構進展到文學公共領域以及政治公共領域的轉型過程中，不可或缺的社會主體地位形塑媒介。

論文內容摘要或綱要：

作者認爲這一段台灣的歷史文化經驗，呼應當代思想大儒哈伯瑪斯由文學的公共領域轉向政治公共領域的見解，更進一步以台灣的歷史文化經驗挑戰哈伯瑪斯以理性爲主導的主流西方啓蒙的見解，認爲感性與理性的交織才是台灣經驗可貴之處，而藝術公共領域在著過程中扮演著重要的時代感承接與轉則的媒介。承接的是極權統治興起後，被壓抑的台灣意識，是德日局時期的歷史文化經驗得以傳遞到鄉土文學運動興起之時；而轉折之處則在於彰顯藝術公共領域在文學與政治公共領域被壓抑，或是尚未成熟之前，是社會集體情愫交流與凝聚的重要媒介。回到之前不久舉辦的 V-10 卅十年大展，龍思良說到與過去雷同的地方，這一次 30 年大展，我們題目就是沒有題目，每一個發表每一個人這 30 年做的這種事，完全是以每個人的想法爲主題，所以它就沒有像以前定一個什麼題展啊、生活展，這一類的題目，稱之 30 年大展就等於是沒有題目。沒有題目代表著觀念的延續，我們 V-10 是一直都在繼續的，每一個人的工作都是在繼續，都沒有中斷過，只是沒有辦展覽而已，我們的精神、我們的想法，都是持續發展的，這也是大家覺得很驚訝的，也就同意要辦聯展，沒經過什麼審查啊，經過什麼討論啊，龍思良表示 V-10 做的事情多半一次通過，因爲大家興趣都相投。[72]而

[70] 林柏樑訪談稿，陳怡霈訪談，2003 年 5 月 14 日。
[71] 蔡篤堅「台灣現代攝影的萌芽年代－由鄭桑溪到 V-10」，於台北市立美術館舉辦之「又見 V-10 視覺藝術群三十年大展演講講座」，台北，台北市立美術館，2003 年 9 月 21 日。
[72] 龍思良訪談稿，盧忻謐訪談，2003 年 5 月 21 日。

就 V-10 本身的定位而言，周棟國強調「藝術是沒有新舊的」，期待以前大家尊重彼此創作的自由，互相欣賞，在創作上不會批評「新」、「舊」，周棟國不希望藉由批評別人的作品，替自己在台灣攝影史上找定位。[73]如此的視野，似乎昭告世人理性本身的不足，而情感本身才是自求解放最重要的基礎，由這樣的視野出發，台灣豐富的主體性不僅提醒晚近攸關後殖民論述的局限於思辨反省的盲點，如果僅有思辨而無法與集體情懷扣連進而另外塑造合適彰顯主體特質的歷史書寫徑路，後殖民論述終究還是侷限在死胡同中，而避免這樣的盲點，口述歷史可作為以見微知著呈現時代整體感的媒介。至於多元駁雜的台灣認同與公共領域呈現，則可由情感與驚然如何在更具普遍性的層次凝聚，做為豐富世界思想、導引目前過於時正走向的時代趨勢借鏡之處，至於藝術與文學如何作為集體感知呈現的媒介，據此為新時代的合適政治模式與攸關民族與社會理論發展的新航向，是台灣與世界都必須共同面對的挑戰。

---

[73] 周棟國訪談稿，陳怡霈訪談，2003 年 5 月 20 日。

台、日、中、韓四國民族、國家、文化觀之比較

黃文雄

拓殖大學日本文化研究所客座教授

一、東亞四國歷史、價值觀、如是我觀

自從西風東漸後，東亞各地曾經興起了一遍大亞細亞主義之風。其中比較聞名的有日本先覺樽井藤吉的「大東合邦論」以及岡倉天心的「亞洲一體論」等等對抗西風西力的新思潮。對於整個東亞世界來說，大亞細亞主義的新思潮是自鴉片戰爭以來，東亞文人在對抗西洋勢力的東進後，所引起危機感以及對抗方策的新構想。當然當時西亞、南亞已經成爲西洋的殖民地，東亞的中日韓三地也危在旦夕。「大東合邦論」以及「亞洲一體論」(或單一亞洲論)的登場也可以說是一代的歷史產物。「大東合邦論」是主張日韓合邦再擴展到清國(中國)，當時由梁啓超譯成漢文，曾經暢銷一時。使岡倉天心的「亞洲一體論」更具魅力。

可是從整個歷史事實與展發趨勢看來，「亞洲一體論」的主張並不落實。亞洲有西亞、中亞、南亞、東亞、北亞，有回教、佛教、儒教，言語複雜，民族也複雜。利害關係更加對立。光是中國一地，自 18 世紀末的白蓮教之亂以來，太平天國之亂、回亂等教匪、會匪之亂、軍閥內亂、國民黨內亂、國共內戰等等內戰、內亂、內訌、械鬥就一直到文化大革命爲止，繼續了 150 年以上的社會動亂。

雖然如此，大亞細亞主義在西洋對抗東洋的歷史環境下，還是甚具魅力，至少自鴉片戰爭以後的近一世紀內，除了中國共產黨的催生者李大釗等等少數的批判者以外，如孫中山等中國的革命人士也都跟著大談大亞細亞主義。實質上亞洲同歐洲歷史文化不同，同質性更少。所以在近代、現代國民國家，近代民族、近代文明文化的形成或成熟的過程中，歷史的步調並不一致。

光是東亞四國(台、日、中、韓)的民族、國家、文化等等的歷史觀、世界觀、文化觀、價值觀就大大的迥異。

筆者曾經在 2000 年、2001 年，計 22 次在日本拓殖大學講述過有關台、日、中、韓四國的民族、國家、宗教、語言、文學、歷史、文明、文化、生態等的比較社會文化，以及近代化過程的講座。這次研究報告，以民族、國家、文化爲主題，提出如是我觀，供大家參考。

二、日本國民主義的形成與衰退

　　近代民族與近代國民國家意識的形成來自西方，也可以說是近代資本主義的歷史產物。這是歷經宗教革命、產業革命、市民革命以後，才日漸形成的。並且是自西歐、東歐而隨著西風東漸、西力東來以後，列強時代的催生，東亞，或南洋(東南亞)才日漸形成，或成熟的。

　　除了日本以外，可以說大都是自第二次世界大戰以後，才日漸形成或成熟的。具體的來說，東亞或東南亞的國家除了日本、韓國、朝鮮(北韓)以外，目前大多是多民族、多族群的國家。比如中國就有 56 個民族，越南、緬甸也是 50 個以上，菲律賓、印尼、印度等等言語或族群都是數以百計。

　　當然日本也有，琉球、愛奴或韓人，但是在文化上同質性很高，也可以說是典型的單一民族國家。

　　在中國的古典史籍上，雖然有徐福的蓬萊仙島的傳說，日本人是徐福的子孫等說，在台灣也時有耳聞。但是這僅止於傳說而已。日本民族來源的研究與著作很多，石器時代以來，在人類學上，可以分成早期的繩文人(蝦夷、古志、毛人)與後來的彌生人(出雲、倭人、肥人、熊襲、土蜘蛛、隼人)兩大系統。

　　也可以說原日本人是由繩文人與彌生人兩系種族所形成的。日本列島的住民在 4 萬 5000 年前形成了共同的感性與語言，到了受隋唐文化的影響之後，日本民族形成的社會基礎可能是江戶時代近 300 年的安定與大眾社會文化。

　　日本人的近代民族意識、國民意識的成熟最主要的是自明治時期開國維新以後，近八十年的大日本帝國時代。日本人歷經日清(甲午)、日露(日俄)戰爭兩次大戰的勝利之後，產生了強烈的國民意識與愛國心、自尊心，以日本國民為傲，缺乏愛國心的人被指為「非國民」。可是自太平洋戰爭日本戰敗以後，市民自由主義取代了國民主義，日本傳統的精神、文化、價值觀也被全盤否定。在整個東亞的民族教育、愛國教育盛行的大環境下，唯一退潮的是日本人的國民意識。

三、中華民族主義的蹉跎

　　中華民族主義同大漢民族主義的對決可以說是清末維新、立憲派同革命派民族觀的對立。康有為、梁啟超師徒主張世界絕無純種的種族，滿人也是黃帝 24 子之一。章炳麟、孫中山大唱「驅逐韃虜，恢復中華」的大漢民族主義。其中具有象徵性的就是章、孫革命派 1902 年演出的「支那(中華)亡國 242 週年紀念大會」。由東京改在橫濱舉行。

　　大漢民族主義是繼承明太祖朱元璋的「驅逐韃虜，回復中華」的反胡排胡主義以及王夫之的夷狄禽獸論。主張夷狄可殺可屠，漢賊不兩立。

　　可是自辛亥革命中華民國成立之後，孫中山遠在美國趕不及參加革命，雖然在民國成立的舞台粉墨登場。回首一看，四周都是立憲派、終於不得不改宗中華民族主義。

雖然孫中山轉換路線，因為不甚了解民族主義，所以終於在「三民主義」的民族主義中，大談同化。

自民國成立以後，因為政府多、內亂也不息，當然中華民族也無法塑成。人民共和國成立以後，「中國人民」醉心於「世界革命、人類解放、國家死滅」的馬、列主義、毛澤東思想、「天下一家」、「人間樂園」的幻想如醉如麻，因此反對「大漢民族主義」同時也反對「地方民族主義」。

可是自從文革失敗，社會主義的信念發生危機，又不得不以中華民族主義、愛國教育來取代社會主義的意識形態，因此自改革開放，特別是六四天安門事件以後，更加雷雨風行。可是並沒有成果。

中華民族的吹唱已越百年，至今不但無法塑成，反而國內各少數民族的反目，其來有自。連漢族本身、本來也是一群烏合之眾的文化集團，以漢字為交流媒體的文化集團而已。自稱炎黃子孫的兩系不同祖先的人馬本來就是敵對的。中原 5000 年自夏人、殷人、周人混合以來，秦人、漢人、楚人也加入中華的團隊，六朝之後，東夷、苗蠻、百越以及諸胡等民族，雖然已同漢人、唐人混為一家。可是由於文化、言語、宗教同利害關係的對立，5000 年來在中原大地上還有 50 以上少數民族的存在，早已證明中華文化擴散力與同化力的界限。所以中華民族主義在本質上是缺乏魅力而不得不以武力恐嚇來死守的「送做堆民族主義」。

四、韓人、鮮人民族主義的狂奔

高句麗、渤海國到底是屬於韓國、朝鮮的國史或是屬於中國的地方史？最近曾造成了中國和韓國政府之間的爭論、對立。中國古籍雖記述箕子的開國、衛滿朝鮮建國或漢武帝開設的四郡。這僅僅是自說自話，沒有具體史實。韓國的歷史教科書則是壇君開國，朝鮮歷史自稱「半萬年」。

韓、朝鮮民族在語言上，與日本族、滿族、蒙族、土耳其族同屬烏拉爾‧阿爾泰語族，而且歷史悠久。雖然位於長城之塞外，可是自三國時代(高句麗、新羅、百濟)以來，隋煬帝、唐太宗屢征高句麗失敗，到了唐高宗時，唐軍連合新羅軍在白村江打敗百濟、倭國(日本)連合軍也消滅了高句麗，由新羅統一朝鮮半島以後，一直到清末成為中華歷代王朝的屬國(屏藩)，但是在民族、言語上比較單純。

韓語、朝鮮語在語言上，比較有統一性，雖然在歷史上以漢城語為中心，也有地方的方言。可是比起漢語更加純化。比如漢語、福州音和閩南的泉州、漳州音就完全不通。所以漢語族事實上並不存在，僅可稱為「漢字族」，以語族來當族群的分類法很難適用於中國人。

東南亞，包括越南在內自喜馬拉雅山下的雲南至越南，都是如此。只有東北亞的朝鮮半島同日本列島最具單一民族的國家性格。

在近代國家與民族的形成上，韓人、朝鮮人比其他國家更具有近代民族的條件，因為語言、文字、文化的統一性較其他地區更高。

自日清戰爭以後，李朝朝鮮獨立，改稱大韓帝國，日俄戰爭以後與日本合邦、日韓同祖論一時流行甚廣。日本戰敗後，以 38 度線為界，北部朝鮮由社會主義勢力佔領，成立人民共和國。南方由美軍佔領四年後，獨立成立大韓民國，歷經朝鮮戰爭近 60 年來，同一民族分裂對抗，各自鼓吹民族主義，可以說是亞洲民族主義教育與運動最強烈的國家。在此之前日韓合邦的 36 年間，朝鮮半島已建立了近代社會的基礎，所以近代民族的成熟度較高。

五、台灣國民意識與中華民族意識

台灣的民族意識及國民意識在整個東亞的地域是較少被注目或了解的地區。其理由來自台灣內部的矛盾。事實上台灣人本身更缺乏了解台灣的歷史或民族、國家、文化的自覺。

從語言或語族的視點來看台灣的族群，有平埔、高山原住民、漳、泉、客各族，或戰後由中國各地來台的移民、難民。所以在民族、國家、社會、文化的認同上不一，這是阻礙台灣近代國民意識與民族意識形成或成熟的重大障礙。

從考古學或人類學來看，台灣的先住民，在 DNA 或語源、球根、稻作等之古文化上較接近日本遠古的繩文人。(有關這一超古代史的考據，拙作「日台同祖論」的論證，現在連載在『日台同榮』誌上)有關台灣住民在族群上的研究，比如沈建德、林瑪利各氏均有獨特的研究，可供參考。

台灣近代民族以及國民意識的形成。筆者在『台灣人的價值觀』(前衛出版社)以及其他有關台灣的日文著述中，多少有論述過。因為篇幅的關係，在此要特別強調的是台灣民族的成熟度比中華民族更高，其理由如下：

（一）台灣民族與中華民族都是到了 20 世紀初，才同時而日漸形成的，可是都尚未成熟。因此至今尚大力鼓吹「民族主義」、「愛國主義」。

（二）台灣民族比中華民族更具客觀條件與民族色彩。台灣因近代市民社會意識比中國更加成熟，因此更具民族色彩。

（三）近代民族主義的主流或方向是朝向淨化、純化，而並不是統合。沒有共同的言語、文化、利害關係的民族是空想的、虛有其表的。至少回人的祖國在麥加、藏人的精神是寄托在拉薩。並不在北京。

近代民族與血族或種族不同，是近代資本主義發展過程中的歷史產物，不同的歷史產生不同的民族。近代民族意識可以說是達到了高度文化發展階段的集團，進而近代市民社會才日漸形成的精神現象。有如奧本海默(F.Oppenheimen)所說，不是有了民族存在才有民族，而是在民族意識中才有民族的存在。可見民族是主觀的、心理的、

精神的存在。

六、從神話時代以來的自然國家日本的轉生

　　日本可以說是自神話時代以來一直到現在爲止，世界唯一的萬世一系的天皇國家。秦始皇帝最大的願望萬世一系，只傳了三世，這一不可求的人類願望也只能在蓬萊仙島實現。其原因並不複雜，日本有史以來天皇是權威的象徵，權威與權力化分，所以這一天皇制度萬世一系也有其理。

　　可是中國是典型的家產制國家(M・維巴之說)皇帝獨攬權威與權力，沒有中央集權，中國就無法存在。所以在國家的型態與原理上不同。中國的國家原理來自易姓革命，也就是說馬上得天下，槍桿子裡出政權。國家原理不同，近代國民國家再生、轉生的過程當然就各異。

　　日本和中國的交流，比較具有歷史性的是聖德太子遞送國書致隋煬帝以「日出之國的天子」致書「日沒之國的皇帝」。日本不是以朝貢國家的姿勢，而擺出對等外交的姿勢，引起了煬帝的不悅。此後日本極力引進隋唐文化，自平安時代開始，已日漸成爲虔敬的佛教國家，近四百年廢止了死刑。這是人類史上所罕見的佛教國家的典範，特別是自鎌倉時代以後，不但創出了獨自的佛教文化而建立了武家時代，中國周代理想的封建制度終於在日本的德川江戶時代實現。明末亡命日本的大儒朱舜水看到了德川江戶時代的封建制度，終於驚嘆，在中國無法實現的周公封建國家終於在日本實現讚不絕口。德川時代近三百年的幕藩體制在國家型態上類似聯邦制國家。應該可稱之爲德川聯邦國家或江戶聯邦國家。近三百的諸侯，各有各國的軍隊(武士家臣)、經濟制度、司法制度，維持了近三百年的超安定社會，這可以說是日本轉生爲近代國民國家的歷史社會基礎。中國自鴉片戰爭以來，所有的維新、革命、運動都無法成功，而日本是唯一非西歐文明國家中，開國、維新成功的唯一國家，其理由何在？筆者曾經以一年的時間講述過東亞四國的比較近代化。簡而言之，日本是非西歐文明國家中，唯一有獨立原始資本的儲蓄與技術開發能力的國家，而又有三百年超安定社會的基礎。一直內亂、內訌的國家，絕無法建立近代經濟。當然日本近代化的成功，不僅在於硬體的部份。重要關鍵在於「文明開化、殖產興產」的努力。歷經日清、日露戰爭的勝利而成爲世界列強，同時也帶來高昂的國民國家的國民意識。自尊心與自傲心成爲推動國民國家的重大精神要素。

七、中國近代國民國家再生的天逝

　　中國自稱是世界四大文明古國之一，古代中國的國家型態以城邑國家爲中心，春秋列國是典型的封建國家，可是到了戰國列強的時代，已發展形成領域國家，這也是

秦漢統一帝國的歷史社會基礎。中華帝國歷代王朝是以皇帝為中心的一君萬民的中央集權制度。歷代王朝的權力結構以及民族結構並不一樣。

唐代以後貴族沒落，宋代以後，四周列強開始抬頭、遼、金、夏、吐蕃、大理、大越等都是新興的民族國家，有時也被稱之為中世民族主義的興起。宋代已無法維持「天無二日、地無二王」的中華傳統。華夷各族交替君臨中華世界，宋代以後君主獨裁制度也開始強化。

當然「地無二王」、「天下莫非王土」的國家型態一般通稱為「世界國家」或是「世界帝國」，並不限於歷代的中華帝國王朝，比如近代的奧圖曼‧土耳其帝國、俄羅斯帝國、印度的母加爾帝國、中歐的奧匈帝國也可稱之為這一類型的世界帝國。

可是自西歐的新興國民國家或民族國家發展成為列強以後，世界帝國型的國家開始沒落或崩潰，國民國家也日漸成為時代主流。

我們至少在 20 世紀中已眼見三次世界級帝國大崩潰的時代巨流。20 世紀初，土耳其帝國、俄羅斯帝國、大清帝國，連奧匈帝國都無法抗拒時代的巨流而解體。20 世紀中葉，不論戰勝或戰敗國殖民地帝國也相繼瓦解。20 世紀末，曾經風靡一世的社會主義帝國也開始解體。中國、朝鮮雖然尚未隨時代的巨流而崩潰。社會主義的優越性至少已失去魅力。有如中國不得不以改革開放來架空或以「社會主義市場經濟」來模糊壽命已終的社會主義國家體制。

中國自鴉片戰爭失敗以後，已發現一君萬民的體制或文化、文明的危機，特別是在日清甲午戰爭中國敗於東夷小國日本以後，危機感更加深刻。最初還以為自強運動、富國強兵就能自救，後來已不得不自近代的世界帝國締造新型的國民國家已無法自保。因此戊戌維新、立憲運動、辛亥革命、五四運動都是朝向否定傳統的文明、文化，夢想能締造國民國家。中國人民最後選擇的社會主義國家，國民國家的轉生終於胎死腹中。中國人還是無法擺脫中華帝國幽靈的詛咒。

八、韓國新生與轉生

朝鮮半島自傳說上的壇君開國以來，並不一定是統一的王國。有三韓時代、三國時代，自新羅朝開始統一朝鮮半島以後，經歷高麗、李氏朝鮮、千年以上成為中國的邦屬，隨著中華帝國歷代王朝的興亡而改朝換代。

北方民族、契丹人、女真人、蒙古人、滿州人或其他塞外夷狄大都征服或君臨過中華世界，只有朝鮮、高麗民族從未征服過中國，而一直成為歷代王朝的朝貢、冊封屬國，這當然是韓人歷史上的一大遺憾。

特別是自西力東來以後，朝鮮半島也一時成為列強觸手延伸之地。在這一半島的危機之中，李鴻章近臣張謇曾經唱言改朝鮮為郡縣設省。但已來不及。日清甲午戰爭、清國敗戰、依馬關條約的第一條、承認朝鮮獨立。日俄戰爭後，俄國勢力退出半島，

日、韓終於合邦。戰後的歷史教科書經常將韓國看成日本的殖民地，事實上並不正確。日本事實上並未將韓國定位爲殖民地。在列強的時代，任何民族大多嚮往成爲列強，所以當時的「同君合邦」國家一時成爲時代的主流。比如丹麥同挪威、挪威同瑞典、或捷克斯羅伐幾亞、奧匈帝國等都是典型的合邦國家。

大英連合王國也是如此，英格蘭、蘇格蘭、威爾斯、愛爾蘭四國的合邦國家就是連合王國。韓國可以說是日本的蘇格蘭，而台灣同日本的關係也類似愛爾蘭。

戰後韓國與朝鮮在不同的勢力同歷史背景下，各自建國並發生了韓戰。韓國與朝鮮分別建國，在近代史上可以看做近代國民國家的一大實驗。一個民族兩個國家並不稀奇。德國與奧國也是同一民族，中南美更是拉丁民族的國家群。

朝鮮半島在日本的經營下，在 40 年代已進入近代產業社會。這是近代國民國家的經濟社會基礎。韓國自加入 OECD 以後，已從開發國家畢業，與先進國家爲伍。也可以說是近代國民國家的優等生。大韓國民的躍進對其千餘年來的宗主國中國來說也是一大歷史的啓示。

九、台灣近代國家之路

台灣自古以來是中國不可分的「神聖」或「固有領土」，這種主張早已成爲中國人的常識。但是這種主張並不正確。大多數的中國古典書籍，不但主張「台灣自古不屬中國」，連 18 世紀才編纂完成的正史—「明史」都將台灣（雞籠國）編入外國傳，甚至記述「屬於日本」。

當然中國的常識往往不是世界的常識，在國際法上並沒有所謂「固有領土」或「神聖領土」，這一中國獨創的新名詞更不可能確認中國王道思想的「天下莫非王土」的妄想。如果所有的國家都像中國一樣主張「固有領土」，將沒有現代的國民國家，近代國家型態的主流「國民國家」也是建立在「國民」意識的概念之上，不但否定「固有領土」或「天下莫非王土」的思想，構成現代國民國家的成員，不是「生民」、「人民」或「市民」，而是「國民」。

台灣在地理位置上，位於東亞與東南亞的連結點上，史前文化雖有南島語群的原鄉之說，在文化上同東南亞的類似性高，部落國家的發展並不顯著，從地球的緯度來看是屬於沒有城邑国家的的緯度。所以在台灣頂多僅有卑南社或大肚社那樣的類似原始國家類型的強而有力的部落出現而已。

最早在台灣樹立政權是荷蘭東印度公司的延長，以後的歷代政權均爲外來政權的看法是正確的。可是以往台灣外來政權並不一定能統治台灣全島，實質上台灣在馬關條約永久割讓給日本當時，還有三分之二是「化外之地」，台灣在實質上統一成爲一體是在 20 世紀的 10 年代第 5 代台灣總督佐久間左馬太大將平定山地原住民之後。

至少從台灣史來看，台灣和中國並不是「絕不可分」，而是敵對的。荷蘭對於明

國、鄭朝對於清國、清國領台雖然山禁海禁，台灣也是「三年一小反，五年一大亂」。日本和中華民國，中華民國對中華人民共和國，在台灣史上誰都找不出台灣沒有和中國敵對的時代。自立之途當然台灣就在這種歷史環境下，特別是在日本領台的 50 年間，到了 20 世紀的 30 年代末已進入產業社會，成為近代國民國家立國建國的基礎。這一點在拙著『台灣，國家的條件』、『台灣，國家的理想』（前衛出版社）已有記述。近代國民國家，以一民族一國家為理想。現代世界有 8000 以上的民族，有 200 左右的國家。近代國家与民族的純化，自 20 世紀中葉以後已成為時代的巨流。台灣也在這一大潮流中追尋自立之途。

十、中華文明與文化的特質

一談到中華文化，一般所連想到的，特別是從宏觀的視野來看，中華文化的要素，令人連想到的是漢字、儒教、佛教、律令制度，特別是這些中華文化的要素。當然中華文化的（或文明的）表徵並不僅限於此。比如道教、皇帝制度、附屬這一制度的宦官、宮女、貢女、科舉、纏足或匪賊、流民、中國菜、面子…是有中華文明或文化色彩的特徵，實在舉不勝舉。

中國文化自稱 5000 年的悠久歷史。大概包括石器文化、陶器文化、或無文字的文化。任何民族或國家大都可以追溯到數萬年前或更長。

以往在學校的教科書上，黃河文明、仰邵、龍山（黑陶、彩陶）文化或北京原人、山頂洞人是中華文化流源的主要歷史教材。可是隨著時代與考古學的發展，巴蜀的三星堆、長江文明也日漸成為中華文明傍系的流源。

當然以黃河文明為史觀來看中國，有時也會出現像電視連續劇「河殤」那樣的反省。中華史觀至今為止，當然還是繼承中原的文化、發展與傳播。

可是事實上，中華文化與文明是長江與黃河雙系文明的合流或長江文明被黃河文明所征服或消滅。至少從神話時代開始，三皇是中國的傍系，五帝是直系，炎黃兩帝也是如此。苗越系是中國的原住民，也可以看成是長江文明的繼承人。

在文明、文化上，中國的南船北馬不但是南人和北人的文化表徵，從 DNA 研究推論，南人和北人也是不同源流。春秋時代所提倡的「尊王攘夷」實質上是反楚反越，一直到了漢初的吳楚七國之亂，實質上是南北戰爭。南北朝時代，南北民族組合雖然有所變動，實質上是長江文明和黃河文明之爭是不變的。宋代的祖訓反對南人不能為相為將，變法之爭實質上也是南人和北人之爭。不但如此，一直到蔣介石北伐成功，北人還是依然反對南人主政，雖然如此，中華文明的流源雖然不僅限於中原。可是中原的華夷文化觀還是中華文化或文明的主流。從春秋戰國時代開花的中華文明到秦漢帝國時代已經結果。漢末自南方的天竺流入佛教文化，可是中華文明或文化自從唐代以後早已失去擴散力。自從西風東漸後，連中國文人都發現中華文明已成為化石，而

日漸被編入西歐文明而成為周邊或衛星文明。

十一、華化同化力限界象徵的朝鮮文化

華化有時被稱之為王化或德化，是中華文化擴散力的象徵。朝鮮半島雖然位於塞外，可是在北方的民族中，比起匈奴、東胡甚至南匈奴、北魏都更積極使用漢字，接受中華文化的洗禮。別的不談，不僅是夷狄戎蠻，連五胡或其他北方民族在同中華文化的接觸後，都難逃出華化，這也是梁漱溟等這些文人的自傲。認為中華文化有無限的同化力。中國是由分裂到統一，由國家到天下，歐洲是由統一到分裂，天下到國家，政治到文化。可是中國兩千餘年來都是以文化來統一天下。

這種自傲完全沒有根據，中國自漢末以來，佛教傳入中國已使中華文化變質。唐代安史之亂以後，藩鎮割據，社會崩潰，人吃人的慘狀連『新唐書』、『舊唐書』『資治通鑑』均有記述。中華文化到此已全失去擴散力，契丹、女真、西夏、突厥、回紇、吐番…，周邊新興列強都放棄使用漢字，競先創出自民族獨自的文字，強調民族獨自文化，連大越也獨創字喃，最後連朝鮮都獨自開發諺文。中華文化不但自唐代以後，完全失去擴散力，中國人一但遭遇回教的入侵也迅速回化。

朝鮮半島自新羅、高麗時代開始，雖然已積極引進隋唐文化，可是朝鮮文明的存在本身就是中華文化擴散力限界的象徵。佛教自唐代以後，在中國已開始衰退。最有名的有「三武一宗」的破佛廢佛，對佛教展開壓迫。可是高麗王朝到了元末，還是典型的「尊佛重武」的佛教國家，李朝朝鮮以朱子學為國教，「尊儒廢佛」成為明清的藩屏。明亡以後，中華成為夷狄之國，朝鮮更以「小中華」自居。自後西風東漸，朝鮮雖然尊中華攘夷狄，「衛正斥邪」，可是沒有被華化。

今日韓國、朝鮮均已廢棄漢字，完全使用諺文，強調獨自的民族文化與主體性。韓流也可以說是韓人獨創性的文化象徵。

十二、你是不是也認為「日本沒有文化」

不少台灣來留日的學生拿了學位回台或轉赴美國的常會問我一個問題，「日本哪有文化？都是中國來的」、「日本歷史有什麼可讀的，日本有歷史嗎？」。來日本拿了博士學位還問這些問題，有時感到很傷心，特別是學理工科的很多，他們大都認為只有中國才有 5000 年的歷史文化，其他的國家都不值一顧。

日本的史前文化有繩文文化、彌生文化。最近的中國學者又在主張彌生文化是由中國所帶去的新文化，帶動日本社會的發展。或者像『中國可以說不』的主張一樣，認為日本文化是中國文化的亞流的亞流。明治維新也是中華文化的恩惠，日本事實上什麼都沒有。世界上沒有比無知更可怕的。你只要上日本各大學的圖書館，日本文化

史關係的著述最起碼都比中國多上十倍甚至百倍。這是日本人對文化關心的象徵。

隋唐時代確實日本的派遣使或留學僧熱心學習隋唐文化，可是自安史之亂以後，中國一變成為人吃人的地獄，日本終於終止學習中華文化而獨創日本的新文化。有一點很少被言及的是中國自漢代以來，對文化的流往夷狄之地都極力禁止的，不但「孫子兵法」等兵書，連重要史籍經典都禁止流出，甚至到清末，中國的陸禁、海禁長達數千年。所謂中華文化大都是由日本各地諸侯以高昂的黑市價格從走私商人中買來的違禁品，並不是有什麼文化的恩惠可云。自五代以後，日本到支那（當時的中國）的留學生已發現到中華求學，事實上比日本都來得差，所以掃興回國的不少。到了明代，日本文化技術的發展已非明朝可比。特別是江戶三百年的大眾文化與教育水準的提高，成為日本開國維新成功的歷史社會基礎。在維新時代的「文明開化」，具體上以拋棄傳統的東洋文明，「脫亞入歐」，全面西化，但是並沒有完全放棄「國風」的文化，到底誰能具體證明現在日本文化比不上中華文化或者比不上中國每次在共產黨大會所高唱的「社會主義新文明」。

十三、台灣的文化結構

台灣文化是中國文化的一部份或延長，這是台灣目前一般的看法，當然也有認為中國文化是台灣文化的一部份或台灣文化是海洋文化有別於中國的大陸文化。當然沒有錯，但是對整個台灣文化的結構或本質，並沒有正確的把握。

比如海洋文化的特徵在於航海能力和海上優勢力，或者是海洋型的思考方式。至少從這些海洋文化的文化要素中，台灣文化到底是不是屬於海洋文化。從古代地中海或南洋，南太平洋或日本作一綜合的比較，還有存疑，但可稱之為頗具海洋文化的色彩。

在我的台灣文化論或文化史論中，經常將台灣的文化分成六個文化基層。

第一基層是照葉樹林文化同廣葉樹林文化的混合基層。至少在一萬二千年前左右，台灣同琉球、九州是同屬一文化圈。

第二基層，黑潮文化基層，大約可以推測自 6000 年前或 2000 年前，這一文化層在台灣開始成熟。

第三基層是自大航海時代以後的南蠻（伊貝利亞半島或荷蘭系統）文化基層。

第四基層是漢文化。

第五基層是近代日本文化。

第六基層是戰後國民黨的大陸文化。

簡而言之，是以上在各時代自然成熟或流入台灣島內所累積而形成的各種文化。

台灣文化或文明的性格與日本相類似，但和中國或朝鮮文化在特質結構上不同。比如台灣與日本的文化特質是多層性和多樣性，海洋色彩強，排他性弱，對異質文化

更具寬容性。台灣和中國雖然共有不少文化要素，但是在文明結構並不同。至少目前台灣的文化要素中，沒有中國內戰文化或社會主義新文化。中國更欠缺台灣所有的文化要素，特別是近代文化要素奇缺。台灣與日本文明結構相類似，更具一蓮托生的連帶性。至少從文化或文明結構上，看來台灣文化的特徵是非大陸而近海洋、是包容非排外的。

韓國與臺灣電影中的「精神創傷」
——以《花瓣》和《悲情城市》為例

金良守

韓國東國大學助教授

一、臺灣電影在韓國

臺灣電影是以什麼樣的印象將自己的存在刻入韓國人的心目中的？以《悲情城市》爲首的所謂「新浪潮電影」以前，韓國人對臺灣電影沒有持太大的關心。從對對方文化不太關心的態度上看，筆者認爲臺灣人對韓國的電影也是一樣不太關心的。按照韓國1970年的情況，劇場裏上映的電影分「國產片」和「進口片」。按此分法，觀眾的水準也是有差別的。再者，所謂「進口片」大部分也都是美國片，連歐洲片都很少。

在「反共」和「民族主義」政治得勢當時的社會氛圍下，蘇聯、中華人民共和國及日本電影根本在劇場上看不到。但是，當時以武俠電影爲首的不少中國語圈的電影已經進入韓國。李小龍那有魄力的武術演技，成龍的逗人發笑又獨特的武打片，還有其他眾多的動作片，娛樂片等不分國籍，都被叫做「中國電影」。也許，當時從所謂的「中國電影」中能夠區分出是香港電影的標準大概就是「香港黑社會片(HongKong Noir)」所持有的社會性。80年代末和90年代初，隨著《芙蓉鎮》，《紅高粱》，《菊豆》等中國第五代導演的電影在韓國上映，中國電影給韓國觀眾留下了深刻的印象。

那麼臺灣電影在韓國的情況又如何呢？在此，筆者引用當時一個韓國電影評論家的經驗。他是說"爲了看臺灣電影，如果把往來於臺灣的錢存起來買飛機出租，現在也許成了富翁了"這麼一番笑話的人。

「最初看臺灣的電影也許是在1987年，在西江大學的交流中心上映的楊德昌的《青梅竹馬》。這是一部以都市中產階級的日常生活爲題材，讓人聯想起西歐的摩登電影。看完了也僅僅是"臺灣拍得也不錯嘛！"的程度而已。

幾年後，我聽到了要進口在威尼斯電影節上獲大獎的電影《悲情城市》的消

息。又想起了《青梅竹馬》這部電影。所以向進口公司請求試放。那天早晨，也許是太早了，電影觀眾只有我一人。

空蕩蕩的劇場爲我一人的首映開始了。那天所受的感動真是永志難忘。長鏡頭，字幕使用，省略美 —— 總之，電影美學的水準也是相當的。那穿越鏡頭而過的日常生活的力量給我留下的印象尤爲深刻。這真是一部將抒情和歷史相結合的電影。 電影的最後一場對我也是個小小的衝擊。我一直在想拿大獎的電影會以什麼樣的華麗場面結尾呢？但是電影的末尾只讓人看到主人公兄弟經營的食堂的破舊的入口。這算什麼！一時感到荒唐，但馬上發出了感慨。這正是通過襤褸的日常生活空間，讓人看到了一家的命運，一個國家的命運。這便是與臺灣電影的戲劇性相遇，與侯孝賢導演的初次見面。」[1]

韓國社會從1988年奧運會的召開及海外旅行的自由化政策，開始逐漸走向世界化、開放化之路。特別是最近海外旅行、留學，移民的韓國人在增加。隨著他們的回國，外國文化的流入也增大。長期以來禁止進口的日本電影現在不僅也自由地進口，而且世界各國的電影不受任何制約，可以自由地上映。

日治時期的殖民經驗、戰後由於政治理念不同造成的分裂、軍政府獨裁及民主化運動、經濟增長等，韓國和臺灣在現代史上走過了極其相似的道路。即便如此，爲什麼韓國和臺灣的電影對對方來說，比起好萊塢的電影更讓人感到陌生？讓我們以韓國和臺灣的兩部電影爲話題去追隨兩國電影相似性的軌跡。

二、電影中精神創傷的表現

比起在威尼斯電影節上獲大獎的《悲情城市》，《花瓣》相對來說知名度較低。根據小說《那裏，一片花瓣在無聲地凋落》而改編的這部電影是以1980年光州民主化運動爲背景的。1961年以「5·16軍事政變」掌權的朴正熙政權其20餘年的長期軍事獨裁由於1979年「10·26事變」而告終。渴望新社會建設的當時一般國民的民主化要求又遭到了「新軍政府」的流血鎮壓。這就是所謂的「5·18光州民主化運動」。

臺灣電影《悲情城市》是以1947年「2·28事件」爲背景的。韓國電影《花瓣》是以1980年「5·18事件」爲背景的。「2·28事件」與「5·18事件」從時間上看多少有點

[1] 趙在洪，《那天，<悲情城市>在召喚著我》，《CINE21》第375號，2002. 10. 78頁。

距離。事實上,如果以《悲情城市》為基準的話,韓國的歷史事件應當舉大韓民國政府樹立之前的1948年濟州島發生的「4·3事件」為背景的電影。但是以「4·3事件」為主題的雖有玄基榮的《順伊叔叔》等小說,但全面言及該事件的電影除了幾部記錄片之外,現在還沒有拍出來。[2]因此,雖然從時間上看有點差距,但是以國家權力-暴力-忘卻等共同關鍵字為基礎來看,我們還是能夠辨別出這兩部作品是如何將歷史事件藝術形像化的。

與《悲情城市》相關聯,首先可以談其畫外音,字幕處理,長鏡頭,背景音樂等其獨特的美學裝置,其次是身份問題或女性主義問題等。當然,在其他許多方面還有探討的可能性。但是在此暫時讓我們以「2·28事件」的藝術表現性為焦點進行討論。

與《悲情城市》如何表現「2·28事件」這個問題相關聯,臺灣已經提出了很多評論,其中也包括不少批評。持批評觀點的代表性的專著可舉迷走,梁新華編的《新電影之死》(1991)。書中對電影所描繪的「2·28事件」的批評包括以下觀點:1)對「2·28事件」表現出規避的態度和近乎官方的態度。2)歪曲歷史或使歷史片面化。3)未將女性設立為歷史的主體。以上批評當然也有它自己的理論根據,但筆者認為,我們至少應該承認《悲情城市》起到了"打破禁區"的作用。

在這部電影上為什麼將主人公文清設置成啞巴?[3]"身體殘疾"是否是由於極端暴力而引起的精神創傷。這是由葡萄牙-西班牙-滿清-日本-國民黨的政治權力迴圈交替表現出的精神創傷。電影中另一個殘疾人是文良。文良是在哪裡、如何受的殘害,電影中並未加以說明。住院的文良只用失神的眼光望著遠處,並無任何話語。偶爾也流眼淚,有時毫無緣由地攻擊寬美,讓周圍人嚇一跳。文良的形像也是精神創傷的一種表現。

「精神創傷」這個意義上的"Trauma"是指由於戰爭及自然災害等巨大的災害給人留下的巨大的精神上的創傷。以越南戰爭為題材的美國電影中表現精神創傷的較多。最近的「9·11 事件」之後,對此的議論又活躍起來。事實上,像韓國和臺灣等由於外來勢力的統治或者受戰爭及暴政的影響下的東亞各國的藝術作品,很自然地表現精神創傷主題的作品較多。

下面再來看看《花瓣》的情況。電影一開始便是一個天真爛漫的少女唱歌的場

---

[2] 「4·3事件」除了文學作品以外,還以戲劇、音樂、美術、漫畫等多種藝術形式。
[3] 對這個問題,有陳儒修的以拉康的心理分析理論為框架,認為文清因為沒有完全脫離"鏡像階段",故而沒有完全社會化的分析。見《歷史鏡像的回顧與幻滅:心理分析學說與《悲情城市》》。《電影欣賞》62期,1993。

面。這也許是她過去的形像，顯得非常可愛，非常幸福。後來畫面切換成散步江邊的張氏遇到一個模樣異常的少女。這少女無緣無故叫張氏哥哥並尾隨著她。跟隨張氏來到偏遠的倉庫的少女好像經過了什麼可怕的事情，精神上好像受到了很大的打擊。張氏對總跟著他的少女感到是個負擔。爲了趕她走，不斷虐待她。少女即使受到如此虐待也不離開他。

張氏是個工地的苦力，他自己也不能與工地的其他苦力們友好相處，他本身也是社會的局外人。這樣，張氏與奇怪的少女的奇妙同居便開始。但張氏始終沒法知道少女是如何變得這麼不正常的。有時只是通過少女的回憶，光州大屠殺的可怕記憶與兒時少女幸福的回憶場面交替出現。在這之中，一夥大學生在到處尋找少女。他們是少女哥哥的朋友。大學生們在火車站或長途公共汽車站拿著標語牌到處打聽少女的下落。雖然遇到了見過少女的人，通過他們的話，也只能確認少女的悲慘而痛苦的流浪生活，但終究未能找到她。電影中對大學生們的努力尋找，始終表現爲一種沒有成果的無能的行爲。有一天，少女穿戴整齊走出家門。張氏跟著她。聽到少女在墳墓前的獨白，張氏明白了少女經歷了什麼事件。在這裏我們暫時來簡單看一下作爲背景的「5·18 事件」的過程。

> 被壓在維新體制暴力政治下的韓國國民，於1970年後半期開始積極投身到民主化運動中，特別是1979年的「10·26事件」，即朴正熙總統去世後，民主化運動擴散到全國。但是由「12·12事件」掌權的全斗煥等新軍政府勢力對國民所要求的民主化及要實現民主化的政治日程未能給予明確的答覆。爲了對此進行抗議，以學生爲中心的市民示威於1980年春開始蓬勃發展起來。但是新軍政府勢力於5月17日向全國發出了非常戒嚴令，逮捕學生和民主化運動人士，向全國發出了休課令。光州人聽到戒嚴消息後，18日早晨大學生們開始在全南大學校前聚集。由於空輸部隊的強硬鎮壓，致使不少學生受傷。19日對戒嚴軍的野蠻行徑感到憤怒的光州市民一同與學生一起積極抵抗。由此，「5·18運動」在全國展開。[4]

作品中少女與母親偶然路過光州市被捲入了示威遊行中。母親中彈倒下。少女像屍體一樣被車運走，好不容易逃了出來，也許是這種巨大的衝擊給少女留下了精神上的創傷，又把她變成了一個不正常的人。

---

[4] 根據 「5·18紀念財團」的主頁www.518.org 整理。

56

三、國家權力與暴力，忘卻與記憶

電影《悲情城市》中，「2‧28事件」是如何展現出來的。事件的經過是借助廣播這個 "官方的聲音" 而傳達出來的。在電影中通過不斷地被追逐的聲音等音響效果來表達當時的氣氛。醫院，受傷人員不斷湧來，醫生與護士手足無措，使不安的氣氛更加時時襲來。醫院裏人們聚集在一起聽廣播。廣播中說「2‧28事件」是由一夥暴徒引起的暴亂，並宣佈了戒嚴令。

火車裏，文清被人誤會成外省人，差點兒受到私刑的事實也是通過文清向寬美說明情況的形式表達的。「2‧28事件」本身就這樣以個人的、片斷式的、不完全的形式表達出來。那之後是文清的入獄及出獄，緊接著是寬美的逮捕與處刑，最後國民政府遷移到臺北，並決定以臺北爲首都的字幕結束。電影《悲情城市》看來很好地體現了勒南(Ernest Renan)在《什麼是國家》中所說的：在國家的建立與統一中，一個重要的因素便是 "忘卻" 這一命題。爲了樹立政治權力，暴力是必然的，必須將暴力正堂化，忘掉衝突的過程，才可能實現統一。電影最後一場吃飯的場面，鏡頭長時間抓住著沒有年輕的男子，只有女人及孩子聚在一起吃飯的場面的意圖，這是否也是要體現 "忘卻的過程"。最後排出字幕：「一九四九年十二月大陸易守。國民政府遷台定臨時首都於臺北」。筆者認爲這也是爲了證明統一已經成功地實現這一意圖。

那麼，回頭來說 "什麼是記憶？" 傅柯（Michael Foucault）說「記憶是抗爭的要素。」他曾提到過「集體記憶」這一概念。[5]那麼什麼是「集體記憶」？集體記憶是指人民大眾在被剝奪了文化生產工具的情況下，採用口傳、歌謠、敍事等形式保存下來的集體記憶，與官方的正史相對立的一種形式。

在電影中記憶是以什麼形式表現出來的呢？這裏值得注意的一點，是爲什麼文清的職業被設定成攝影師？照相既是文清維持生計的手段，也是記錄歷史的一個方式。別的記錄手段還有寬美的日記與信件，這些雖然顯得比較小而且呈現出不完全的形態，但做爲女性的寬美通過書寫形式記錄了歷史，這與廣播中帶有北京口音的男性播音員的大歷史形成對比。從這點上看，筆者認爲《悲情城市》表現出近乎官方的態度，或沒有把女性設立成主體的觀點都是對電影的一種較單純的解釋。[6]

---

[5] Michael Foucault, Film and Popular Memory: An Interview with Michael Foucault, trans.Martin Jordon, Edinburgh Magazine 2 (1997),pp.20-36。

[6] 與歪曲歷史，片面化歷史的觀點相關，主人公兄弟與其他同志們在事件發生後進入山中進行遊擊活動的場面，還有與50年代其他歷史事件相混淆的批評(見四方田犬彥的《電影風雲》，白水社，1993，

從國家權力與忘卻的關係來看，對於把《花瓣》的主人公少女設定成不能正確地記住過去的女性，這一點也可做進一步分析。電影是要把少女喪失記憶這個要素置於「5·18事件」及對此事件採取的國家公共權力的暴力、還有第五共和國(1981.3 - 88.2)的成立等一系列重大事件中。

5月20日，光州20多萬名市民形成了大規模的示威遊行。示威漸趨激烈。21日為了對戒嚴軍的炮轟進行對抗，示威群眾從預備軍部隊武器庫拿出槍支武裝起來。示威逐漸變成了街道戰。一部分市民開車到光州市郊外將光州的真相告訴了別人。由於市民的抵抗，戒嚴部隊退到了市郊。市民軍這一天佔領了全羅南道道廳。光州市民在與外界孤立的情況下，自己擔負起了治安防衛的任務，並要求"消除戒嚴"，"處理屠殺肇事者"。掌握政權的軍政府將光州的民主化運動規定為非法分子及暴徒主導的暴動，採取強硬的措施進行了鎮壓。21日開始，戒嚴部隊炮轟光州市民，佔領了從光州通向外界的道路並對過往這裏的普通百姓進行了屠殺。所以到27日凌晨為止一直在指揮部戰鬥的市民大部分遭到了槍殺。戒嚴部隊重新佔領了道廳。十餘天的民主化運動落下惟幕。[7]

電影中間夾雜著憲法宣佈儀式，全斗煥總統就任儀式等有關「第五共和國」事件的部分，是通過電視表現的。從活用媒體的觀點上看與《悲情城市》相同。相反地，對體制的暴力進行抵抗的形象，是通過黑白畫面處理的，偶爾還通過突然想起來的形式，以片面的、不一貫的形態表現出來。

在電影《花瓣》中，活用了國歌，國旗等國家象徵物，這些象徵始終與屠殺的場面相疊加。覆蓋太極旗被運送的屍體，揮舞太極旗的示威群眾。在愛國歌和口號聲正達到高潮的瞬間，鎮壓軍的槍擊開始了。 在電影的後半部，少女蜷縮著蹲坐在市場街上。這時降國旗儀式開始。這時與愛國歌一起"我在為榮的太極旗前宣誓，為了祖國和民族的光榮，將不惜獻出我的全部身心"的為國效忠的宣誓同時表現出

東京)。筆者認為這點還是帶有比起電影的內在敘事，更加注重歷史的外在事實之嫌。
[7]「5·18 民主化運動」，眾多人慘遭犧牲。政府正式公佈死亡191名，負傷852名。到目前為止，死亡1666名，失蹤47名，輕重傷2800多名。新軍府勢力以武力鎮壓「5·18民主化運動」後，完全掌握了政權。但是這之後的全斗煥政府在執政當時，總是受到道德性和正統性文題的非難。再有掌握韓國部隊作戰指揮權的駐韓美軍司令官，允許戒嚴軍進駐當時進行民主化運動的光州的主張，又引起了反美運動。這樣80年代大學生幾次佔領美國文化院，要求美國對光州事件負責。1988年盧太愚政府正式召開了規定「光州民主化運動」的聽證會。1995年制定了「5·18民主化運動特別」，拘捕了全斗煥、盧太愚、鄭鎬溶等責任者，對死傷者進行了賠償。前5·18紀念主頁www.518.org

來。過路行人停下腳步，一動不動地站在那裏，還有舉手行禮的學生。這時少女毫不在乎地從他們面前走過。然後從視野裏消失。這個場面很好地體現了國家與國民的範疇。電影中的少女不屬於國民。用暴力統一的政治權力只給順應國家權力的個人以權力和義務，並對他們提供保護。

四、韓國和臺灣電影的主體性

光州民主化運動給韓國整個社會巨大影響。以該運動爲契機，韓國的社會運動從70年代以知識份子爲中心轉變爲以民眾運動爲中心的運動。一般國民對美國的認識也改變，對民族解放，社會主義運動等等問題，開始了全面的討論。從社會整體上看，對理念的寬容性也比以前更加成熟。韓國社會打破了狹窄的反共主義的框架，這一運動頁已成爲走向民主社會的一個契機。

前面介紹了臺灣對《悲情城市》的批評觀點，其中提到《悲情城市》對「2·28事件」採取了規避的態度，指出電影採取了近乎官方的態度，還有歪曲歷史，片面化等觀點。按照這樣的觀點，對《花瓣》怎麼評價好呢？進入光州市的坦克不加區分地射向普通百姓的子彈、街上的橫屍、遭棍棒打、被捆綁著遭逮捕的人、爲找媽媽而哭著到處流浪的少女、騰起得煙霧。《花瓣》中國家暴力形象更加赤裸裸的表現出來。可以說《悲情城市》採取的是規避，保身的態度，《花瓣》採取了積極，進步的態度？

我們還得注意一下電影製作的時間。《悲情城市》是1989年，《花瓣》是1993年製作的。臺灣是在戒嚴令消除之後(1987)-蔣經國前總統(1988)去世後拍攝的。韓國是在1993年全斗煥-盧太愚新軍政府政權結束後，「文治政府」誕生之年拍的。對韓國來說，正好是抵抗軍政權的勢力掌握了新政權的時期。從某種程度上說，也許可以叫做新政權的「建國敍事」。 電影中刺激性的場面也可以這樣來解釋。

包括韓國臺灣在內的東亞近代歷史由於殖民統治與軍事專制獨裁統治而受到玷污。雖然從表面上看起來已經消失，但從力量的相互對立中權力鬥爭又以別的形式依然存在著。對殖民統治的鬥爭，軍政府獨裁下的民主化運動，在韓國和臺灣的新電影中以一個獨特的文化符碼存在著。

再者，這種文化符碼在批判文革悲慘性的中國第五代導演的電影中，或者爲力求刻劃表現高度經濟發展的中國社會裏面，存在的局外人形象而努力的後五代導演

的電影一起，在東亞文化上"抵抗"這個巨大的印象形成了自己的主體性。由屠殺引起的精神創傷何時才能從東亞人的精神中消失呢！

五、 結論

　　韓國人對於台灣了解不多，學術上的研究也不多。台灣人對韓國的理解怎麼樣？也許韓國人和台灣人對對方的了解都比對美國的了解要少。雖然最近在台灣，韓國的大眾文化比較走紅，但一般的台灣人恐怕不太了解韓國的歷史、文化。韓國一般人對台灣的關心或者認識水平也差不多。可是韓國也跟台灣一樣經過「日治時期」，並處於「分裂狀態」。一樣經過「軍事獨裁統治時期」、「經濟高速增長時期」、「民主化運動時期」。這種歷史上的類似性，可以讓雙方互相交流歷史的記憶。現在，我們應該在文化研究上突破狹小的圈子，探索東亞連帶和相生的契機。

從新住民觀點看台灣人的性格

楊聰榮

國立中央大學客家社會文化所助理教授

一、前言

筆者有一次在尋找印尼文文獻時，突然一個字眼映入眼廉，即 istri orang Taiwan，用來指稱從印尼嫁到台灣的女子，引起了筆者的興趣與諸多聯想。istri orang Taiwan 應該可以翻成「台灣人妻」，在印尼文中一語雙關，可以是「台灣人，同時也是個妻子」，也可以是「台灣人的妻子」。在印尼文的語境中，應該前者的成份比較大，如果要符合這個語境，應該翻譯成台灣太太（istri orang Taiwan）。這造成一個有意思的對比，這些人在台灣以被稱爲「外籍新娘」，但是在印尼，卻被視爲台灣人（orang Taiwan）。在印尼文中討論中，經常使用 menjadi orang Taiwan(變成台灣人)，顯示在印尼已經接受她們成爲台灣人的事實（相關討論後詳）。將這些新住民當成台灣人，而不是將她們當成「外籍」，是引發作者進行這個研究的動機。

同時筆者接觸越南時，也有類似的現象。在越南與越南從事相關問題專業研究的學者討論時，越南學者稱這種現象爲「台越通婚」(Hôn Nhân Việt Nam Đài Loan)。越南從事相關研究的學者多半識中文，他們不願使用台灣所用的「外籍新娘」。他們可以接受「台灣越僑」或是「在台越南人」（người Việt tại Đài Loan），以表明她們同時具有台灣與越南兩地的淵源。筆者意識到「外籍」這一稱呼確有不合宜之處，因爲中文的「籍」字是包含籍貫或國籍之意，對於已經在台設籍多年，甚至已經入籍多年的人士而言，以「外籍」稱之是有強烈的排外意味。以下的討論，主要是由這些從東南亞來台灣的新住民所引發，故以「新住民」、「東南亞新娘」、「南洋姐妹」、「台灣越僑」或「印尼媳婦」稱之，儘量避免使用台灣習以爲常的「外籍新娘」。

從這兩個例子，我們知道，對待新住民的方式，一方面要將他們納入台灣本地人的涵蓋範圍，另一方面又要尊重他們原本所具有的文化根源，在現階段仍是不太容易的，因此即使名稱上比較複雜，也是應該要學習適應，不可因循苟且。從新住民的角度看台灣人，一方面要將新住民納入，一方面要保留其文化根源，構成本論文立論的根基，本論文將以這一觀點，重新思考有關台灣人集體性格的問題。以下的討論，首先界定本論文「台灣人的性格」的討論範圍，然後檢討在學術上影響研究集體性格比較大的兩個學術傳統，回顧過去幾個台灣人論的實例，再來討論以族群移民的角度來

討論台灣人集體性格的可能性，並且以研究材料的舊資料與新元素作結。

二、台灣人論與集體性格的研究

「台灣人的性格」的討論出現的很早，如「臺俗民悍」一類的記錄，[1]在各類史書中碩見不鮮，可以說台灣有史以來，台人性格一直是被記錄的要點之一。一直到最近出版的著作，也多有以此爲主題的不同論著出現，有人認爲台灣人具有一種「新傲骨精神」，[2]也有人認爲台灣人具有一種「沒落的貴族後代」的氣質。[3]將一個國家或地區的住民以集體性格的角度來論述，是普遍的論述方式，台灣並非孤例，世界各地國家民族的民族性，各有許多討論，如「美國人的國民性格」[4]或「日本人論」等，以至於不同族群的性格與氣質，如「三個原始部落的性別與氣質」等，其集體性格的研究和討論都是十分普遍的。

集體性格的研究和討論很容易主觀偏見連在一起，因爲集體性格的討論是日常生活中普遍存在的一種論述方式，一般人不必有高深的學問，也會隨口說出一些主觀意見，會對一個國家的國民或是針對特定的族群做出整體性格的評斷。爲了確定討論的性質，我們將討論的對象文本化，即討論出版成著作的整體性格的論述，這樣我們就可以將學術研究的成果以及一般性的論述都放在同一範疇，加以討論，並且將不同而相近的論述主題，如「國民性格」、「民風」等的討論，都放在集體性格的研究脈絡。

不論是一般性的論著，或是學術專門領域的研究，因爲都必須要有一定的根據，基本材料到引申性的論述，也涉及不同的思惟方法與角度，因此也對集體性格的討論放在學術思想理路的脈絡，並且指出論述典範的轉移，以便關照我們對「台灣人的性格」的討論。將學術專門的研究與一般性的論述放在一起討論並非沒有先例，前述的國民性格的研究與日本人論的討論都是。不論是學術的研究或是一般的論述，在思考集體性格這一課題上，都有必須面對的觀點問題。在本論文中，最重要的是觀點的提供，並且以具體的實例來反省相關的研究與討論。

三、討論集體性格的學術脈絡

集體性格的研究是個跨學科的課題，不同學科取向都有不少作品討論到相近的課題。人類學對於文化的研究經常採取整體性的立場，經常將一個文化類型做整體性的

---

[1] 新校本清史稿列傳，卷357，列傳144，方維甸。

[2] 小林善紀著，賴青松、蕭志強譯，《台灣論》。台北：前衛出版公司，2001。

[3] 徐宗懋，《台灣人論》，台北：時報出版社，1993。

[4] 許烺光著、徐隆德譯，《中國人與美國人》，台北：巨流出版社，1988。

描述與比擬，因此對於不同群體的集體性格著墨較多，也產生了不少比較文化學的作品。心理學與社會心理學對集體性格的討論也有很多成果，文學的討論也涉及集體性格，不論是自我表述或是描述他者。歷史的討論基本上是以國別史為討論單位，經常以國情不同來做基本前提，也是呈現集體性格的主要方式。

集體性格的討論，過去的討論是以「民族性」、「國民性」一詞來討論。對於集體性格的研究，在民族觀念開始成為研究議題時就形成，在 19 世紀開始德國的哲學家即以民族精神 (Volksgeist) 為討論對象，黑格爾 (Hegel, Georg Wilhelm Friedrich,1770-1831)在討論時代精神時，即以民族精神為對象。其對民族集體性格的討論主要集中在精神方面，並且認為歷史發展的本原是民族精神。德國哲學家費希特 (Johann Gottlieb Fichte, 1762-1814)在《對德意志民族的演講》（*Reden an die Deutsche Nation*）（1807）認為個體意志應該對於民族共同意志的服從，以建立新的精神秩序，因此要採取一種培訓全體人民集體性格的國民教育制度，以重建國家共同精神。德國的語言哲學家洪堡特（Wilhelm von Humboldt, 1767-1835）認為語言是一個民族進行思維和感知的工具，每一種語言都包含了一種獨特的世界觀。洪堡特同樣把教育視為啟發國民精神的關鍵，將國家語言習得的完成，是某種思維方式形成的標誌。

這些思想的形成，與德意志民族特有的危機意識息息相關，這裡所謂的危機並非一般意義的危機，而是一種特殊的歷史意識，把人類歷史想像成一個具有精神性發展的歷程，構造出對歷史事件的解釋系統，因而產生巨大的危機感。原來是在特定的社會歷史脈絡產生的思想，正好和當時的時代課題是互相輝映，19 世紀的歐洲民族國家的發展，後來引發了全球民族國家的風潮。民族國家的發展固然是形成這些思想的背景，而這樣的哲學思想形成，也在思想史上對建構民族主義觀念，進一步導引了歷史的發展方向。

19 世紀德國哲學對集體性格的討論集中在民族精神，主要是討論反映社會眾多人士的共同心態，而為眾人所認同感受者。而這種民族心靈是基於民族社會整體文化長期發展而成，會表現在民族社會的各個層面，包括語言、神話、宗教、民俗、藝術、文字、道德及法律等。我們必須注意，當時所討論的民族精神都是指單一的民族特性，而不去考慮民族內部的族群差異。同時這些哲學家在討論民族精神時都包含一種兩面論述，一方面認為民族性是在過去長時期的發展中所形成的集體心靈，是自然形成的。但在另一方面，又認為民族精神須要加以發展，並且要將這種精神加以體認以傳遞給下一代。

德國這些關於民族性的思想不單祇在歐洲發生影響，也傳到當時亟欲吸收歐洲思

想的日本。日本當時受到德國思想的影響，對於民族特性的討論集中在精神性的集體呈現，也強調單一民族的集體性格。日本知名的思想家福澤諭吉在則使用「人民的氣風」或「人心」來等同於「國民性」一詞，認為要尋找文明的所在，必須先尋找影響這個國家的「氣風」之所在。日本自此產生各式各樣討論日本集體性格的論述，形成後來鼎鼎有名的「日本人論」(Nihonrinron)，成為學術討論集體性格論述的對象，[5]日本人也被說成是「世界上沒有比日本人更愛好自我定義的民族」，[6]在這一論述傳統影響之下的日本人論，也總是傾向將日本假設為由均質的個人組合成的社會，內部差異不重要。

德國觀念論的學術傳統，其影響不僅衹於學術界。民族主義的風潮，在思想界起了很大的波瀾，民族主義式的思想，擴散到各個領域。也實際在世界史的發展上，民族主義成為時代的主題，尤其時亞洲各國在追求民族獨立的同時，民族主義思想的發展都十分蓬勃而引人注意。從表面上看，台灣歷史的發展，好像與這一思潮比較遙遠，實則不然，受到這一思潮影響下的日本，在治日時期，即開始對台灣住民實行國民教育，國民黨來台以後，也持續全面實施國民教育，其中國民精神的灌輸都是其中的重點，這方面的影響應該很大，仍待進一步的探索。

四、國民性格的研究

20世紀初期來自另一個學術傳統也提供了集體性格的討論，人類學的興起帶動了研究興趣。人類學者也做民族性格的討論，有些只討論一個社會的某一方面，有些討論可以概推的人格特質，有些僅限於討論某個村莊或社區的生活，也有的試圖探討某個社會的單一特質(unitary characteristics)，通常被稱為「國民性格的研究」，其中最出名的是文化模式學派，其中文化模式學派的大將潘乃德的名著《菊花與劍：日本的民族文化模式》，就是研究日本國民性格的佼佼者。[7]

人類學所強調的國民性與文化的整體論述很接近，所謂的國民性是指每個國民或民族中每個人都享有的共通特質。依照文化模式的理論，這種文化模式是集體性格的反映，是呈現在一個民族或國家的各個層面，舉凡政治、經濟、語言、風俗、習慣、道德、宗教、文學、美術等各種文化層面，都能反映出國民的性格。因此在研究的方

---

[5] Dale, Peter N. The Myth of Japanese Uniqueness. St. Martin's Press, 1986.

[6] Mionami, Hiroshi 南博，《日本人論：明治から今日まで》。岩波書店，1994，頁1。中文版見南博，《日本人論----從明治維新到現代》。台北：立緒，2003年。

[7] Benedict, Ruth, The Chrysanthemum And The Sword : Patterns Of Japanese Culture. Tokyo: Charles E. Tuttle, 1954. 中文版見潘乃德著，黃道琳譯，《菊花與劍：日本的民族文化模式》。台北：桂冠出版社，1986。

法論上，也受到這種理論的影響，即這種民族精神或是國民性格，應該可以在不同的材料中取得，因此可對不同的文化材料進行「遙研」。這種研究方式有其弱點，最為人所垢病的地方是忽略歷史與社會的變遷。但是也有其強而有力的地方，透過對一個民族或國家的整體性論述，可以將其長時期而不變的性格特點呈現出來。

日本對集體性格的興趣，表現在學術研究上，除了一再出現的「日本人論」引人注目之外，在民族學與民俗學的研究也非常突出。民族文化的討論必須要有具體的實證資料做基礎，在這個方向上，民族學與民俗學的材料比較容易提供集體性格的討論。在日本許多著名的人類學家都曾在日本人的集體性格這個議題中下過工夫，也有不少成就，民俗學的發展也是。現在在日治時期有關台灣的各種民間習俗或文化傳統的調查，也是這個學術傳統發展的成果。

前述這兩種傳統，透過日本的發展，與討論台灣人的集體性格都有深遠的關係。日本對民族文化集體性格的看法，實際上影響了日本統治台灣的政策，日本在台灣採取的國民教育，實質上是接受以均質的教育內容來培養國民性格，這是深受德國民族主義思想的影響，比較西歐國家在亞洲各地的殖民地，在教育上多半採取菁英主義教育的政策，可以看出政策上的差異。此外，在民族學方面，日本學者以及在日治時期的官方機構，在台灣的風土民情做了大量的調查與記錄。這些調查與記錄對於理解台灣人的集體性格應有幫助。

五、集體性格的討論

以上所討論的兩個研究傳統對集體性格的討論，其實有許多相關命題值得我們進一步討論。然而為了方便我們將新住民的議題放進來，以下的討論我們僅針對其中涉及到討論集體性格的思惟方式，重點選擇幾個面向加以反省，以做為我們進一步討論的基礎。首先是集體性格的基礎問題，群體性格的形成，確實有一定的社會事實的基礎，並不一定祇是刻板印象構成。構成一群人的集體性格，通常是因為歷史、文化及社會等因素所制約，但是又無法將集體性格做過度推論，因為每個個人都有不同的性格，一樣米飼百樣人，集體性格祇能推論到某一層面。因此事實基礎與印象的累積，是構成集體性格論述的兩個重點。

也就是說，集體性格的形成固然是有社會基礎的問題，但是集體性格的形成，也和這個群體與人互動而產生的印象之累積有關。也就是說，群體的具體表現，固然是集體性格的基礎，然而群體的具體表現，所形成在旁人心目中的印象，才是易為眾所感知的集體性格。群體的具體表現，必須與人互動，形成印象，經過長時間累積，才

能比較清楚捕捉集體性格的內容。而這種集體性格若形成印象，也會進一步在其社會文化生活中產生作用，會強化其集體性格被認知的一面。我們常說的「德國人嚴謹」、「法國人浪漫」或「英國人紳士作風」，都是包含一種長時期與他人互動中，所形成的文化特質。

另外一個我們須要注意的是，文化特質會與時推移。文化特質是特定時空斷面中所展現的各種文化價值，不是固定不變的，一部分的特質會與時推移、隨時演變，或是一部分的特質會因爲種種原因而被壓抑或遺忘。我們不應該太在意正面或負面印象所造成的不同印象。因爲正面或負面的印象，經常可以都很容易找到其對立面，例如在描述客家人的特性時，克勤克儉是最常見的說法，但是克勤克儉通常是正面的說法，一般被視爲美德，同樣的美德也可能會被說成是小氣，性格的描述很容易找到其對立面。而特別去強調是美德或是缺點，通常有特定的目的。因此最重要的是對於集體性格的論述著眼在那些面向上，至於是正面或是負面的印象，並非重點。

另外，是集體性格中部分與全體的關係，過去對集體性格的討論，係以整體性的論述掩蓋了集團內部的差異，而現在研究典範已經轉移，人們對於集體內部的差異十分敏感，不會輕易地忽略，族群與移民的研究也是在這樣的典範轉移之後而興起的。因此在這裡建議一種討論集體性格的方式，至少在討論有意義的不同部分，再來論述整體。整體不一定能包含所有的部分，而部分也不可能與整體截然的劃分，特別是經過長時期的互動發展，部分與整體應該是互相影響。

六、台灣人性格的單一論述

受到過去的研究傳統，過去對集體性格的討論主要是以單一論述爲主。單一論述主要是假設一國之民或是民族內部都是均質的，可以用單一的「民族性」或是「文化整體性」來涵蓋，而內部異質性因素經常被忽視。對台灣而言是相對比較困難的，因爲從移民觀點而言，台灣的住民是由不同時期及不同源頭的移民所構成，是異質性的人群組合，而不同的歷史記憶而產生不同的性格表述。過去在台灣並非沒有台灣人性格的論述，但是如果仔細檢查既有的台灣人性格論，則可以發現對台灣人的認識，多半並未考慮台灣人口族群結構的複雜性。

許多西文資料談到台灣的文化時，都很容易忽略台灣與南洋的關係，例如在一百科全書上，談到台灣的文化時，祇表示台灣的文化是傳統中華文化、日本文化及西方文化的混合體，而所指的西方文化，指的是荷蘭、西班牙和美國。(Taiwan's culture is a blend of traditional Chinese with significant Japanese and Western influences including

Dutch, Spanish and American.)[8]。這種說法，都是由外來的文化來描述台灣本身的文化，而無視台灣自身所發展出來文化獨特性，也沒有從台灣住民的立場來考慮文化的面向。

廣為人知的台灣人性格論，經常是忽略了台灣人性格的多樣性，如成書於 1993 年，徐宗懋的「台灣人論」。[9]這部著作是號稱是「第一部有系統的討論台灣人性格的著作」，出身記者的徐宗懋以感性的筆調，表示「我對台灣史的狂熱是從這個新角度的發現開始的，當然，我所探究的主題並非歷史的本身，而是歷史與地理環境所塑造的台灣族群性格，比較偏向人類學的範圍。然而，真正的重點仍然走台灣地域文化的特徵，與中國其他地區差別之處，以及政治和經濟行為中所反映的心理傾向。」然而從觸發作者的研究，到這本台灣人論的結論，都是在說明台灣人具有作者認為的「閩南人的沒落貴族色彩」。

這部著作有其他的議題值得討論，不過在這裡祇檢討其包含哪些對象的視角問題。作者討論台灣人時，並不將自己放在其中，也未將其他已經來到台灣四、五十年的新住民考慮進來。我們當然知道他在當時的語境，台灣人是指狹義的台灣人，不包含外省人，也不包含原住民。但是在其描述之中，他主要集中在早期由唐山過台灣的台灣人，如何將其性格帶到台灣，同時又在台灣的歷史環境中發展出獨特的性格。然而在其論述之中，雖然知道有客家人存在，卻完全無視在性格上的差異，即將其忽略。另外一個比較大的問題是，作者的論述並非建立在有根據的基礎上，自由心證的想法較強，「沒落貴族色彩」可以用在內埠與海外各地，也與台灣移民歷史有銜接不上之處。

但是討論集體性格問題，並非被有資料根據即可。如果討論集體性格，對於歷史資料的性質如果未能以設身處地的角度加以理解，直接加以引用，有也問題。例如尹章義發表的「台灣的性格與歷史發展」，根據許多清代的中文記錄，推斷出「台灣民情浮而易動」。[10]例如其引用《福建通志‧風俗志》的記錄，說「文則揚葩而吐藻幾埒三吳，武則輕生而健鬥雄於東南。」(明代王世懋語)。又引〈漳州府風俗卷〉，說「明王應山閩大記云：漳州，閩會極邊濱海，矜懷忮囂訟難治。閩書：閩中諸郡，漳為剽悍……俗好訟……民喜爭鬥，雖細故多有糾鄉族持械相向者……」這些引用的文句，其實是當時的官府或者文人所記，對於民間情況，可能未能設身處地去理解，用來做

---

[8]　Item Taiwan: Wikipedia, the free encyclopedia. (http://de.wikipedia.org/wiki/Taiwan)
[9]　徐宗懋，《台灣人論》。台北：時報出版社，1993。
[10]　尹章義，〈台灣的性格與歷史發展〉，《歷史月刊》，201 期(10 月號)，2004。

爲集體性格的依據，難以呈現多元觀點。

因此作者表示「筆者認爲自然因素，尤其是地震、颱風的強大威力和無常性格，在前科學時代，對於台灣人的性格的型塑影響更大。無論你多麼努力而獲得的成就與利益，一旦遭遇地震與颱風這種人力無法抗拒的力量，立即灰飛煙滅，甚至到福州考舉人、到北京考進士的舉子以及官吏、士兵遭風漂沒的也不在少數。這種自然因素年復一年、日復一日地強烈地加在台灣人的身上，那種不安和不確定感，必然影響了每一個台灣人而形成集體焦慮，加上原有的社會、經濟衝突和群體矛盾，出現對於社會壓力反應過度的現象，一經觸動就形成集體歇斯底里而起乩，激發反理性反社會的行爲」。

這是作者的詮釋。如前所述，集體性格是在歷史的互動中產生，因此對於歷史記錄的採用，必須要考查其觀點的來源，同時應該採取多元的角度來衡量。既使祇有清代的文獻上採取資料，文人社會吟詠台灣社會的詩文，也會呈現不同的性格風貌。因爲社會內部集團觀點的不同，會對於集體性格的論述有不同的看法，這裡還有一個觀點值得強調，如果觀點都是同一社會內的不同集團，固然可以看到部分真實，但也會有盲點，如果能夠參考社會外部的記錄，可以觀察到內部觀點所沒有注意到的觀點。

我們在這個台灣人論的名單上，可以加上許多不同的姓名與作者。不過如果我們以台灣的移民史與族群觀點來檢討，缺乏一種全面性的關照是共同的缺點。例如黃文雄的《台灣人的價值觀》一書，其中包含不少作用親身體驗與詮釋，由日常生活的實踐中，細數台灣人重視的價值觀，包含如對人情義理、異端思想、圓滿、忠孝、見笑、恩情、名教、打拼、良心等的看法，有相當獨到的見解。[11]然而作者也承認，早期台灣其實未萌生共同意識，才有分類意識。[12]既然如此，就應該將分類意識加以討論。

七、從移民史看台灣人性格的形成

如前所述，過去的台灣人性格的論述都是以單一論述爲主，一般所說的台灣人，都是以狹義的台灣人爲對象，而許多對台灣人的論述，都是根植於清朝及日治時期的材料或印象所累積起來的論述，固然這些論述所論及的是這個社會佔人口絕大多數的主流族群，但是顯然無以反應當今的歷史與社會變遷。對於台灣的人群組合，現在流行以五大族群來論述。用四大族群來表述是不合時宜的，這是排斥了弱勢的新住民，現在我們已經知道南洋新娘的家庭成員人數已經超過原住民的總人口，我們必須將他

---

[11] 黃文雄，《台灣人的價值觀》，台北：前衛出版社，1994。
[12] 前揭書，頁40。

們納入台灣的人群組合範圍中。

　　我們可以用移民史將台灣不同族群相對化起來，台灣的族群差異，主要並非由於種族上的差異。即使是以原住民來衡量原漢關係，我們可以說台灣的住民主要仍是由漢民族與南島民族的結合，而歷史上的通婚、混血與同化是屢見不鮮，從平埔族的漢化，到現在原漢通婚，以及來自南洋的配偶，包括來自福廣的漢人與來自南洋的華人，本身都富含混血通婚的歷史。因此從外觀上來判斷族裔的類屬是有困難的，這與世界各國所討論的族群問題是不相同，許多有族群問題或族群分立的國家，族群的差異是十分外顯的，如星馬印尼的馬來人、印度人與華人。台灣的族群差異並非如此，族群的差異是表現在語言文化上的，以及不同的歷史觀，這些可以用移民史的區別來涵蓋這些差異。

　　就原住民而言，現在關於台灣原住民的起源問題，學者的研究仍然爭論不休。主要有兩類不同說法，一是主張原住民的發源是在島外，一是主張台灣是南島語族的原居地。早期前一種說法較為普遍，有的學者從語言、考古、文獻資料及神話傳說等方面論證台灣原住民的起源地應該是在大陸東南沿海，有的學者則由原住民的語言及口傳文化中，認定台灣原住民是由南方海域前來。有的學者甚至可以推測原住民移居台灣的年代，例如泰雅族及賽夏族應該是在公元前三千年的陶器時代即來臺，排灣族和卑南族應該是在東南亞巨石文化興盛時期移入台灣。

　　至於台灣是南島語族的原居地的說法，則是最近學者比較流行的主張，這是主要是語言學家研究的結果。至於這兩種說法孰是孰非，則有待進一步的研究。不過不論是那一種說法，都認為早年原住民與海洋關係密切，與海外有所聯絡。我們將原住民視為一個整體來論述，根據宮本延人的意見，主要是建立在人群區別上，即與後來的漢民族區別。[13] 由這個觀點來看，論述台灣人性格時，還是應該兼顧部分與整體，不可因為人數多少或是弱勢與否而予忽視。

　　由移民史來看原住民，他們是移民也好，是住民也好，可能原住民各族歷史各有不同，但是我們可以說是史前時期移民或住民。而構成本島人主體的福佬人及客家人，則是清領結束時期以前的移民，不妨稱之為歷史時期移民。而外省人主要是第二次世界大戰後移入台灣，移民的原因與二戰後的政治格局息息相關，可稱為戰後移民。至於現在的新移民或新住民，由國際局勢來看，是在冷戰結束後才有大批的新移民進入，不妨稱之為冷戰後移民，若由島內局勢來看，則是在解嚴後來快速增加，也

---

[13] 宮本延人著，魏桂邦譯，《臺灣的原住民族：以世界觀研究臺灣原住民之作》。台北：晨星出版社，1992，頁6。

可以稱為解嚴後的移民。以上這些稱呼都是以移民的時段做區分，名稱是暫定，主要
祇是要強調移民史的角度，即相對化來看待台灣今天所謂的不同族群，祇是不同時期
的移民的組合。

移民的組合也可以再進一步的細緻化，前述的分類祇是以人數較多的不同區分，
實際上在台灣的歷史上，移民現象並非一刀切，劃分得如此整齊。如以原住民為例，
我們現在知道一直到近代，原住民與島外的南島民族仍有聯繫，從日本八重山群島到
菲律賓巴丹島都有新移民關係的產生。[14]以本島人為例，早期的移民可能有在鄭成功
時代就到台灣，也有到清領晚期才到台灣。甚至日治時期也並非全無移民，日治時期
由台灣到華南者為浪人，由中國到台灣者為華僑，由移民史觀之，表示移民的事實是
持續進行。而 1949 年前後由中國大陸遷來台灣的外省人，其中不少是福佬人及客家
人。同樣地，戰後由南洋各地來到台灣定居的海外歸僑，其中也有福佬人及客家人。
一直到現在的外籍配偶，其中也有具備福佬人及客家人的華人。雖然以上所說的不同
性況，相較於主流族群人口，在人數上所佔的比例可能不高，但是其所代表的意義是，
台灣主要由移民構成，是個移民國家，移民有先來後到，但是我們不應該將移民的差
異本質化，而應該以相對化的角度來看待。

從移民的立場來看台灣人的性格，集體性格是由人群互動中產生的行為方式，經
過長期的沈澱和累積所形成的。要呈現台灣人性格的多元性，我們建議由台灣移民史
上的不同族群在歷史的長期累積互動中所形成的看法出發，除了觀照台灣的主流族群
之外，由台灣移民中的幾個不同族群所發展出來的集體性格，也應該加入台灣人集體
性格的一部分。就原住民而言，原住民的研究行之有年，有關原住民的論述也很多，
不過實證的資料比較多，屬於精神與氣質的描述較少。就客家人而言，固然在討論台
灣人性格時，都會提到客家人，表示在討論到人口組合時，客家人並未被忘記，他們
也是 native Taiwanese 的一群。[15]不過現在越來越多的研究顯示，客家人在台灣歷史發
展上，性格的發展與被認可，受到相當程度的壓抑，過去台灣客家人的地位未能彰顯
出來，目前則急起直追。而外省人來說，將外省人視為台灣各群體中的一個群體來論
述，還是晚近的事，論述方向與形態仍待觀察。[16]

然而，由前所述，由這些不同的族群所累積的關於集體性格的討論，質量上的差

---

[14] 陳世慧，《蘭嶼與巴丹島的故事》，經典雜誌，第 63 期。

[15] 關於台灣客家人的分類範疇在歷史上的流變，參見楊聰榮，〈從族群關係史看臺灣客家的分類範疇
與獨特性〉台灣歷史學會主辦，台北，2004 年 5 月 26 日，台灣史學客家研究研討會。

[16] 關於對外省人的不同論述方式，參見楊聰榮，〈移民與本土化：中國戰後移民在亞太各國的遭遇〉《重
建想像共同體─國家‧族群‧敘述》，台北：行政院文化建設委員會，2004 年，頁 21-42。

別並不均衡。原住民的研究討論雖然很多，但是對其集體性格的討論並不多，尚待進一步的努力。台灣客家則正好相反，對於客家人集體性格的描述很多，但是在研究上則是相當不足，這與台灣客家過去在公開的論述中隱型有關，現在對此點有比較深刻的認識，正在發展相關的論述，希望將台灣客家的論述也加到台灣人集體性格論述中的主流之中。而外省人的討論與研究在過去都比較貧乏，現在則有越來越多的人注意到這個問題，關注外省人在台灣定位的問題，遲早有一天在討論台灣人的集體性格時，會注意到外省人所佔的一席之地。儘管我們和過去的祇針對主流族群的單一性格論述，這些族群的討論都嫌不足，然而和新住民的相關論述一比，則仍可慶幸，因為與新住民相關的討論，實在是太少。

由新住民觀點來討論台灣人的集體性格，質量方面的貧困是可以預料的。一方面年代較短，累積的資料很少，同時又因為文化的隔閡，許多的討論並沒有站在新住民的立場來考慮，祇是一味要求新住民要適應台灣的規範。目前台灣社會對待新住民的政策，仍然是單向的同化政策，並未尊重新住民原本的文化傳統，尤其是南洋新移民，他們原來所帶來的文化，在台灣的公共場域尚無地位可言。而主流社會在論及南洋新移民時，還是將他們視為外人，將之排除在外。最典型的例子是，2004 年由行政院所召開的全國族群文化會議，會議中的討論缺乏南洋新移民的聲音，也沒有相關議題的討論。

八、台灣人性格的新元素

由於新移民或新住民在台灣的公共論述空間仍是十分弱勢，所累積的討論資料也有限，還難以形成有力的論述觀點。我們所期待的，由於新移民的加入，而能使台灣人的集體性格之中，添加上南島風情與南洋風味，則很難用同樣的資料與方式來論述。然而在有限的資料與互動中，我們仍然可以找出有意義的討論資料。在這裡祇是拋磚引玉，指出幾個方向。進一步有系統的研究，有賴未來的努力。

第一個方向是，來到台灣的新住民，特別是從東南亞來的新住民，他們各自來源國都有其集體性格的論述。例如對印尼人的集體性格的論述，或是越南人的論述，都是很重要的新元素。其次，台灣人與來自印尼或是越南的人群互動，也產生了很多資料，都可以參考，由這種互動關係中產生的集體性格的認知。筆者在有限的範圍內，找尋由印尼文及越南文中提到台灣的資料，做為印尼族裔與台灣人互動的資料，並且由此分析其中所見的人群關係與性格的比較與描述。看看這些新的元素對我們的理解是否有幫助。

在對台灣人的認識方面，印尼文文獻中，稱呼台灣人為 Orang Taiwan，Orang 是表示「人」的意思，Orang Taiwan 就是指台灣人。由這個稱呼可以知道印尼人對台灣人是有很清淅的形象，雖然 Orang Taiwan 這一詞是新詞，在 1990 年代後才漸漸普遍，這自然是台商到印尼投資，以及印尼新娘嫁到台灣來有關。然而印尼人對於台灣人具有華人的文化特質則有清楚的認識。印尼的一本語言學習的教科書中，就使用了這樣的句子："Orang Taiwan juga orang Tionghoa"，意思是「台灣人也是華人」。[17]

在越南文的文獻中，對台灣人的認識也有清楚的形象。越文稱呼台灣人為 người Đài Loan，在越文中 người 是表示人的意思，而越南文有過去使用漢字的傳統，因為對於漢文世界中的台灣人知之甚詳，「台灣人」一詞在越南也是很普遍的詞彙，一般都有記載，也不會和來中國人和華人的概念混淆在一起，這一點和印尼不同。因此嫁來台灣的越南人，並非以華人為限，這也是與印尼的情況不同。越南華人在越南被視為當地 54 個族群之一，名為 tộc Hoa，是華族之意。[18]

如何看待本國人民嫁到台灣來，印尼人看待對於嫁到台灣的印尼新娘，也有一些看法值得我們注意。目前在網路上，也有一則以印尼文寫成的公告，這是中國時報所辦的「情牽太平洋徵文活動」，而由中央電台以印尼文公布。這段公布的第一段是這樣寫的："Jumlah warga Indonesia yang menjadi istri orang Taiwan tidaklah sedikit, menurut statistik hingga Juni 2004 ini, pangsa jumlah WNI yang diperistrikan atau menikahi orang Taiwan dan berdomisili di Taiwan sebesar 13,26%."，意思是「印尼公民（warga Indonesia）成為台灣太太（istri orang Taiwan）不在少數，根據 2004 年六月的統計，印尼公民娶嫁台灣人而在台灣歸化（berdomisili）就高達 13.26%」。[19] 這裡比較有趣的是，從印尼文來看，用的是台灣太太（istri orang Taiwan），也就是說在台灣以中文稱為「外籍新娘」，但是以印尼文來說，卻是不折不扣的台灣太太。istri orang Taiwan 在印尼文可以有兩種解法，一個解法是將 orang Taiwan 視為同位形容詞，表示這個 istri(妻子)同時也是台灣人（orang Taiwan），另一個解法是將 orang Taiwan 視為從屬關係，即成為台灣人的妻子。這是一語雙關，也符合實際的情況。而一般的情況下，以第一種解法為優先，即視其為台灣人。這是可以理解的語言現象，因為由中文世界來看，他們原是出身外籍，但是由印尼文世界來看，他們都成為了台

---

[17] Ren Shi Han Yu. Surabaya: Lembaga Pendidikan Bahasa Tionghoa PPSA. (http://www.ppsatop.com/index.html)

[18] 關於越南的族群分類，參考楊聰榮，〈越南族群分類的反省----本土知識體系與現代性〉，台北，2004 年 4 月 22-23 日，東南亞研究研討會。

[19] "Lomba Mengarang ! Katan Cinta Pasifik !", Radio Taiwan International, Central Broadcasting System. (http://www.cbs.org.tw/indonesian/news/2004/ 040902.htm)

灣人(menjadi Orang Taiwan)了。

在越南,則有不同的分類範疇。越南的民族自尊極強,也從漢字文化中吸收了「僑民」的概念,海外的越人一律以「越僑」(Việt Kiệu)稱之,即不論移民當地的情況和程度如何,都以越人待之。因此對這些越南女子稱為「在台越人」(người Việt tại Đài Loan),然而由於越僑在世界各地生根,取得當地國籍而融入當地,早就行之有年,因為在越南對於越人取得當地身份,成為當地的一分子,並沒有太多負面的想法。相關的討論對於取得當地身份或國籍,甚為積極。由於相對於越南人移民海外,嫁到台灣來的歷史較短,這些越人在台灣保有越南語言,可以說大都仍然是具有兩種文化身份的人。

在越南的資訊中,有不少是直接引述台灣的報紙,這顯示在越南至少有一定人數會看中文,而且可以直接從台灣的報紙直接吸取資訊,這種情況也與印尼的情況有差異。這些及時性的資訊,不少是和越南新娘在台灣有關的,在台灣有虐待越南女子的消息傳出,可在越南文中的消息知道。由於這類事件多少涉及兩國的民族尊嚴,對這類事件的處理不可掉以輕心。雖則如此,越南到目前似乎對台灣的整體印象不差,一篇描寫越南農村生活的雜誌文章,提到了台灣通婚,認為這是越南農村改善家庭生活的途徑之一,並且討論一些具體的實例。[20]

儘管不斷地有不同正面或負面的報導,但是由印尼人的眼中,整體而言對台灣的印象仍然是正面,在 2004 年的農曆新年,印尼的電視台 RCTI 開播了一個有趣的節目,名稱是 Wo Ai Ni Indonesia 。什麼是 Wo Ai Ni ?其實是中文的「我愛你」,以印尼文拼寫出來。這是一個男女徵友徵婚的節目,從報導中可以知道是受歡迎的節目。[21]雖說是娛樂節目,但這個節目堂而皇之的打出旗號,要徵求嫁到台灣去,成為 istri orang Taiwan,由新聞報導中詳細說明了來應徵的女子的條件,大抵是以正向的來看待。應該可以說印尼社會對台灣的印象並不差,經過長期的交流,印尼主流社會仍對台灣保有嚮往之心。

在越南有同樣的情況,一篇報導討論到台越通婚,提到過去的通婚以台灣男子到越南娶妻為多,但是現在也出現了性別角色對調的台越通婚,即台灣女子到越南找到男子成親。原來有台灣女子,或是年紀大,或是其他問題,在台灣不易成親,故有些念頭,婚姻仲介接到這樣的需求,姑且一試,沒想到幾個例子都成功。[22]文中並以具

[20] "Âm thanh cuộc sống: Chiều tối ở làng quê", tạp chí Nông thôn mới. (http://hanoi.vnn.vn/chuyen_de/langque/cuocsong/bai01.html)

[21] Tresnawati, "Wo Ai Ni Indonesia: Kisah Sedih Warga Keturunan." Jumat, 16 Januari 2004, Suara Merdeka.

[22] "Hôn Nhân: kiểu xã hội chủ nghia, hay buôn bán nô lệ kiểu mới!", Viết tại Đài Loan, ngày 12 tháng 06 nam 1998.

體的例子說明情況，這表示台灣與越南的交流層面擴大。

目前在網路上，從越文及印尼文看台灣的相關資訊，提到最多的主要是台灣的經濟實力以及台商在當地的表現。很明顯的，台商是現在台灣與東南亞各國交往的先鋒，對台灣人的印象，基本上是以台商爲主要的形象。在文化面向上，在越文及印尼文都提到了他們與台灣人的親近性。例如越南著名藝人范翠歡應邀到台灣表演古箏，遇見許多台灣喜好古箏人士，從教授到學生都有，甚至還有人專門以此爲論文題目，因此她交到了許多同好朋友，而對台灣的印象極好。[23]又如有位印尼青年，因爲篤信佛教，在不同的場域之中，都碰到了台灣人，是虔誠的佛教徒，因而表示很高興地表示與台灣人的親善。[24]

談到與台灣的淵源，越南和印尼都特別強調了該國與台灣原住民的特殊關係。印尼朋友遇到原住民，多半會表現一種特殊的關係。一位旅行到太魯閣的印尼青年，寫了他的遊記，說到原住民，他提到，「在這個島國有 12 種原住民，總數大約是 4 萬人（應爲 40 萬人，此爲原文筆誤），他們原本是由玻里民西亞、菲律賓及印度尼西亞來」(Di negara pulau ini terdapat 12 puak aborigin. dengan total warga sekitar 40 ribu orang yang konon berasal dari Polinesia, Filipina, dan Indonesia.)[25]。我們可以看得出來，在印尼文中討論到台灣的原住民時，都會特別強調與印尼人的淵源。在印尼文的文獻中，提到印尼主流種族時，以 Orang Malayu 稱之，都會提到 Orang Malayu 的分布範圍包括台灣，因此一般人都會有與台灣原住民同文同種的概念。

越南人談到台灣原住民，也有同文同種的感覺，但是所用的概念不盡相同。Nguyễn Quang Trọng 援引法國及澳洲的學者的意見，表示在越南歷史上的占族人(ngườ i Cham)，應該是和台灣原住民系出同源。[26]祇是根據不同的說法，究竟是由台灣到越南或是相反路線，則有不同的看法。越南也開始接受南島民族(Nam Đào)的看法，認爲以往南海應該是南島民族的勢力範圍，因此從台灣、菲律賓、印尼、馬來西亞到越南，都是南島民族分布之處。也有越南文獻索性稱台灣原住民爲在台灣的占族人(ngườ i Cham)。

台灣與南洋各地的關係因爲新住民的加入而增加了很多互動的機會，惟在這種互動中所產生對彼此集體性格之形象的形成，相關文獻還待進一步發掘。此外，印尼人

---

[23] Trúc Mai, "Nghệ si Phạm Thúy Hoan: Tôi muốn giới thiệu diệu Cò Là với bạn bè quốc tế!", Tạp chí Van Hóa Nghệ Thuật, 28: 112.

[24] Lanjutan dari tanggapan untuk Dhammasiri di Srilangka. (http://www.dhammacakka.org/forum/detail-forum-umum.php?id=140)

[25] Bondan Winarno, "Ngarai Pualam Taroko." Kompas, 16, Dec 2004.

[26] Nguyễn Quang Trọng, "Địa dàng ở phuong Đông của Stephen Oppenheimer." (http://zdfree.free.fr/diendan/articles/u127nqtrong.html)

與越南人對自己本身的集體性格，也有各式各樣的論述，例如印尼人認為自己的性格是委婉溫和(Politeness strategies as characteristic of the ethos of the Indonesian people)，而越南人則有堅忍的性格，這些不同的論述，以目前台灣新住民在新生兒父母中的比例，都有可能未來構成台灣人集體性格的一部分。

九、結論

本文由討論集體性格的學術傳統出發，檢討對集體性格的研究，由一元到多元的典範轉移，並且說明台灣人性格論的討論，也應該將多元的人群組合納入考慮，並且在長期的社會文化互動中累積具有一定質量的材料，才能符合集體性格隨時流變與日俱進的性質。因此在文中檢討了過去討論上的問題，並發展出以新住民為觀點的論述方式，並且以具體的實例，對未來討論的方向提出建議，為未來比較完整的台灣人性格論催生。

討論集體性格由人群組合的角度，祇是論述的一種角度，但不是唯一的一種角度，卻是最基本的態度，即不排除或忽視弱勢。至於如何來呈現或說明一群人的集體性格，本文也特別強調應該包含與不同人群互動的具體經驗，並且站在這些具體經驗的基礎來發展不同的論述。集體性格的討論不是族群互動中刻板印象的累積，不是異族接觸時以偏概全的推斷，也不是鎖國心態產生的自我中心主義式囈語。在這種方式之下，即使是有限的資料，也可容納新住民對於台灣人性格形塑的可能貢獻。

張深切的孔子哲學研究

林義正
臺灣大學哲學系教授

一、前言

　　臺灣在解嚴後，近 15 年來臺灣史的研究呈現熱潮，以臺灣為名的系所與社團不斷地成立，學者不斷地投入，臺灣學可說已成為顯學[1]。臺灣史的研究由原先因襲中國「方志」的角度逐漸轉換成臺灣「通史」的角度，原來模糊的內容頓時鮮明起來，這可以說是斯土斯民走向自覺的第一步[2]。誠如連橫所說「臺灣固無史」[3]，而如今有史，但是真正立足「臺灣觀點」的新歷史，其實尚待完成中。不管如何，斯土斯民既有它的文化，就必有它的歷史，我們須正視它而不該遺忘它。目前臺灣的史學、文學關注者較多，唯獨哲學尚少。緣作者之研究領域，得知在 50 年前（1955）身居臺灣而對孔子學說有深入研究並出版專著者僅有二位，即弘揚新儒學的陳健夫[4]與批判新儒學的張深切（1904-1965）。可是張深切的《孔子哲學評論》（1954）出版後，即遭查禁。為什麼本書會受到查禁呢？究竟他是一位怎樣的人？他的思維有何特徵？對孔子哲學的研究有何創見？到目前為止，針對張深切學術思想研究的論文不多，而扣緊《孔子哲學評論》論述的更少[5]。本文之作希望能為臺灣哲學的開展盡一份心力，並呼籲學界多多關心本土先賢學術思想的研究。

二、生平與著作

---

[1] 林美容：《臺灣文化與歷史的重構》（臺北：前衛，1998.12 初版第二刷），頁 77-82。

[2] 范燕秋，〈近十年國內《台灣史》通論著作研究回顧〉，《台灣史料研究》21 號（2003.9），頁 88-114。

[3] 連橫，《臺灣通史》（臺北：黎明，2001.4），頁 19，〈自序〉云：「臺灣固無史也，荷人啟之，鄭氏作之，清代營之，開物成務，以立我丕基，至於今三百有餘年矣。而舊志誤謬，文采不彰，其所記載，僅隸有清一朝，荷人、鄭氏之事闕而弗錄，竟以島夷、海寇視之。烏乎！此非舊史氏之罪歟？」連橫的《通史》一出，至少臺灣已由無史變成有史。

[4] 陳健夫，《孔子學說新論》（台北：文源，1967.5 台灣再版）。按本書作者陳健夫，祖籍江西奉新，於憲法制定頒行後，在大陸成立反對黨──「中國新社會黨」（1947.11.12），1949 年隨政府抵台，後因叛亂罪，入獄三年半，出獄後成立新儒家通訊社，弘揚新儒家學說不遺餘力。本書作者於 1953 年 1 月 21 日自序於台灣桃園六使公廟，由香港東方書局（1953）出版發行。1965 年 1 月由臺灣文源書局發行台一版。

[5] 依張志相所編〈張深切研究相關論著目錄一覽表〉（迄 1997 年）（見《張深切全集》（台北：文經社，1998.1）卷 3 附錄）有 36 筆，大都屬文史傳略性質，與哲學相關僅一篇，即廖仁義，〈台灣觀點的「中國哲學研究」──《孔子哲學評論》與張深切的哲學思想〉，《台灣史料研究》第 2 期（1993.8），頁 93-109，又見《張深切全集》（以下簡稱《全集》）卷 5，頁 538-566。1997 年以下依作者所知有四篇，1.陳芳明，〈復活的張深切〉，《中國時報・人間副刊第 27 版》（1998.2.12）。2.林安梧，〈張深切的「台灣」「中國性」及其相關之問題〉，《鵝湖月刊》第 24 卷 2 期（1998.8），頁 2-11。3.黃東珍，〈張深切《孔子哲學評論》研究〉，國立成功大學中文所碩士論文（1999.6）。4.林純芬，〈張深切及其劇本研究〉，靜宜大學中文所碩士論文（2003.7）。

　　張深切，字南翔，南投草屯人。7 歲啓蒙於洪月樵，10 歲進草鞋墩公學校，14 歲隨林獻堂赴日本東京，轉讀傳通院礫川小學校，畢業後進入豐山中學，17 歲轉學東京府立化學工業學校，其間一度返台，後插班青山學院中學部三年級。1923 年赴中國上海，1924 年就讀上海商務印書館附設國語師範學校，參加臺灣自治協會，於反對「始政紀念」集會上發表演說，攻擊臺灣總督府之施政，10 月與李春哮等籌組「草屯炎峰青年會」，此段時間自謂深受三民主義影響，倡導主義高於一切。1925 年，成立炎峰青年會演劇團，負責公演劇本與導演，11 月發表小說《總滅》，因在上海經商失敗，年底轉往廣州，積極投入政治運動，在這二年中逐漸否定先前所奉「主義至上」的想法，改變成「國家民族高於一切」的觀念，發誓作一個「孤獨的野人」。1927 年考入中山大學法科政治系；3 月，與林文騰、郭德欽、張月澄等秘密組織「廣東臺灣革命青年團」，任宣傳部長，主張徹底肅清臺灣議會設置請願及「文化協會」的消極理論，並公開向日本帝國主義宣戰，籲請世界援助中國革命，以求解放臺灣；5 月，返台，受台中一中學潮牽連，被日方逮捕，後無罪開釋。臺灣日方開始檢舉「廣東革命青年團」會員，再度繫獄，判刑二年。在獄中讀了《新約聖經》、《資本論》等社會科學及諸子百家的著作，澈底清算自己的思想，不願屈服於日本的統治，不能贊同馬克斯哲學，也不再是什麼主義者了。1932 年赴上海，在山田純三郎所辦的《江南正報》工作，任副刊主編與時事評論，隔年停刊，返台，進入「東亞共榮協會」的機關報《台中新報》（後改名《東亞新報》）工作。1934 年 5 月組成「臺灣文藝聯盟」任委員長，11 月出刊《臺灣文藝》，隔年即停刊。1938 年 35 歲定居北平，擔任北京藝術專科學校訓育主任兼教授，同時也在新民書院教授日語。次年，在北平創辦《中國文藝》，擔任主編兼發行人。1942 年棄筆從商，1945 年 4 月曾遭日本特工拘捕，旋獲釋，日本投降後，協助滯留北平的台籍軍伕返台，1946 年攜眷返台，應臺中師範學校校長洪炎秋之邀任該校教務主任，不久，碰上二二八事件，被誣陷，亡命南投中寮鄉隱居，埋首寫作，完成《我與我的思想》、《獄中記》、《在廣東發動的臺灣革命運動史略》三書。1951 年於《旁觀雜誌》，發表《霧社櫻花遍地紅》。1954 年《孔子哲學評論》出版，即遭查禁。1957 年組成藝林電影公司，自編自導《邱罔舍》，獲得第一屆影展最佳故事金馬獎。1961 年在台中市先後開設聖林咖啡廳、古典咖啡廳，1965 年 7 月《我與我的思想》增訂再版，11 月 8 日病逝，享年 62 歲。[6]

　　張深切的著作，依《我與我的思想》增訂再版時所附的著作出版年表，所載如下：

1. 《兒童新文庫》（北京：新民印書館，1941 絕版）
2. 《日語要領》（北京：新民印書館，1941 絕版）
3. 《日本文學傑作集》（翻譯）（北京：新民印書館，1941 絕版）
4. 《我與我的思想》（臺中：中央書局，1948 初版）

[6] 有關張深切的生平事蹟，見《全集》所附〈張深切先生年譜〉（初稿）。作者從張深切，《我與我的思想》所記，並參考莊永明，《臺灣百人傳‧張深切年表》（見網站 http://www.readingtimes.com.tw/folk/taiwan/people/peo-0107.htm；http://www.readingtimes.com.tw/folk/taiwan/diary/d-1108b.htm；林慶彰，《日據時期臺灣儒學參考文獻》上冊（臺北：臺灣學生書局，2000.10），頁 485-6；黃英哲，〈孤獨的野人——張深切〉，《臺灣近代名人誌》第 2 冊，頁 193-206，重編而成，謹此致謝。

5. 《獄中記》（臺中：中央書局，1948 絕版）

6. 《臺灣獨立革命運動史略》（臺中：中央書局，1948 絕版）

7. 《孔子哲學評論》（臺中：中央書局，1954 絕版）

8. 《遍地紅》（臺中：中央書局，1960 初版）

9. 《里程碑》（臺北：聖工出版社，1960 初版）

10.《談中國說日本》（臺北：經濟世界，1965 刊載中）

其他已完成之劇本：《邱罔舍》（獲第一屆影展最佳故事今馬獎）、《生死門》、《人間與地獄》、《婚變》、《荔鏡傳》。

有關張深切的著作，現已有陳芳明主編、吳榮斌策劃、張孫煜監制的《張深切全集》十二冊（臺北：文經出版社，1998 年 1 月）出版，參照前者，發現作品名稱，前後有詳略不一處。此外，《全集》所收顯然排除了前三種，且多出了《再世姻緣》、《北京日記‧書信‧雜錄》、《張深切與他的時代》（影集）。到目前為止，這一部《全集》應當是研究張深切最完備的資料。可惜的是《孔子哲學評論》一書中提到，本書未能暢所欲言的地方容在本書姊妹篇《老子哲學的研究》另作詳論或重行檢討[7]，但至臨終之前，仍未寫成，而耿耿於懷[8]。

從其生平與著作看來，誠如他的好友王錦江所說的：

> 深切兄的一生，雖然坎坷不平，但卻是多采多姿的；從各種的角度來看他時，他是革命家，也是思想家，哲學家，文學作家、批判家，而且又是戲劇、電影的劇作家、導演。[9]

如何理解這一位有哲學思想、有藝術創作、又落實於革命行動的臺灣鄉賢？還好張深切就是勇於自省、表白的人，所撰《里程碑》就是自傳性的文學作品，《我與我的思想》就是交代自己思想的軌跡，從中可得其大略。為何他有強烈的創作欲望？其純學術的巨著《孔子哲學評論》出版了為何卻又遭到查禁？徐復觀說是：「此一無法解釋的運命」[10]，讓作者想起了古希臘哲學家赫拉克利特（Herakleitos ca.535-475 B.C.）有句話：「性格即運命」[11]，或許可作為其中一個可能的解釋吧！他最親近的同學、同志郭德欽曾說：

> 深切兄自幼年時代，即意志堅定，頭腦明晰，記憶力和判斷力甚強，是非曲直分得毫釐不爽，遇到不同意見，均能堅定立場，守正不阿，時常爭得面紅耳赤，

[7] 張深切，《孔子哲學評論》（台北：中央書局，1954.12），頁 257、512。《全集》卷 5，頁 302、536。
[8] 巫永福，《全集》卷 1〈序之一〉，頁 15。
[9] 王錦江，〈張深切兄及其著作〉，《臺灣風物》第 15 卷 5 期（1965.12）「張深切先生逝世紀念特輯」，頁 12。《全集》卷 11，頁 429-433。
[10] 徐復觀，〈一個『自由人』的形像的消失——悼張深切先生〉，《臺灣風物》第 15 卷 5 期，頁 7。按《全集》卷 11，頁 417 中將「運命」改作「命運」，今不從。
[11] Kathleen Freeman Ancilla to the PRE-SOCRATIC PHILOSOPHERS (Oxford : Basil Blackwell, 1962) p.32 , D119「Character for man is destiny.」

不罷休，不屈服。這種意志倔強的性格，可以說是深切兄的長處，也可以說是他的短處。[12]

我們從他的作品中得知他是富有理想的文化人，其藝術創作是有所爲而爲的，爲了改造當時臺灣電影界謀利忘藝、敗壞風俗的拍片作風，毅然自組電影公司，自編自導「邱罔舍」。從自覺自己是中國人開始，眼看臺灣經濟受日本人的侵奪決然與日本帝國主義展開週旋與鬥爭，甚至下獄[13]，從這裡可以看出他是位民族主義者。他一度嚮往三民主義，傾向國民黨左翼[14]，但國民黨清黨時就消寂下來，在二二八事變以後，更感受國民黨右翼的壓迫，遂潛心寫作，表現另外一種形式的抗議。他自己說：「年青時代，我的特徵是勇於『敢』，及至中年以後，才能漸轉移勇於『不敢』的境地。」[15]無論如何，他是勇於自我批判，也勇於接受批判的人。

三、思維特徵：辯證、比較與批判

張深切是一位怎樣的人？前節所論偏向性格特質，得知他是位意志倔強，守正不阿，不屈服於強權的人。另外，又從他自己所說：「對於老子和莊子的學說，我可以說佩服得五體投地，半句批評的話都不敢說出來。在我一輩子讀過的汗牛充棟的書籍裡，使我最受感動的莫過於『共產黨宣言』、『辯證法』、和『老莊』。」[16]得知他在理性思維上的偏好。洪炎秋說他「生來就帶反骨」[17]，這個「反」字道盡了他的性格特質。他有這樣的特質，就容易在學習過程中與辯證思維相契，因而也映現到他的思維、言語與行動上。現在作者擬就其思想的思維方式，指出其思維特徵有三：即辯證、比較與批判。

張深切一生從事社會改革運動，努力創作，潛心學術，其目標何在？在《孔子哲學評論・序》中說：

> 什麼是「真理」？什麼是「是」？什麼是「非」？什麼是「善」？什麼是「惡」？世界爲什麼不會和平？人類爲什麼不會幸福？世界上有良知的人，對於這些問題未嘗不亟求解答，而且歷來已有不少人曾經予以種種的解答。我也爲此費了

---

[12] 郭德欽，〈摯友深切兄逝世週年話舊〉，《全集》卷11，頁450。
[13] 陳逸松，〈回憶文明批評家張深切先生〉，《全集》卷11，頁11。
[14] 張志相，《張深切及其著作研究》（成大歷史語言所碩士論文，1992.6）就指出張深切於青年時期已走向馬克斯主義，上海、廣州時與左翼人物接觸，二二八事件以後刻意與左翼思想劃清界線。先生曾用「紅草」作筆名，作品有《遍地紅》、《里程碑──又名黑色的太陽》，成立「草屯炎峰青年會」之「炎」均有嗜「紅」的偏好，後來雖明白說「不能肯定馬克斯哲學」，但其意識裡隱含馬克斯社會革命思想的成分，是難以否定的。難怪黃英哲提出「張深切是否爲一馬克斯主義信仰者？此一問題，留待專家學者研究。」（《全集》卷3，頁289）。
[15] 《我與我的思想》（1965.7）再版，頁52。《全集》卷3，頁114。
[16] 林慶彰編，《日據時期臺灣儒學參考文獻》上冊，頁494。
[17] 洪炎秋，〈悼張深切兄〉，《臺灣風物》第15卷5期，頁5-6。他弔張深切的輓聯是「生來就帶反骨，老跟惡勢力爭鬥；死去長留正氣，永供好朋友懷思。」又見《全集》卷11，頁414-416。

不少的時間和精神摸索過、研究過。[18]

在研究過程中，曾經擁有那些思想，後來又起了什麼變化？在《我與我的思想》中說：

> 從前我的思想，是由康德、黑格爾、蕭賓豪威、孫中山、馬克斯、范尼巴爾、華盛頓、林肯、威爾遜、有島武郎、托爾斯泰、克魯蒲特金等的各思想因素混合的。自讀諸子百家以後，這些因素，有的被淘汰，有的失卻其主要地位，現在竟變成為老子、釋迦、莊子、耶穌等是最主要的成分。…自略能理解老子以後，我的思想意志，不但起了重大的變化，就是連人生觀與生活態度，也起了百八十度的轉向。[19]

他從老子那裡領受到什麼道理，讓他起了如此大的改變？他體會《老子》「道可道，非常道」是否認「真理不變」、「真道不變」的傳統觀念，沒有一成不變的原理，只有「有物混成，先天地生，獨立而不改，周行而不殆」的「道」才是固定的常道，但它超越人類認識範圍，人所能認識的只是生死滅、生死滅的反復循環事象，可稱為「反」，此「反」的道理是「常然」的，其餘都可因相對關係而發生變化，因此，不承認有永遠不變的國家制度與政治思想主義。[20]他說老子對一切事理大體都是先加以否定然後肯定，不喜歡「肯定的肯定」，常欲以「無」去觀其「妙」，常欲以「有」去觀其徼。換言之，就是把一切的事理先歸納於「無」，然後由「無」的立場來演繹其生「有」的原因。[21]他說《老子》像一部哲學大綱，它有宇宙論、名學論、知識論、人生哲學、教育哲學、政治哲學、宗教哲學、軍事哲學等，它是中國的正統哲學，將來我們的哲學必須建築在它的路線上，中國的學術思想纔能健全的發展，國家纔能由此而興。[22]

張深切相信老子哲學是未來中國哲學健全發展路線的論斷，是經過仔細研究、比較後才提出來的。他說：

> 中國的倫理學，自儒學在西漢獨尊以後，更趨於主觀、直覺、觀念的傾向，疏遠了辯證和實證的科學研究，這種事實不必取諸古代的學說就是綜合近代的學術，也可以證明的。在科學尚未昌明的時候，論理學都包括在哲學系統的範疇，然而自十八世紀，歐洲的學術開始急激的轉變，由實證論進入於富有科學性的辯證法，把以前屬於哲學系統的學術，都逐漸加以整理淘汰，及至現在，凡一切的學術都被統轄於科學範疇了。這雖然是人類進步的當然程序，但，中國卻

18　《全集》卷 5，頁 63。
19　同註 18　卷 3，頁 96-97。
20　同註 18　卷 5，頁 270。
21　同註 18　卷 3，頁 218。
22　同註 18　卷 3，頁 214、219。

故態依然，迄今還沒有多大變化；尤可悲的是：有一部份國粹主義者得到歐美學界的保守主〔義〕者或厭惡科學的學者們的聲援，竟誤認為此路（哲學）可通，便奮臂去擋科學的車轍，驕驕然以為莫己若者。[23]

在這段話中，他針對西漢以來獨尊儒術，罷黜百家，造成中國人妄尊自大，不肯虛心攝取異己文化，迫使中國成為落伍的國家提出檢討，把**辯證、實證、科學**作為革新現代中國學術的藥方。他發現先秦諸子中墨子的熱情、韓非的透澈、莊子的超脫、老子的恬淡，而且四子最富有社會科學性的涵養，肯容納各種思想和各派學說，給予淘汰整理，集成一有系統的著作，他們的學說都根據學理與客觀和主觀的批判，比較沒有偏廢。[24]在論述中國哲學的時候，把四子看成是儒家的反對派，這樣的處理基於先秦學術發展中所出現的儒墨相非，儒道相黜，儒法相斥的事實，以及西漢時董仲舒基於「大一統」所提出的罷黜百家，獨尊儒術的策略；同時，也是一種辯證方式的論述。

思維的辯證性在張深切的著作中，無論從整個論述的架構上，或是在章節的命名上都可以發現。在《孔子哲學評論》中，全書共四篇，除第一篇緒論外，自第二篇：「對儒派孔學評論之批判」，經第三篇：「對反儒派孔學評論之批判」，到第四篇：結論，就是以正——反——合為主要架構。他著此書的目的在檢討孔子哲學的真實價值，由此測驗孔子哲學在中國學術上所佔的地位如何？與其前因後果及影響的程度如何？由前述的論述架構，就知道他是將今日所謂的「國學」採取一分為二：孔學與反孔學，然後分別採取批判，冀得孔子哲學的真實價值。顯然，他認為對正方與反方均加批判是獲得真理的途徑。此外，在《我與我的思想》專書中，有〈思想的反動〉與〈反動的反動〉二篇就採用「反動」一辭，甚至對「反動」本身再進行「反動」，這無非是立於辯證的思考，在〈關於意識、戰爭、文藝〉一文中，以戰爭與和平為例，對此二者作如下的思考：

> 和平是戰爭的對稱，所以還可以說戰爭是和平的前提；而戰爭的結果是破壞，破壞的結果是建設新秩序的建設，當然是建築在破壞上面。[25]

在張深切的思維活動上，他慣用「反」（否定）來達到高一層的「正」（肯定），這是一種辯證性的思維。

張深切思維的另外特徵是**比較與批判**。他對整個宇宙、社會、國家、歷史或其他各方面抱持著一個存在的整體發展觀，曾以點、線、面的關係來加以說明，他說我們生存在這社會上，都以自己為單位做一個點，和家族、親戚、朋友及一般人形成一個面，別人家也一樣做出很多的面和我們的面相接，或相離，或相合；有時候會發生自相矛盾與衝突或融合。當我們的質與力都優秀強大時，我們的面能擴大出去，而造成

---

[23] 同註 18　卷 3，頁 231-232。但以原刊本校正之，新本誤作「驕傲然」，新舊本均誤作「徹」，脫「義」字，今改補。

[24] 同註 18　卷 3，頁 93。

[25] 同註 18　卷 3，頁 161。

相當廣闊的局面來，若不然即不能擴大，有時還會縮小，甚至被迫至於滅亡。我們知道面是以點線形成，而點線一定要優秀而且也要調和，才能做成一個面。那麼要如何調和？他為了追求調和而提出一個可以應用的道理，即是比較與批判。他說比較需要聰明與精博的知識，批判需要虛心與無為的正覺，這四要素合起來，才能評定優劣和決斷是非，否則絕對不能得正確的結論。[26]

比較是張深切思維的另一特徵，在《孔子哲學評論》中有許多章名，像「孔子之道與老子之道」、「孔子哲學與老子哲學的比較」、「墨學與孔學的比較」、「莊學與儒學的比較」，就是採用比較或對比的方式來命名。其實何止如此，全書在論述人物的個性、學說、觀點時都採用比較的觀點，例如對顏淵、子路、子貢的個性作比較，突顯每個人物的不同特點，這是分，而又見孔子兼具三子的特點，這是合，分與合亦構成一個比較；在論性時，就將《中庸》、孟子、荀子、告子、韓非相關的論點作一比較；論二程時謂明道有輕孟子之意，伊川有護孟子之心，明道注重顏淵的行為學（內心修養）應屬主觀主義的唯心論，但他卻傾向於客觀主義，而接近陰陽相對二元論；伊川注重孟子的論理學，信奉致知格物論，應屬客觀主義的知識學，但他傾向於主觀主義，而接近觀念的一元論；有時針對某個論點或態度作儒法比較、道法比較，更妙的是針對諸子的人生哲學作比較，指出老子是自然主義者、孔子是人道主義者、墨子是博愛主義者、楊朱是自由主義者、莊子是超然主義者，凡此皆是他採用比較的方法所得出來的結論。更深一層看，他在論述學說時，就運用論理與辯證、哲學與科學、主觀與客觀等對比概念來分析，顯然，比較或對比是他的思維特徵。

比較或對比之後，接著是批判。批判是張深切學術著作時常出現的辭彙，像再版的《我與我的思想》中有的章名是〈理性與批判〉、〈梁祝觀後感（批判的批判）〉，《孔子哲學評論》中就有篇題〈對儒派孔學評論之批判〉、〈對反儒派孔學評論之批判〉，有的章名是〈關於仁學的批判〉。事實上，「評論」、「評判」、「檢討」等也是「批判」的另一種說辭，總之，他的思想存在著強烈的批判性。[27]批判性可以說與張深切的個性、精神人格結合為一，他在從事學術研究時堅持著批判，同時，也希望讀者對他的見解提出批判[28]。那他所說的「批判」是怎樣的一種批判？如何才能批判？對此，在〈理性與批判〉一文裡有比較精細的討論。他首先區分批判有一般的「別善惡」意義與專門的「理性能力的批判」意義（指康德的「純理批判」）。說中國過去雖然沒有專門意義的批判，但對批判有相當進步和嚴正的觀察法，像孔子的《春秋》，左丘明的《左傳》，諸子百家的論說，多帶有批判褒貶的旨意。批判的態度有二，一是理性批判，一是感情批判。針對理性批判，他覺得有檢討的必要。一般以為客觀主義纔能認識事物的正態，但是什麼是客觀？什麼是主觀？其界限很難分辨，有時容易

---

[26] 同註18 卷3，頁176-177。

[27] 莊萬壽教授在一次有關臺灣作家張深切的專題研討會上就曾說：「我是研究中國哲學的，我看到張深切所寫的有關孔子學說，我覺得他的批判性很強，我很希望以後的座談會能夠把哲學的部份拿出來分析。」見《全集》卷11，頁493。

[28] 在《全集》卷3，《我與我的思想》書中所蒐論文之末，就有「尚冀賜予批判斧正為荷」（頁63）、「尚希讀者叱正」（頁121）、「請求讀者賜予批判」（頁219）、「願求讀者批判」（頁230）。

弄顛倒或混淆，如果沒有純粹理性（良知）就分不出來，《中庸》的「率性、修道」，
《大學》的「致知格物」，孟子的「盡心」，王陽明的「致良知」等都不外乎欲得中
和的理性而已。他契會《老子》的「致虛極，守靜篤，萬物並作，吾以觀復」，而說
「虛極」是理性的本體，「靜篤」是批判的態度，「萬物」是意識的對象。他說：

> 我以為批判必須要有虛心的準備，精博的學問，及正確的意識條件，纔能中肯。
> 因為虛心，所以毫無邪念，無邪念所以能保持正覺，然而正覺必須要有知識為
> 前提，知識不廣，學問不深，不能得到正確的意識，沒有正確的意識，便不能
> 有純正的批判。[29]

張深切對事物與學說的探討，最終要求獲得真確的了解與中肯的評價。但如何才
能達到這個目的呢？作者綜合以上所論，以為他是通過辯證、比較與批判而達到的。
從他的著作中，作者發現他的思維確實有以上三種特徵，即辯證性、比較性與批判性。

四、孔子哲學研究

《孔子哲學評論》是張深切研究中國哲學的巨著，其基本觀點早在 1947 年就已完
成。依據年譜，他是在二二八事件逃亡山中時撰寫《我與我的思想》，其中有一章〈我
的儒教觀〉即表現對儒教的批判。自 1947 年到 1954 年七年間，正值白色恐怖時期，
他潛心撰述《孔子哲學評論》，深入探討中國文化衰落的原因，歸咎於孟子、荀子「我
孔獨尊」的排他主義，及西漢董仲舒在制度上樹立「獨尊儒術」所致。在 1965 年增補
再版時，將〈我的儒教觀〉改為〈儒學的功過〉，文末附上「請參閱拙《孔子哲學評
論》」，可見這是他的晚年定論。

《孔子哲學評論》所探討的並不是只有儒學中的孔子哲學，嚴格來說，這是他的
中國哲學批判。他的批判有二個對象，即以孔子為代表的儒派學說和以老子為代表的
反儒派學說，這裡的「學說」在篇題上是用「孔學評論」替代，頗有誤導之嫌，讓人
覺得孟子、荀子以下的儒者學說都是在對「孔學」作評論，老子、墨子、楊朱、莊子、
韓非的學說也是對「孔學」作評論，而所謂的「孔學」就是指「孔子哲學」。他透過
對儒派與反儒派的「孔學評論」的批判，目的在檢討儒學的功過、孔學的價值。

那麼他如何進行「孔子哲學」研究？依前節所述，他的思維特徵是辯證、比較與
批判，其實這也是他以「中國哲學」為對象時的研究方法。由於《孔子哲學評論》內
容甚為豐富，本文無法對它作全面的分析，在此僅就他對孔子這一部份的具體見解作
研究，呈現他的孔學觀，至於他對其他諸子見解的這一部份，不管是對儒派的孟子、
荀子等或反儒派的老子、墨子等，就只能暫時擱置了。以下，略述其對孔子哲學所提
出的比較重要的見解：

---

[29] 同註 18　卷 3，頁 188-189。

(一)論《論語》為研究孔學的依據

他認為孔子因無著作，載於《論語》的語錄又無次序或分類或年代注解，故無法究明其思想的進化程序及其確定的學說。其內容也未經孔子親自看過，到底那些話他可以肯定，那些話他不能承認，殊難判斷，不但如此，其中言說自相矛盾甚多，亦有莫名其妙的語句，致使後儒分派聚訟不已，莫衷一是。可是欲究其學術思想，還得承認「只有《論語》一書比較可靠」，其他有如《禮記》、《孔子家語》、《大學》、《中庸》，但諸子書中所引的孔子言論（凡「子曰」），偽作不少，甚難為據。要之，《論語》的內容未必全真，其中語句又異常簡短，誤一字而動全文；故吾人研究《論語》時須通覽全書，撮其大意，不得尋章摘句、按字解釋，方無謬誤。況且《論語》中的孔子語錄，係集其數十年間的片言隻語，未必都能代表孔子圓熟後的真實思想。孔子也可能因年齡、經驗、環境、學問等的關係，改變其思想，故吾人僅從《論語》中摘其三言二語，判斷其思想，實屬冒險。研究孔學只有《論語》一書比較可靠，此外，還要認識其生活環境，只好查考過去的各種記錄來判斷。[30]

(二)提出孔學應有前後二期之分

《論語》中孔子的語錄，因無年代註解，無法判斷孰為孔子的正確思想，亦無法整理出一貫的思想系統。但依理說，大體可分二大時期，凡較有積極性者，可認為屬於前期，凡比較消極者，似應列入後期，此作雖非穩妥，但亦別無辦法。前期思想似比較強調正名，主張「名不正則言不順」、「政者正也」、「仁者人也」，確立「君君、臣臣、父父、子子」的制度，提倡「先之勞之，先有司，赦小過，舉賢才」、「舉直錯諸枉」、「足食足兵」、「教民戰」，計劃實施「尊五美、屏四惡」的政治。他的學說本來只有理想論、目的論，而無方法論，及主張「尊五美」時卻提出一個比較具體的方法。此段「尊五美」大概是孔子將進入圓熟期的政綱。50 歲以後，思想逐漸向老學轉變，尊崇堯舜，贊美「無為而治」、「不言之教」，此種轉變有時也自覺頹廢，而嘆曰：「甚矣！吾衰也，久矣，吾不復夢見周公！」。及至晚年，不僅對政治失去自信，對人生觀與處世法亦有重大的轉變。從以前所說「天下有道，丘不與易也」、「無求生以害仁，有殺身以成仁」的那種知其不可而為之的精神，轉變成「不在其位，不謀其政」、「危邦不入，亂邦不居，天下有道則見，無道則隱」、「邦有道，危言危行，邦無道，危行言遜」的消極保守。在政治上，由「道之以德，齊之以禮」且進到「為政以德，譬如北辰居其所，而眾星共之」、「有國有家者，不患寡而患不均，不患貧而患不安，蓋均無貧，和無寡，安無傾」。凡此，若不將孔學分期，實無法解決其矛盾，亦無法辨別其正確的思想。[31]

---

[30] 同註 18 卷 5，頁 506、479-481。

[31] 同註 18 卷 5，頁 517-519。

(三)孔子與《六經》的關係是述而不作

張深切認為孔子在思想轉變期，常嘆「甚矣！吾衰也，久矣，吾不復夢見周公！」但自研究《易》學，斟酌老子思想以後，思想似有改變，而說：「加我數年五十以學《易》，可以無大過矣。」可是他依然固執己見，貫徹其所創造的仁道主義，並信其主義與《易》理不相矛盾。孔子可謂周學的泰斗，或可說是研究《易》學的權威。單就《易》學而言，孔子對此述而不作，老子則作而不述。他認為胡適把《易經》作為孔子學說的根本，確實患著恍惚與速斷的錯誤，不過孔子晚年也許研究過《易經》，並因而改變思想，但細讀《論語》的內容，確難嗅出有《易》學的氣味。至於《春秋》，現代學者大多不承認是孔子作，馮友蘭在《中國哲學史》中敘述甚詳，張深切說及批判褒貶時，提到「孔子的《春秋》」，但是這個「的」當是表示「述」，此外沒有明顯的表示。照他說孔子欲傳授其學說，故撰擇《六經》，稍加修整，作為教材，晚年痛感《六經》確有許多不合時勢，乃加以刪改，演《周易》（？）配合《六經》，完成其（孔式的）新學說。[32]不可否認，《六經》是他述而不作、苦心所得的學問。

(四)揭示孔學的基本理念

孔學的基本理念為何？不同的研究者有不同的答案。張深切的研究方法顯然運用比較與批判。擺在他面前的論著，在中國已有梁啟超的《先秦政治思想史》、胡適的《中國哲學史大綱・上》、馮友蘭的《中國哲學史》、陳元德的《中國古代哲學史》，在日本有蟹江義丸的《孔子研究》、木村鷹太郎的《東洋倫理學史》、宇野哲人的《支那哲學史講話》、武內義雄的《中國哲學思想史》（汪馥泉譯）等論述，對以上諸說，他有參照也有批判。就此主題而言，他不同意胡適不重視仁學而以正名與易理論孔學，而對馮友蘭以孔子的中心思想是擁護周代的文物制度，及蟹江義丸以孔子的中心思想導源於《周禮》，其學問行為都以禮貫始終之說表示認可。他說孔子的學說依《論語》可能尋出三個不可動搖的要素即仁、禮、樂；由理論構造而言，由仁生禮，禮生樂，仁禮樂合而生政治、教育、修身等各部門的哲學；從實際形成過程而言，可謂起於禮而止於仁。孔子整理千百數的儀式與人的主要動作歸納於禮，知禮與情有不可分的關係，說「喜怒哀樂之未發謂之中，發而皆中節謂之和」，認為發而中節成為形式者謂之禮，成為理者謂之道，成為思想者謂之仁，三者皆為「和」的表現。所以，說「中也者，天下之大本也；和也者，天下之達道；致中和，天地位焉，萬物育焉。」為孔子的最大發現，亦為其唯一的偉大創作，所說的「吾道一以貫之」正是包含說明其學說的原理。孔子另外分析人的知能，擇其善者歸納於仁，應用名學使仁與禮串通一貫，而成倫理學。中庸是孔子哲學的中心之一，中庸的涵義有適宜、適合、適當、恰好等意，就其貫通涵義說，中庸則中和，中和則達德，達德則仁。再詳言之，中和為仁的原理，而中庸為仁的方法，仁發源於性，性從天命。此天命非「命運」的天命，

---

[32] 同註 18，此段乃綜合摘述卷 3，頁 188；卷 5，頁 94-96、263、476、89、299 中相關言論而成。

亦非「盡人事聽天命」的天命，此「天」屬無意志的天，即天然的天，「命」是「命其如此」的命，即自然而然的意思。中庸是孔子行道的基本哲學，其人道主義即據此成立。總之，<u>他指出孔子學說的中心在「仁」，其原則在「忠恕」，其方法在「中庸」，此三者為孔子學說思想的基本理念。</u>[33]從以上解說，作者發現他論孔子學說雖本諸《論語》，但其詮釋相當借重《大學》與《中庸》[34]，雖然他鄙視宋明儒家，但還是沒有完全擺脫其所建立的詮釋典範。

(五)提出「仁學的動機說」

他認為孔子學說中最難解者莫如「仁」，「仁」是什麼？孔子心中也許自有明瞭的意識，但未嘗明確地用適當的語言來界定「仁」的意義。這也就是「仁」未能闡明的一大原因。張深切為了解開仁學的底蘊，他首先檢討前人的解說。他認為梁啟超對仁的解釋，視仁為同情心、人格的表徵、同類意識的覺省，比過去的學者穩當，但仍未盡善。胡適不重視仁，但肯定仁是「統攝諸德，完成人格之名」，他表示胡適誤信易理不肯仁，但對仁的說法未嘗不中肯，至於日本的木村鷹太郎也不重視仁，說仁一字多義，好像以一切的善稱作仁，從倫理學觀之，實無價值，他表示太武斷。蟹江義丸、武內義雄、宇野哲人多承認仁是孔子的中心思想，對仁的解釋，蟹江費心尤多，他引經據典，摘錄眾說，歸結其義有五項要素：利澤、重厚、慈愛、忠恕、克己。他表示此說太蕪雜，離仁的本旨愈遠，不過卻注意到其中以中庸、禮、仁論一貫之道，中庸是其形式，禮仁是其質料，禮是其外，仁是其內的說法。宇野哲人斷定仁的含義有四：忠恕、恩澤、勇氣、悅樂，其說與梁、胡近。他表示宇野是研究中國哲學專家，平素對學術極持重，故無新穎的見解，亦無偏頗的錯誤，似只求無過，不敢創作。武內謂仁乃本諸天賦親情，擴成人道，有待人不斷努力修養而成，其才氣煥發，所釋雖帶偏見，但有創發，對孔學的研究與整理極深刻，較前二位得其要領。不過批判過後，話鋒一轉，認為諸家之說都不免從字義上著眼，尋章摘句，解釋註解的多，但從中探究其建立仁學的動機者少，故很難究明一個周遍無礙的定說。他試圖從孔子成長的心理背景來說明，自謂「愚誣」之見，他說：

> 孔子雖是沒落的貴族，但貴族依然是貴族，他仍能享受貴族階級的教育與特權；故他的身分雖低，其階級地位卻仍能站在平民階級之上。他因家庭沒落，貌侵不揚，被人輕視侮蔑，演致常與人衝突，此或為他少年時代的一個最不如意事。少年時代的艱難辛苦，使他「動心忍性，增益其所不能」。他就學而開展知識，由開展知識而對世事發生疑問。他不解人為何要互相仇視、互相凌辱，互相殘殺，滋事不寧。此一疑問，成了他研究的題目；他不堪壓迫乃起而反抗，這反抗曾得到表面上的小勝利。他受了儒學的洗禮之後終於了

---

[33] 同註18　卷5，本段乃綜合摘述頁473-478、500-506、528-529諸相關言論而成。

[34] 同註18　卷5，頁255-262。

悟，除了道德以外，武力不足以服人，同時亦不信柔弱可以制勝剛強。於是
<u>他揚棄桓、文的武力主義與老子的柔道主義，創造其中庸主義。</u>由此推進其
學問與修養，終能獲得社會一部份的熱烈支持。他逐漸改變其人生觀，認識
人並非絕不講理的動物，人之異於動物者，是因其有特殊的理性，此種理性
為人類共通的天性；人類苟能將此天性表露出來，自能成為人道，人道則為
人類應守的共同道德。換言之：<u>道德之表現於形式者曰「禮」，存於觀念者
曰「道」，名於具體概念曰「仁」</u>。[35]

作者為了區別起見，將前者稱作「仁學的字義說」，而將張深切的這種見解稱
作「仁學的動機說」。此說從階級意識出發，對之作心理學的解釋，最後指出仁乃人
類共通的道德理性，存於觀念者曰道，表現於形式者曰禮，名於具體概念曰仁。

(六)彰顯孔子哲學的特點

張深切論述孔子哲學慣於運用比較的方法來突顯孔子哲學的特點。書中最明顯的
是將孔子哲學與老子哲學、墨子哲學作比較，至於延伸到儒家之學與他家之學就不在
此列出。現在針對與孔子哲學比較的部份，指出其論點。

他說先秦學術有三大流，在思想上，老子的立場是自然主義、過激派、重視原理
論；孔子的立場是人道主義、保守派、重視目的論；墨子的立場是神道主義、進步派、
重視方法論；若能發揚光大此三大流派，必能建設偉大的文化，可惜自儒家獨尊以後，
排斥異端，棄而不用，以致衰微。

他對孔子與老子的哲學的對比興趣特高，而且書中反覆出現對比的分析，故摘錄
如下，以見其理解：孔子認定宇宙為**未濟的**，天工人必代之，提倡**勇為主義**，根據史
觀辯證法，而綜合先王及古聖賢之道，完成其人道主義的學說，主張賢人政治，由修
身齊家治國可以平天下，實現理想的**大同主義**——世界統一主義；而老子認定宇宙是
混成的，物有其自然生死存亡的原理；人類須發現其原理，順其原理而行，不得違背
自然，故倡為**無為主義**，根據**原理辯證法**，綜合其研究的結論，完成其唯道是從的道
德主義，否定先王所立之道，而認識道紀，實施正治，深信學道為修身之大本，由此
可能達到人類自由平等的境地，實現其**道德主義**——世界自由平等主義。就人生觀而
言，孔子信天命，老子不信天命；孔子主剛毅，老子主柔弱；孔子重精神，老子重
物質；孔子發憤忘食，樂而忘憂，不知老之將至，老子則不悅生不惡死，獨泊然其未
兆，如嬰兒之未孩，昏昏悶悶，保全其真；孔子雖重人為，卻極保守，但老子雖重自
然，卻極積極；孔子肯宗教，信天命而不信鬼神，但老子非宗教而否定鬼神，否定神
孕說。又說孔子以道為仁的總原則，老子以道為自然的總原則，前者創立人道主義（可
謂唯人主義），以人為萬能，後者創立自然主義（可謂唯理主義），以道為萬能；前
者主張順應人道，後者主張順應自然；前者根據歷史學與倫理學，重情，後者根據自

---

[35] 同註18 卷5，頁497-498。

然科學，重理；孔子學說是富有彈性的行爲哲學、肯定現實，是男性的、陽性的、動性的，稍屬主觀的、觀念的，而老子學說是富有研究性的思想哲學、否定現實，是女性的、陰性的、靜性的，稍屬客觀的、科學的。它們是中國哲學的兩大潮流，看來背道而馳，其實未必盡然，兩條哲學路線雖不同，但道並行不相悖，兩者俱出於孔老以前的儒，因天性不同，感受性不同，從而其思想與創作態度亦隨之不同而已。[36]

（七）指出孔學的流弊

張深切撰寫《孔子哲學評論》是有他的現實對治感的，他要解答當今的中國爲何成爲科學落伍的國家。根據他的研究，由於西漢以後帝王獨尊儒術，排斥異端的關係，若再往前追溯，孟荀就有問題，他們把孔子的大乘學說弄成小乘，其中孟子是個關鍵。所以，此書目的其就在檢討儒學（以孔子爲代表的儒家）在歷史傳承中的功與過，檢討孔子哲學的真實價值，並由此提出中國文化的自救方針。

依前所述，孔子是唯人主義，疏忽原理學，造成預想不到的過失。後世儒家受孔子學說的影響，一偏再偏，離道愈遠，孟子竟將孔學參雜其唯心論，改成孟子式的儒學，於是孔學變質了，荀子深恐孔學失去正統，乃努力推翻孟學，因過激之餘，竟將孔學改變成荀子式的唯物論；雖矯枉過正，卻也猶愈於孟學，然董仲舒一派出，尊孟而抑荀，藉政治力壓迫其他學派。此時有膽敢反抗儒學者，即視爲叛逆，訴諸當局，加以取締。因爲儒學即帝王學、官方信奉之學，故反抗儒家，則等於反政府，反抗政府者，儘可以鳴鼓而攻之，格殺勿論。至於宋學其實是儒學、老莊學、陰陽五行學、佛學、程學的混合，所謂道學是一套空虛的理論，不切實的理學在科學顯微鏡下，終於無法掩飾其實體，自此沒落西山，而沒有批判的價值。他說孔子的人格太偉大了，讓弟子心服，但此種重情主義流傳之後，再經尊孔制度的實施，中國民族遂變成：<u>重情不重理、重心不重物、重禮不重節、重舊不重新、重言不重行、重虛不重實、重形式不重內容、重個人不重團體、重家庭不重國家、重人爲不重自然</u>，此本爲唯心論進展的必然後果，斷非孔子所能料。這一斷言，讓我們感覺到他還是不免戴著馬克斯主義的眼鏡來批判孔學。[37]

五、結論

本文在此無法對張深切的《孔子哲學評論》作全面性的研究，因爲其內容涉及整個中國哲學的批判，不得已僅取其有關孔子這一部份來作研究。從張深切的生平與遭遇中讓作者感受到他是位漢文化的民族主義者，他關懷中國如何自強，當前中國文化如何發展，於是回頭檢討固有的中國哲學，他發現歷史上主導中國文化發展的孔子一派儒學有功亦有過。經他研究，孔子有偉大的人格，開創了重情的人道哲學，但儒學

---

[36] 同註 18　卷 5，綜合摘述頁 253-4、263、269、287、293-4、477 中的相關言論而成。
[37] 同註 18　卷 5，頁 95、180、213、234、535。

自孟荀以後就走向自大而流於偏雜了。他在孔子哲學的研究上提出研究孔子應以《論語》為依據，立論精確，可是事實上在取材時又信賴《大學》與《中庸》，顯得前後不一。又說孔子語錄中有許多自我矛盾的話，應將孔學分前後期來處理，理論上是應該的，不過實際上有困難，因為有何證據顯示某句話一定是屬於某期？又為什麼不是屬於因材施教或義理層次上的問題呢？另外，他對顏淵、子貢的話作了負面的安排與解讀，實在令人難以苟同。[38]其次，孔子只有述而不作麼？除非否定孟子「孔子作《春秋》」的說法。孔子與《易》有何關係？他反對胡適以《易》論孔學，可是有些時候他自己也將它作為解釋孔學的根據，持論不一，真意難明；與《春秋》的情形也相同，顯示他對傳統的經學少措意，難有定見。有關揭示孔子的基本理念方面，他提出不同模式的說明，足以開人心眼，若能提出更圓融的說法，豈不更好。至於「仁學的動機說」，另闢蹊徑，開拓了孔學的解釋空間，令人一新耳目。對孔子哲學的特點，他透過與老子哲學作比較，顯示孔學的特點，頗有獨到處。對孔學的批判，指出自孟子始偏向唯心論，令孔學失真，這是他站在實證的、科學的、辯證的觀點批判的結果，雖他後來自白不認同馬克斯主義，可是思想上不免含有左派的觀點，這應是此書在白色恐怖時期受到查禁的真正原因吧！[39]

---

[38] 同註 18　卷 5，頁 101、118、526。

[39] 對此書受到查禁的原因，學者多所推測，有的歸諸不可解，有的說是對時局有所針砭，有的說是對儒官批判所致，衡諸時勢，不在於對儒學的批判，而在他不見容於肅清左派思想的當道。儒家思想在戰後臺灣五十年間的情況，可參考黃俊傑，《臺灣意識與臺灣文化》（台北：正中，2000.9），頁 174-258。

清末台灣政經思想－以文人論述為主軸

林淑慧

國立台北教育大學兼任助理教授

一、前言

　　台灣四周環海，17 世紀荷治時期與日本、中國、東南亞、歐洲都有貿易關係；到了鄭氏時期、清治前期的海上交通多以東亞一帶爲主。直到 19 世紀中葉安平、淡水、基隆、打狗等通商港埠開放後，各國商船絡繹往來，台灣與世界的關係又愈趨複雜。[1]瀏覽清末臺灣文人的論述，發現一些作者多發表對於社會變遷的見解，他們的作品與社會脈動有密切的關聯。其中李春生與洪棄生兩人筆耕不輟，爲作品豐碩的代表性人物。李春生 28 歲來台經商以後，目睹 19 世紀後期世界種種局勢的變化，常省思異文化所傳達的意義。另一位勤於著述的彰化鹿港文人洪棄生，平日專注於寫作及教書，曾任登瀛書院院長。他所撰有關政經的論述，透顯鹿港文士觀察臺灣局勢所提出的個人見解，呈現他早期有關經世理念的雛型。至於清末來台的蔣師轍與池志澂，他們的遊記多流露對異地的認知與回憶，作品蘊含帝國在不同時空的影響歷程。選擇這些文人的論述作爲分析清末台灣思想的緣由，主要是因這些文人非政策的執行者，而是時政的評論者。清末台灣文人的論述現今仍留存的頗爲有限，許多散文僅多停留於敘述或記錄的層次，而難以能從評論時事中分析其思想內蘊。然而李春生、洪棄生、蔣師轍、池志澂的著作中，則多以觀察者的角度對政策提出針砭，其古文或遊記都不同於僅止於記載文人在臺灣生活或旅遊經驗，而是呈現出作者回顧清治時期二百多年的政策，並對政經層面提出各種論述。故本文擬以這些文人的論述爲主軸，分析他們在歷史時空中對政經議題的思考。

　　一時代只要持續出現穩定共居的人群，就會有政治經濟活動，也會出現相關的言說。蒐羅前人對政體運作及其作用，或在日常生活的策略與效果的描述、分析、解釋與批判的言說資料，有助於對思想史的瞭解。欲探究清末台灣政經思想，可從文

---

[1] 天津條約原只規定開放台灣（即安平）一港，但在 1860、1861、1863 等年的該約附款中，相繼追加淡水、基隆、打狗各港。James W. Davidson、蔡啓恆譯：《台灣之過去與現在》（台北：台灣銀行經濟研究室，1972 年），台灣研究叢刊第 107 種，頁 119-125。

人的論述辨識其中的智識語境(intellectual contexts)及言說架構(frameworks of discourse)，以理解他們所欲表達的理念。[2]文人的論述是研究思想史的線索之一，探索其言說的條件，並分析他們如何思考眾人處境的價值觀，爲研究政經思想的核心議題。所以本文將著重在清末台灣政經思想的概念及價值觀的分析，討論產生這些概念的歷史文化因素，並了解當時人爲什麼會提出那些意見。這些文人觀察到清末臺灣社會的文化變遷現象後，所撰寫的文本透露出哪些有關政治教化方面的見解？對於經濟民生層面又表達何種論述？以下將期望藉由文本的爬梳及歷史脈絡的對照，分項加以詮釋清末台灣的政經思想。

二、政治教化的論述

(一)傳達務實的變革觀

　　台灣清治末期文人在與異文化互動的過程中，不僅會受到原本傳統學術文化的影響，又需面對種種現實問題。[3]李春生(1838-1924)長期經商，他壯年之後的經歷多與台灣歷史脈絡有密切關聯。[4]牡丹社事件發生後，李春生便撰寫了 7 篇以〈臺事〉爲題的時事評論，投刊《中外新報》。前五篇發表於 1874 年（同治 13 年），後兩篇發表於 1875 年（同治 14 年）。〈臺事〉首篇提及臺灣地理位置的重要性，並抨擊眾人輕忽當時日本的勢力：「俗輕其夜郎自大，余獨謂其後生之可畏者。」[5]對於牡丹社事件的處理方式，他主張先以國際法協商或酬款給日本，使其從台灣退兵，再積極加強台灣的整體實力。他觀察到當時日本自明治維新以來，曾派遣使節團到歐美考察觀摩，後又進行

---

[2] 此即強調文本的表現性 performativity)及交互文本(intertextually)的方法。陳瑞崇：〈論政治思想史的用處：序言〉，《東吳政治學報》17 期，2003 年 9 月，頁 170-171。

[3] 1895 年（光緒 21 年）馬關條約簽定後，對於自幼接受儒家教育，著重傳統夷夏之防的洪棄生來說，內心受到莫大的衝擊。曾斷絕仕進的念頭，並響應台灣民主國唐景崧，擔任中路籌餉局委員，投入武裝抗爭活動，事後則潛居著述度日。《台灣省通志稿・學藝志・文學篇》（台北：台灣省文獻委員會，1959 年），頁 106。

[4] 李春生曾任洋藥釐金總局監查委員及台灣茶葉顧問、台北城建築委員、台北府土地清丈委員及台灣鐵道敷設委員；也曾與林維源合資成立建昌公司，興築大稻埕建昌街、千秋街、六館街，並填拓港地，修築河堤，且擔任大稻埕港岸堤防，修築工程監造委員長。台灣慣習研究會編：〈紳士的半面－李春生氏〉，《台灣慣習記事》7 卷 6 期（台北：古亭書屋，1907 年 6 月），頁 70。吳文星：〈白手起家的稻江巨商李春生〉，《台灣近代名人誌》第 2 冊（台北：自立晚報社，1987 年），頁 12-23。《台灣商報》第 4-6 號（明治 31 年 12 月 20 日、32 年 1 月 2 日、32 年 1 月 14 日）：〈李春生小傳〉，收錄於《李春生著作集》（台北：南天書局，2004 年 8 月）附冊，頁 215-218。日人中西牛郎所撰《泰東哲學家李公小傳》亦收錄於此書附錄頁 15-204。

君主立憲及產業、教育等改革，顯示其參與國際社會的決心。李春生在〈論日報有關時局〉中又批評有些士人在牡丹社事件後，於報刊上恣意言說日本「國小而勢窮，不足以輕重」，他認爲這些意見非但無益於己，反而可能誤導對局勢的判斷。所以他愷切強調：「竊以敵國之密圖富強者，將爲鄰國之患。……焉知將來之日本，未必不能有今日之英國乎？」[6]除了時常喚醒眾人的憂患意識外，更積極主張應先提升台灣的戰備能力，從事多方改革。他對於如何達到富強的成效，除了提出「廣施仁政，恭納天道」以外，更就實務層面提出具體的建言。〈臺事其三〉所談的涵蓋面包括：

> 遴選奇才，革除陋習，開礦以取利，禁煙以甦民，練精兵、修武備、添戰艦、習水軍。至於天文、地理、化學、氣機，與夫利國益民的電線、新報等藝，望速延請西士，藉資教習，以冀變通一新，富強指日。[7]

他剖析台灣所面對的國際局勢，認爲需加強海防及軍事戰備能力、開發礦產並禁絕吸食鴉片的陋俗；又爲了深化富強的內涵，亦需奠定基礎科學知識的傳播，延請西方人士以協助培養人才。又藉由強調「毋區執古法舊制，以貽國悮民」，表達對變通的迫切性。至於他宣揚普辦日報的目的，是希冀發揮博採眾議的效果，此種概念已初具「公共場域」的理念。[8]當代學者哈伯瑪斯(Jurgen Habermas)所謂的「公共場域」，除具有社會空間的概念外，也有群體一起建構出公共理念的抽象意義；亦即強調人與他人的互動，透過論述來與別人達成共識。[9]不過當時的報紙在清帝國的官僚體制下，所發揮公共輿論(public opinion)的監督功能仍頗爲有限。

關於富強政策的評論，鹿港文人洪棄生（1866-1928）於1893年（光緒19年）〈防海論〉一文中提到加強台灣各地海防的必要性。[10]他又認爲應正視「今日門戶處處洞

---

5 李春生：《主津新集‧臺事其一》，頁9。
6 李春生：《主津新集‧論日報有關時局》，頁24。
7 李春生：《主津新集‧臺事其三》，頁12。
8 李春生：《主津新集‧圖治策要》，頁35。
9 此概念可追溯至18世紀在英國的咖啡館、茶館，以及法國的沙龍、德國的藝文辯論，當時中產階級多在公眾活動空間中面對面討論書籍及新聞資訊。公眾輿論即經由融合各種意見，達成彼此認同的共識，而形成公共政策上的參考，此即是延續到19、20世紀民主發展過程中的必然現象。19世紀末因越來越多人想參與公眾事務，且因報章雜誌等傳播媒體的出現，致使公共場域有轉型的趨勢。Jurgen Habermas(哈柏瑪斯)著、曹衛東等譯：《公共領域的結構轉型》(台北：聯經，2002年3月)，頁35-67。廖炳惠：《回顧現代：後現代與後殖民論文集》(台北：麥田，1994年9月)，頁290-293。
10 洪棄生本名攀桂，學名一枝，字月樵。本文所引《寄鶴齋古文集》爲省文獻會於1993年所編的版本。

開，防之宜亟、備之宜殷」的局勢變遷，建議應用心訓練海上防務軍隊來加以因應。[11]他又在〈問民間疾苦對〉對當時新政改革的做法多有批評：

> 或謂臺灣增設機局，添造鐵路，籌費之繁過於軍旅；汰此巨款，則工費無門。不知機器實無益之用，亦可汰也。國家利器，在人而不在物。薄稅歛、寬政事，民悅守固，不啻有磐石、泰山之重；機器亦何為乎！若剝喪元氣，即鐵甲之船滿鹿門、開花之砲及雞嶼，竊恐藩籬洞開耳。[12]

此即是當時偏重機械效用的洋務運動多所質疑。1887 年（光緒 13 年）4 月 7 日〈全台觀風雜作〉也提到：「今不學其所以用法，而惟學其法，是亦刻舟求劍之為耳。」[13]這些都是針對多著重於外在器物，卻未徹底改革政治制度、著重民生的種種弊端，提出嚴厲的針砭。

至於在高山陸路的開通方面，1894 年（光緒 20 年）2 月，為候補知州胡傳聘為幕友的池志澂[14]，履任時曾走過三條崙中的卑南道。他於《全臺遊記》中描繪臺灣清治時期連貫東西部唯一能通行的陸路：

> 其途凡三出，而總以三條崙為通衢，然亦左山右谿，鳥道一線，側足乃通。余甚怪當時官吏拔山通道，斬棘披荊，麋國家金錢數百萬，僅開此三百里無益之巖疆，亦可為失計較矣。[15]

清治末期南路前後開通道路五條，最後東部對外陸路交通，卻只剩三條崙中的卑南道一路。[16]從沈葆楨的奏摺中也透露了「開山」工作的情形，他描寫當時兵員既無現代

此書將「成文版」的《寄鶴齋古文集》、《寄鶴齋古文集補遺》6 卷，以及《寄鶴齋書札》全部編入此書，共 148 篇。

[11] 洪棄生：《寄鶴齋古文集》（南投：省文獻會，1993 年 5 月），頁 93。

[12] 洪棄生：《寄鶴齋古文集‧問民間疾苦對》，頁 161-162。

[13] 同註 11，頁 100-101。

[14] 台灣銀行經濟研究室所印的《台灣遊記》收錄清治末期到日治初期池志澂《全臺遊記》、吳德功《觀光日記》、施景琛《鯤瀛日記》、張遵旭《台灣遊記》等四書。此書封面作者題為池志澂，但目錄及《台灣文獻叢刊提要》皆誤為池志徵。此書亦為「惜硯樓叢刊」所收錄，序中稱池志澂為臥廬先生。今據中央研究院傅斯年圖書館古籍線裝書室所藏「惜硯樓叢刊」，以及中國文哲研究所藏署名池志澂的另一本著作《滬遊夢影》，而推斷《全臺遊記》的作者應為池志澂。

[15] 池志澂：《全臺遊記》，頁 15。

[16] 施添福：〈開山與築路：晚清台灣東西部越嶺道路的歷史地理考察〉，《國立台灣師範大學地理研究報告》第 30 期（1999 年 5 月），頁 65-99。

化的工具，又乏運輸補給，面臨著「披荆斬棘，冒瘴衝烟，顛踣於懸崖荒谷之中，血戰於毒標飛丸之下」的情境。[17]這樣刻劃開路者心理感受的同時，也隱含了開山過程對原住民的所造成的重大干擾。李春生也曾評論此路「則云闢通，不知人去棘生，壅塞依然。」[18]不僅全線路徑狹小難行，且遇溪無橋，行路處處受阻，「開山」的實際成效極爲有限。

(二)評論吏治管理問題

　　台灣清治時期大民變皆與吏治的腐敗有關。在文人的論述中，時常可見他們對於吏治管理問題的評論。即使若干官員曾針對吏治問題加以整頓，但是到清治末期仍未有明顯的改善。對於洪棄生在〈上臬憲雪民冤狀〉刻劃當時民眾的諸多困境：

> 今兵勇肆無忌憚，多方凌虐，焚起事之家，並不起事之家而亦焚之。盡村而毀，並不起事之村而亦毀之，兵荒之災，及於百里。……其繼，苦流離之甚慘，被禍之家如鳥獸散，地不得居、田不得食；而兵勇四處搜殺，屋其室、裏其粟、食其狗彘。民一苦於誣「反逆」、二苦於受株連、三苦於流離，而猶未免惴惴乎不能一日之生。[19]

洪棄生以在地者的觀察，指出種種造成施九緞民變事件的背景成因，及有關此事件後續處理方式的不當。雖然洪棄生不脫傳統儒生的見解，但他對於官吏素質不良，常有溢收或私蝕賦稅情況等方面的時政批評，則顯現出文士的人道關懷。

　　有關海疆兵員素質的問題，來台旅遊的池志澂所著的《全臺遊記》有所評論：

> 海疆營制，壞不可言，而台灣更甚。良以兵弁皆由內地脫逃而出，非昏眊即流活，無營不缺額，無兵不烟癮。[20]

這些論述透露了當時軍伍紀律管理情況，及鴉片煙氾濫的現象。此處所言烟癮的問

---

[17] 沈葆楨：《福建台灣奏摺》（台北：台灣銀行經濟研究室，1959 年），台灣文獻叢刊 29 種，頁 77。
[18] 李春生：《主津新集・臺事其七》，頁 16。
[19] 同註 11，頁 229-230。
[20] 同註 15，頁 15-16。

題，若從 1868 至 1895 年合計鴉片進口總值佔台灣進口總值的 57%來看，也隱含對兵員生理與精神上所造成的負面影響。[21]池志澂又提到：「然而築礮臺、制水雷、調駐楚月營勇，費已不資，而禍患仍出於籌防之外，蓋亦治之者不得其本耳。」[22]這樣的論述，是對於 19 世紀中葉清廷面對西洋武力受挫後，所推行的洋務運動，初期僅承認其砲火的威力，而多以器物技能的模仿為主，後來才拓展至制度的改革。但是綜觀一些知識份子呼籲改革的力量，無法對抗王朝官僚體制內保守的勢力，顯現當時內在實質的改革已遭遇到困境。雖然清末台灣新政推行起步比中國大陸晚，但守舊派人士阻力較有限，改革的步調因此較為顯著。然而就政治體制及組織，或是民眾對於政治的參與程度等方面，仍未有大幅度的改革。

(三)檢視教化機制

關於教化機制的省思，李春生於 1875 年撰〈變通儲才〉一文中，直言批判科舉制度，指責八股取士之法「乃盛平之世，古人立法以固才，使天下英雄皆阻於詩書禮樂之鄉，致百藝不振，至於此日」。[23]故率直建言應考慮變通求賢的方法。他又在〈變通首務教化〉提到：「吾國亟宜購採外國群書，聘請西士、翻譯華文，似冀增廣學校……反此，雖鐵甲如雲，銳砲堆山，亦將難以威服天下。」[24]李春生倡議廢除科舉，重視教育改革的主張，與當時多數士人視西方為異端的言論相比較，顯出他具有變通的思想。但在論述策略上，李春生卻刻意遠溯上古時期，突顯以三代作為政教典範的用意：「試問以三代政教為政，而誣謂夷狄，則其自處，豈非不守三代政教，而自詡謂諸夏，讓人獨擅三代政教，而誣謂夷狄，而並勸人變夷用夏者，亦遭其詆，謂誘人變夏用夷。」[25]他極力呼籲學習外國長處，他在 1875 年 12 月 19 日《萬國公報》中的〈天道滯行〉一文中又說：「在俗眼以謂，吾儕髣髴有似變夏用夷，在吾輩尤洋洋然，自許謂能追

---

[21] 當時民間亦多流行吸食鴉片的惡習，1880 年（光緒 6 年）海關貿易輸入總額 358 萬兩，鴉片就佔了 60%左右。東嘉生著，周憲文譯：《台灣經濟史概說》（台北：帕米爾書店，1985 年），頁 202-204。又 1868-1881 年間鴉片進口總值佔台灣進口總值的 60-80%，1881 年以降，只佔 40-60%；而就 1868 至 1895 年合計，亦佔 57%。林滿紅：《茶、糖、樟腦業與台灣之社會經濟變遷》（台北：聯經出版事業公司，1997），頁 159-161。

[22] 同註 15，頁 16。

[23] 李春生：《主津新集》，頁 26。

[24] 同註 23，頁 30。

[25] 李春生：《主津新集·權衡倒置》，頁 130。

三代所未逮者。」[26]這種運用「三代」的理想來爲基督教信仰合理化，與儒家知識份子以「三代」爲理想世界的做法相仿。當儒士在評斷他們所身處當前情境的各種問題時，常以美化了的「三代」經驗進行思考，並將回顧性與前瞻性的思維活動完全融合爲一體，而使得「價值」與「事實」結合。[27]李春生即是運用援古證今的方式，將「三代」作爲託古改制的理想境界，以達到宣教的成效。

李春生又極重視教會的社會功能。當馬偕所籌建的迪化街枋隙禮拜堂竣工後，他即時常協助傳教，並爲各教會出資出力。在多年的傳教經驗中，讓他感受到傳統士人難以接受來自「夷狄」化外國家的洋教，激發了他終身戮力筆耕於教理闡釋的使命感。除了以漢籍經典轉化西洋宗教的教理之外，更強調傳教方式需適時彈性改變的重要性。他呼籲外來的傳教者要以身作則，虛心學習民眾的語言文字，並作爲與他們溝通的工具。〈續論天道滯行〉中提到：「以取令人倡曉易明，雅俗咸悟，俾免因辭害意，因文害理，惹人厭棄，道行遲遲，毋曰非方言戕阻也。」並建議將「神」改爲「上帝」，「神理」改爲「天道」，而「奉教者」改爲「宗天道者」，以免民眾排斥洋教事件的發生。[28]如此因地制宜、入境隨俗的變通做法，有助於達到宣教的目的。

至於接受傳統書院教育薰陶的洪棄生，亦重視教化的功能。他以爲：「教化爲國家之元氣，元氣勝則外賊不入。……教化之事，言之若迂，而行之最有裨。」[29]寄望內政的改革能與教化的推動並行，促使教化普及於各階層，進而充分發揮效用。而來台的蔣師轍在準備纂修通志的過程中，曾廣泛瀏覽許多台灣方志及文獻。[30]當他閱讀余文儀《續修臺灣府志》後，即記錄對於當時平埔族社學問題的省思：

知其時土番社學最夥。台灣四、鳳山八、諸羅十一、彰化十九、淡水六。今或

---

[26] 李春生：《主津新集・天道滯行》，頁74。

[27] 黃俊傑、古偉瀛：〈新恩與舊義之間－李春生的國家認同之分析〉（台北：正中書局，1995年4月），頁230-231。

[28] 李春生：《主津新集・續論天道滯行》，頁80-81。又李春生對於漢文化經典的詮釋，代表試圖融合耶教與漢文化的努力，並呈現「轉化」多於「對話」的詮釋視角。李明輝：〈轉化抑或對話？－李春生所理解的中國經典〉，中央大學人文學報20期，1999年12月，頁133-174。

[29] 同註11，頁154。

[30] 蔣師轍所著《臺游日記》多記籌備「通志」事宜，擬有〈采訪凡例〉、〈修志八議〉等項。「台灣省通志局」緣起於台北知府陳文騄、淡水知縣葉意深的建議，後經巡撫邵友濂批准，於1892年（光緒18年）6月設立。原本置總局於台北，各州、廳、縣下各置一局，計畫先編成採訪冊。唐景崧、顧肇熙任當時通志局的監修，陳文騄爲提調，葉意深爲幫提調，邱逢甲曾兼任採訪師。至1895年（光緒21年），大部分的採訪冊及一部分的縣志已完成，通志稿亦將脫稿，後因甲午戰爭而未完成。

> 存或廢，蓋同具文矣。台北新塾，聞有番僮十餘人，頗循循就規範，惜所以惠
> 恤之者不至。夏秋疾疫，間有死亡，嚮學之心或因以沮。化頑馴梗，道務推廣，
> 而故常視之，此有司之責也。[31]

早在荷治時期 Candidus 等牧師即曾至新港、目加溜灣、蕭壠、麻豆、大目降等社從事
教化工作。[32]清治時期平埔族社學更普遍設於南北路各社，分布地範圍漸廣。19 世紀
初期平埔族社學漸廢弛，至 19 世紀中期因平埔族受漢文化影響已深，並有大規模遷
徙情形，平埔族學童多入義塾就讀，所以不再為其另設特殊的教育機構。清末台灣北
部的原住民教化機構，如 1888 年（光緒 14 年）於宜蘭所設學堂，一切經費由官方籌
辦，曾招募 28 名學生，但後來卻因學童多人罹病而漸趨荒廢。另外在 1890 年（光緒
16 年）劉銘傳任內於台北所建的「番學堂」，當初設置的兩大要旨，一方面期望學生
學成後，能返回原居地，協助官方教化的工作；另一方面為培養取代通事的人才，以
擔任與官方溝通的任務。第一年招徠北部大科崁、屈尺、馬武督高山族原住民學生 20
人，隔年又招收 10 名學生。招收學生的年齡以 10 歲至 17 歲為限，其來源為從頭目
或聚落中有勢力的子弟中挑選聰慧者。學堂設有教頭 1 人、教師 3 人、通事 1 人。直
到 1892 年（光緒 18 年）已有第一期畢業生，其中成績優秀者，頒予生員資格，即俗
稱「番秀才」。[33]蔣師轍在《臺游日記》中曾對原住民參與科舉一事發表看法。他以為：
「閩粵之外，又有番籍，皆化番之嚮學者，人數寥寥，主試者持甯毋濫之說，恒虛其
額。蒙謂化榛狉為文秀，誘掖有漸，宜甯濫勿遺以鼓舞之。」[34]他主張應以多方鼓勵
的態度，並補足授予原住民功名的基本名額，以達成推廣教化的功效。

　　教化是透過語言、法律、文化，以形塑思想的過程。這些論述多產生自一龐大的
漢文化主義書庫，以及來自作者個人的經驗，作者不可避免地受到有關於台灣的時事
及前人寫作的影響。這些論述所描寫的台灣是帝國化的場所，許多利益和理念在其中
運作。如對於原住民的教化政策，《臺游日記》提到：

---

[31] 蔣師轍：《臺游日記》（台北：台灣銀行經濟研究室，1957 年 12 月），台灣文獻叢刊 6 種，頁 48。
[32] 村上直次郎著、許賢瑤譯：〈荷蘭人的番社教化〉《國立中央圖書館台灣分館館刊》6 卷 5 期，2000
年 9 月，頁 86-94；原載《台灣文化史說》（台南：台南州共榮會台南支會，1935 年 10 月），頁 93-120。
[33] 教頭為福建上杭縣生員羅步韓，教師有台北士林吳化龍、板橋簡受禧、大科崁廖希珍等人。當時畢
業生中成為「番秀才」的有大科崁的潘蒲靖，及屈尺的潘詩朗。此學堂於 1892 年(光緒 18 年)6 月間，
在邵友濂繼任巡撫後，因鑑於經費緊縮，所以決定予以裁撤。伊能嘉矩著、江慶林等譯：《台灣文化志》
下冊（南投：省文獻會，1985 年），頁 322-324。

今所勦者皆化番耳。既有里社，又習耕種，若俟其禾熟時，縱軍士取之，屯師要隘，絕其剽掠，彼無隔歲之儲，食盡力窮，必出求撫，此屬非可殄絕，但名誅其首惡，眾情懾畏，自爾耳然。此勦之上策也。若既就撫矣，不當仍以番目之，即令薙髮冠服，稽戶口，列版籍，稍徙其悍者，散處近郊，伍於齊民，授之土田，導以耕作。番土空曠，亦量邊無業之民實之。婚姻往來，民番無間，官不屏以異類，彼亦久將自化。[35]

蔣師轍所言「理番無它，叛則剿、服則撫而已。」立於統治階層的論述，多呈現出武力與教化並行的治理觀。此種「擴張論」的想法，其實是賦予某種特定意義與價值評斷的過程。意義與價值在這個建構過程中，強加於被統治的原住民之上，因而脫去族群原有的脈絡。[36]此類敘事角度，透顯統治階層以文明使者自居的霸權心態，並建構官方對臺灣原住民統治的正當性。

至於漢移民的教化方面又呈現何種成果呢？蔣師轍曾於 1892 年（光緒 18 年）到臺南批閱生童試卷，在《臺游日記》3 月 29 日記載他的觀感：「文都不諳理法，別風淮雨，譌字尤多，則夾帶小本誤之也。應試者分閩、粵籍，其人雖皆鄭氏之遺，然繼世長子孫、沐浴文教已二百有餘歲，而菁莪之化終遜中土者，豈靈秀弗鍾歟？抑亦有司之責也！」[37]他本來以驗收成果的心態，對二百多年來台灣的教化抱持著高度的期望。但是當他考察科舉考試的情形後，卻認為相關官員必須更積極負起教化的重任。《臺游日記》曾描寫科舉放榜的盛況：

俗以隸籍黌舍為大榮，每覆試牓出，爆竹鼓吹之聲喧闐竟夕。聞謁聖後藍衫肩輿，鼓吹前導，徧拜親故，往往經歲不已。知重名器，自能急公奉上，此亦民心可用之一證也。[38]

---

[34] 同註 31，頁 17-18。

[35] 同註 31，頁 45-46。

[36] Teng, Emma Jinhua, *Travel Writing and Colonial Collecting: Chinese Travel Accounts of Taiwan from the Seventeenth through Nineteenth Centuries,* a thesis presented to the Department of East Asia Languages and Civilizations of Harvard University for the degree of doctor of philosophy, Massachusetts: Harvard University.*1997,*pp.219-220。

[37]同註 31，頁 16。

[38]同註 31，頁 17-18。

科舉制度受到官方及民間的重視，使知識份子難以擺脫功名的利誘，作者認為這正是官方需善加利用之處。《臺游日記》又提到：「所述習尚，大都殷賑而侈，人非土著，故其氣浮，健訟樂鬥，根於天性。今服教化且二百年，而不變者什七。移風易俗，不其難哉！歲時俚俗，閩粵相雜，余簡出，目蓋寡，今昔同異，亦非采訪不能詳也。」[39]他以為移風易俗確有其困難度，所以主張由實際田野調查的過程中，了解族群文化變遷的今昔同異之處，以提供編纂志書及施政的參考。蔣師轍對於志書的見解為：「當務之急有三：徵文獻、繪輿圖、錄檔冊。看核既備，乃可以議烹治。」[40]清治時期的臺灣方志受到傳統方志的書寫模式所影響，在遠離京師的邊陲修纂方志，有其背後的文化意義。地圖為帝國如何布置人文景觀，征服及宰制他人的重要工具。清廷為了熟諳各地特殊之山川形勢、風土民情，也為增進中央與地方之聯繫與統治，明令各地必須按時編纂方志。[41]尤其方志每隔數年即有續修、重修，反映出特定歷史脈絡下之情境，及帝國在邊陲的影響歷程。方志的適時編纂重修，對於帝國統治及教化的推行，有其特殊的實用功能。

三、經濟民生的論述

(一) 拓展國際貿易的重商思想

影響清末台灣經濟思想的形成，除了個人平日觀察思考所得以外，閱讀古漢籍或同時代文人相議題的論述，也具有對話及觀摩的效果。另一方面，同時也受到西洋經濟思潮的影響，而激發出對國際貿易的另類觀點。如李春生經由閱讀西洋相關書籍、報刊，或直接藉由與各國商人經貿往來時的觀察所得。他在〈臺事其六〉分析台灣當時的政經處境，並提出因應的方法後，又說道：「惟有廣覽海上新報，採取及時機要，奏請變通，以其富強臻效。」[42]當時中國沿海各城市報刊的種種論述，曾受到重商主義等世界經濟思潮的影響。[43]與李春生時代相近的鄭觀應(1842-1921)等人，其論述中

---

[39] 同註 31，頁 60。
[40] 同註 31，頁 27。
[41] 「康熙二十五年春正月甲申條」載有：「江南道御史嚴魯疏言：『近禮部奉命開館纂修《一統志》，適台灣、金門、廈門等已屬內地，設立郡縣文武官員；請敕禮部增入《通志》之內。』」由於該疏的提議，使清廷漸關注對台灣方志的纂修。《清聖祖實錄選輯》（台北：大通書局，1987 年），頁 7。
[42] 李春生：《主津新集·臺事其六》，頁 15。
[43] 清代文人的經濟思潮派別眾多，其中有許多文人曾因出國留學、從事與職務有關的考察，或多與外

多具有重商主義的色彩。這些中國 19 世紀末期的重商主義者，雖然力主重商，但無抑農的意味存在。他們同時注重農礦等各種富國的方法，重商主義是他們所謀求救國方法中的一部分。[44]李春生所言「富強」一詞的涵意，包括重視發展工商等理念，與傳統「經世濟民」的概念已有些差異。[45]雖然李春生未能全面論述有關經濟體系的議題，但他的經濟思想是從實務經驗出發，並針對台灣這個場域分析其中種種經濟問題。對李春生而言，他致力於改善個體經濟的同時，也思考有關總體經濟的富強問題。在〈臺事〉各篇的論述中，涉及有關經濟層面的範疇包括國際貿易、通訊與交通、加工製造及開採礦業等各層面，這些經濟議題已初具現代總體經濟建設的雛型。從其所預期達到的效果而言，富裕指數的提升，與國力的增強有密切的關係。

再從李春生評論有關「夷夏」的論述，來分析他拓展國際貿易的思想。他常感嘆有些人受限於傳統的夷夏之防，而未能嘗試開拓國際視野，因此難以了解西洋文化的特色。在〈翻案一則〉提到「其始西人東來者，初見其異，又不知其底細，或可盡人皆惺稱其謂夷狄也。」的文化現象，開放通商口岸一段時間後，李春生則感嘆這些漢人中心的情況，依舊未能改變，他論及「乃時至茲日，沿海一帶，凡有口岸，與之貿易交接，或出洋通使者，猶無人不知其吏治政教，禮義王化，較諸中國，不但無稍或遜，甚有超乎上古。……無奈吾人仍力詆其為夷狄異端。」[46]李春生因身處「時事多艱，天下爭雄」的社會中，指責許多文士「不務鼎革通變」，並且「徒以空言無補之諸夏夷狄，與人絜短長，較是非，致實在關繫、利害存亡於不顧」。[47]如此犀利的批評，顯現他對局勢的考量，在於強調通識變革，而非執著於「夷夏」的區分。近世所稱的「嚴夷夏之防」，即是華夏民族長期利用對漢字文化圈的詮釋權，以中央文明之地來襯托四方野蠻之地，又以高貴的我族對應低賤的他族，刻意強調文化之間的差異。如果不擺脫「夷夏之防」的思惟模式，就不能保持與人平起平坐的交友之道，將自閉的

國人士接觸而受到西洋經濟思想的影響。至於重商主義是 16 到 18 世紀間，西歐諸國採行的經濟政策的通稱。雖然各國的重商主義內涵各異，但共通的現象是經由工業生產和對外貿易，來累積國家財富的經濟政策。賴建誠：〈西洋經濟思想對晚清經濟思潮的影響〉，《新史學》2 卷 1 期，1991 年 3 月，頁81-113。林鐘雄：《西洋經濟思想史》(台北：三民書局，1979 年 2 月)，頁 27-89。

[44] 趙豐田：《晚清五十年經濟思想史》(台北：華世出版社，1975 年 12 月)頁 98-109。李陳順妍：〈晚清的重商主義〉，《中央研究院近代史研究所集刊》第 3 期上冊，1972 年 7 月，頁 207-221。

[45] 十九世紀的馮桂芬、王韜、鄭觀應等人的有關富強論述的意義，可參閱金觀濤、劉青峰：〈從「經世」到「經濟」－社會組織原則變化的思想史研究〉，《台大歷史學報》32 期，2003 年 12 月，頁 152-154。

[46] 李春生：《主津新集·翻案一則》，頁 95。

[47] 李春生：《主津新集·翻案一則》，頁 96。

陷於霸權思想的泥淖之中。[48]在許多守舊人士未能正視拓展國際關係重要性之際,李春生卻認為當時世界通商的頻繁,「正為吾民智識宏闢之時」。所以應把握時機,多與異文化相互交流。[49]從李春生善於經營的成就看來,他拓展國際貿易的視野,有助於深化富強論述。

　　台灣清治時期移民社會,不論從土地的開墾、水利的投資、經濟作物的種植以及商業的發達等方面看來,都顯現出移民謀利冒險的企業精神。這種精神早期表現在稻米商品化;到了中期農業遇到瓶頸時,則由於商業發達而使得企業精神得以延續。而1860年以後對外通商口岸的開放,更使這種企業精神再度發揚。[50]清末台灣經濟環境的改變,刺激李春生對貿易的觀察與思考,如他曾將在淡水試種烏龍茶的成果,以2艘帆船載運標記著"Formosa Oolong Tea"的21萬斤茶葉,遠赴紐約銷售,而廣受消費者喜愛,台灣茶葉自此大量銷售至國際市場。他也曾參與指導北臺茶農焙製的方法,引發民眾競相栽植炒製,於短短10年間由數百擔激增到1875年15萬箱的產量。[51]當時大稻埕的街道尚未開闢,李春生等人出資修建,以利茶產業的興盛。並以現代化的經營方式,增加貿易額,因而促進台灣茶產業的國際化。[52]當時中國的洋務運動,多重在武器及練兵,卻忽略加工產業比這兩項更為基本。李春生〈臺事其六〉中即提到若將茶葉加以精工巧製紅茶,再外銷英美各國,以增加出口的貿易的利潤。[53]他這種拓展國際貿易的重商思想,也是台灣企業精神的寫照。

(二)重視開發效用的價值觀

　　李春生長期經商的經驗,使他具有重視開發效用的價值觀。他對於台灣圖象的描繪,呈顯出他對這塊土地的情感,從其論述中所刻劃的台灣地理形勢、風土氣候、物產資源等方面,都是個宜人的居住環境。〈臺事〉提到:「惟識者則謂此島險要地利,

---

[48] 莊萬壽:〈「夷夏之防」與霸權思想〉,收錄台灣歷史學會編輯委員會編:《認識中國史論文集》(台北:稻鄉出版社,2000年),頁41。

[49] 李春生:《主津新集・說憾》,頁54。

[50] 溫振華:〈清代台灣漢人的企業精神〉,收錄於張炎憲等編:《台灣史論文精選》(台北:玉山社,1996年6月),頁321-355

[51] 李春生:《主津新集・淡水即事》,頁31-32。

[52] 寶順洋行本擬在艋舺租屋營業,卻因當地紳民排斥洋行、燒毀教堂等劇烈抗爭,只好在1868年遷移至大稻埕,後來引發許多洋行,商行也雲集於此;而艋舺港又因日漸淤積,商業活動轉趨沒落。吳文星:〈白手起家的稻江巨商李春生〉,《台灣近代名人誌》第2冊(台北:自立晚報社,1987年),頁12-23。

[53] 李春生:《主津新集・臺事其六》,頁14。

設或自立門戶，亦足於海內稱雄。該島山明水秀，雨水綿纜，氣候溫和，風土宜人，乃天造之利。沿海港道，隨處淺深，不但堪資守禦，且可戰守自如。」[54]如此優勢的自然環境，具備了「自立門戶」的海島地理條件。作者為了描述台灣天然資源豐饒的情形，不但羅列多種物產，並以淡水烏龍茶為例做說明：「其茶葉嫩鮮，氣味清香，洵為天下無匹。中外商人慕名趨採者，幾於絡繹載道。」[55]若以相關的報告數據相對照，可觀察到茶於淡水港出口的情形。將統計茶的出口值占臺灣總出口值的百分比值列於附表，可看出淡水港出口茶的消長情形，大體呈逐年上升趨勢。歷年台灣茶出口平均值為 53.49%，約佔各產業出口總值的一半，為臺灣清治末期最主要的出口品。[56]此外，他也觀察到竹塹地區天然桑樹數量豐碩的情形後，即建議應花費少許資金，延請蠶絲師傅傳習技能，培養民間自行生產的能力來集體開發蠶絲業。[57]李春生於 1888 年（光緒 14 年）與林維源共創蠶桑局，並任副總辦，種桑於觀音山麓。又在 1890 年（光緒 16 年）擔任蠶桑局局長。這些實際行動的表現，與他早年重視開發台灣產業效用的價值觀有所關聯。

李春生對於重視開發產業效用的具體見解，也顯現在以開礦為急務的觀念上。對於清廷的礦產開採政策的消極做法，他批評道：「國朝例禁開挖，自願埋沒其利，無異乎棄黃金為廢土，視有用之地為無用之區，議有關之論為無稽之說。」[58]同時也對各種治台政策提出批判，例如在〈臺事〉第七篇批評沈葆楨（1820-1879）開山政策的失當，對於這種徒然耗費百萬，但實際的成效不佳的做法，提出另種主張：

> 按招一萬之眾，為費不過百數十萬，以目前一年開路經費，足供數年招工之用。……當道者何不觸機效法，而情願督率重兵，糜餉開路，亦所不解也。況路之為路也，未必將為必由之徑。理財者，其可不為國債善籌哉？[59]

主張當局應將派眾兵開路的龐大費用，轉到補助來台開墾移民的生活費，以招徠漳、

---

[54] 同註 53，頁 14。
[55] 李春生：《主津新集・臺事其六》，頁 14。
[56] 北部有些不適合種植水稻的地方，原以生產甘藷、靛藍、黃麻為主的土地，轉而為茶園。茶園經營所需的人力，吸引了外地人口的匯集。
[57] 同註 53，頁 16。
[58] 同註 53，頁 15。
[59] 同註 53，頁 16-17。

泉一帶的窮鄉貧民攜眷到台灣山區耕作。

　　蘊含歷史的文獻需考慮其時空背景，方可顯現實用價值。池志澂比郁永河晚到台灣將近195年，這期間臺灣土地的開闢、社會文化，已有明顯的變遷，正可用作歷史地理比較研究之用。《裨海紀遊》記錄1697年（康熙36年）4月25日於竹塹所見，呈現居住人口稀少的自然草原景象[60]；經過二十多年後，藍鼎元於1721年（康熙60年）卻以爲此地人口雖少，但頗具開發的價值。到了清末池志澂《全臺遊記》則提到：「境內土地肥饒，人民沃衍，藍鼎元《東征集》所謂臺北民生之利無如竹塹，而二百年後竟著其盛焉。」[61]由文獻的對照，竹塹的變遷極爲明顯，約一百七十年後，該地顯然已成北臺重鎮。對於開港後經濟產業型態的轉變，池志澂也有一段綜合性的論述：「余嘗謂台灣惟東州地瘠無可爲，中南民氣忙碌，猶如日之過午未歸食者，而台北山川磅礴、隆隆然如初日之升，苟得其治，未有不日興者也。」[62]開港後使許多擁有稠密人口或諸多衛星市鎮的分布網，兼具行政中心或港口的功能，並聚集龐大的人口。如茶產業除茶農耕作外，參與茶的加工的人口亦甚多。[63]茶產銷影響城鎮的繁興，如大稻埕原爲小城，後因北臺灣最主要的產品—茶葉在此加工、集散，其他產品也跟著在這裡集散，資本匯集於此。池志澂對於臺灣開港以後新興通商口岸都市的觀點，呈現他重視開發效用的價值觀。

（三）批判稅收制度的經世理念

　　「經世」在社會方面的重點是在正人心、美風俗，因此反對嚴刑峻法的法制，而承繼儒家德治主義的傳統。經世之學提出「通今」、「實用」的思想原則。[64]在文化變遷快速之際，僅講究官僚的道德修養，已不足以濟世，如何健全官僚體制，如何做好軍防、稅務、交通、開墾等實際技術層面的問題，才是文人所關懷的經世主題。如清

---

[60] 郁永河：《裨海紀遊》，頁22。
[61] 同註15，頁7。
[62] 同註15，頁16。
[63] 因茶一年有6至7個月的採收時間，一更需採7回。據1905年的資料，每年山上所雇用的採茶女約20萬人。在加工方面，據1896年的資料，約有2萬人以上。臨時台灣舊慣調查會：《臨時台灣舊慣調查經濟資料報告第二部》（1901-1905年調查）上卷（東京：三秀舍，1905年），頁105。台灣總督府民政局殖產部：《台灣產業調查表》（東京：金城書院，1896年），頁34-35。
[64] 王爾敏：〈經世思想之義界問題〉，《中央研究院近代史研究所集刊》13期，1984年6月，頁27-36。韋政通：《中國十九世紀思想史》，頁61。

末台灣文人在論述中，曾對賦稅徵收制度有所批判，當時稅則是依照田產多寡而澂，上戶田多，所負稅額亦多。但洪棄生所觀察到實際的情形卻非如此，他在 1893 年（光緒 19 年）所作〈問民間疾苦對〉中提到：

> 或因勢力之家，則胥役累年不敢經其戶；而虎狼咆哮之威，恒施於不肥、
> 不瘠之民。或因半畝之田，累及衣食之源，或因數斛之粟，受盡恫喝之事。……
> 台地去年荒歉，民之杼柚已告空；下者有岌岌不終之勢，中者亦有蹙蹙靡騁之
> 虞。行賑恤，雖紆在然眉；速催科，又急在接踵矣。[65]

中法戰爭後，劉銘傳（1831-1887）因傾力於臺灣建設，無暇整頓吏治，故屢有用人不當之處。以清賦政策為例，當時清丈因基層工作人員素質參差不齊，及對臺灣情況陌生，而常發生不應有的錯誤；且測量方式不完備，清丈亦不甚徹底。所以雖較舊額增加 2.1 倍，所增稅收用於支援臺灣的現代化建設；然實質上是加重賦稅，因此遭致民怨。[66]洪棄生當時見催稅的人橫暴的作為，所以提出「催科宜緩」的建言。〈問民間疾苦對〉分析各種社會問題產生的原因、對民眾的衝擊及影響，同時也提出他的改革意見。[67]又如他所提「賑濟宜速」的建言，是因「台灣頻年凶歉，去歲尤甚。或失水利、或遭颶颱、或苦旱潦，膏腴之壤十收二、三，瀕海之居赤地百里；台南、台北，無不皆然。」[68]即針對天然災害使民眾生活陷入困境，應盡速以社會救濟的方式協助。此外，在〈台灣催科記〉描繪收釐員催收稅賦的種種情景。官吏不但「浮收不實」，又因畏罪、貪功，或因武官邀賞而妄報民眾「反逆」，甚至使民眾慘遭株連。[69]又在清丈原為籌措台灣建設的經費，並由保甲編戶口來進行。但清丈委員素質不齊，又對台灣情況陌生，丈量方法不完備，清丈亦不徹底。[70]再加上如彰化知縣李嘉棠不先計量田地是

---

[65] 同註 11，頁 149。

[66] 許雪姬：〈邵友濂與台灣的自強新政〉，《清季自強運動研討會論文集》（台北：中央研究院近代史研究所，1988 年），頁 430-433。

[67] 〈問民間疾苦對〉中除了著重在以實際的稅賦、民生為主外的論述外，洪棄生亦分別就「丁役宜戢、盜賊宜弭、洋教宜防、內教宜敦、農利宜通、蠶桑宜興、兵政宜修、時政可汰」，呈現他對時事的批評。洪棄生：《寄鶴齋古文集》，頁 145-162。

[68] 同註 11，頁 146。

[69] 同註 11，頁 227-231。

[70] 許雪姬：《滿大人最後的二十年－洋務運動與建省》（台北：自立晚報文化出版部，1993 年 3 月），

肥沃或貧瘠，即任意填寫須繳稅額的情況時而發生，引起了施九緞聚集鄉民的抗官事件。[71]當時劉銘傳為了徵充足的稅，對於官員的不法與貪欲並不太在意；且為了新政以致無暇對腐朽的吏治大加整頓而為人所詬病。

　　古文與經世的關係密切，知識份子多藉由議論文或策論，表達他們對當世事務的意見。古文相對於駢文，較不受音韻及句式等格律的約束，而能發揮思想的要旨。洪棄生即常在古文中，提出對公共事務的論述，因而加深了關懷這塊居住地的意義。他在〈籌海議〉中提到：「生，臺人也；為臺灣計。」[72]另外在〈彰化興利除弊問對〉、〈問彰化民情強悍動輒聚眾搶掠應以何法治之策〉、〈彰化丈田記〉、〈上臬憲雪民冤狀〉等皆是他對於生長地彰化的治安狀況、民情風俗等議題，提出個人的見解。在〈彰化丈田記〉提到：「縣令委員仰承上意，懼田之不廣、賦之不增也。於是短其量度、縮其土壤，而田之增於舊也數倍，牽連混報，不計溝洫、不計岡阜，而田之增於舊也數倍。」[73]即是批判丈量田地制度的不當、執行人員的敷衍，使得新的徵稅制度更加擾民的情況。洪棄生認為民眾生計困境的原因是由於官僚機構腐敗，或是統治者沒有實現仁政，導致社會秩序偏離了儒家理想的道德倫理秩序。傳統儒生主張解決生計問題的方法，即是偏重在重整社會道德秩序的過程。雖然已提到對制度面的改革，但卻依舊寄望於行政官員具有仁心，以期協助民眾改善生活。這種觀點，仍是傳統的經世濟民理念。

四、結論

　　社會變遷現象與歷史現實間錯綜複雜的關係，常為學術思考的對象。就清末臺灣的政經層面而言，這個歷史階段產生了許多變革，但仍保留移墾社會的特質，移民富冒險精神，勇於創新並熱衷求富。另一方面也受外在大環境影響，械鬥事件漸趨減少，買辦豪紳日漸興起，文教普遍受到重視。清末台灣文人的論述，流露了個人的應世心

頁76-117。
[71] 對於清治末期此種大規模的土地調查，日本學者矢內原忠雄以為：「劉銘傳未曾成功的土地調查事業，在日本佔領台灣之後，乃依明確的意識、周詳的計畫與強大的權力予以實行。」矢內原忠雄、周憲文譯：《日本帝國主義下的台灣》（台北：帕米爾書店，1987年5月），頁16-17。
[72] 同註11，頁109。
[73] 同註11，頁223。

態及思想特色。作者經世致用的理念呈現其世界觀及欲改變社會的意圖，文學結構和社會結構的對應關係因此更容易顯現在作品中。又作者常預先假設在他寫作之前，即已有一股強烈的意識，要藉由論述的形式表達出來，並且這個意識與他身處的整個社會有密切的關係。這些論述有時是社會面貌的描繪，但大多是蘊含改革的寫作動機。[74]清末台灣這些知識份子或旅遊者的論述，不免時而受到作者本身學養經歷的侷限，或漢文化霸權思想的影響。但是這些論述，也呈現知識份子對現實問題產生的原因、對社會的衝擊及對民眾的影響，並試圖提出如何具體改革的方法。本文為了詮釋此期關於政治教化的論述，所以從傳達富強的變革觀、評論吏治管理問題及檢視教化機制等方面加以探討。另外又從拓展國際貿易的重商思想、重視開發效用的價值觀、批判稅收制度的經世理念等層面，來探討關於經濟民生的論述。當代學者薩依德(Edward W. Said)在重申人文主義(humanism)的要義時提到：「人文主義使人解開由心靈打造的枷鎖，讓心靈為了反省理解與真誠的告白，進行歷史與理性的思考。進而言之，人文主義是由一種社群意識維繫，與其他的詮釋者、社會以及年代聲息相通。」[75]透過詮釋文人作品中的思想，並與社會文化互相對話，亦是闡揚人文精神的途徑之一。藉由分析文人論述為主軸，以呈現清末台灣政經思想的時代意義。

清末台灣文人的論述中，李春生因具有對外貿易的經歷，及個人閱讀書籍報刊的習慣，使他思考牡丹社事件後台灣政經局勢的變化，並顯現其富強的變革觀。而洪棄生則代表當時書院教育下的文人典型，他的論述多蘊含傳統儒生經世理念，對於吏治及稅收等攸關民生議題，多表達個人的見解。至於19世紀的遊記多潛藏長期積累而成的文化義蘊，及帝國在不同時空的影響歷程。[76]清末來台文人蔣師轍及池志澂在旅行過程中，提出相關的官員需負起教化的重任，並透過對異地的記憶及其教化思想，呈現他們的政經思想。再就歷史縱深而言，李春生關於台灣政經的論述，多因對當時牡丹社事件的因應，而激發他產生有關富強變革的價值觀。同時，在論述中也批判沈葆楨等官員的「開山撫番」政策，並質疑其實效。而時代稍晚的洪棄生，則針對劉銘傳的稅收制度多所批評，又分析施九緞事件背後的成因。至於來台的蔣師轍與池志澂

---

[74] 何金蘭：《文學社會學》（台北：桂冠圖書股份有限公司，1898年），頁154。
[75] Edward W. Said：〈後九一一的省思：為《東方主義》二十五週年版作〉，收錄於Edward W. Said著、王淑燕等譯：《東方主義》（台北：立緒文化，1999年），序頁9。
[76] 有關台灣清治時期多篇遊記的分析，請參閱拙作：〈台灣清治時期遊記的異地記憶與文化意涵〉，《空

為長達二百多年的清帝國統治作文化性的回顧，並呈現教化機制的內涵義蘊。此期的散文除了延續實用功能的寫作風格外，更因社會的變遷頗為迅速，所以文人常有較具體的議論時事書寫。從台灣清治後期一群文人的論述中，多顯現當時的知識份子在面對邁向現代化過程中的共同處境，同時也呈現出個人應世的態度。本文藉由文本的爬梳，詮釋文人有關政經層面的論述，以探討清末台灣政經思想，期望能有助於台灣思想史研究成果的積累。

大人文學報》13 期，2004 年 12 月，頁 53-81。

台灣哲學思想的開拓者曾天從教授哲學體系的建構試探
—曾天從哲學體系及其《宇宙論》

趙天儀

靜宜大學生態學系教授

一、曾天從生平簡介

曾天從（1910 年－），曾天從先生 1910 年（民國前 2 年，宣統 2 年，明治 43）生於台灣台北新莊郡新莊街 760 番地。父曾紅毛先生，是一位虔誠的基督教長老會教徒，有獨創的才能，新莊鄉土藝術掌中戲之盛，得力於先生之扶助貢獻至多。又創設擬花手工業工廠對桑梓尤多建樹。先生初多生女，及老始生男，是天從人願也，遂名「天從」。[1]

1916 年，寄讀於新莊公學校。1918 年，正式為公學校一年級生。1923 年，到日本遊歷。1924 年，新莊公學校畢業。同年，考入台北一中。（即今建國中學）。同屆同學有台灣人葉炳賢與顏滄海等。葉炳賢曾獲工學博士，為葉炳輝醫學博士之弟，葉炳輝為日治時期台灣日本語作家葉步月。顏滄海亦成為台灣大學教授。[2]

1928 年，負笈日本東京，早稻田第一高等學院文科入學。1931 年 3 月，同學院修了。1931 年 4 月，早稻田大學文學部文學科德國文學專攻科入學。1934 年，同學部畢業。1936 年 9 月，東京帝國大學文學部西洋哲學研究室入室。1937 年，日文哲學著作《真理原理論》，由東京理想社出版部出版，計有 616 頁。1941 年 4 月，早稻田大學文學部大學院入學，西洋哲學專攻，1943 年 9 月，同大學院修了。

1944 年 6 月，任遼寧農業大學教授。1946 年 3 月，任瀋陽聯會大學教授。1946 年，自東北經天津、上海回台灣，途中備嘗流亡艱辛之苦難。旋即執教於台灣大學文學院哲學系，直到退休。1986 年 11 月榮獲台灣大學名譽教授。

1936 年，先生與同學葉炳賢之令妹瓊玉女士來往，1938 年訂婚，1939 年結婚。葉瓊玉女士就讀東京女子醫學專門學校。畢業以後，在東北、台北行醫。

二、曾天從學術論文及著作
（一） 日文學術論文及著作

---

[1] 參閱林谷峰編著《曾教授天從哲學著作之簡介》，二、曾氏簡歷表。
[2] 同註 1。

1. 《現實學序說》，１９３４年發表。（早稻田）

2. 《真理原理論》，１９３７年，東京理想社出版部出版，６１６頁。

3. 《真理觀之諸問題》，１９４１年發表。

4. 《純粹現實學之構想》，１９４１年發表。

5. 《批判的辨證法與實在論的範疇論》，１９４３年發表。

6. 《社會進步之基準》，１９４６年發表。

（二）　中文學術論文及著作，筆名曾霄容

1. 《宇宙論》，青文出版社，１９６８年３月第一版，６月再版。

2. 《物質論》，青文出版社，１９６７年４月第一版，１９６９年６月增補版。

3. 《生命論》，青文出版社，１９６９年一月第一版。

4. 《意識論》，青文出版社，１９７０年３月第一版。

5. 《精神論》，青文出版社，１９７０年８月第一版。

6. 《文化論》，青文出版社，１９７２年。

7. 《時空論》，青文出版社，１９７３年。

8. 《論理論》，青文出版社，１９７４年１０月第一版。

9. 《哲學體系重建論》上卷，青文出版社，１９８１年１２月第一版。

10. 《哲學體系重建論》下卷，青文出版社，１９８１年１２月第一版。

（三）　台大哲學系任教時期講義

1. 《論理學講義》，未出版。

2. 《形上學講義》，未出版。

3. 《知識論講義》，未出版。

（四）　詩集

1. 《詩詞試詠》，青文出版社，１９８６年５月。

2. 《詩詞試詠》續編，打字稿，未出版。又稱《詩詞試詠補遺》。

三、曾天從哲學體系的重建

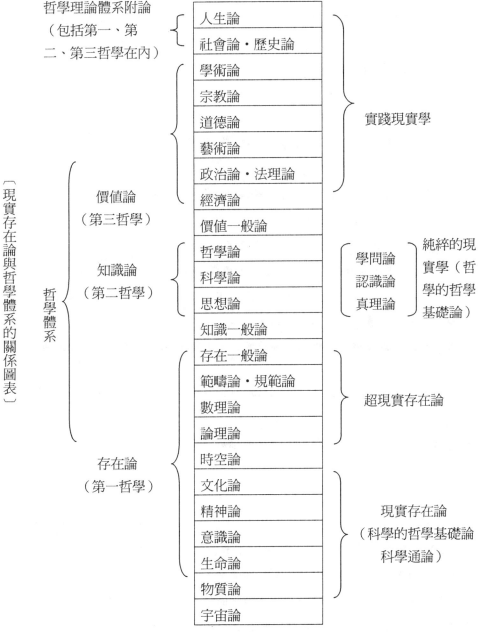

〔現實存在論與哲學體系的關係圖表〕

哲學理論體系附論
（包括第一、第
二、第三哲學在內）

人生論
社會論・歷史論

學術論
宗教論
道德論
藝術論
政治論・法理論
經濟論
價值一般論

實踐現實學

價值論
（第三哲學）

知識論
（第二哲學）

哲學體系

哲學論
科學論
思想論
知識一般論

學問論
認識論
真理論

純綷的現
實學（哲
學的哲學
基礎論）

存在論
（第一哲學）

存在一般論
範疇論・規範論
數理論
論理論
時空論

超現實存在論

文化論
精神論
意識論
生命論
物質論
宇宙論

現實存在論
（科學的哲學基礎論
科學通論）

　　曾天從先生哲學體系，受德意志哲學影響最大，尤其是現代德意志哲學家尼古拉・哈特曼（Nicolai Hartmann,1882-1950）的影響。曾天從哲學體系，第一哲學為現實存在論、超現實存在論，即存在論。第二哲學為純粹現實學，即知識論。第三哲學

為實踐現實學，即價值論。

曾天從依其哲學體系，先後完成了現實存在論的宇宙論、物質論、生命論、意識論、精神論、文化論，以及超現實存在論中的時空論、論理論。因鑑於時間與精力，要在他有生之年完成二十四論，恐無法完成。因此，他撰寫《哲學體系重建論》上、下兩卷，一方面作為他哲學體系的濃縮，另一方面也作哲學體系的導論。

茲將現實存在與哲學體系的關係圖表展示如上。

四、曾天從《哲學體系重建論》中哲學理念論

(一) 哲學發想的動因與其目的，依曾天從的基本看法：

『 1 事理探究；主要發自知性的要求（側重知性）。

2 社會整序；主要發自意志的要求（側重意志）。

3 現世超脫；主要發自情感的要求（側重情感）。』以上為三項動因。

『(1) 探究真理而以闡明宇宙真相，即以獲得宇宙全般（包括虛無宇宙與實有宇宙）以及理法界的真理認識為其目的。

(2) 經綸國家而以達成大同世界，即以締造全人類的無政而治、無為而有為的協同社會為其目的。

(3) 諦慧悟空而以成就寂靜涅槃，即以修得由於人性超昇而臻於慧覺圓通無碍的聖潔境界為其目的。』以上為三項目的。

曾天從認為西洋哲學側重於 (1)，中國哲學側重於 (2)，印度哲學側重於 (3)。因此，

『希臘哲學一開端就在探究宇宙萬物所由發生的原質（構成原理）與原型（規制原理），這成為質料形上學與形相形上學的對立原理（唯物論與唯心論的對立學說的原初形態），由此支配著後繼的西方哲學。中國哲學大都以倫理道德作為社會整序、國家經綸的基本。至於印度哲學、宗教色彩特別濃厚，

解脫現世的煩惱以求得寂靜清淨心境，乃是其顯著的特性，無住處涅槃即是無自性清淨心境，而以生死（娑婆）即涅，煩惱即菩提為其極致。』

曾天從對哲學的界說，最為突出的是辨別學問性的哲學與思想性的哲學。他認為可以上舉的三項動因與目的作為判定基準。蓋『學問性的哲學成立於 1，由此滿足知性的要求；而思想性的哲學成立於 2 與 3，由此滿足情意的要求。』[3]

---

[3] 參閱曾天從（霄容）著《哲學體系重建論》上卷，頁 1 至 11。

（二）學問性哲學與思想性哲學

曾天從以為『學問性哲學與思想性哲學的分別乃是哲學改造乃至哲學重建的根本前提。』他把嚴格意義的學問概念與思想概予分別如下：

『 1 學問——以科學為判定基準，學問包括科學以及通過科學而且交於科學基礎之上的哲學。然而科學性以及學問性各別仍有程度上的差異。

　 2 思想——以人生觀、世界觀以及社意識形態（ldeology）為其主要內容，其中尚有通常意義與高超意義的兩種思想的差別。』

通過以上的分別，進一步分析學問性哲學與思想性哲學。這是曾天從最大的特色。因此，他『最後舉出判別學問性與思想性的最簡明的基準如下：

（1）　基於「事實根據」的發言屬於學問性。

（2）　基於「利實關係」的發言屬於思想性。（特別對於社會意識形態而說）。[4]』

（三）四種哲學的分別與其關係

曾天從依他對學問性哲學與思想性哲學，分為下列四種哲學：

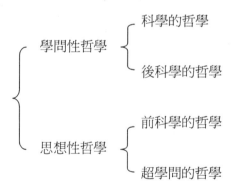

曾天從將這四種哲學進一步加以說明，界定其彼此的意義與關係。然後，建立其哲學的理念之一。綜上所述，這是曾天從哲學特色，以及其重建哲學體系的出發。試以他的一首「哲學觀釋義」（無韻）為例：——哲學二類型：

『思想性哲學發想動因存在於社會整序與現世超脫

通常思想執著現實社會

高超思想趨向涅槃境界

---

[4] 同註 3。

思想成為人性諸特質與社會諸規定性之函數

學問性哲學發現動因存於事理探究與本質究明

本質究明依據事實解明

哲學探究依據科學研究

學問成為事實解明與本質究明之知識體系

學問側重宇宙論

思想側重人生觀

學問知識難成詩

思想智慧近似詩」[5]

這是曾天從在其詩集《詩詞試詠》中的一首哲理詩，詩以明志，可以看出他的哲學智慧。

五、曾天從的哲學：從《真理原理論》出發

我們如果把曾天從的哲學體系，當作一個研究的對象的話，無疑地，曾天從的哲學，是從《真理原理論》出發。《真理原理論》1937年由日本東京理想社出版部出版，精裝本共計616頁。《真理原理論》——純粹現實學序說。這本書獻給他的恩師山岸光宣教授。並由桑本嚴翼教授作「序」。這本書有作者的「緒言」，真理原理的領域：

一、真理自體　　存在論

二、真理認識　　認識論

三、準真理自體　純理論（論理，數理）

四、實存真理　　價值論（包括歷史，社會，文化等）

林谷峰著「曾教授天從哲學著作之簡介」[6]中說：

『憶自三十年前，曾先生以弱冠之年，完成「純粹現實學」之第一部著作「真理原理論」，公諸於世，曾驚動日本學界。

蓋當是時，日本哲學界以西田哲學為最，而聞名西歐學界。與德國哲學，英美哲學抗立，另樹一幟。西田哲學以西洋哲學的方法為基礎，而以東方人的意識及玄妙的東方思想為內容，形成放有異彩的學派。其權威，不愧為日本哲學的主流。但若嚴格而論，西田學派雖為日本哲學界之泰斗，猶缺乏有系統的組織

---

[5] 曾霄容著《詩詞試詠》，頁57至58。
[6] 參閱林谷峰編著《曾教授天從哲學著作之簡介》，自費出版。

的學問和構造。其內容，祇局限於人生哲學的範圍，不能大膽地，追求著真理自體的問題，而完成包括第一原理和綜合性的學問──真正哲學。這也許，由於傳統和民族性的差異吧。

「真理原理論」是曾先生學問的基礎。整個學問上的構造，均有其嚴密性和組織的系統的存在。確非其他學人，以短篇論文併集，也非歐美文獻的翻譯者之可比。純粹是曾先生體驗歐美哲學的傳統和其個人天賦之才而獨創的著述」[7]

林谷峰先生為曾天從教授的同輩友人，頗為了解曾天從的著作。他又說：

『「真理原理論」是由東京專門出版哲學書籍著名的「理想社」刊印。在刊印前曾先生曾將「真理原理論」用為畢業論文，提出早稻田大學教授會。而於審查會閱讀論文的河面仙四郎教授，驚嘆其優異之才華，且在英年，就有學術上如此成就，許之他年，必定領袖學界。隨即寄信曾氏曰：

──如環境所許，願拋棄一切來到台灣，以餘生之年，由曾君領導之下，重新研究斯學──這是一老教授真率之願望，期待之切溢於言表。

如果沒有所謂大東亞戰爭的話，曾先生輝煌的業績，已可風靡東瀛，而揚眉吐氣於世界學壇了。很可惜的就是因日本軍閥的野望，遂造成歷史性的戰爭，不但使數億人類遭受塗炭，還使曾先生流亡東北，備受生活之苦和生命之威脅。不能靜靜地繼續研究還可，更遺憾的乃其畢生搜羅廣闊的貴重資料於兵燹期間迭失無遺。」[8]

林谷峰尚有一篇隨筆「憶思記」，描述曾天從與他在青年時代討論詩與哲學的青春的記憶，令人懷想他們當年的志業的追求，有台灣青年世界觀的眼界，值得首肯。

六、曾天從現實存在論，即科學的哲學基礎論

第一部《宇宙論》

曾天從現實存在論，即科學哲學基礎論，包括宇宙論、物質論、生命論、意識論、精神論、文化論。這六論已完成他的著作。從宇宙的巨大的構造來看，當然是宇宙論；從宇宙的微細的構造來看，自然是物質論。

曾天從的《宇宙論》包括：

一、宇宙觀之歷史的演進概說

---

[7] 同註6。
[8] 同註6。

二、現在宇宙論的諸形態

三、宇宙起源論

四、宇宙構造論

五、宇宙進化論

六、附說（四）唯能論概說

曾天從認爲「宇宙乃是唯一、絕對而永遠的全般體系。凡有現象生滅於其間。」「宇宙觀有樸素的、科學的以及哲學的三種形態。在天文學上所表現的宇宙觀包括樸素的與科學的兩種。向來的哲學的宇宙觀的內容極其空泛而且貧弱，尚遠不及科學的宇宙觀。」

曾天從認爲「宇宙觀是關於宇宙的直觀形態，即是人類對於宇宙的直接的感應所獲得的直觀形態。」「宇宙論是關於宇宙的理論形態，成立於間接的意識形態。」「由此看來，宇宙觀亦可以說是屬於思想的領域，而宇宙論屬於學問領域。」

在概述了各種宇宙觀與科學的宇宙論的概念之後，「哲學的宇宙自當建立於科學的宇宙論的基礎之上。」「而在宇宙起源論提出原潛能與原能的假說（唯能論）。在宇宙構造論提出大型宇宙的假說（極大宇宙論）。在宇宙進化論提出天體以及各型宇宙輪次進化的假說（發的輪迴論）。[9]」

試以曾天從一首「宇宙三型」的哲理詩來說明闡示：

　　　宇宙三型

實有宇宙分三型　　小型中型至大型

小型涵蓋銀河系　　千億恆星屬此型

千憶小型成中型　　天文學界限此型

無窮宇宙涵大型　　無數中型屬此型

（註一）：大型宇宙的構想尚屬假說。宇宙空間本來是無窮盡，尚且空間本身又是無差別性的，在其間既有能量乃至物質的不斷產生，照理可能擴延至無限空間，由此產生的實有宇宙則可稱爲大型宇宙，其間涵蓋無數的中型宇宙，而中型宇宙涵蓋千億個小型宇宙。小型宇宙該當於銀河系宇宙，其中存有千億個恆星。

（註二）：現今天文學界所觀察的天象範圍尚未超出中型宇宙的界限。[10]

在曾天從「宇宙論」中討論的問題，在此無法一一說明。在本論末了，曾天從說：「哲學研究的一切問題均涵蘊於宇宙（包括虛無宇宙與實有宇宙）內。然而宇宙論卻

---

[9] 參閱曾霄容著《宇宙論》頁 2、頁 45。

[10] 參閱曾霄容著《詩詞試詠補遺》頁 25。

無須而又無法考究到這些多種問題。宇宙論祇可限定於如上所處理的宇宙起源論、宇宙構造論以及宇宙進話論三個部門。在哲學體系中宇宙論佔有基本的重要位置。缺乏宇宙論的哲學是否可能成立為完整的哲學，值得深思。」[11]

當然，曾天從想通過科學的宇宙論，來建構哲學的宇宙論。而宇宙論與時空論亦須結合。今日的天文學在科學的宇宙論方面有相當可觀的成就，曾天從的學問性哲學，如何能通過這些成就，亦值得省思。

七、結語：曾天從哲學的一個序說

吾師曾天從，字霄容。畢生著述成績可觀，十一巨著作均為有系統體系性的著作。本文只能算對其哲學體系研讀的一個序說。

往昔在台灣大學哲學系進修哲學，在諸多良師益友的薰陶，哲學界前輩可歸納為三種類型：

一：為直覺型：思想天馬行空，雖然比較屬於思想性哲學的類型，亦多有啟發。

二、為分析型：分析哲學問題，富於批判性，在嚴格的邏輯語言的分析上，亦有所啟發。

三、為體系型：對思想性哲學加以批評，對學問性哲學加以追求，有分析、有直覺，然而，有綜合性的企圖。

曾天從教授從德文、德國文學出發，在日本早稻田大學，從高等學院、大學部到大學院，有意建立其學問的學統，可惜客觀環境諸多不便，因此潛心著述，值得吾後輩視為治學的典範。吾師今年 97 高壽，盼他身體健康，讓我們來祝福他。曾天從師從日治時期到戰後國府時期，誠為台灣哲學界的一大代表，亦不為過。

---

[11] 同註 9　頁 307。

台灣儒學的主體性問題

葉海煙

東吳大學哲學系

　　台灣之有儒學，乃歷史發展使然；而這當然是在漢族中心的思考之下，才能成立的實然性論斷。如論者云：『儒學在明鄭時期傳入台灣，明鄭歷史乃南明史的一部分，主導明鄭歷史的鄭成功也與南明的儒學有深厚的淵源。因此，明鄭時期的台灣儒學，雖剛萌芽，卻是上承南明諸儒，下啓清代台灣儒學。台灣儒學的另一來源是福建朱子學，廣義言之，即閩學。閩、台一衣帶水之隔，荷據時代台灣之漢移民以閩人爲主，明鄭之時自鄭成功以迄下屬亦多閩人。清代台灣在光緒十一年（一八八五）建省之前，也一直是福建轄區。因此，閩學傳入台灣乃順理成章的事。』[1]此一論述，乃以歷史、政治、地緣等因素來解讀爲何台灣在明鄭之後有儒學之發展，且「台灣儒學」又爲何以閩學爲源頭。顯然，這已然出現三方面的問題，值得我們深思：

　　（一）何謂「台灣儒學」？又爲何台灣作爲漢人轄屬之地會出現所謂的「台灣儒學」？

　　（二）若「台灣儒學」能名正言順地被建構的話，其作爲一種學術思想又有何足以自立門戶的基本屬性？也就是說，「台灣儒學」所以能冠之以「台灣」之名，其學術的主體性問題該當如何料理？

　　（三）在台灣已然不能只被界定爲漢人移民墾拓之地之後，展望未來，我們又能如何以兼具知識之合理性與理論之合法性的立場，來看待「台灣儒學」的可能與實際？

一、「台灣儒學」的定義與內容

　　基本上，「台灣儒學」並不是一門獨立的學科，或是一具專業性（Profession）的理論體系。大體而言，「儒學」或稱「中國儒學」本來就是一種極其廣義，而且充滿多樣性意義，甚至歧義的文化思潮——其中，自可淬煉出哲學或宗教之意涵。因此，「台灣儒學」指的便是三百多年來在台灣所流播所發展所影響的儒學思想，它自然已經融入於台灣人的心靈，並已爲塑造「台灣文化」發揮了一定程度的效力。

　　而中國儒學之進入台灣，自是在漢人意識的淬化過程中，輾轉渡海而來。它與中國閩、粵人士的生活文化相參相和，也自是任一民族遷徙歷程中不能或缺的一種精神

---

[1]陳昭瑛《台灣儒學：起源、發展與轉化》頁1　台北：正中書局 2000 年。

力量。當然，中國儒學是早就有了「官方儒學」與「民間儒學」之分野，特別是在南宋之後，理學思想成爲儒學中堅；再經明代官方以統治之權力將儒學徹底地經典化、權威化，這兩種儒學之間的往來與交流，便出現了斷裂、對立以及彼此互爲壁壘之勢，而這在明末清初之際，經由儒學自身之轉化（由陽明心學轉入於經世致用之學），乃出現了重新審視儒學價值、重新詮釋儒學意義的學術新局，而其中最值得注意的是朱子學（「閩學」即以朱子學爲主流）究竟如何經由科舉取士與民間講學之兩路，逐漸展現其折衷於民間與官方彼此競合分流態勢之間的義理規模——這一方面仍然是原始儒學獨立自主的思想資源，一方面則已成爲民間教育在官學體系中獲得合法性的理論依據。

因此，以「閩學」（朱子學）爲傳承儒學之主要媒介，並由此一揉合官方與私學的學問脈動一逕渡海而來，則非假借「教育」之傳播、重組與再造之力不可。於是台灣之有儒學，顯然發端於儒學作爲教育之內容與教育作爲儒學之表顯，彼此相互爲用，並因此逐漸濾澱出台灣文化意識底層的一些精神質素。如此通過教育的手段，以及某種意識下的「政教」（政治與教化）合一的體制，台灣儒學乃在「政治領導學術」的實踐命題中被形式地建構起來。也就是說，在台灣爲滿清帝國所統治的212年間，「儒學在台灣」是以「準學術」的身份被官民雙方所認定，而是否因此出現學術之贗品，則尚待考究。其間，官方所設的「學官」（即康熙到光緒年間所謂的「儒學」）共出現十三所之多，從宜蘭到恆春，幾乎涵蓋台灣的大牛部（至於「後山」則大牛仍未在形式的儒學教化之內）。而民間之書院，以至於社學、義學，也同時進行著對平民百姓由上到下的教化工作。因此，說「台灣儒學」與台灣人所接受的中國傳統教育與教化，幾乎肌理相連，二者並相互爲用，應不爲過。

至於台灣儒學的內涵，在浸淫朱子學的基本態勢之下，大體上是在宋明儒學的餘緒下逐漸整合而來的。清初朱子學的復興直接地關連著台灣儒學的教育建制，更是儒學在台灣得享大牛之教育資源的主要緣由。[2]以陳璸重建孔廟，在一七〇三年（康熙四十二年）所寫的《台邑明倫堂碑記》爲代表，便可見陳璸一方面受朱子學影響甚深，一方面則充分透露其援引朱子學爲「明倫」之義理基礎，以教化台灣人民的根本用心：

> 自有人類，即有人心；有人心，即有人理；有人理，即若天造地設而有明倫堂。
> 苟斯堂之不立，則士子講經無地，必至人倫不明，人理泯而人心昧，將不得爲
> 人類矣。……予謂五經與五倫，相表裡者也。倫於何明？君臣之宜直、宜諷、

---

[2]前揭書，頁10~11。

宜進、宜止，不宜自辱也；父子之宜養、宜愉、宜幾諫，不宜責善也；兄弟之宜怡、宜恭、不宜相猶也；夫婦之宜雍、宜肅，不宜交謫也；朋友之宜切、宜偲，不宜以數而取疏也。明此者，其必由經學乎！潔淨精微取諸《易》，疏通知遠取諸《書》，溫厚和平取諸《詩》，恭儉莊敬取諸《禮》，比事屬辭取諸《春秋》。聖經賢傳，垂訓千條萬緒，皆所以啟鑰性靈，開素原本，為綱紀人倫之具，而絃誦其小也。[3]

　　而由此一碑記的撰作，更可見「儒教」（儒學之為教化之內容）在台灣的發展仍然不脫其在中國本土之本色。舉凡五經五倫之理、仁義忠孝之德，以及修齊治平之道，總在儒學範疇之內，而陳璸之以身教言教並重的儒者身份出現，其特重德性涵養與人格陶成，並深入民間，關懷黎民疾苦的實踐篤行精神，其實已有清學中重視「實學」之意趣，而這當然和台灣開拓史中闢荊斬棘的過程足以相互呼應。

　　此外，在書院教育與民間文人雅士生活彼此對映的人文空間理，也可以在相當大量的文字與文獻中發現儒學之蹤跡。所謂「儒學詩」在台灣民間多所流播，甚至出現「三年來往慚司教，喜見番童禮讓敦。」這樣的詩句，實在又暴露出「漢族中心」挾文化以風行天下的自尊自貴之姿。[4]當然，在清治與日治時期，漢民族的主體意識實乃台灣一地作為一移民社會賴以生存，並引為內部凝聚力之所在，而早來的原住民族在生存競爭與文化流通的過程中，竟始終無法越過「儒教中國」之雷池，實又涉及文化優劣之論究能如何對應特定族群所據有的主客觀條件，從而在生活世界中發揮一定的效力，這個教人難以找到定論的問題。因此，台灣儒學內涵的估定，在歷史角度與文化立場的自我調整外，是依然不能不留下比較寬闊的意義空間，以提供吾人確立學術主體性與文化主體性的相關資源。

　　如日治時期台人所以在漢文化中悠游自得，一方面是為了和日人相互周旋（所謂「抗日」，其行動與意義是理當有其多元的豐富性與變動性），另一方面則仍有疏通「文化自我」，以建構某一形式的主體意識之用意。連雅堂之求援於老中國，吳濁流之自命「亞細亞的孤兒」，其中除了儒學成分之外，其實仍有其與日人來往或彼此交手的經驗，而這樣的經驗則是台灣人所特有的，其和中國文化的傳統義理之間，則已有相當程度的距離。儒學之從「中國」出走，台人實有冷暖自知之感，而這和台人尋找族

---

[3]范成《重修台灣府志》　頁 680~681　台北：台銀經濟研究室內，台灣文獻叢刊一〇五種　1961 年
[4]關於「儒學詩」的意涵，陳昭瑛做了十分實際的分析與研究，但他這項工作仍然是在漢民族與儒文化互為主體的意識下進行的。同註一，頁 29~33。

群之自我意識以固著族群之主體性於一新興的文化氛圍裡，又豈容以大中國意識一逕地進行「莫非王土」的文化掃蕩？

二、「台灣儒學」的轉折與遭遇

經過清領與日治，台灣在二十世紀接近中葉之際投入所謂「祖國」的懷抱，而接著竟是長達半世紀的思想控制與意識糾結，其間，儒學及其週邊的概念叢是確實運作出「助紂為虐」的效應。當然，國民黨當局其實是在「利用」儒學，利用儒學的思想結構中足以和政治力量相結合的因子，來遂行其治理台灣的意圖——說是「治理」，其實是「治而不理」，因為其中少了政治理性，少了原始儒學「富貴不能淫，貧賤不能移，威武不能屈」的大丈夫精神，也少了中道而行，和光同塵的君子之風。基本上，國民黨統治當局是假「復興中華文化」之名，企圖讓台灣儒學中的文化成分（甚至是一廂情願的「中原」與「祖國」之單向嚮往）復活於台灣現代化的道路之中，以強化其思想控制，以塑造更形僵化的國家意識與民族意識。

根據黃俊傑的研究，以數十年來中學教科書為形式而存在的「官方儒學」，基本上是在發揮保衛國民黨政治體制的作用，它是一種「意識形態的國家機器」，而其作用主要表現在這兩個面向：（一）三民主義成為實踐儒家理想的基礎。（二）反共鬥爭是提倡儒學的目的。[5]在如此利用以至於誤用儒學的官方統治策略中，中國「人治」色彩在蔣介石身上幾乎表現到一個空前的高度，而儒家「聖王」理想也於是被倒置為「王聖」（稱王而後企圖稱聖）。黃俊傑對此有一段相當準確的描述：

> 特別值得注意的是，《教材》編者進行對儒學的扭曲時以及引用蔣中正言論時的「脈絡」（Context）。《教材》編者引用蔣中正言論時並不是在作為商榷論辯的對象的學術脈絡中，而是在作為最高權威與絕對真理的政治脈絡之中進行的。孫中山和蔣中正這兩位當代政治領袖發表諸多言論，或為激發黨員的團結，或為政策之宣導，或為其他現實之政治事務，但並不是為了詮釋古典儒學而發。簡言之，孫蔣二公是在當年「政治脈絡」（Political context）之中發言。但是在《教材》編者的引用中，卻被轉化為「文化思想的脈絡」（Cultural-intellectual context），以孔孟言論作為孫蔣言論的註腳。這種扭曲，我們可以稱之為「脈絡性的錯置」。《教材》編者企圖透過這種「脈絡性的錯置」，而「使青年思想不再誤入歧途，進而了解三民主義實行的要義，以

---

[5]黃俊傑《台灣意識與台灣文化》頁200~202 台北：正中書局 2000 年

期有助於反攻復國的大業」。[6]

　　如此由文本的「脈絡性錯置」，其實已引發了以「中國」爲本土以及以台灣爲本土的主體性之爭。也就是說，戰後的官方儒學在強化「思想純正」與政治正確性二合一的義理脈絡裏，讓儒學的皮相被無端地展延，而竟使得儒學的真髓（這不僅可以不必和黨國意識相糾纏，而且能夠扮演抵抗權力誘惑，拒絕政治沉淪的心靈白血球）消失不見，說這是真實儒學的悲哀，而讓儒學無法與台灣進行「互爲主體」的融通，以有助於台灣社會文化理當自立自主的健康而壯盛的主體性塑造，應不爲過。

　　另一方面，戰後台灣也仍有其特定形式的民間儒學，它不隨官方儒學起舞，但它仍大體在中國文化的脈絡中研發出一些企圖和科學、民主與西方現代化思潮相互對比並可以彼此交涉的理論因子，是所謂「內聖而外王」、「返本而開新」－－「本」是中國文化本位（但這並不等同於華夏沙文的「本位主義」），而「新」是具有理想性而且可以不斷改革創新的新中國、新中華（一心嚮往「未來中國」，正是這一群「文化保守主義」者的深沉用心。）當然，這股勢力並未達「本土化」程度的新儒學（以「當代新儒家」爲主力），基本上仍在菁英文化與學術殿堂中發展，而其關切「中國」，也同時親近「台灣」的對比思維，卻也值得吾人在台灣儒學延續其慧命的歷史冊頁中記上一筆。其中，最值得注目的便是當代新儒家第二代的代表人物－－徐復觀。

　　徐復觀早年從軍從政，中年以後才轉入學術陣營。他富批判精神，頗有嫉惡如仇之性格，而他關切台灣之政局，以及中、港、台三地的關係衍變，更使他寫下不少懷時論政之文。徐復觀對中國人性論的研究成果有目共睹，而他言之有理，論之有據的學術風範，在儒家以「理想」自期，以「道德」自許，甚至將性命付託於理想之境的表述模態中確實別樹一格。基本上，徐復觀的憂患意識已然把「台灣」納入他的心靈幅度之內，而他對台灣民主化的深願大景，其實已對中國儒學之立足於台灣，提供了一個具體而寬廣的平台。

　　然而，在此一和台灣民間社會仍有相當隔閡的學者型態的儒者中，其以心性論爲主調的學術風向其實並無法讓他們真切地體認到「台灣主體性」－－「台灣主體性」數百年來隱而不顯，但它在台灣社會作爲一個國家型態，並已具有國家規模的進程中，總是能適時發揮其正向之作用。「我是台灣人」，絕非空調，而若台灣儒學可以在此地生根茁壯，那麼儒學的血脈就不應被官方與民間之對峙所切斷，而且儒家進入台灣社會，也當是經由具有高度文化意識的管道進入每一個台灣人的身家性命；其間，

---

[6]前揭書，頁195。

「仁」、「義」、「禮」、「忠恕」、「中道」以及「和而不同」以至於有容乃大的精神典範，在在值得被轉爲台灣意識的重要養分。

三、「台灣儒學」的未來與願景

如今，「台灣儒學」的前四階段（明鄭、清領、日治與國民黨統治）已然過去。而「台灣儒學」往後又能否在過去遭致斷裂、扭曲、變形與重構的既有經驗之後，展開另一波具有批判與反省精神的新的階程？也就是說，「台灣儒學」不管其學術屬性、理論結構與思維脈絡如何多元如何分殊又如何被碎裂被拼湊，它能否有明天有未來？又能否在台灣文化建構主體性的人文工程中摻入屬於傳統儒學與現代儒學共有的滋養？卻依然值得關注。

首先，我們勢必得釐清儒學作爲教化者的角色，並善於疏理儒教文化與任何社會相遇之際所可能衍生的問題；其中，關於儒家教化本質如何形成倫理觀、道德觀、文化觀與價值觀，以形塑社會組織與個體行爲的基礎或準則，——這與任何社會獨立發展所需的文化動力實同源同脈：

> 教化，指政教和風化，又指以教化民的政治及其活動。《荀子·臣道》篇有「政令教化，刑下如影」。《詩·周南·關雎》序曰：「先王以是（指《詩經》諸詩，尤其《關雎》篇。—引者）經夫婦，成孝敬，厚人倫，美教化，移風俗」；「風之始也，所以諷天下而正夫婦也。故用之鄉人焉，用之邦國焉。風，諷也，教也，諷以動之，教以化之。」從這裡，我們不僅可以看出政教風化之所指及其與以禮教化民的內在關係，還可看出儒家教化本質上即是 要根據自然形成的倫理道德文化價值，來作為社會組織以及個體行為的基礎或準則。[7]

在此，中國文化的優勢自始便與其教化意識相偕而行，而台灣在中國人眼裡恰是一處蠻荒之地，即意味它亟待教化，亟待中國儒教儒學的薰陶化育。因此，不僅台灣原住民族被視爲未開化的「番仔」，連中國移民也在其內部之中形成「上行下效」的教化之道，而儒教儒學恰好足以流動其間，並同時強化中國文化的優位，強化中國儒家講究倫理道德的價值先行性——由「價值」先行，亦即由教化者的意識先行，而被教化者又能如何向上奮起，以求一足以和那些掌握「教化」權力者平等對話，便儼然是台灣社會人心自勵自新的一條活路。

---

[7]陳明《儒學的歷史文化功能》 頁90 上海：學林出版社 1997 年

本來，中國文化中的士大夫階層乃是中國「吏治」的主角，而基本上，「吏」是以專業人士出現的，他們兼具治理與教化的雙重角色，自古已然。因此，台灣所以能進入中國儒學傳播流動的殼中，理由無它——儒學作爲統治意識與教化意識二合一的護航者，甚至甘作馬前卒，而以「官學」堂皇地現身，這當然極可能是儒學命運的悲哀，但對儒學的未來與願景而言，卻又是不得不有所假借的現實性資源。

因此，儒學「來去」台灣，實纏繞著無可脫卸的意識糾結、情感包袱與心靈之意向，如儒學作爲台人抗清以至抗日的精神後盾，其間便大多流動著這些無法以理性來詮解的特殊的「鄉愁」，其回歸與重返「神州」或「中原」的思維模式，也已然「情勝於理」、「心大於智」，而對儒學爲何一直徘徊流連於中國本土與臺灣新宿之間，由此也就可以理解了。在此，以潘朝陽的研究爲例，便約略可見中國儒學、華夏文化與神州大陸三者相互唱和的情景：

> 台灣非僅僅田橫之島而已。彼時神州爲「戎狄」之女真所佔奪，仁人志士雖竭其力以拋頭顱灑熱血的方式拼死鬥爭無成，無奈之下轉徙遷居於東番台灣，以其爲華夏道統復振之島。而華夏道統亦確能在台灣復振，並延續發展於往後兩百年之清治及半世紀之日據時期。惟就乙未台灣抗拒日夷的儒士而言，鄉園台灣橫遭日夷強佔，必奮起而血拼，血拼不成，則亦惟有遷移他土復振儒道綱常而已，台灣志士與兩百多年前明鄭相反；延平由神州渡台，而倉海則由台灣重返神州。「重返的神州」卻非滿清的大陸，而乃是儒家心目中延續不絕的華夏道統之神州，這也就是丘倉海在粵東先祖家鄉推展新學、鼓吹革命以圖除去滿清帝制，締建中華的原因。[8]

而所謂「重返的神州」卻不是現實意義下的「中國」，它其實是一個理想的國度，超然於俗世之上，其內容則是由「儒道」舖展開來。本來，儒學的精神壤土正不外乎中國人身家性命所寄的社會結構、倫理制度與文化之根柢，而台灣人作爲以漢族爲中心的社群也就難以擺脫這個具主觀性與主體性的思考系脈與價值網絡。不過，在台灣亟待建構屬己之主體性的這個時候，兩千三百萬人在「認同」這個光譜縱橫交織之中，卻不能不朝底下五個面向，來努力經營一種新時代的「台灣人」意象，以迎接仍然充滿不確定性與未知數的未來：（一）、土地認同。（二）、族群認同。（三）、文化認同。（四）、社會認同。五、國家認同。而所有「認同」導向都必須不斷地回到斯土斯民，

---

[8] 潘朝陽《明清台灣儒學論》頁213 台北：學生書局 2001 年

至於那「重返的神州」則早已不存在，因爲台灣人在儒學的意義滋養下修身養德，成己成人，甚至在「天人合一」的理念照拂之中舉心向上，全神盼望，是仍然不能不腳踏后土，懷抱此世此在。於是，若「台灣儒學」可以合理地順歷史軌跡一路迤邐向未來，則我們是不能不好好料理它所涉及的「主體性」思維－－它究竟要被如何地放置在台灣人的生命版圖中；並且，在吾人坐擁任一模態的人文思考之際，「儒學在台灣」的處境又到底能如何地與「台灣主體性」相互幹旋，便是一項無比艱鉅也無比重大的生命志業。

而「台灣主體性」當然仍處在建構理論與實踐舖築兩路並進的鑄造階段，它從每一個台灣人之爲個體之「自我」出發，隨之在「自我」與「他者」相依共存的關係總體裏，認同「台灣」爲兩千三百萬人共同擁有的唯一的生活場域－－「場域」或「場所」乃任何身體個別之我與族群集合之我必須共生共存的資源。其間，精神性的主體意識（如黑格爾所倡）以及吾人作爲一生產者的主體身份（如馬克思所言），都不能沒有一固定的空間與場域來容納眾人一體的認知與行動。由此看來，台灣人當然該擁有屬己的空間、屬己的天地以及屬己的生活資產－－其中，包括共通的歷史觀、文化觀、社會觀、國家觀與價值觀，而主客同源，人我一體，「台灣人」不就可以在「台灣」這個場域裏昂然以主體之姿挺立起來：

> 從外部觀之，台灣在地球上占了一個眾所認知的空間，這個島嶼空間又跟附近島嶼（如日本、菲律賓）與大陸區塊形成地球上的一個地域空間。因此，台灣在地球上自有其獨一無二的特殊性。這就像每一個人都有與他者不同的特殊性一樣。但是，她又必須與他者構成相互依存的關係，形成較普遍性的地域區域，進而爲全球關係的一環。換言之，台灣必須站在自己的空間點上，與他者發生關係。這是地理的主體性，亦即空間的主體性。[9]

而「台灣儒學」自是一兼具地理性與歷史性的產物，它大體可以順著台灣人親身經驗的歷史脈絡，逐步地由中國文化本位轉入於台灣文化的主體性中。在此，所謂「台灣文化主體性」絕不能是虛擬之物或論理之作，它通過台灣文化由「移民」到「在地」的歷程，是不斷地在進行「文化整合」的工作，而「文化整合」使得「分殊」不礙「一體」，使得文化多元性終可上轉爲具統合性與共通性的文化機體：

---

[9] 李永熾等編撰《台灣主體性的建構》 頁16 台北：允晨文化公司 2004 年

對台灣而言，本土本來就非「一體」，它甚至於是多元分立的，而且不斷的外來，雖相對的迭生本土，但本土永遠亦是分離的。然歷史辯證發展，本土因有外來而使內部思想、意識不同程度的凝聚，而傾向一體化。而且外來者對所統治的土地與人民要有效的控制，在政治文化上亦有一體化的措施。這兩種新生的力量，使不斷外來統治者與統治文化，促成台灣極為多元的文化整合（Cultural Integration），而不斷整合的結果，就是創新（Innovation）；一個只屬於台灣特有的新文化，只為台灣人民所專有、主導，那麼就是台灣文化主體性。[10]

在此，一般所謂高壓式、集體式的「強求其同」，或拼拼湊湊、零零碎碎的生活雜務，都不適用於「文化整合」。因此，中國儒學作為台灣人的文化思想的一項資源，它是不必急就章地來對「台灣主體性」有所抗拒或竟應聲附和，而是理當以寬容的態度來面對「台灣主體性」的崛起。

或許，我們是該誠實地面對這個困境：「原來，台灣儒學基本上是欠缺充分的在地反思的。」而所謂「在地反思」是至少要和批判精神長相左右。一方面，確立吾人作為一個人的主體價值，實在不是科考制度所能彰顯。（從明鄭到清領時期，「台灣儒學」的現實意含竟大多為科考所用）。反倒是科考與功名實質窒礙了儒學的真實意含。另一方面，「台灣儒學」若能以「儒者」養成之踐履（至少，「士」或「君子」是「人能弘道，非道弘人」的典範），來多方助成台灣人當家做主的深心大願，則也就可以同時讓台灣儒學真正能夠與吾人主體價值的開發若合符節，對此，吳進安對「儒之為道」與「儒之為術」的嚴正之判，正可發揮一點針砭之力：

台灣書院教育基本上是傳承儒學經典之教，在教育上有其一定的貢獻，然而不管是啟蒙的教育，或是書院的高等教育，其目標不是培育大儒以改造人心更正視聽，而是走向科考功名，此為時代之所必然，實不忍苛責。但缺乏自我批判與內省的工夫，知識份子淪為科考制度下汲汲營生者殊為可惜。對於中土哲學（理學）的詮釋與創作，僅是依程朱之理而下傳，終究是主流價值的依附，加上地處邊陲，無法充分感受中土文明的思潮激盪，儒之道隱而不顯，儒之術則成學問主流，知術而不知有道，主體價值的開發頓成泡影，而與原始儒學旨趣

---

[10] 前揭書，頁59~60。

相去甚遠。[11]

依此而論,「主體價值」實乃儒者恆久關注的課題,也就因爲「儒學」不是一般之「人文社會科學」,而它所講究的學問與功夫,更在在與吾人做爲一個人的存在事實息息相關,「主體」或「主體性」又怎能無端被擱置?如此一來,我們當然可以如此提問:「做爲一個台灣人,我們究竟要『台灣儒學』做什麼?而若台灣還需要儒學,也還有儒學思維在流動,則它對我們做爲一個台灣人,又到底能發揮什麼助力,來助成我們同步開發「做一個人」和「做一個台灣人」的主體價值?」

四、結 語

顯然,對「主體性」的探索與商榷,至今依然是「台灣儒學」的問題與課題,而儒學在自有其作爲一種學術的自主性(即「學術之主體性」)之餘,也同時必須思考其與自身所處的社會體與文化體之間的一體關係,而設法共創雙贏之局,如此的「學術共生」與「文化共融」,恰正是台灣主體性建構的內部工程。且休管原始儒學、宋明儒學與當代新儒學的一路遞衍,以至於踵事增華地橫生枝節;也不必橫目冷對韓國儒學、日本儒學、越南儒學,以至於當代歐美的儒學研究(如所謂的「波士頓儒家」)是如何地自立門戶,我們最在意的是:「台灣儒學」該如何以順向之姿來和台灣文化共襄盛舉?而它又到底能如何從其內部的義理革新出發,到對外在環境展開諸多之回應,來做出對「台灣主體性」建構有正面意義的學術事業與人文志業?

---

[11] 吳進安〈清朝時期台灣書院教育的形式、內涵與發展〉,發表於台灣哲學學會 2004 年學術研討會,台北,東吳大學,2004 年 11 月 27 日。

雞鳴不已，風雨如晦－殷海光的自由思想評述

李黃臏

東吳大學兼任講師

一、前言

　　傳統的中國社會，知識分子「學而優則仕」的一元取向，促使士人和政治有者緊密的關係；以其進身之階皆寓於仕途的進退出處，故動輒深陷政治泥淖而難以擺脫；尤有甚者，以愚忠而對專制政權盲從。在國共鬥爭的歷史進程中，自由民主思想受到干預箝制，徒有人民專政和民主共和的形式，實質上是中國專制政體的殘餘。在 50 年代的台灣社會，政治的自主仍受到禁錮而荒涼冷漠，殷海光（1919－1969）以其知識分子的良知，躬親踐履其自由思想，發皇自由主義的價值，認為「沒有自己思想的人，只能算是一團肉，一團肉便做成什麼都可以」[1]，深刻說明其追求自由思想和獨立思考的主張與認同。

　　殷海光對於時代問題和傳統文化有著超越的眼光，肇於此，常自覺是孤獨的旅人。分析他的思想主張，以自由和民主思想為經緯，對於政治發展和傳統文化加以批判和繼承；創造轉化成一種永存的價值，奮進敵而新成的改造創新，鐵肩擔負啓蒙思想的重責。唯其尖銳的批判觸及了專制政體的虛幻口號和獨裁體質，是以不見容於當權者，可貴的是他並未壓迫而屈服，仍甘於寂寞、淒涼。

　　他的一生，不論是言論思想或主張看法，都以自由思想和專制獨裁抗衡；身為時代的思想者，獨裁政權以各種藉口搪塞實行民主的遁詞，都是他要加以拆穿和揭發的。不僅向矇昧、褊狹、獨斷的教條宣戰，更高揭自由民主和仁愛理性的旗幟。本文擬就其自由思想的內容加以分析，探討他奮筆為文的信心來源，並就其論點、主張予以評述，旁及當時的政治思想發展和相關論題，相互比較說明，使我們進一步瞭解他的自由思想脈絡和根源。

二、五四新文化運動的精神傳承

　　本節主要探討殷海光承繼五四精神遺緒，觀照歷史產生的新視野加以解析。這位五四後期的人物在迷惘和依附的政治氛圍中，其政治心理的轉折和歷史境遇，都可以看見五四文化運動的精神承接和觀念演進，一種政治的覺醒和士人的使命感，充分表

---

[1] 陳鼓應編　《殷海光最後的話語－春蠶吐絲》頁 50　台北：環宇出版社　1971 年 10 月

現在他的論述之中。

(一)強調民主法治的價值

　　五四運動時期的社會心理變遷，除了濃重的西化傾向，整個政治心理走向也投注在民主主義上面。個性自由和平等獨立新價值觀的展現，直接衝擊傳統政治的束縛，尋求適合面對新時代的民主政治機制，這也體現在殷海光的思想主張。他堅信自由民主的政治制度方能彰顯人性尊嚴的價值，有良知的讀書人必須對國族的濟救謀求方法，甚至做出悲壯的犧牲和奉獻。

　　民族的危機日亟，知識分子的悲慟越深，愛國救國成為甚囂塵上的口號；諷刺的是自由民主的認定，竟然成為當權者眼中的障礙。殷海光不認為愛國救國就應該犧牲人民的自由和權利，反對思想的統一，更反對言論的控制和定於一尊。只有創見自由、民主、康樂、進步的現代社會，才是真正杜絕共產主義和獨裁專制的有效良方。然而中國政治的發展，卻一再的迴環往復；王權主義的陰影使自由主義的發展寸步難行。由當權者裁定分歧和是非，以官方論調為最後的真理；以權力支配權利，用專制手段改造社會，使人民受到專制暴政的統治和脅迫，對照於當時國共兩黨的統治，這樣違反人性人權的專制框架，仍然枷鎖在人民身上。殷海光在〈中國底前途〉一文中論道：

> 中國人民不向著科學、民主和經濟平等的道路走去，絕對沒有前途；自身底精神和物質的生機死滅，在大世界環境中終歸淘汰。外在因素和內在因素剛好相符，交互地使中國人民不得不向著科學、民主和經濟平等的目標前進。[2]

其意義在於人民追求自由平等的願望，形成一股強烈的普遍意志，蔚為巨大的潛在力量。殷海光稱自己有著「超時代環境的頭腦」，實質上即依從人性的角度去解釋分析。

　　依照殷海光的詮解，追求精神自由和獨立意志需要內在的自省；人性之真才是衝決專制網羅的利器，故專制勢力所畏懼者即此。對於殷海光這位五四後期的人物而言，自由、民主和科學是衡量的準繩，透過科學的邏輯論證而有精確的評斷。他申言道：

---

[2] 《殷海光選集》頁37　香港：友聯出版社　1971年　引自〈中國底前途〉一文．文中主要是希望中國要朝向民主的進路，不要在發展中一再繞彎子，將追求自由民主的意志形成沛然莫之能禦的力量，自古沒有不崩潰的統治，違背人民意志的逆流政權，一定會招致瓦解。

祇有科學才能把中國帶上現代化之路，祇有真正實行民主才能打開數千年治亂循環的死結，並結束五十年來殺殺砍砍你爭我奪之局，而讓千千萬萬人民過點人的生活。中國今日之所以形成這個樣子，並非科學與民主之過，而是太不科學，尤其是太不民主之過。[3]

另外在〈獨裁怕自由〉一文中，進一步分析個人尊嚴和自由民主建立的關係。民主意識尚未覺醒的時代，風雨飄搖的動盪，給予法西斯的獨裁政權提供了發展的機會。法西斯極權政體「排拒個人主義、人權、人性尊嚴，因為個體並無權利可言；權利來自其所歸屬的社團，個體應歸入團體，並接受領導」。國共兩黨的興起，主要也是人民要求社會改革，在民主意識尚未啟蒙開展時，對其獨裁發展給予滋生的溫床，為了遏制國家向獨裁政體偏斜靠攏，殷海光乃振筆疾書，提出知識分子愷切的諍言。

（二）爭取自由思想的空間

自由的墜落在於知識分子未堅持信仰和犧牲信念的決心，言論自由是檢驗的標準；貨真價實的民主國家，絕對不能嚴禁和消滅言論的自由，或是將個體貶值。殷海光透過縝密的邏輯論證和學理為後盾，針對獨裁者蒙蔽世人的謊言予以回擊，申言「實行民主自由的必要條件，就是實現思想自由，但是，要實現思想自由，必須首先能夠自由思想。」[4]此謂自由思想的能力，必須是獨立不倚且不受壓抑，更不受任何權威和暴力的裹脅迫害。

他深信自由能力的養成，除了具備勇氣之外；也要有實證、剖析和懷疑的思想權術，富有科學理性的方法，並非倚恃感性的道德訴求。五四時代昌言科學、民主的風尚，殷海光仍承其精神餘緒，儘管他自認為是五四後期的人物，然而五四知識分子那種吸取反傳統的批判精神和個性解放的爭取；進而重視生命意義的力量，他將納入科學理性的思維中去加以思辯。

依他所論，民主制度是自由思想的驗證。並致力導正對於自由思想的疑慮，駁斥「過度的自由毀了自由」的論調。因為真正妨礙自由的不是自由本身，「而是暴政，是放縱，是暴力」，[5]接著進一步指出：

---

[3] 同註2，頁131。引自〈自由人底反省與再建〉一文。認為新自由知識分子標尚科學與民主。究竟施行踐履者又有多少？提倡民主和科學，不能光是口號。有見識抱負的人，必定會厚植培蓄民主思想。
[4] 同註2，頁51，引自〈思想自由與自由思想〉一文。主要說明自由思想是獨立的，不受任何權威和暴力的影響。至於在獨裁極權的統制上，思想自由不能與之相容共存，是以必揭露燭照獨裁政權的醜態。
[5] 同註2，頁228－229，引自〈自由的真義〉一文。殷海光認為暴力革命的後果是個人自由的墳墓。當暴力革命成功之後，照例要整肅，要肅反，要大殺老同志。在這樣的巨石壓力之下，個人自由的小卵，

> 近年來若干人對自由的許多誤解，例如以為自由就是散漫，自由就是不守秩序
> 等等，主要都是由此而生。然而，時至今日，人世間沒有一件東西比自由更高
> 貴，沒有甚麼比保衛自由更重要。因此，從正面介紹自由，以澄清對自由之誤
> 解，實在是當務之急。[6]

相較於今日民主化的臺灣社會，上述見解更令人值得深省。今日中國在開放改革的路線上，許多知識分子仍相信通過集權政治以發展自由經濟的必要性。欲將政治自由和經濟發展給予不同的定位。但是沒有人能保證集權的政治是否成為另一種形式的新權威主義？[7]今昔對照，殷海光揭櫫的理念，更顯示今日中國政治發展的諸多不合理性。

林毓生的〈殷海光先生一生奮鬥的永恆意義〉一文言明：「在他的著作中，對中國傳統中的許多缺陷之揭發，尤其對科學與民主之闡述，往往遠超過早期五四人物的言論，說他是五四思想集大成的殿軍不為過。」[8]是以承續五四的精神而屹立不搖。林毓生更指出了在殷海光的生命中，「特有的純真與強烈的道德熱情」是他著述不輟的動力來源。

「殷海光感到，儘管蔣介石的統治給臺灣社會造成巨大的災難，生活在這島上的知識分子為了自己的一己私利都怕得罪官方，不敢批判，人民也因被蒙蔽而未說破蔣介石和國民黨，這是很遺憾的事。」[9]在他癌症再度併發時，仍然希望春暖花開的日子，且不禁聯想起梁啟超〈志未酬〉的詩歌，「志未酬！志未酬！問君之志幾時酬」，相信這是他在有生之年，未能眼見自由民主真正實行的感慨。當時知識分子面對的政治現實也是如此，有理想抱負者亦是曲高和寡，因為「真正的知識分子形成了一個知識階

還有不粉碎的嗎？
[6] 同註 2，頁 224。
[7] 齊墨編 《新權威主義－對中國大陸未來命運的論爭》頁 64－65 台北：唐山出版社 1991 年 10 月依邵燕祥的〈中國需要皇帝嗎〉一文的論述，反駁中國出現的「新權威」論。認為中國的國情不適於民主，只適於專制一說，甚至只要專制者是「明智」的，即使不仁慈也在所不惜，實際上是為另一種形式的專制皇權護航，是不折不扣的皇權復辟。
[8] 林毓生著 《思想與人物》頁 311 台北：聯經出版公司 1983 年 8 月 引自〈殷海光先生一生奮鬥的永恆意義〉一文。文中說：「除了最後幾年，殷先生的思想有很大的變化以外，攻擊中國傳統、提倡科學與民主，是他一生言行的目標。」至於林毓生所指的晚年變化，主要是指在《春蠶吐絲》中表達對中國傳統文化的看法。殷海光就說：「其實中國文化即使沒有科學，並無損於它的價值。」又說：「中國的學問，或有中國成分的學問，除知識傳授以外，還要耳提面命的生活在一起，這樣才有一種性靈的感應，才能進入心靈的深處。」同時也清楚表達對傳統思想的看法，他自省說道：「許多人拿近代西方的自由思想去衡量古代的中國而後施以評擊(胡適和我以前就犯了這種錯誤)，不想想看：在思想上，老子和莊子的世界多麼的自由自在，特別是莊子，心靈何等的開放。」出處同註 1 頁 34－43。
[9] 汪幸福著 《殷海光與蔣介石》頁 307－308 武漢：湖北人民出版社 2001 年 1 月

層，的確是稀有罕見之人，因為他們支持、維護的正是不屬於這個世界的真理與正義的永恆標準。」[10]

（三）闡揚自由主義

胡適（1897－1962）於《自由中國》的宗旨裡力言：「我們要向全國國民宣傳自由與民主的真實價值，並且要督促政府（各級政府），切實改革政治經濟，努力建立自由民主的社會。」[11]五四精神的闡揚即在自由與民主的真諦，自由主義成為時代的潮流，體現群體的覺醒。知識分子企求用民主制度取代道德願望，喚醒國民不要主觀的期待仁君聖政，更不可依附專制政權。關於這一點，殷海光的〈戰爭與自由〉有以下詳細的分析：

> 許多人仇視要求「自由」，有二種原因：第一、他們一提起「自由」，就聯想起搗亂、破壞、無秩序；而且共產黨曾利用這些手段來達到它底禍亂目的。他們厭惡這些情形，厭惡共黨，因而也厭惡「自由」。第二、依「自由」底本質而論，具有充分自由精神的人，往往富於獨立的精神和反抗權威的勇氣。因而，這種人不苟同、不阿諛、不盲從、不附和、愛懷疑、愛批評。顯然的很，這樣的自由精神，是時代進步底大動力。但是，好逞權威，好為人師者，意識到這種反抗勇氣和批評精神的人必會逐漸動搖其政權基礎，自然對之痛恨切骨。[12]

上述引文對於自由的誤解有著深刻意涵的說明，這也是反映殷海光一生奮鬥的的真實寫照。

衝決政治神話的羅網，彰顯民主的價值，則落實於人性的合理需求。依中國歷代逐鹿天下的歷史而論，政治神話的創造在於以虛幻的論述去形成絕對的權威，「一個人要獲得政權，必先得到他人的擁護；要得到他人的擁護，又必須在他人心目中形成一種權威。而神話便有使權威形成的功能」。[13]政治神話可以編造現代的愚民主義，加

---

[10] 同註 2，參見書中的殷海光自序。引文另見愛德華. W. 薩義德著 單德興譯《知識分子論》頁 12 北京：三聯書店

[11] 胡適撰 〈自由中國的宗旨〉《自由中國》1949 年創刊號第 1 卷第 1 期頁 2 1949 年 11 月 文中批判共產黨統治下的中國，言論完全失去自由，實行古代專制帝王徹底實行的愚民政治。故以《自由中國》做為宣傳自由與民主價值的起點。

[12] 同註 2，頁 67。

[13] 孫廣德著 《政治神話論》頁 137－138，台北：台灣商務印書館 1991 年 9 月 文中又說：「要獲得政權，除了物理的力量之外，如果能有一種精神或情感的力量作為輔助，以增加權威，得到擁護，便比較容易成功，而神話最宜於提供這種力量，增加這種力量。在過去以個人為中心，以打天下為方

上知識分子依服專制的結果，更爲政治神話艷飾塗抹，造成了知識的貶值和地位的下降。

倘若知識分子缺乏應有的自覺，對國家的忠誠未建立在獨立的人格上面，終究難以擺脫淪爲政治婢女的窘境。胡適主張建立一個「好政府」，首先要確定三個原則，即憲政、公開的政府和有計畫的政治，只有「好政府」才可以和暴民政權與流氓政治作對抗。衆所皆知，李大釗（1889－1927）是中國共產主義的早期倡導者之一，姑且不論共產主義的後續發展爲何？他企圖改良中國政治仍具有理想的性質，對於民主政治雖然各有不同解讀，但仍有其一致處。「認爲平民主義才能對抗寡頭政治，自由政治與平民主義的精神是一致的，其神髓即在於人人得以自由公平的態度充分的討論。[14]

蔣廷黻（1895—1965）於 1933 年的《獨立評論》發表〈革命與專制〉，錢端升（1900—1990）在《東方雜誌》也以〈民主政治乎？極權國家乎？〉呼應中國需要強人政府的觀點；其論點即「欲有一強有力的政府，則提倡民主政治不但是緩不濟急，更是緣木求魚。欲求達到英美那樣的民治，即在最佳的情形之下，也非十年二十年所可辦到的。」[15]胡適針對此論述提出反駁，其〈中國無獨裁的必要與可能〉一發表，引起民主與獨裁的論戰。胡適駁斥統一政權必須獨裁的論述，說明反對獨裁的意態形成一股思想逆流，因爲獨裁無法應付即將面對的新局。唯徵驗於日後的政局發展，不論是國民黨或是共產黨，都朝向強人的獨裁統治。殷海光反對這樣的政治制度，故極力昌言自由的意義和重要，相信「有自由便無獨裁」，「自由與獨裁是勢不兩立的。一個世界不能同時這一半自由而那一半被奴役。」[16]其語意淺明易懂，也是內心真摯的渴望。

三、知識分子的深刻自省

本節主要闡述殷海光身爲知識分子的自我期許，是五四新文化運動以來的士人自省，昇華成一種追求理想的動力。中國近代的知識分子多致力於此，如蔡元培（1868—1940）、吳虞（1872—1949）、陳獨秀（1879—1942）、魯迅（1881—1936）、李

式的政權爭奪中是如此，在現代以政黨爲中心，以民選爲方式的政權爭奪中仍是如此。只不過過去的神話常是一些神異的事蹟，現代的神話常是某種主義或某種特殊的人格而已。」

[14] 李大釗著 《李大釗全集》第 4 卷頁 154 石家莊：河北教育出版社 1999 年 9 月。
[15] 胡適、蔣廷黻等著 《民主與獨裁論戰》頁 36 台北：龍田出版社 1981 年 10 月 引自錢端升的〈民主政治乎？極權國家乎？〉一文，他認爲中國將來的理想政制是一個有能力有理想的獨裁政府，成爲一個強有力的近代國家。
[16] 同註 2，頁 207。引自〈獨裁怕自由〉一文。

大釗（1889—1927）、胡適（1891—1962）諸人，多爲開啓新文化運動之先。殷海光自稱是五四後期的人物，乃承先啓後，發揚五四未竟之功。本節徵引其論述，佐以相關資料，嘗試綜理其意欲追求和深刻的知識分子之自省。

（一）超越政治利益的自由價值取向

中國政治領域存在著沿襲久遠的特徵，也就是王權支配社會的君主政體。專制政體講求治民的權術，相關的民治傳統付諸闕如。五四運動對於民主的追求，打破人治壓倒法治，言論定於一尊的不合理形式。殷海光不受政治利益誘引，不畏強權壓制的勇氣，即是五四精神的根植，並將理想的自由落實在他的言行之中，爲臺灣五十年代荒涼冷酷的政治氛圍，注入了活水。張灝對於他的精神根源有著深入的看法，「他在世時，常常感嘆當時台灣的知識分子的精神萎靡與空虛，遠不能與從前的知識分子相比，他所謂的從前是指五四上溯到戊戌那個時代。」[17]其超越時代的眼光也有傳承自傳統文化者，批判、自省並加以再新。超越傳承的生命歷程，遭逢時代的鉅變；使他遭受一生的橫逆蒼涼，即如自由講學猶不可得。

陳鼓應以詩句描述老師的形神，詩中寫著：

> 他—像一個冷漠的，灰色的山丘，在山丘底下即蘊藏著巨熱的岩漿。岩漿在地下奔流，有時不可阻遏的要破殼而出。沖霄而起，但是被地面嚴霜凍結了。這小丘又歸於寂靜。[18]

殷海光有別於反體制的知識分子，不在於破壞，而在於再造。但是在當權者眼中則有完全不同的看法，由於政治指導思想的影響，將其申言的自由主義視爲「殷海光毒流」，以各種壓迫的手段限制他的言論自由。[19]唯所謂的「毒流」卻是他一生思想所引起的激盪回響。他堅信「以經驗爲本，乃正確思想底起點」，導出評準自由思想的模態，即「不故意求同異」「不存心非古尊古」、「不存心厚今薄今」、「不以己言爲重」、「不以異己所出而輕之」。實爲公允的中肯之見。

---

[17] 張灝著 《張灝自選集》頁 335 上海：上海教育出版社 2002 年 4 月 引自〈殷海光與中國知識分子－紀念海光師逝世三十周年〉一文。文中又說：「當年殷先生對青年一代的一個重要影響，就是替我們與近代早期知識分子傳統建立一個精神橋梁，重建五四的思想道路，在他所開拓的這條道路上，自由與民主的理念毫無疑問是一個重要的指標。」

[18] 同註 1，頁 30。

[19] 問學出版社選輯 《揭穿陳鼓應》頁 144 台北： 問學出版社 1979 年 4 月 引自書中原刊載於《自立晚報》的〈五大雜文〉，文中說：「無數傑出青年思想家，墜於殷海光毒流之後，沈浮在致命漩渦中，漠視別人的召喚，拒絕救生筏，以毒流爲甘泉，至死不悟。」

殷海光清楚的告訴我們，改變幾千年來奴役命運的希望不能寄託於當權者身上，是依靠知識分子的主動爭取，積極奔向「思想自由的歷史巨流」，「而思想自由，則是一切自由中最根本最崇尚的自由。」[20]學者劉曉波論及中國當代政治與知識分子的關係時，堪為殷海光言論的最佳註解。文中說：

> 知識分子的全部資本、全部力量、全部價值、全部生命都以知識為源泉。失去
> 了知識我們將失去一切。在中國這個「知識」沒有獨立價值的社會中，在中國
> 這個知識被政治、金錢、道德和愚昧所污染的民族中，為了「知識」的獨立，
> 為了「知識」的純潔神聖，中國知識分子應該以生命為代價。不是殺身以成君
> 王、成仁、成金錢、成愚昧民眾，而是殺身以成知識。[21]

這一段引文雖然是對現在中國知識分子的呼籲，也值得台灣的知識分子深切的自我責求。

（二）闡述獨立思考的重要性

殷海光「將知識分子稱為『時代的眼睛』，顯然意指知識分子是文化的開創者與批評者，是大多數人的領導者」[22]在文章中不時感慨知識分子的失落，何以近代以來，中國的政局始終混亂而無法步入正軌？知識分子為何無法發揮創新的作用？究其因，乃諸多知識分子將政治上的順遂發展等同於理想的實現，養成一種政治性的人格，在爭權奪利的鬥爭中淪為政治的奴婢，加速心靈急速的萎謝和失落。「社會上總有些知識分子來累積、保存、再製，並傳授知識。知識分子是一般地失落了。要救起知識分子的還只有知識分子自己」[23]如何自救且救助國族？首先要定位知識分子的人生道路和目標，朝向自由、民主、科學、道德的進程，政治的正常發展才有希望。

強調自由思想和人格的獨立，發揮知識分子強力的意志指向，以有限的生命為自由民主的實行而犧牲，更是殷海光的理想催化所塑造。陶希聖（1899—1988）曾經從中國社會史的角度觀察國民黨時期的政治發展，認為近百年來的政治經濟狀況皆不利

---

[20] 《殷海光先生文集》(一)頁19　台北：桂冠圖書有限公司 1980 年 3 月　引自〈爭思想自由的歷史巨流〉一文。殷海光在文章中堅定的說道：「今日欲在反極權鬥爭中獲致勝利，必須站在自由民主世界這條戰線上。站在這條戰線之上的人，必真誠實行民主自由。」
[21] 劉曉波著　《中國當代政治與中國知識份子》頁 102　台北：唐山出版社　1990 年 5 月
[22] 許倬雲著　《許倬雲自選集》頁 27　上海：上海教育出版社　2002 年 8 月　引自〈讀殷海光著中國文化的展望〉一文。
[23] 同註 20，頁 948。引自〈知識分子的責任〉一文。

於士大夫，也是士大夫階級分化的原因。有依附於帝國主義及軍閥而為官僚資本家和
政客，另一部份淪入農工群眾及流氓社會中間，身分門第皆失，漸漸喪失其士大夫階
級的特性。[24]當然我們不能主觀認定殷海光強調知識分子的階級性，而是作為國家砥
柱的讀書人，必須有承接思想啟蒙和批判再造的責任。對於知識分子的失落，有著更
深一層的憂心。

就他的觀察而言，「有些人名位越來越高，車子越坐越大，而心靈越來越萎縮。」
[25]假若知識分子未能保持應有的清明洞察，乃至犧牲個人權利以全其政治利益，而獨
裁政體又以「國家至上」的說辭來限制人民應享的權利，這是他所極力反對的事。徐
復觀（1904—1982）對於殷海光的理想信念有著這樣的評價：

> 殷先生在學問上未臻成熟。並且對文化、政治的態度，常不免過於偏激。但由
> 他的硬骨頭、真熱情所散發出的精光，照耀在許多軟體動物之上，曾逼得他們
> 聲息全無，原形畢露。[26]

對於依違學術與政治之間的知識分子，他的思想無疑是顯照真象的明鏡。

一個社會是否健全，全看是否尊重知識；即知識分子是社會的明燈，故殷海光看
重知識分子所扮演的角色。就他而言，不僅唾棄專制政體，更看重的是知識分子當持
志而勿喪氣。缺乏獨立判斷和自由思想的知識分子，是他所鄙夷和批判的對象。認為
「今日臺灣的知識分子，大事糊塗，小事精明」，其意涵即指出知識分子對於獨裁政
體的支配控制未能明言制止，甚至成為共犯結構。所以他的著述中，持續宣揚思想上
的自由，以及獨立判斷精神的必要性。正如《莊子·徐无鬼》所言：「知士无思慮之
變則不樂，辯士无談說之序則不樂，察士无淩誶之事則不樂。」在苦悶抑鬱的時代，
他將筆桿的鋒稜瞄向獨裁政權的弱點，發揮書生論政不畏權勢的本色。[27]所引起的激
盪和火花，突破言論箝制的網網；穿越政治高壓與自由思想的衝突，以心血瀝力研幾
究理，用嚴密的邏輯去突刺矛盾的辯駁，正是發自知識分子內在的真誠內省與良知。

[24] 陶希聖著　《中國社會之史的分析》頁39　瀋陽：遼寧教育出版社　1998年3月
[25] 同註1，頁38。
[26] 徐復觀著　蕭欣義編　《儒家政治思想與民主自由人權》頁327　台北：八十年代出版社　1979年
8月　引自〈痛悼吾敵，痛悼吾友〉一文。
[27] 同註1，頁74。文中道：「有筆桿的文人們，拿起手中這枝利器朝著準會對他無害的目標投刺。這樣
的投刺，既不需要多大的勇氣，又可藉以減輕胸口的緊張。這類行為，在有心理學常識的人看來，是
可曲予原諒的。可是，要說這真是為了翼衛學術和正義，豈非自欺以自慰？」

（三）以自由主義為政治發展的主體建構

專制政體操控國家的方法，就是使社會缺乏制衡的力量，這之間知識分子若失去了批判的自由，就是獨裁政權萌生之時。揆諸中國歷史，社會與文化現象的特質在於中央王權的恆久發展，政治的保守勢力承續中華帝制的專制性質，以傳統的政治道德加諸士人身上，知識分子更以輸誠的忠貞去體現政治道德。於是，「得志則澤加於民，不得志則修身見於世」，成爲士人出處進退的傳統，斲喪消泯知識分子的獨立性格。

我們必須瞭解獨立性格的消滅意指思維能力的退化。殷海光相信宣揚自由主義與政治參與並不違背，他說「我們知道祇有非民主的政治組織才與個人自由衝突，民主的政治組織非但不取消個人自由，正所以保障並發展個人自由。」[28]人的自由思想表現在思想自由上。無形的思想，有形的組織；之間的磨合衝突端賴自由容受轉接，也依靠民主制度的主體構建，以之消解獨裁的壓制模式。殷海光乃就制度面而言，即民主制度底基礎是訴諸基本人權；「基本人權，不是什麼神秘的東西，而是可以一件一件地計量的東西。例如，思想、言論、出版、教育、組織、經營、宗教……，等等自由都是。」[29]以具體的方式羅列基本人權，以爲實行民主的基本準則；也就是說民主制度的確立才是思想自由的保障。

「生命是不斷奮進的過程，一個知識分子更應該如此。」[30]意思是說知識分子不能霧裡見花，必須著眼未來。需要用隔離的智慧去彰顯獨立性格，區別人我，認清自己的目標，才不致於迷失自我。一旦失去對自由主義的信仰，獨立的精神匱乏失落，民主制度的建立就會產生立即的危機。倘使對上述問題再加以引伸，反思中國的專制特權何以長年壓迫民主法治？殷海光認爲是中國歷代王朝的鼎革更迭，多數靠暴力征伐而成。暴力與法治形成對比，並將暴力分成兩種，即「赤裸的暴力」和「建構化的暴力」。「赤裸暴力」是直接加諸於受害者，經過建構和隱飾，固化成一套模式[31]就成爲「建構化的暴力」。殷海光這樣分析道：

> 建構化的暴力，不直接對人身施行物理的毀滅。如果它要對人施行物理的毀滅，必須透過一套建構爲之。例如：古代帝王要殺「窺竊神器者」，必先加一個名義，說他是「叛逆」；近代則說是「反革命」，交付「人民法庭」審判。[32]

---

[28] 同註2，頁186。引自〈政治組織與個人自由〉一文。

[29] 同註2，頁213。引自〈民主底試金石〉一文。

[30] 同註1，頁32。

[31] 同註2，頁317。文中認爲中國近四五十年來以槍桿武力征伐者，很難與之講理。中國歷代王朝樹立的基本動力多爲暴力。

[32] 同註2，頁317。引自〈創設講理俱樂部〉一文。

所以經過上述的建構過程，賦予暴力合法的外在形式，唯本質終究只是暴力。梁啓超在〈最大多數最大幸福義〉一文，指陳中國如果再行專制政體，只有百害而無一利，只需人人自由，幸福不爲少數人獨佔，才是國民的最大幸福。[33]以多數最大的幸福來注解民主制度，才是自由主義的真諦。

自由的幸福繫於民主制度的建立，絕非以空談的道德可以取代。儘管民主制度有其缺陷，卻是最尊重個人的自由。因此，「在一切制度之中，民主制度蘊涵著人道主義。人道主義是道德之實現公理。所以，講道德，在政治上必須落實於民主之制度。」[34]這項工作是知識分子責無旁貸的重任。自由主義理應是讀書人的熱烈追求，個人的獨立創進精神能力得以抒發，人類文化易於進步。權威得以長期支配人類，肇因知識分子的思想齊一而僵化凝固，個體思想不得自由，智慧發展受阻，創進能力日益萎縮死滅。知識分子未能釐清自由的真意，甚至變成受到制約的統治工具，反而使民主制度容易陷入危險。優秀的知識分子對於國族的現代化工作，必須是循序漸近且不間斷的，同時更有賴於他們的策劃和推動。[35]

四、自由思想價值的重建

身爲自由主義者，殷海光一再肯定個人自由和人性尊嚴是人的基本價值。他解構中國文化的不合理處，諸如王權思想的長期發展，以虛僞的道德取代制度，漠視個體在群社中的自主地位。他以信仰自由的熱情肯定自由民主的制度，要自由的價值和民主的觀念成爲共識，就必須在批判和再新的基礎上，提倡理性科學的方法，並且對傳統文化給予適當的批判繼承。本節即對此加以分析歸納，說明自由思想價值在民主重建之重要性。

（一）以自由主義為基礎

殷海光對於民主制度的條件有著深刻的認識，極力反對以開明專制或強人獨裁做爲過渡時期的權宜措施。雖說當時瀰漫專制的灰暗意識，也未使他走向獨善己身的避世思想，儘管他對於道家的老莊思想有著一定程度的肯定，如同嚴復（1854—1921）

---

[33] 梁啓超著　《飲冰室文集》頁132　台南：萬象書局　1962年1月。
[34] 同註2，頁248。引自〈論科學與民主〉一文。殷海光認爲「與其空道德，不如落實建立民主制度。」
[35] 金耀基著　《金耀基自選集》頁30　上海：上海教育出版社　2002年6月　金耀基認爲「一個有系統的、繼續的、大規模的現代化工作，必須靠政治的秀異分子來策劃與推動。尤其在中國這個社會中，政治向來是一切的重心。」

「在莊子之中所發現的自由之旨,一方面固然包含了大家所熟知的道家那種的不受束縛,超脫物我對立的精神;自由另一方面他也賦予一些新意,把道家無爲的主張和自由放任的政治經濟政策結合在一起。」[36]究其實,亦爲自由主義的延伸。

自由思想演化成他以之解決政治文化的決心。人是自由的基本單位,只有從人性出發的真誠才是自由價值建立的基石。當然失去個人自由時,其他的自由都是可望而不可即的,在人身完全沒有自由的專制體制下,個人的種種自由都會完全失去。堅定相信以人爲自由的基本單位,抗衡專制主義否定人性價值和貶抑個人地位的作法;同時對中國傳統政治觀念和理論給予全局性的問題思考。羅素(1872—1970)於1922年撰寫的《中國問題》一書,明確指出中國的種種問題,總結當時中國所面對的問題爲經濟、政治和文化三個方面。其中針對中國的獨裁政治,建議應從普及教育、自主工業和建立一個有秩序的政府下手。[37]這與胡適所說的「好政府」論點有著共同性。因爲面對新時代的形勢,統治技術也要朝向自由民主,找出一個「政治上的安全辦法」,也就只有民主政治的施行。

殷海光疾呼知識分子要鼓起反對獨裁極權的勇氣,將希望寄託於後進者,他說「尤其希望青年一代,再不要做沖陣的火車,再不做撲燈之蛾,拿定主意,堅強地進步,讓一個合理的社會經由民主與科學的程序在我們手裡實現!」[38]這股潛在力量的培蓄必先建立正確的思想認同,因爲「時代的風尚是一個人觀念的鐵幕,能夠逃出這類鐵幕的人似乎比能夠逃出柏林圍牆的人一樣少,在目前的世界,經濟發展和技術競走既成主調,整齊劃一成了『時代精神』。個人的權利和價值犧牲殆盡,只有政治思想正確的領導者才是眾人效法的對象。」[39]這對於政治領導思想的年代,對獨裁者的虛僞形成和管控言論自由的威權,將其荒謬特質給予解構。他運用知識的邏輯去反抗專制主義的理論矛盾,當知識邏輯與不合理的政治規範發生衝突,其主體思想終究未陷溺於時代媚俗的風尚,這種富有歷史責任感的憂患意識,爲台灣日後政治思想的多元發展,提供了更多理論基礎。

我們知道《自由中國》的論述,是台灣知識分子堅守自由信念,追求民主自由的真實紀錄。在其〈發刊詞〉中將共產主義和法西斯主義的政府,視爲現代極權政府的兩種不同形式。本著思想自由的原則,爲求國家民族的自由,申言自己的見解和主張,

[36] 同註1,頁54。殷海光以爲「老莊的思想要從根地消解一切刑名制度,狂熱嗜求以及殺伐活動。……他們對於精神生活的安排,絕不是孔制所能提供的。」另外引文參見黃克武著《自由的所以然一嚴復對約翰彌勒自由思想的認識與批判》頁210 上海:上海書店出版社 2000年5月
[37] (英)羅素著 秦悅譯 《中國問題》頁192 上海:學林出版社 1999年12月。
[38] 《殷海光全集》第12卷,頁885 台北:桂冠圖書公司 1990年2月。
[39] 同註20,頁909。引自〈道德的重建〉一文。

極力「反對帝國主義，反對陰謀，反對殘暴。」[40]雷震（1897—1979）的獄中日記有著這樣一句話：「我總以爲反共而不以民主自由爲基礎，那不過是以暴易暴耳。」[41]他們主張只有自由主義才是抗衡共產主義的利器，絕對不是以虛假的民主形式做爲工具，並對獨裁者的僞飾加以揭發，他說：「由遠古至現今，許多偉大的領袖也說過偉大的謊言。希特勒便曾直率地主張說謊話，並且要說瞞天『大謊』，不是『小謊』。」[42]「自由人不做『反共的奴隸』。『反共』而不照著正當的道理行的時候，人民還是有理由要求獨裁的反共者下台。」[43]這樣的言論觸怒了僞裝民主的獨裁者，對他直接或間接的施予壓迫，干涉其思想和講學的自由，然而他的超越眼光和智慧也在淒涼和痛苦中蛻變成長。

（二）講求愛、同情、人與自然的和諧

　　殷海光的自由信仰使他未在學術與政治之間依違擺盪，陳鼓應編寫的《殷海光最後的話語－春蠶吐絲》可以看見他心志的明白宣示。值得一提的是，在馮友蘭於《三松堂自序》的〈明志〉一文也引用了李商隱這首詩，並說：「蠶是用它的生命來吐絲的，蠟是用它的生命來發光的。」[44]當然兩人對於「舊邦新命」的意義有著不同的解讀，馮友蘭也自承「一直左右搖擺」，如何繼承抽象的精神遺產，並解釋自己道術多變的做法，只能在國家興亡事裡追尋。他們兩人都是專制主義壓迫下的受害者，站在同情之理解的立場，馮友蘭的功過留予後人諸多討論的空間。在家國興亡中，知識分子將知識貶值，屈抑求全，企求家國的富強，在愛國高於獨立自主的大纛裡，能堅心持志若殷海光者，勇氣和最無私的良知是必要的因素。

　　林毓生認爲殷海光在文化層面，繼承五四運動的反傳統精神，以其對中國傳統禮教的束縛，或是嚴苛的道德規範，表示了內心的忿怒。當時許多知識分子將這種深切的厭惡由點而面的擴及，造成了對中國整體傳統文化的否定。陳序經（1903—1967）於 1934 年出版《中國文化的出路》一書，對全盤西化作了系統的論證，並且舉出兩個理由：一是歐洲近代文化的確比我們進步得多。二是西洋的現代文化，無論我們喜

---

[40] 同註 11，頁 2。

[41] 《雷震案史料彙編——雷震獄中手稿》頁 73　台北：國史館　2002 年 8 月。

[42] 《殷海光書信集》頁 315　台北：桂冠圖書公司　1988 年 3 月。

[43] 同註 38，頁 895。

[44] 馮友蘭著　《三松堂全集》第 1 卷，頁 313　鄭州：河南人民出版社　2000 年 12 月　馮友蘭在文中說道：「中華民族的古老文化雖然已經過去了，但它也是將來中國新文化的一個來源，它不僅是過去的終點，也是將來的起點。將來中國的現代化成功，它將成爲世界上最古也最新的國家。這就增強了我的『舊邦新命』的信心。」

歡不喜歡，他是現世的趨勢。[45]殷海光對於五四的全盤否定傳統是否接受？這必須加以釐清。他自承「是傳統的批評者，更新者，再造者。」[46]在晚年更有不同的展現。對他而言，認為不應該完全以西洋文化解決問題，反思轉向東方古典文化中尋找另一條出路；即使在傳統文化中，也可以找到安身立命之處。諸如道家與自然的融合，儒家民胞物與的襟懷，還有墨家的兼愛思想，都可以由理性的繼承而開啟人性的愛和關懷，這是他人生豐富閱歷的敏銳觀察。

進入 20 世紀後，數千年來獨尊地位的傳統儒學遭到否定的信仰危機。在五四運動者的眼中，封建專制主義的罪惡所釀成的弊端，造成中國的落後，無不可以在儒學中找到根源。要實現民主和科學，便不得不反對孔教的禮法和倫理道德，以及政治模式。所以五四時期的東西文化問題論戰，持異議者故有「中國本位文化建設」的後續探討。王新命等十位學者發表的〈中國本位的文化建設宣言〉中論道：

> 根據中國本位，採取批判態度，應向科學方法來檢討過去，把握現在，創造未來，是要清算從前的錯誤，供給目前的需要，確定將來的方針，用文化的手段產生有光有熱的中國，使中國在文化的領域中恢復過去的光榮，重新占著重要的位置，成為促進世界大同的一支最勁最強的生力軍。[47]

當然殷海光不是一個完全的中國本位文化者，只是他後期對於優良的傳統文化仍然予以吸納，完全生命的昇華。「對於知識分子最為致命的『邊緣化』，不是錢與權的去勢與匱缺，而恰恰是失去作為社會良知良心之功能的批判的理性。」[48]對於此，殷海光有著比他人更深刻的體悟和瞭解。

五、結論

多道的社會，知識分子理應針砭時政；其中包含對政府和領導人的建言批判，以及自身政治理念的闡揚。近代以降，中國政治發展的進程，知識分子秉筆直書，正名分且寓褒貶的諫諍，在專制集權的戕害下，肉體和智性受到嚴於斧鉞的摧殘。

---

[45] 陳序經著 《中國文化的出路》民國叢書第三編第 39 冊上海：上海商務印書館 1934 年 1 月。
[46] 同註 1，頁 56。
[47] 蔡尚思主編 《中國現代思想史資料簡編》第 3 卷頁 767 浙江：浙江人民出版社 1986 年 10 月 他們認為「要使中國能在文化的領域中抬頭，要使中國的政治，社會和思想，都具有中國的特徵，必須從事於中國本位的文化建設。」
[48] 毛崇杰著 《顛覆與重建—後批評中的價值體系》頁 310 北京：社會科學文獻出版社 2002 年 5 月。作者認為知識分子的反對現狀傳統，是人類民主精神的集中體現。

　　臺灣在尚未民主化之前，政治環境嚴峻而冷酷。當時國會結構的不合理，未具民意基礎的領導者主宰一切政治權利，更以非法的手段扼殺民主，澆熄民主的火苗。當時的獨裁者阻擾自由派學者的講學自由，用盡一切方法加以打壓，甚至羅織罪名入獄。有識之士堅持理念而未屈服妥協者，殷海光堪稱自由主義者的典範。

　　縱觀其一生的讜言直論，以知識分子的良知對專制政體的各種欺偽手段；並對獨裁者的虛矯予以嚴厲的抨擊，將一生的學術思想灌注在自由民主價值的建立，也因為他的歷經壓迫，更突顯了專制政權凶惡的本質。他不斷用熱情執筆，以真誠抒懷。他的墓碣上刻著：「自由主義者殷海光」，寔為其一生血淚生命奮鬥的最佳寫照。他始終堅信人性的尊嚴必須植基於民主自由的價值建立，這也是他行文八百多萬字的動力之一。以其至死反對共產主義和無限上綱的國家主義，熱愛自由民主的普世價值，故能執筆冷對獨裁政權，其毅力決心正是深刻體認後的轉化落實。

　　徐復觀認為他的反抗精神，在中國長期專制的歷史中是寶貴的，也足以使他不朽；但是殷海光一直強調他的批判不是反抗，而是一種超越。畢竟反抗可能源自激情，無法接受長期的試煉。只有超越的眼光才能獲得生命意義的昇華，他將心靈為真理而開放，對生命價值因為真知的超邁而有不移的定見。

　　「我這三十年來，像爬牆的蝸牛似地，付出體液，在思想的生命中蠕進。」此外，就知識分子的廣義概念而言，「知識分子就是那些對社會的困境與問題充滿無法擺脫的內疚感的人們。正是在這個意義上，知識分子也被人們稱之為人類價值的守護者與社會的良心。」[49]這句自述和引文將其孤高凌厲專注的神情躍然紙上。他是台灣民主思想建構過程中的重要人物，昔日囿於政治因素，許多對台灣民主化有著貢獻的重要人物，往往湮沒於歷史的洪流。在今日台灣民主化日漸成熟的階級，透過更多史料的公開和公允解讀，力求客觀的評價歷史人物，也就成為後學者重要的一項工作。

---

[49] 同註1，頁49。另外引文參見 蕭功秦著《知識分子與觀念人》頁128 天津：天津人民出版社 2002年1月

Writing Homeland, Writing Diaspora in Taiwanese Indigenous Literature

Shuhwa Shirley Wu

School of Languages and Comparative Cultural Studies

University of Queensland, Australia

Introduction

Since colonial invasions, indigenous people of Taiwan have weathered rapid change.

Under colonial influence, the indigenous cultural disruption deriving from the removal from homeland and loss of esteem has been on the agenda of cultural and literary studies. Many studies has examined the theme of exile and loss on Taiwan Indigenous Literature i.e. Dong (Dong 2003) examined indigenous writing from the perspective of minority literature and its protest against social injustice. Yi (Yi 2002) discuss Warlis Norgan and Ligelalu Ahwu mainly from the light of defying marginalisation. Wei (Wei 2003) elaborates the three stages of fighting position of Warlis Norgan. Given the importance of acknowledging the impact of colonial hegemony upon indigenous people of Taiwan, however it does not do justice to Taiwanese indigenous literature if we look at it mainly from the line of resistance. It is more profound than that. For one thing, in the process of leaving home, some writers find a new 'home', some writers give new meaning to 'home.' In this paper I will use theories of Diaspora and cultural transrelation to interpret Taiwanese aboriginal writings about places and identity. By so doing, I believe I can provide a mode of interpretation to explore the literature in a fuller light.

Australian writer and critic Mudrooroo (Mudrooroo 1997) divides Australian indigenous literary history into six period: "1. The Time of the Dreaming 2. The Time of the Invasion 3. Punitive Expenditions and Protection 4. The Colonial Period: Paternalism, then Assimilation 5. The Period of Self-determination and Self-management 6. The Period of Reconciliation: Sharing cultures" (5)

Among them, the fifth period of self-determination with the approach of resistance, and the last period culture sharing might have some inspiration for us. In my view with the development of Taiwan political, social environment, it may be said that over the past decade political and social conditions in Taiwan have improved[1] and some writers, including indigenous writers, moves on towards culture building and self introspection. From the literature examined, I argue that some new generation writers have demonstrated aspects of Diaspora in their writing, signaling the moving on of Taiwanese indigenous literature from a literature of resistance to a literature of cultural building and self-examination.

Discourse on Diaspora

My use of diaspora in this paper is different from the traditional use of the term. Traditionally in the field of Taiwanese literature, the term "diaspora literature" has been used to refer to writings that show nostalgia towards homeland such as some poetry by Yu Kuanzhong that illustrates a longing for his homeland China, or some writings by immigrant writers. In this light diaspora literature is characteristic of a call of homeland and a sense of loss at the present.

First let me clarify the concept of Diaspora and cultural transrelation that I am going to adopt here. William Safran (Safran 1991) gives a comprehensive definition in his article "Diasporas in Modern Societies: Myths of Homeland and Return: "

> 1) They [diasporant] or their ancestors have been dispersed from a specific original "center" to two or more "peripheral,: or foreign regions; 2) . . . not fully accepted by their host society and therefore feel partly alienated and insulated from it; 3) they regard their ancestral homeland as their tribe, ideal home and as the place to which they or their descendants would (or should eventually return—when conditions are appropriate. (99)

In short, diasporants are unsettled people; they are people who embrace a spiritual home elsewhere than where they dwell. They live as a stranger in a place and have not settled to

---

[1] The establishment of Government organisations includes Department of Indigenous Affairs, Taipei City in 1996, and Council of Indigenous Peoples, Executive Yuan in 1997. An NGO Indigenous Right Advance Association was established 1987. In 1993 Sun Daichuan set up the magazine "San Hai Taiwan Indigenous Voice Bimonthly", a forum for indigenous literature and culture. In 2001 the Institute of the Development of Indigenous People and Department of Language and Communication of Indigenous Peoples were established in National Dong Hwa University to promote the study of indigenous peoples of Taiwan.

call the new place home.

Stuart Hall has played an influential role in the recent popularity of the term "diaspora." His concern, over the years, has been to reconstruct an approach to cultural identity and "race" which avoids the pitfalls of essentialism and reductionism. In relation to non essential black identity, the concept of diaspora emerges as a way of rethinking the issue of black cultural identity and representation away from the notion of the essential black subject (Hall 1990). Hall wishes to focus on positioning; for "histories have their real, material and symbolic effects."

> The diaspora experience as I intend it here, is defined, not be essence or purity, but by the recognition of a necessary heterogeneity and diversity; by a conception of "identity" which lives with and through, not despite, difference; by hybridity. Diaspora identities are those which are constantly producing and reproducing themselves anew, through transformation and difference. (226)

Some scholars hold the view that Diaspora gives the birth of a new identity, the dialogue between route and roots brings out new identity. One example is Said's (1984) thinking on Diaspora as a concept that opens up new spaces for cross-cultural negotiation:

Diaspora, which opens up new spaces for cross-cultural negotiation, creates a tension between two localities and a kind of spatio-temporal duality. While "most people are principally aware of one culture, one setting, one home," diasporans and exiles "are aware of at least two, and the plurality of vision gives rise to an awareness of simultaneous dimensions" (170-72).

Gilroy's model helps displace the classic model which tends to posit a unified sense of identity that links a dispersed people. Gilroy's "hybrid" model argues for the existence of a mixed identity based in, & blending, contradictory sources. Though Gilroy based his model on the experiences of Blacks brought as slaves, hybrid diasporic identity applies to indigenous people in Taiwan in terms of identity as functioning as both a positioning instrument within a network of social relations and as a process towards a birth of new identity.

Gilroy's insightful analysis in *The Black Atlantic* (Gilroy 1993) constitutes a highly original and historicised account of the continuities and discontinuities of the black cultural domain within the space of racial subordination. In my study, change of environment brings transition and change in the content of aboriginality. Nonetheless, aboriginality survives against modernity. It transforms and expresses in different ways.

Hong Kong scholar Zhang (Zhang 2001) proposes the concept of Diaspora as rehoming: "In modern Diaspora , to re-home is not to go home but to undergo a *constructive process* in which different cultural passages are convoluted to produce new senses of (in)dwelling around the "axis of a mobility".

In another article on cultural transrelation, the issue of diasoric identity is explored in the aspects of dynamic relationships:

> What I [Zhang, Benzi] (Zhang 2000) would like to emphasize is that the articulation of diasporic identity is a "mutual mirroring" process, . . ., in which shows that cultural transrelation, different from hybridization, "maintained the awareness of difference by simultaneously interrelating what was historically divided, be it the split between one's own cultural past and present, or between one's own culture and the alien ones to be encountered through a globally growing confrontation of cultures" (2)

According to Zhang, the concept of Diaspora helps to explain the seeming paradoxical incorporation; it incites a dynamics that merge different elements, local and non-local, hegemonic culture and indigenous culture. Similarly the discourse of cultural transrelation proposed is not a celebration of hybridity, but rather a quest for new articulations of identity that accommodate and transrelate cultural differences. ("Cultural Transrelation" 4)

Ian Chambers (Chambers 1994) explains diaspora in detail, "Diaspora is a 'drama of the stranger': cut off from the homelands of tradition, experiencing a constantly challenged identity, the stranger is perpetually required to make herself at home in an interminable discussion between a scattered historical inheritance and a heterogeneous present (6).

Zhang further expands Chambers' concept to argue that:

"the 'historical inheritance' and 'heterogeneous present' are often translated and translocated into a diaspora discourse of global and local negotiation, which means both border-crossing and border-redefining in spatial and temporal domains, and which involves not only the crossing of geopolitical borders, but also the traversing of multiple boundaries and barriers in space, time, race, culture, language and history"(125). Zhang's argument focus on the ambiguity and complexity associated with the experience of diaspora, and propose it as both a "process" and a "relationship."

There are discussions and disputes to apply the concept of diaspora in indigenous studies (Healy 1994) . I am aware of the problematic side of Diaspora in its deploying a notion of ethnicity which privileges the point of "origin" in constructing identity and solidarity. In this paper while I talk about the reconstruction of indigenous culture, I do not assume that indigenous heritage is better than the non-indigenous, nor is aboriginal culture a monolithic and unified body. It suggests ways in which dialectical thinking can be a tool in challenging philosophical trends towards a totalizing absolutism, in notions of the fundamentally unstable, contradictory, and mutually transformative relations between self and other, nation and individual, the colonizer and the colonized.

Examples from Taiwanese Indigenous Literature

The poem "Homecoming People" by the first generation indigenous writer Warlis Norgan reveals Taiwanese aborigines' longing to return to homeland.

As salmons who always trace back to their origin of life with all their passion
Along the surging tide, swimming back
Strong wind cannot interrupt the passage
Storm can not stop the journey of going home
With deep love towards motherland-- the people who wants to go home
(Warlis, "Homecoming" qtd in *Mist,* 16)

Such a yearning to return refers to an idealistic spiritual journey, a continuous building and negotiation of indigenous subjectivity in here and there.

Biung is a new generation indigenous musician from Bunun tribe. The song "Valley of the Wind"(Biung Wang 1999) tells how he recalls his homeland in the mind:

In that remote place "Valley of the Wind," that is where my hometown lies.

On the earth of that beautiful valley, our footprints set.

Yet I cannot find that forest, that brook any longer.

When the wind blows, I close my eyes, to recall the "Valley of the Wind"

From my heart, again and again.(No 7)

In the lyric Biung summons up the "Valley of the Wind" as a source of his aboriginality, no matter whether this homeland exists or not. It is a reality that many indigenous people have to make a living in the city[2]. In this poem the narrator traverses this space in-between what is Binun and what is diasporic. In this negotiation, he is on his way to developing an identity which transcends the duality of the borderland (Russell 2002) .

Ian Lilley (Lilley 2002) talks about what diaspora theory is in the opening of his article "Diaspora and Identity in Archaeology: Moving Beyond the *Black Atlantic*." According to Lilley, "Diaspora theory is about creating and maintaining identity in communities dispersed amongst other peoples. It is about the local and non-local, and how through processes of hybridity and creolization some groups of people can be both at the same time (1). Here I would like to illustrate the above idea by Yi Bao's book *Goodbye Eagles , Miperepereper I Kalevelevan Aza Aris: A Baiwan Girl's Trip to Tibet* (Bao 2004).

Published in 2004, the book adopts a format of travel literature in first person narrative, in which episodes of her trip to Tibet, along with photos taken by Michael Chang during the trip, work as the main selling point. If readers are careful enough to read beyond the seeming exotic records about Tibet people and its customs, we will see the aboriginal homeland of Yi Bao dominates in her text. At the bottom of some pages of the book, photos of Paiwan people in smaller size, black and white, echo her narratives. She recalls her warrior father, the Sun God of Paiwan as root of her aboriginality. Furthermore she summons up memories about her tribe witch, the tribal ceremonies of celebration and rituals

---

[2] In 2001 Warlis Norgan reported about the fact that out of 320, 000 Taiwanese aborigines, 80,000 have worked in the cities.

for the deceased. Scenery of Tibet intertwines with scenes from her tribal life.

In the section titled "August 13, Saga/Payoung" [3] Yi Bao and her team traveled to Payoung a high level town in Tibet. In the beginning she recalled an episode which happened the night before. That night they slept in a tent, and Yi bao peeped outside to state at the stars. It is there in that Tibet place that she recalled the stories told by her tribal witch. The witch talked about how stars dance in circle. At a certain moment, a brightest star appears. It is Sabulinan leading his male dancers to join the dance. The tale ends with a romantic meeting of Sabulinan and his lover. After that Yi Bao reflected, "I almost forgot the tale. Now it reminds me of my tribal witch. It was her that guided me to learn the philosophy about life, death and universe. So much wisdom, so valuable is the days of story telling." (57-58) The romantic tale of stars has its suggestion to every Paiwan people, including Yibao. It brings imagination to their ancestors and warriors. The tribe witch embodies Paiwan tradition for her bountiful knowledge and tales.

At the end of that day during the deep night, Yi Bao suffered breathing problem in her sleep. It was at the crucial points of her life that she evokes Paiwanness in herself. Hence, when she tried to save herself from suffocation, Yi Bao remembered the song sung by the witch in prayer to release the sorrow of the bereaved. She started to recite, "I am a child of Dalafa family. I want to apologize for having not learnt to love people enough, and for not caring for my families and friends enough. I like to criticize people. I am sorry. Please accept me with your everlasting kindness." (64-65)

Yi Bao's trip to Tibet is more than an individual's trip to engage with aboriginality.

In Rey Chow's article "Writing Diaspora: Tactics of Intervention in Contemporary Cultural Studies," Chow uses the term Diaspora to refer to a space occupied by a certain type of intellectual in the postcolonial world of multinational capitalism (Chow 1993.). Chow defined the term diaspora firstly in relation to female intellectual's place of origin, and secondly in relation to her place of domicile, ie a consciousness that resists the "submission to a sanguinity." In this light, Yi Bao's gesture of travel indicates her intention "to inhabit the borders or parasites between hegemonic fields." (Chow) The subtitle of her book "Miperepereper I Kalevelevan Aza Aris" means an eagle that flies high in the sky in Baiwan language. On one hand, Yi Bao identifies herself as a Baiwan woman who owns the

---

[3] Payoung is a city in Tibet locates 4608 metres high above the sea level.

spirit of an eagle, brave, vigorous, and full of life force. On the other hand, she refuses to settle down and marry her childhood sweetheart even though she knows the marriage arrangement has been made. Instead, Yi Bao works as an assistant in field projects. At the moment she works as a professional theatre performer with Yu Theatre. In my view, her choice to reside in the "in-betweeness" demonstrates what Bhabha enunciates a space of in-betweeness in which cultural difference is supposedly to serve its revealing purpose. (Bhabha 1994) The trip has not ended for Yi Bao; she is still on her way to find out what Paiwaness means to her, and to other Paiwan young people[4]. We have good reason to expect more writing from her by which she will continue her dialogue with herself in search for her Paiwan identity.

Diaspora as a Process of Rehoming: Shammon Lanpoan

In the following I am going to talk about Shammon Lanpoan's writing in the light of diaspora discourse. Shammon Lepoan[5] published his novel *Black Wings* in 1999. *Black Wings* (Shammon 1999) talks about the dreams of four Darwu tribe children and their journey; it also reveals Darwu's world of ocean through the voice of "flying fish." Here I will focus only on the journey of diaspora in relation to their searching for identity. Firstly, the narrative illustrates these boys' dream to go out to see the world. An episode of these boys peeping into the bedroom initiated their sexual curiosity about "white" bodies; they were attracted by the wife of their school teacher from Taiwan. From there the idea of "white is prettier" than black constitutes the first part of the novel. There is a certain stage in which these boys doubt whether their traditional practices, such as the skill to fish, to identify trees, to build canoes, are meaningful to sustain a good living for them.

Carlolo is the only one among them who returns to Orchid Island after living a short time in Taiwan. As the author puts it, it is his love towards the sea that draws him back. He came home to learn his tribe heritage. From his father and other elders he has learned how to be a great fisherman of Darwu.

---

[4] Yibao in an interview with the author on March 27 2005 talked about her uncertainness, "What is Paiwanesss in myself? How to present it?"

[5] Shammon Lepoan was supposed to study in the Normal University under a compensatory education system. But he refused to accept the offer to benefit as a 'disadvantaged' indigenous youth. Instead he worked and studied hard to pass the university examination. He had taught for several years in a state school in Taitong city, east of Taiwan before he quitted he job and returned to Orchid Island as a professional fisher and writer.

GiGi grows up and works as a sailor in a cargo sailor. In a letter to his childhood mates who stay in Orchid Island, GiGi claims that he still watches the stars in the sky, the stars that are sign of their souls. He describes how he would lie down on the deck of the boat after a day's work. On the deck he would look at the "stars of fate" that belong to his friends and himself. His believes in souls of stars remains firm; his Aboriginal heritage still lingers with him. In his letter to his mother GiGi confesses that he worked on a boat instead of working in Taiwan as he lies. Then GiGi explained why he chose to work on the sea: "Only working on the sea, can I feel as brave as the soul of Father. I have lost Father. However I do not lose my pride, on the sea, mother." (284) He cannot return home physically but continue to move spiritually between Darwu and Han.

When GiGi Miter returns to make a short visit, an episode reveals his surviving aboriginality. It was in a meeting of the three friends, now grown ups as a fisherman, a school teacher in his tribe, and a sailor. GiGi ate to his heart's content the raw fish just caught by Carlolo. Carlolo started his conversation with Gigi:

"How long has it been since you last ate fresh fish?"
"About 22 years."
"Delicious?"
"Yes. . . . For me it is not the good taste that matters so greatly. What I feel happy about is that you fulfill your childhood dream (*emphasis mine*), my dear friends."
(264-65)

What GiGi celebrates is the fact that his friend has realized their childhood dream—to be great Darwu. To a certain degree, this makes up his sense of regret.

However, I see a suggestion of physical and cultural diaspora in these boys.

When GiGi wrote the letter home to his mother, he signed Li Xifong his Chinese name. At the end the Darwu sailor puts positive meaning in his "working around the world." I argue that this is a gesture to justify his diaspora, by claming that he has moved in Han boundary and survived. The concept of the existence of two cultures plays important role in GiGi when he searches for his identity.

Another boy Caswell did fulfil his dream to marry a white and chubby Taiwanese girl.

However he was accused of neglecting his duty in the tribe, including taking care of his father. For that reason he was called Shanmon Arnoban, which means "the man who does not anchor on his homeland" in Darwu language. Names signify different phases in Carswale's life-- first an aboriginal boy, then a person absent from his expected role in the tribe, lastly a traveler in other cultures and other places.

The strategy of minority people during culture contact suggests that, "In their pursuit of participation in wider social systems to obtain new forms of value they can choose between the following basic strategies: i) they may attempt to pass and become incorporated in the majority group; ii) they may accept a "minority" status, accommodate to and seek to reduce their minority disabilities by hiding cultural differentiate in sectors of non-articulation, while participating in the larger system of the major group. If we examine Caswell from the light of the strategy of minority people, Caswell's choice obviously was to play down his Aboriginal identity so as to appear integrated and show how successful he is in navigating between Yuan/Han boundaries.

As suggested by the image of a sailing ship in *The Black Atlantic*, the diasporatic journey of these characters in *Black Wings* suggests an in-process opening to a new identity. Thus when we comment upon the action of returning home in *Black Wings*, we have to bear in mind it is a gesture to deal with one's indigenous subjectivity by facing the challenges and incorporating new elements. Lepoan later admitted in his interview by Lu (Lu 2003) *Black Wings* is an incomplete novel; he wished he had written something at the last part of the book about these boys' view about themselves. In my opinion, incomplete as it is, *Black Wings* gives a model of a hybrid diasporic identity through the leaving and returning of these Darwu boys.

I find the account of resistance by Michel de Certeau (1984) offers an explicit way to read the literature of exile and homecoming. The context of his statement is about everyday behavior. Michael suggests that identity strategy is the means by which power mark out a *space* for itself distinct from its environs and through which it can operate as a subject of will. Tactics are the plays of the poacher, the ruses and deceptions of everyday life using the resource of "the other" which seek to make space habitable.

Eidheim in his article "When Ethnic Identity is a social Stigma" also examines the playing and hiding of ethnic identity. Ethnic diversity is socially articulated and maintained to the advantage of the subject. One's ethnic identity can be acted out and covered up according to circumstances(41, Barth, 1969). Such shifting of ethnic boundaries is played out by Lepoan's characters.

As the first novel by Lapoan, *Black Wings* can be seen as a semi-autobiography of the author. Lanpoan confessed his journey to leave and to return in the preface of his second Book *Memeory of Waves* (Lanpoan 2002) :

It was my sixteen-year-old dream to leave Orchid Island to chase my dream of the future in Taipei. Then in my 40s, I realize that the dream I want to fulfill is to enjoy the peace, just like what I have at this moment, and to embrace again the equal relationship between men and the sea. I wonder in the world how many people can manage to "create" such a space of freedom. (18)

Lanpoan has gone through three stages in his life. First, he wants to leave his tribe behind and get educated in Taiwan the mainstream system. In the second stage he participates in indigenous right movement, especially the protest against government's project to build nuclear material disposal plant. Finally he returns to his tribe and tries to make a living as a Dawu fisherman. Through his trip back home, he can engage in his dialogue with sea through which reconnects him to his tribal heritage. In my view it is only after his contact with Han culture that he is able to gain insight to know what he really wants from such comparison. "We don't need to have freezer; our freezer is the sea." "Han people are greedy, they take more than they need. They turn foods into commodity. We only take what we need. Greed will cause punishment from the spirits of ancestors. "The wisdom revealed from our elders' words outshines that of those educated Han people" (12; 16).

Lanpoan's second book *Deep Love for the Sea* and his newest book *Memories of the Waves* record his passion towards the sea. These books witness his transformation, as mentioned previously, of moving from an aboriginal activist to someone who seeks to settle within his aboriginality. In his recent writings, he dedicates himself recording the dialogues of his tribe people. He admires the poetic lyrics of the elders so much and values them more highly than his own literary creation. In his view, these lyrics convey Darwu people's human relationship better than his novels. Shammon Lanpoan's recent writings and his approach indicate that he has moved on toward the stage of cultural building and self-introspection in his writing.

Dilemma of Diaspora

Given the strong aspiration to get re-connected with mother culture, in the process of fitting in, aborigines like Shammon Lanpoan have experienced conflicts between modernity and tribal traditions. For one thing he remarks the traditional practice as superstitious. Sometimes he struggles between his individualism and tribal constraints. For example in Darwu belief, after dawn no one is supposed to dive and fish with spear out of awe to evil spirits. However, Shammon Lanpoan can never have enough of the beauty of the deep water world and often breaks the taboo. As proposed by diaspora discourse reconstruction of subjectivity is a continuous effort, always on the move to negotiate with two different cultural practices.

The following story by Jiang also deals with returning home and its dilemma. *Go Home to Build my House* (Literautre 1998) is the collection of journalist writing award in 1998. In the book one story with the same title by Jiang Kuanming gives us a personal account about what involves in this returning home. The story is about a Darwu aborigine Jele Gilan. Gilan decided to return to Orchid Island in the year 1997 to build his house after years of city life as salesman. He was worried that if he stayed in the city longer, he would lose his aboriginality more and more. He thought seriously what to do next. Gilan told Jiang: "For me to live in my tribe is more difficult than to live in the cities. The first thing I face is value system. Our traditional value has collapsed with the introduction of money. Financial issues are an issue because I do not have cash [to buy material]."(33, Jiang) Nevertheless, Gilan decided to go home because he was more likely to achieve what he wanted in his tribe, a place in which he grew up and had rapport with.

Jiang comments Jilan's situation thus: "Indigenous people today live between the gap of two cultures: an invading culture, and the traditional culture. It is not easy to balance these two. I did not feel settled when I were in the cities; this not-fitting in brought spiritual backlash." (34-35) The author points out the point of "home-less" in the city and the dilemma of going home for indigenous young people. In my view, the contact of Han culture brings out Jilan's deeper retrospect upon his native heritage.

"I plan to learn art crafts from the tribal elders. I want to build a canoe. I want to achieve recognition from my tribe people by the way of Dawu tradition."(38, Jiang)

However given the difficulty to fit in again into tribal life, it is vital for many to establish this reconnection to 'root.' "You cannot escape from your ethnic identity. You have to face it." Only when Jilan was recognized by his tribal people, could he regain a cultural identity connected to his indigenous root. Yet the unsettling issue exists, like Shammon Leopan, or many indigenous youths, within themselves the tension of tradition vs. modern will continue. 'Tradition' articulate, selectively remember and connect pasts and presents in the agent of Jilan and Leopan. As proposed by many indigenous scholars Aboriginality survives, but transform and innovate in changing contexts of performance and alliance (Diza 1993; Helu 1999; (Sun 2003).

Tien Yega wrote the book *Diary of a Doctor in Orchid Island* (Tien 1998) when he worked as a doctor in Orchid Island. The book permeates with Tien's constant speculation on indigenous spirit and modern medical practice. As a doctor he has to perform his duty to educate people about what is hygiene from a modern medical perspective. On the other hand, as an aborigine himself, he acknowledges the necessity for Darwu people to obey their ancestors' teachings, including rituals in daily practice. Thus we find the tension and challenge the aboriginal doctor faces. The author shifts from the perspective of mainstream as a trained doctor to a sympathetic view from the perspective of Darwu spirituality. Tien himself is a diasporant who inspects both cultures from two perspectives and I believe the insight he has acquired from the 'in-betweenness' will be integrated in his future writings.

Examining Warlis Norgan and others in Diaspora

In Warlis Norgan's[6] prose collection *Eyes of a Barbaria*, although he seems to have a fixed defiant position as an indigenous rights activist, he himself is an example of this "moving in and out" between Han and Indigenous culture. First, he "crossed the river" that lay at the edge of his mountain tribe to get education in the city (Norgan 1999). Secondly the fact that he writes in Chinese so as to engage with the mainstream discourse. Lastly he examines the different value systems of Han/Yuan with more than one perspective, i.e. he

---

[6] Warlis Norgan was born in 1961 into an Atayal tribe in central Taiwan. He was the editor of "Hunter Culture" for three years till the magazine closes. Since 1974 Warlis has published seven books, mostly prose and poetry since 1994.

quotes statements by non-indigenous humanists, or that of indigenous activists from other countries for his service. As an aboriginal writer, activist, and editor, Warlis demonstrates himself as someone who has learned to 'negotiate and translate' between different cultures, always *unsettling (emphasis mine)* the assumption of one culture from the perspective of the other (Hall, 1994).

Here I will discuss a poem in Warlis' poetry collection *Yinan Revisiting* (Norgan 1999).

Stunned between the Past and the Present
October 27 1930
Long since last time when my master was attacked by a bullet
Sent to Kyoto by a stranger that is my fate
In a display room air-conditioned, well-preserved
I become a display item castrated

I always remember you
To become a man, you have to hunt the enemy's heads
When spirits of ancestors are angry, or a plague bestowed
Then it is time to hunt heads to end ill luck
When outsiders invade the land of our fathers
I feel, you and me, clutched tightly to each other
Dash violently to the heart of the enemy (126-28)

In this poem, two places- tribal village and the ancient capital of Japan Kyoto—plus two time zones demonstrate aspects of the diaspora discourse. The fate of the knife[7] signifies moving to and forth between current realities of captured and the glory from headhunting in the past. This display item "zhu yi" was worn by Atayal nobles and a symbol of status. At present *zhu ye* was surrendered to the Japanese colonizer; its owner humiliated and killed. The second stanza goes by the voice of a knife. It recalls its owner's courage and how perfectly they form a union—the aboriginal warrior and the knife "clutched tightly to each

---

[7] Knife was used for headhunting. The practice of head-hunting testifies an aboriginal youth to be qualified as an adult because he has acquired the spirit of courage.
-end of paper-

other" to carry out the mission.

Under the contrast of past vs. present, what does this poem want to communicate apart from the message of sad humiliation? Can we see this disturbing diaspora a starting point for self-examination? As Clifford in his article "Indigenous Articulation" (Clifford 2001) proposes, the old myth and history might change but always connect and reach out and in relation to an enduring spatial nexus. In other words, land signifies the past in the future, a continuous, changing base of political and cultural operations. (482) Warlis recalls the past glory both as a cultural persistence and political resistance. There are underlying messages more than the sad debasement of aboriginal spirit. It is a dialogue with the past and with the future of indigenous heritage.

Sakenu "Come Across Myself" (Mountain Pig, Possum) describes his mysterious encounter with his previous self in his tribe homeland. In the story Sakenu's father dreamed about many people dancing singing, warriors equipped with spears and arrows. Grandfather interpreted that dream as a sign – a sign to take the trip. Therefore, father and son visit to pay tribute at the holy site of his ancestors. My interpretation of this story is that Sakenu suggests reconciliation with his ethnic identity can be made possible only under the power of the holy site and under the blessing from homeland. The view that homeland is the articulated site of indigeneity can have a further implication. Traditional practice allowed aboriginal people to be self-sufficient on their homeland. On the other hand the introduction of capitalism leads to the marginalized status of the aborigines economically and politically.

Apart from the aboriginal spirit described in the figure of his father, Sakenu also explores problems in indigenous tribes in his book *Mountain Pig* and *Walking with Wind*. (Sakenu 2004) Tribal villages are no more a dreamland with people practicing traditional customs; instead they are full of problems such as alcoholic addiction, family violence, and collapse of traditional beliefs. According to Sakenu, all of these issues are linked to the loss of self-esteem in Taiwanese aborigines, one consequence of the operation of capitalism. I attribute this insight largely to his education and experience in Han society. As he openly admitted: "If I didn't walk out to see the world and looked back at myself, how could I see the problem of my tribesmen? How could I know what they need to fix the problem?"(211) Again I see the "double vision" position of an aboriginal intellect who examines aspects of homeland from the point of view of an insider and an outsider.

The so called home does not mean what it meant

As mentioned earlier aboriginal people are constantly aware of the disparity between the reality they live in and the aspiring indigenous golden time and space that are somewhere out there, a spiritual journey that they travel again and again. A familiar phrase frequently appears in Warlis' text "My white Shetlon speeded over the highway to the mountain road." Just as Warlis travels from the city to his indigenous village in the mountain constantly, so do other indigenous writers travel either physically or spiritually from the city, a space dominated by Han mainstream ideology and modern living style, to their indigenous homeland.

In her prose collection *Music of Flute in the Mountain* Limuyi Ahzi in "Eternal Mother" compared her mountain village to her eternal mother, an all loving, comforting mother that heals the pain of her children by her green hills, soothing breeze, rains and clouds. It is this indigenous homeland that the writer has to return to in order to seek healing from her frustration in life and work.

Ahzi's narrative shows a strategy of simultaneously living "in" and "out" in relation to the time and space she occupied. She recalls a space which is absent in reality, but which exists in her mind: her indigenous homeland. In the beginning of "Eternal Mother" the narrator's mind flies to the south. "Looking towards the south sky, under which my hometown lies. What would my hometown look like at this time if I were there! How I wish I could go back to my hometown, letting go everything at this moment."(182) Ahzi uses the simile of children and mother for her tie to her homeland. The mountain is home to her, her spiritual attachment. In this narrative, sounds of homeland are recalled in dreams, a subconscious continuous existence that co-exists with the city reality.

She conjured up in mind her childhood memory, a time which was poor in material things, but rich in spirit. She sadly reminisced over her carefree life in the mountain during the old days. Later in her life she left the mountain to go to study and work in the city. She commented on her city life thus: "I acquired standard mandarin; dress myself with fashionable clothing, and walk among crowds of people and cement buildings" (181, Ahzi). The narrative is very negative, a strong contrast to her vivid description of life on the mountain. She described herself as pale faced and gently behaved when handling people and business. Gradually taking up the "city culture," she built up a barrier with people, thus gaining the sophistication of city people.

However I want to argue that it is because Ahzi left the mountain to study and work, and keep some distance with her homeland, that she is able to contemplate the difference between two lives and two cultures. The subtitle of the book *notes of stories in the mountains and in the cities of Atayals* clearly indicates the writer's concern. On one hand Limuzi writes about Atayal father and hunters who talks about the changes of geography and practice: her father was not happy during a *Muling* ceremony because the offering was bought, not hunted by himself. On the other hand she intends to deal with lives of modern Atayals, such as parents who have left their children with elders in the tribe, childhood friends who marry non-indigenous people. In her narrative, the focus is not always on problematic issues, it could be humorous descriptions on an episode, or sometimes it could be self teasing retrospect on herself.

As Hall suggests, the positioning in a borderline enables a double vision into two cultures. Stuart Hall enunciates specifically about this: "they[Diasporants] are people who belong to more than one, speak more than one language; inhabit more than one identity, have more than one home; who have learned to 'negotiate and translate' between of different cultures, always unsettling the assumption of one culture from the perspective of the other, and thus finding ways of being both the same as and different from the others amongst which they live." (Hall 1993)

To Ahzi the mountain embodies her inherited aboriginality, bountiful resources of things benign. Nostalgic as she is, however, it is with the city reality that she dwells. City is a basis upon which the writer reflected upon her other life, namely her spiritual indigenous life. In my view, indigenous writers, including Azhi, Yibao will continue to undergo such moving in and out of her aboriginality while explore "positioning" of identification in their writings.

Dong Shuming, born in 1971, is a new generation writer who did her thesis on aboriginal literature and is currently teaching at Taidong University. Dong's writings cover genres of poetry, prose and diary. I only discussed her works from the Anthology (Sun 2003) here.

In her poetry, vivid images such as a door, trees, and fish are used to imply the ambivalence of her identities.

"Fish Waiting, Cloud Drifts By"

If eventually, I have to enter another door from a door

Allow me to ask: no one shall cry

Only me allow [to cry], all right?

To be a fish, a blessing,

That my tears mix up in the water

No one can tell. Some might think

Tears are bubbles from fish;

Nothing to do with heartbreaking. Imagine

To live in peace in the water

While get tempered with the wrinkles that appear too soon

No one shall cry, all right? I will listen with all my heart and soul:

To the noise among crowds, to the singing of cicada in the wind

To the chorus of birds/ At last

With an agreement from the earth and the sky, at last

 A smiling cloud drifts by. . .

(191-92)

The use of the image of a "door" implies this transition, leading to another space, another identity. This is a personal account of Dong's meditation upon the existence of substance and emotion. Water and tears are the similar substance, except tears only comes when you are full of emotion. The 'wrinkles' that appears too soon witness the poet's strong, even violent life. Her life is full of complex of two opposites: silence vs. noise, water vs. steam, and fish vs. tree. Such kind of collaboration witnesses the aspect of Diaspora in Zhang's argument.

Another poem "Sonnet" (Sun 2003) tells about her struggle with two identities.

Sonnet

Which side to wear, I asked mum

Wear the side you like, said mum.

My favorite way is to have daddy outside,

Mummy inside,

After that

Half black, half white is the color of my outfit (wai yi – appearance)

To match the green, green color of my heart

Daddy said that was fun

. . . (199-200)

Dong has a Chinese father and a Peiwan mother. Only after her university days, Dong starts to trace her indigenous root on her mother's side. I think that Dong's inquiries about which side to wear/which identity to attach to enables readers to gain new insights into the complexities and ambiguity of identity in one person. At the end the poetic "I" uses the simile a "Monster rests on my chest and ceased its fire. Does this imply that the poetic "I"/author has ceased to fight, and become reconciled with her double identities—Chinese and Peiwan.

Darkanow has written many songs on the theme of exile, and the desire to go home. He is a Lukai musician that records his life with music. The following is a well-known song that explores the drifting condition between "home" and cities of Taiwanese aborigines.

"How I Would Like to Go Home"

Alone wandering in the city/not much dream I hold/

The unique indigenous blood in myself

I don't know if tomorrow still the same

Life for indigenous people is lost, how I wish to go home

Pretending is what I always do with will

Not knowing if tomorrow still holds the same

Wish to go home/ wish to go home

You and me feel the same in fact. (Dakanow 2003)

The "I" can be Dakanow or any urban indigenous people. This song expresses Dakanow's wishful thinking of returning home. Yet he still has not returned home. This "home" symbolizes a spiritual connection; it exists in the Dakanow's imagination and is visited constantly along with current reality. In the first reading we can see such wishes to return as an escape from confronting Han society (Hsieh 1987). However in line with the 'revealing purpose' suggested by Bhabha and others, apart from the apparent message of rootlessness, I want to argue that Dakanow takes a passive resistance. When he declares his wish to go home, the concept of "boundary" comes out from the ideology of route vs. root. I regard the gesture of drifting/exile as a first step to get rid of colonial control ideologically. Even though it is not a complete liberation, it is a first move to the "middle place" or "third place of negotiation," before moving further towards another possibility in terms of the cultural translation and reconstruction of his indigenous subjectivity.

Taiwanese scholar, Chen Kuanhsing (Chen 1996) describes Taiwanese indigenous intellectuals as people who "move between two languages , two worlds, two races." He argues that such "inside and outside" position enables them a possibility of argument and reasoning. The possibility lies in their shifting position of articulation which can bring Han and Indigenous cultural systems together.

Let me draw this section of literature discussion to an end with the lyric by Hu De Fu. Hu is a middle generation indigenous musician from Puyuma. Since 1980s he was deeply involved in the aboriginal land ownership and aboriginal name appeal. Since the late 1990s he has dedicated himself to music composition, and the collection of tribal oral lyrics.

"The Longest, Longest Path"

This is the longest, longest path
To get to a place close to you
This is the most, most complicated tournament
To come to a simple tune absolutely simple
You and I have to knock at every door in the far away places
After that can we find our own door (entry), our own people

This is the longest, longest path
To go back to *where we started*

This is the last hill upwards

That leads to the absolute beauty of homeland

You and I have to go through every fancy dream

At last we come to our own land, our own doors

The song was written for the launch of Taiwan Aboriginal Rights Board in 1984. As the first president of the board, Hu summoned aboriginal youth to examine their situations, to educate themselves, and to be aware of indigenous crises. The journey back to one's own origin and to have confidence in oneself is a long way to strive for. After twenty years the song still means greatly to Aboriginal people of Taiwan. As Hu said in a radio musical program interview, "Everyone should have a mountain within oneself. The (searching) process could be complicated, then it became simple—a great wish for the simple life in the tribe." (Zen 2004)

Paradoxically the people who are displaced and almost assimilated by Han culture have felt a strong need to re-establish the link with the land/tradition. Given the fact that the land they aspire for (pre-colonial time and space) usually does not exist anymore, the poetic "I" is undergoing border-crossing and border-redefining in spatial and temporal domains; he feels the need to make himself at home in an interminable discussion between a scattered historical inheritance and a heterogeneous present (Chamber and Zhang). The dialogue continues. It is exactly during such process that a "new" identity is being reconstructed-- "At last we come to our own land, our own doors."

Future Perspective and Conclusion

Writer Sakenu expresses his wish for Aboriginal writing after he published his book Mountain Pig, Possum, Sakenu: "I have been expecting that more indigenous young people are able to write something that belong to us, to write something that expresses our set of values and ideology (6, Mountain Pig).

Indigenous critic Sun Daichun and Pasuya Poyizhelu stress that the only way to save indigenous culture from distinction is "openness," which is to open to Han culture, and to open to non-indigenous elements. From there they encourages aboriginal youth to link to their tribal tradition, and to build up indigenous subjectivity basing on a tradition which adjust to daily life (Liao 1998; Sun 2003). Liao (Liao 1998) proposes to seek a balance between sustaining the tradition and embracing modernity. To do this, Liao promotes the concept of "double vision" for aboriginal people to embrace both the thrust of cultural reconstruction and the development of cultural hybridity, an idea also endorsed by Australian aboriginal right activist Moore-Gilbert.

Hall puts it, "The issue of cultural identity is both an issue about 'being' as well as an issue about 'becoming.' Cultural identity has to do with the past as well as pointing to the future." (Hall, 1994, p 394) Writing about land and cultural identity in Taiwanese Indigenous literature shows us such "becoming" or "in-betweenness" and process in regards to reconstructing indigenous identity.

As revealed by the discourse of Diaspora and cultural transrelation, Taiwanese indigenous literature, as a site for dialogue between indigenous culture and non-indigenous culture, shows us the complexity and ambivalence in articulating identity. Furthermore, it suggests a possibility to transform the tension between Han/Aborigine into a process of an enriching interaction.

From literature examined, I find more and more new generation indigenous writers show aspects of diaspora in their writing. They demonstrate transversing between here and there, now and then, or travel in the in-betweeness of Yuan/Han cultures in constructing their ethnic identity and cultural identity. I believe such trend reflects the changing of social and historical environment in Taiwan; it further indicates the moving on of Taiwanese indigenous literature towards a new era of self-inspection and culture building by which aboriginal subjectivity can be formed. It is important for Taiwanese society to open up more and more 'space' by carrying out practical policies for indigenous people to engage in this multicultural society.

Allowing for difference means a respect for different understandings of the world. As Cajete (Cajete 2000) claims, "Indigenous people are a people of place, and the nature of place is embedded in their language. The physical, cognitive, and emotional orientation of a people is a kind of map they carry in their heads and transfer from generation to generation.

This map is multidimensional and reflects the spiritual as well as the mythic geography of the people." (74) Indigenous literature might provide a way to educate people to an awareness of this different map. I believe the ensemble of different elements in writing identity, such as shown in indigenous literature, will prove to be an enriching force in the development of Taiwanese Literature.

Works Cited

(Anderson 1983.)

(Banks 1996)

Anderson, B. (1983.). Imagined communities : reflections on the origin and spread of nationalism. London: Verso.

Azi, Limuyi. (2002). *Music of Flute in the Mountain.* Taichung, Chengsing.

Banks, M. (1996). *Ethnicity: An Anthropological consturction.* London; New York, Routledge.

Bao, Y. (2004). *Good Bye Eagle, Miperepereper I Kalevelevan Aza Aris: A Paiwan Girl's Trip to Tibet.* Taipei, Dai Kuai Culture.

Bhabha, H. (1994). *The Location of Culture.* New York, Routledge.

Biung Wang, H.-e. (1999). *The Hunter.* Taiwan.

Cajete, G. (2000). *Philosophy of Native Science. Native Science: Natural Laws of Interdependence.* New Mexico, Clear Light Publishers.

Chambers, I. (1994). *Migrancy, Culture, Identity.* London & New York, Routledge.

Chen, G. (1996). "Study on De-colonization." *Studies on Taiwan Society* 21: 73-139.

Chow, R. (1993.). *Writing diaspora : tactics of intervention in contemporary cultural studies.* Bloomington, Ind., Indiana University Press,.

Clifford, J. (2001). "Indigenous Articulation." *The Contemporary Pacific* 13(2).

Dakanow (2003). *Dakanow and Family.* Taipei, Yuanyi.

Dong, S. M. (2003). *Construction of Subjectivity by the Marginal: Study on the contemporary Taiwan Aboriginal Literature*, Tong Hai University.

Gilroy, P. (1993). *The Black Atlantic: Modernity and Double Consciousness.* London, Verso.

Hall, S. (1993). Cultural Identity and Diaspora. Colonial Discourse and Post-colonial Theory: An Introduction. P. L. C. William.

Healy, J. (1994). "Wresting with white spirits: the uses and limits of modernism and postmodernism." *Australian and New Zealand Studies in Canada* 12: 31 - 50.

Hsieh, S. (1987). *The Stigma of Identity*. Taipei, Zhili Night News.

Lanpoan, S. (2002). *Memories of WAVES*. Taipei, Lienhe Literature.

Liao, X.-h. (1998). New Cultural Discourse of Taiwanese Aboriginies. D. C. Sun. Taipei, INK: 249-276.

Lilley, I. (2002). Diaspora and Identity in Archaeology; Moving Beyond the Black Atlantic. Brisbane: 25.

Literautre, L., Ed. (1998). *Go Home to Build My House*. Taipei, Lienhe Literautre.

Lu, H. Z. (2003). *Writing Memory of Tribes: A Study on Taiwan Aboriginal Novels in the 1990s*. Taipei, Cambel.

Mudrooroo (1997). *The Indigenous Literautre of Australia*. South Melbourne, VIC, Hyland House.

Norgan, W. (1999). *From the Eyes of a "Barbarian"*. Taichung, Chenxin.

Norgan, W. (1999). *Yineng Revisiting*. Taichung, Chenxing.

Russell, E., Ed. (2002). Caught Between Cultures: Women, Writing & Subjectivities. Cross/Culture.

Safran, W. (1991). "Diasporas in Modern Societies: Myths of Homeland and Return." *Diaspora* 1(1): 83-99.

Sakenu (2004). *Walking with Wind*. Taichung, Chengxing.

Shammon, L. (1999). *Black Wings*. Taichung, Chengxing.

Sun, T. C., Ed. (2003). *A Collection on Taiwanese Aboriginal Literature in Chinese: Criticism*. Taipei, INK.

Sun, T. C. (2003). *A Collection on Taiwanese Aboriginal Literature in Chinese: Poetry*. Taipei, INK.

Tien, Y. (1998). *Diary of a Doctor in Orchid Island*. Taichung, Chenxien.

Wei, Y. (2003). In Search of a Fighting Position. A Collection on Taiwanese Aboriginal Literature in Chinese: Criticism. 2: 97 - 145.

Yi, X. J. (2002). Marginal Discourse in Taiwan Aboriginal Literature--deconstruction and reconstruction: study from Warlis Norgan and Ligelale Awu, University of Jin Yi.

Zen, Y. (2004). *Interview with Hu Defu part 2. Guess who are singing.* Taiwan: 10 - 11 pm.

Zhang, B. (2000). "Identity in Diaspora and Diaspora in Writing: the poetics of cultural transrelation." *Journal of Intercultural Studies* 21(2): 125-.

Zhang, B. (2001). "The politics of re-homing: Asian diaspora poetry in Canada." College Literature Winter.

書寫土地與主體性建構
——台灣原住民寫作初探

吳淑華

澳州昆士蘭大學 語言與文化比較研究院博士研究生

中文摘要

　　台灣原住民文學自 1980 年中期發展迄今，隨著台灣政治的推展而表現豐富多樣的面貌。本論文將透過原住民文學中對土地以及原鄉的書寫，來討論新生代作家對原住民文學階段演進的意義。文學是歷史、社會下的產物，原住民文學的形成與言說重點一直側重與對主流文化與政治霸權的抗衡。學者對台灣原住民文學，文化的研究也多由抵抗的脈絡切入。例如董恕明(2003)論及原住民被中心不斷「邊緣化」的經歷，是多數原住民作家寫作中涉及的一個問題。魏貽君以瓦歷斯‧諾幹為重心，論及他的「邊緣戰鬥性」在原住民文字研究中的意義。黃雅鴻(2003)論及 Karowa 原住民的流離與主體性，注重於空間霸權與文化霸權形成與運作。的確作為「少數文學」的原住民文學，抵抗霸權，與原住民主體性的建立密不可分。

　　談主體性不能不提及認同。對於認同議題的探討，通常分本質論與建構論，筆者採取折衷的建構論看法，即不能忽視與生具來的認同基礎，如血緣、語言、習俗，但同時肯定認同是個人與社會互動下的產物。基於此一脈絡下，後殖民文化研究學者提出 Diaspora 的理論，用以檢視第三世界國家如：加勒比海、非洲等地原住民文化的斷裂與延續，一般而言，原住民文化沒有滅絕，而是轉化呈現出有別於傳統"原文化"的表現。霍耳(Stuart Hall, 1990)論及遷移：「我在此所謂的遷移經驗(Diaspora experience) 不是著重在本質或純種，而是認清異質(heterogeneity)與多元(diversity)的必要性。……遷移者的認同經由轉化與差異性，一直進行，一直由本身再製造出來。」詹柏士(Ian Chambers, 1994) 談到「遷移是異鄉者的表演(Drama)，他與原鄉的傳統隔離，正在經歷不斷向他挑戰的認同。此異鄉者一直不斷要安頓自己，而在散落的傳統文化與異質的客鄉文化間進行持續的對話。」香港學者張本繼(2000)再進一步發展 Chambers 的論點，張認為以上兩種文化間的對話通常轉譯(translated and translotated)為一種遷移的論述，涉及在地的與全球化的交涉(negotiation)。此一論述包含了時、空上邊界跨越與邊界再定位，更隱含多重邊界的穿越——時間上、空間上、種族的、文化的、語言的以及歷史方面。總之以上論者

主要闡述的是認同的多重性與複雜性。在遷移理論檢驗下的認同是針對主體建構的過程(process)與關係(relationship)。

本論文將以「遷移」(Diaspora)的理論來探討原住民文學，尤其是對土地的書寫所呈現的現象，我將討論作家如何由「抵抗」姿態，轉向自我檢視與文化建構的主體性再建構。浦忠成(1998)在論及原住民文學發展的幾回轉折提及原住民在同化策略下的迷失，以及原住民知識分子如何「在抗爭中尋求定位」，然而更重要的是他「植根於民族文化的深層」的呼籲。

透過遷移(Diaspora)理論原住民文學，我認爲關於家鄉／土地的書寫，已不限於失落，斷裂，而呈現「再生」性的主體性建構，基於此，我認爲原住民文學已漸漸由抵抗的文學，進入自我實現與文化建構的面向。新生代作家如伊苞、董恕明等作品已呈現此種文學轉型的一些現象。誠如孫大川、浦忠成、廖咸浩等呼籲：真正發揮民族文字最卓越的作品，應該是能擺脫狹隘的族群，地域意識植入於民族文化深層，而又能凸顯特殊文化情感與思想。周慶華認爲原住民文學的出路在文學性本身而不一定要著重原住民議題。Boehmer 在他的《殖民與後殖民文學》中提出原住民文學不一定要直接指涉原住民性，而應著眼於原住民現狀社會關係的省思。

澳洲原住民作家也是評論家 Mudrooroo(1997)在澳洲的原住民文學中將澳洲原住民文學史分成五個階段。

1. 歐洲人入侵前(The Time of the Dreaming)，

2. 1901 年後首段殖民期，

3. 國家霸權建立後，原住民「保護期」第二階段殖民，

4. 第三階段殖民、教育期、同化期，

5. 原住民自治自決訴求期：1967-1988，

6. 文化分享期(The Period of Reconciliation: Sharing Culture)

我認爲 Mudrooroo 列及的文史分期，其中第五期自治自決的訴求中抵抗的策略與第六期文化分享期對台灣原住民文學或許有其意義與啓示。

註：

1. 本篇論文是個人在昆士蘭大學博士班論文初稿，請多指正，因爲論文以英文寫作，論及作品時多注重其主題性，寫作策略，未深入做語言探討。

2. 論文中理論引述與台灣原住民作品爲本人的翻譯，不周處請指教。

臺灣本土思想的萌發：
原住民族神話思維的回溯

巴蘇亞·博伊哲努（浦忠成）[1]
台北市立教育大學應用語文研究所教授

摘要

　　神話無疑是在形式上最明顯、意義傳達最明確的文化遺產，縱然如前所述會因環境變遷而有變異，但是總會在神話的結構與情節中留存或多或少的早期歷史文化的線索。進入神話內涵的入口則在於其母題（motif）確實掌握與理解，以及其可能指涉的趨向或意圖，即所謂主題（theme）。不同的民族在神話主題上有很大的一致性，「天地開創」、「人類起源」、「洪水」、「天象」、「文化與習俗起源（或文化英雄）」、「死亡」、「禁忌」、「黃金年代」、「冥界」都會存在個個民族的神話敘述中。臺灣原住民族原始神話內涵呈現的思維，可以獲致幾個清晰的趨向：一是人與自然萬物間是對等而均衡的地位，人的生命來自自然界存在的一切物質，因此並沒有自高於動植物條件；二是崇敬祖靈或神靈，這些蒙上宗教色彩的種種角色的思維與陳述，其實是具體化的自然生命運轉，所以所有的祭典儀式與其說是膜拜超自然存在的神靈與精靈，不如說是對於大自然力量的敬畏與祈求；三是生活資源與文化發明都非純靠人力之能；要得到這些資源與利器常要進入不尋常的環境，並且需要一些特殊力量的奧援才能成事，所以對於這些難得之物應該予以珍惜，否則將會失去。

　　居住此地的居民，如果仍然無知於這塊土地最早的民族及其歷史文化早期的面貌與發展的軌跡，甚而以攜自原鄉包袱之物自珍，漠視蘊藏於台灣山海之間的珍貴神話母題意涵，以及最早的土地思維趨向，則所謂「建立台灣本土為主體的思想文化」這樣的想像，毫無基礎，也根本無從實現。

關鍵詞

神話思維　神話母題　神話主題　原始神話

---

[1] 筆者為阿里山鄒族人，現任台北市立教育大學應用語文研究所教授，曾借調行政院原住民族委員會擔任政務副主任委員。主要著作有《台灣鄒族風土神話》（臺原，1993）、《台灣原住民的口傳文學》（常民文化，1996）、《庫巴之火》（晨星，1997）、《原住民的神話與文學》（臺原，1999）、《敘事性口傳文學的表述》（里仁，2000）、《思考原住民》（前衛，2002）、《原氣淋漓的文化論辯》（黎明文化，2004）等。

一、原住民族神話主題與母題呈現的意涵

儘管神話內涵研究方式與意圖不同，最後所能掌握的結果也有差異，但是神話總是能顯示它過去（甚至現在）存在的意義與價值。[2]而進入神話內涵的入口則在於其母題（motif）確實掌握與理解，以及其可能指涉的趨向或意圖，即所謂主題（theme）。不同的民族在神話主題上有很大的一致性，譬如都會有「天地開創」、「人類起源」、「洪水」、「天象」、「文化與習俗起源（或文化英雄）」、「死亡」、「禁忌」、「黃金年代」、「冥界」等之類，不過會有一些或多或少的差異，那是由於自然與社會發展條件所造成。不過神話主題類似，其情節內容卻可能千差萬別，譬如同一「造人」神話的主題，阿里山鄒族說是「天神降於玉山造人，搖動楓樹，楓果落地成人」；而南澳泰雅族則是「人類都是從 pinsebukan 地方的大石生出來的」；布農族則有「蟲生」、「糞生」、「葫蘆生」等的母題；卑南族南王（Puyuma）與知本（Katipol）分別有「竹生」、「石生」的母題等。

神話原本產生於人類理性思考能力相對低落，而且當時所能累積的生活經驗及知識基礎都極為薄弱的時期，所以原始的神話經常伴隨著當時正在逐漸發展成形的宗教觀念如泛靈、萬物有靈等產物，加上人類實際的遭遇以及在想像與描述的流於主觀（所謂不自覺），導致許多神話所顯示的內容是荒誕不經，不符現代思維邏輯。如果在傳承的過程中，隨順的環境變遷，有意無意的增添、刪減、調整神話的內容，則現在所能看到的神話已經與其原初的本質有很大的差異。這是所有民族神話必然發生的現象；因此神話「原型」或考古研究，也成為重要的探索路徑。

在所有自古流傳至今的文化內涵中，神話無疑是在語言（文字出現後，自然就會被記錄下來）形式上最明顯、意義傳達最明確的先人遺產，縱然如前所述會因環境變遷而有變異，但是總會在神話的結構與情節中留存或多或少的早其歷史文化的線索。陳建憲認為：

> 要追尋一個民族的文化之根，必須了解它的神話。而要了解神話中的遺
> 產密碼，關鍵是對神話中那些數量有限、對民族文化影響最大的重要母題，

---

[2] 譬如 Joseph Campbell（坎伯）說：「神話被現代智識份子詮釋成：解釋自然世界的原始拙劣努力（弗雷澤，Frazer）；史前時代詩文般的幻想產物，卻被後人所誤解（穆勒，muller）；塑造個人，使他融入社會之寓言教訓的貯藏室（涂爾幹，Durkheim）；潛藏在人類心靈深處，象徵原型衝動的集體夢境（榮格，Jung）；表達人類最深刻形上洞見的傳統工具（辜瑪拉斯瓦密，Coomaraswamy）；上帝對祂子孫的啟示（教會）。神話包括以上列舉的一切；許多不同的判斷是由判斷者的觀點所決定。」見坎伯《千面英雄》（The Hero With A Thousand Faces）朱侃如譯，頁 419，台北縣新店市：立緒，1997。

進行深入的研究、解剖和重構。…力圖復原和再現這些母題在遠古社會產生的原因、它們在當時的表現形式及功能、在歷史上是代代傳承的狀況。[3]

馬凌諾夫斯基則說：

> 神話是陳述荒古的實體而仍活在現代生活者，可因前例而給某種事物以根據，可使人有古來的榜樣而有道德價值、社會制度與巫術信仰。所以神話不只是敘述，也不是一種科學，也不是一部門藝術或歷史，也不是解說的故事；它所盡的特殊使命，乃與傳統的性質，文化的延續，老年與幼年的關係，人類對於過去的態度等等密切相聯。簡單地說，神話底功能，乃在將傳統溯到荒古發源事件更高、更美、更超自然的實體而使它更有力量，更有價值，更有聲望。所以神話是一切文化底必要成分之一。[4]

讓上古和現在產生連結，探索一個民族到現在的環境中依舊沿襲與傳遞的文化內涵，甚或藉此以尋覓造成特殊民族性格、習性與價值取向，[5]美國印地安大酋長在華盛頓准州州長史蒂文到達西雅圖，其目的在使當地的杜灣密希族人將土地讓出。大酋長西雅圖（Chief Seattle）的回答有以下的言詞：

> …這土地的每一部分，在我人民心中都屬神聖。每一片山坡，每一處幽谷，每一塊平原，每一叢森林，都因我族心愛或悲傷的回憶而成為聖地。即使在靜默的海邊，莊嚴無言躺在烈日夏的岩石，也充滿了往事的回憶，而你腳下每一粒塵土，也對我們的腳步比對你們的腳步，更回之以愛，因為那是我們祖先的遺灰，而我們的赤足更能察覺到有情泥土的撫觸，因為這泥土富含著我們族人的生命。[6]

這是超越一般強調經濟功利的工商社會群體價值的土地神話思維，這不是遷徙與

---

[3] 陳建憲《神祇與英雄：中國古代神話的母題》頁 19，北京市：生活.讀書.新知三聯書店，1994。

[4] （英）馬林諾夫斯基（李安宅譯）《巫術、科學、宗教與神話》，頁 127，北京市：中國民間文藝出版社，1986。

[5] 譬如《山海經》「山經」記載許多草藥的療效，如彤棠「食之已聾」、榮草「食之已風」、條草「食之已疥」、杜衡「食之已癭」、嘉果「食之不勞」等，相較於漢民族重視「進補」，即可獲致印證。

[6] 西雅圖酋長（Chief Seattle）《西雅圖的天空：印地安酋長的心靈宣言》艾利.古福特（Eli Gifford），頁 46~47，台北市：雙月書屋，2004。

追逐競爭之利的民族能想像、擁有的土地文化概念；只有集體記憶延伸至遙不可及的年代，一代又一代，生息其間，並且曾經誓死捍衛著，這樣的民族才會傳遞如此珍惜與依賴其大地母親的集體思維。

二、原住民族神話隱藏的思維趨向——以幾則神話為例

　　神話涵藏著先民對於大自然種種的變化與時序的推移，也有早期部落社會簡單而樸素的生活縮影，這些點點滴滴的經歷與印象，會在漫長的歷史進程藉由「集體無意識」（collective unconsciousness）被同一個群體的成員攜帶著，在偶然與不可預期的情境中會被激發而顯現。[7]

（一）對於起源的孺慕與懷想

泰雅族的神話說：

　　　　現在人類都是從 pinsabukan 地方的大石生出來的。[8]

泰雅族亦有說法稱其祖先自 papak waqa 山中的大石出生。[9]

排灣族太麻里部落故事說：

　　　　太古太古 panapanayan 地方有巨石，巨石出現一女人 rarigimu，飲該石流出的汗水為生。[10]

巴利澤利敖群高士佛部落的故事亦言：

　　　　太古 kinabakang 處有大石，一旦裂開，生出男女二人。[11]

排灣族亦有以其祖先係居住於大武山的兄妹。[12]

卑南族知本部落對於期太古時期的環境變動有如下的描述：

　　　　太古時天地間發生了大地震及火山爆發，山崩地裂，平原都被熔掉，所有的動植物都毀滅了。[13]

平埔族凱達格蘭族的口碑說：

　　　　始祖原住 sansai 地方，但因妖怪 sansiyao（山魈）出現，族人經常遭殃，

---

[7] 同註2。

[8] 臺灣省文獻會《重修臺灣省通志卷三住民志同胄篇》，頁266，1995。Pinsbukan 在今南投縣仁愛鄉發祥村「瑞岩」。Papak waqa 即大霸尖山。

[9] 臺灣總督府臨時臺灣舊慣調查會《番族慣習調查報告書第一卷：泰雅族》，頁23，中央研究院民族學研究所編譯，1996。

[10] 同註8，頁612

[11] 同註8，頁612

[12] 尹建中《臺灣山胞各族傳統神話故事語傳說文獻編纂研究》內政部，頁185，1994。

[13] 宋龍生《卑南族史篇》台灣省文獻會，頁26，1998。

於是乘筏漂浮海洋，抵達一島嶼，眾人喜悅登陸，創建部落。[14]

宜蘭葛瑪蘭族對於其先前居地的描述為：

吾祖名稱吾祖名稱 aban，居住居住 maririyan 之地，曾乘船航海，漂泊抵達台灣北部之地。[15]

依據民族集體記憶呈現的趨向，擁有高山起源的民族，進入台灣居住的時期應該相對較早，他們已經遺忘跨越海洋進入臺灣島的歷程，整體的記憶只能由他們居住地區特殊的自然環境開展，雪山、玉山、大霸尖山、大武山高聳的山勢，就成為民族生命萌生並與大地相處的座標。祖先自海外漂來說法的阿美族、卑南族與部分平埔族群，依舊傳承其漂洋過海的記憶，阿美族里漏社甚而有其祖先所乘獨木舟的口碑。[16]依據語言學、人類學、考古學與民族學的研究，臺灣原住民族的來源仍未能完全確定，但是「多元遷移」之說被認為是合理的假設，亦即原住民族遷入臺灣是分成數波移入，最早者可能是泰雅族，於 6000 至 7000 年前即已自中國大陸南方移入；第二波為賽夏族，第三波及更晚的移民波潮則為屬於排灣語族的阿美、卑南及排灣族等，時約距今 5000 年，自中國大陸南方或中南半島移入南洋群島，而後遷移至臺灣。[17]這樣的研究發現剛好印證各族起源神話顯示的意義。

天地已然形成或經過神靈的調整，人類接著出現；所有的民族都有其祖先或人類祖先誕生的方式；漢族的神話是女媧「搏土造人」，就是捏土創造人類：盤古垂死化身，「身之諸蟲，因風所感，化為黎氓」；《舊約聖經.創世紀》記載希伯來人神話說神依據自己的形象造了男人，後來從這個男人身上取下肋骨，造了女人；《蒙古密史》記載阿蘭豁阿感光而生子的故事，與漢族吞燕卵、踏足跡、昌蒲花吞、飛燕入懷等神話母題相類。古代突厥的祖先相傳是一隻狼；畬族的祖先是一隻狗；中國大陸西南少數民族則有泥土造人、蛋孵化、猴子變人、植物變人等說法。[18]台灣原住民族的人類祖先起源故事亦非常豐富，阿美族是神人由天上降下造人，蘭嶼雅美族紅頭部落有竹生、石生的說法：

大水過後，天神在高處賞覽平地，發現蘭嶼之美，忍不住發出讚嘆：「好一個北方之島！」於是徵得兩個孫子的同意，要他們下凡，繁衍人類。他將

---

[14] 同註 8，頁 1248
[15] 同注 14，頁 1236
[16] 同註 9，頁 18~20
[17] 同註 8，頁 19。
[18] 王孝廉《中國的神話世界》台北：時報文化，頁 71~87，1987。

一位放入石頭，一位塞入竹子，再往島上丟擲。石頭很重，直落在 jiptok 山的中央；竹子很輕，風將它吹到海邊。石頭裂開後生出一男，而竹子也生出一男。[19]

排灣族有太陽卵生、蛇生、石生、壺生、犬生、竹生等說法；該族中心區域以蛇生及太陽卵生的神話為主，惟太陽卵生族是「基模人」的神話，石生說則分布於該族邊緣區域。蛇生說的故事可以古樓部落為例：

一日，女神出去提水，路上撿得百步蛇與龜殼花蛇蛋個一枚，攜帶回來，不久，百步蛇蛋生出頭目家族祖先，龜殼花生出頭目輔臣（平民）的祖先。[20]

基模人布曹爾亞族巴武瑪群望嘉部落的神話則說：

某日神 kadao 由天降下，生三枚蛋於池內，狗見蛋而不停吠叫，池水漸漸減少，貓來抓這三枚蛋，蛋破而生一女二男，這就是基模的祖先。數年後，日神再次降臨 kadziaka 生下青色蛋。蛋自然破開生出男兒，為排灣族人的祖先。[21]

布農族始祖起源則以糞生、蟲生以及葫蘆出生或直接化為人的母題為多，如卡社群的人類「蟲生」的說法：

太古有兩個無骨人形者，匍匐於地上。有一天，許多蟻蚊蛆聚集前來，將其包圍，二物受驚遂起立行走而成為人，此男女二人自鳥習知交合之道，生下更多子孫。[22]

糞生如犬糞、糞蟲生的說法在布農族巒社群較普遍，如：

---

19 同註8，頁854
20 同註8，頁610
21 同註8，頁610~611
22 同註8，頁445

katoguran 社 Tansikian 氏族傳說，在山麓邊的一堆犬糞中，生出一小孩，此小孩的子孫成為本氏族的祖先。[23]

干卓萬群（在今仁愛鄉）的說法是：

> 太古時代，在 mintongon 地方有兩個洞，有 narhar（蟲）把糞作球形，投入該二洞中，經十五日許，自一穴出現一男，他穴出現一女，兩人成長後結為夫婦，產有子女，復相婚配，人類逐漸繁殖。[24]

《原語臺灣高砂族傳說集》亦記載「葫蘆生」的說法：

> 太古時，天上掉下了葫蘆，其中出了一男一女，他們互為夫妻，生下了許多子女，繁衍子孫，人口由此漸漸多起來。[25]

另外，布農族也有由裂石而生的故事：

> 太古時，emebalu 山的巔峰有一塊巨石，有一天，巨石裂開，從裂縫裡跑出了很多人。[26]

　　糞生或糞蟲生之類的故事，應該是源於觀察自然與生物界的現象，從而產生的創作思維；葫蘆多籽，昔日先民祈求多子，正是多產的象徵。洞穴本就是生命源頭的具象，與糞球（卵生的變體）結合，同樣顯示先民由許多的觀察與實際的經驗中，逐漸體悟或想像人類的生命究竟如何產生。

（二） 災難的記憶與戒惕

泰雅族的射日神話說：

---

[23] 同註 8，頁 445，1995。
[24] 同註 8，頁 445，1995。
[25] 小川尚義、淺井惠倫《原語臺灣高砂族傳說集》臺北帝國大學，1935；見尹建中《臺灣山胞各族傳統神話故事語傳說文獻變纂研究》內政部，頁 116，1994。
[26] 佐山融吉《蕃族調查報告書.武崙族前篇》大正 4 年（1915）余萬居譯；見尹建中【《灣山胞各族傳統神話故事語傳說文獻變纂研究》，頁 118，內政部，1994。

　　太古時候，天上有兩個太陽，其中一個比現在的太陽還大，因此天氣非常酷熱，草木都要枯死，河水也快乾涸，農作物不能生長，而且兩個太陽輪流出現，沒有晝夜之分，人民的生活實在困苦萬分。族人乃商議，如不能射下其中一個太陽，子孫恐怕不能安居，而種族或將滅絕。於是有勇士三人願意前往射太陽。即日起便準備食物，各人並背負一嬰孩一同出發。射太陽的路途極為遙遠，他們把吃過的桔籽沿途種在地上。走了很久，路程仍然遙遠，三位勇士都變成衰弱的老人，而嬰兒都以長大成人。老人相繼死去，長大的孩子繼續前進。有一天他們終於到達太陽的地方。三人清晨等候，在太陽出現時引弓疾射，射中了太陽，太陽流出滾熱的血，一人被燙死了，兩人急忙逃回。在回家的路上，看見以前所種的桔子樹已經長得很高大，果子也結滿了。回到部落時，兩人已成白髮駝背的老人了。從那時起，便沒有兩個太陽，也有晝夜的分別。我們看到的月亮就是被射死的太陽。[27]

　　這是一個非常具有形象與悲劇意義的故事，其主要的情節與布農族的故事相當接近，但是背負嬰兒與射中太陽後的內容有別（布農族的射日故事與其爾後的祭典儀式有關）；布農族的社日神話是：

　　太古時，天上有兩個太陽，所以晝夜不分，酷熱難耐。有一天，一位母親在田裡工作，將嬰兒放在草堆上，結果被太陽曬死了；母親非常傷心，丈夫知道了很生氣，便吩咐大兒子去射太陽，大兒子準備了一些粟就上路了。到達海邊時，預備要射太陽，可是太陽每次都不在他預測的方向升起，這樣過了好幾天，太陽終於從他預測的方向升起，他一箭就射中太陽的眼睛。這個受傷的太陽，正是今天的月亮。現在我們每個越都祭拜月亮，就是要安慰它，以免它再度發出光熱。那位射日的勇士，剛離家時還是個孩子，回家時，已經是白髮蒼蒼的老翁。[28]

　　射日故事中的太陽都是有生命的，所以會流出血來，布農族的太陽還會追逐射日者，指責他們為何要射傷它，太陽後來要求人們要按月祭祀，才放過他們。
　　鄒族的射日故事說：

---

[27] 同註 14，頁 231
[28] 同註 26，頁 120~121

很久以前，天空很低，月亮 feohu 和太陽 hie 的光線非常炎熱。月亮是男的，太陽是女的，月亮的光線尤其強烈。太陽出來時，人們還能背著木板出門，月亮出來的時候，只能待在家裡喘息，如此晝夜不分，夫妻也難以親近。有一位巫師覺得這樣下去，人類會滅絕，便帶著弓箭前往射殺月亮。他站在高山上，射中月亮的肚子，月亮的血就滴在地上，現在我們看見的紅色石頭，就是月亮的血染紅的。而從那時起，月亮的光熱就變弱了，也出現被箭射中的黑色痕跡。之後，月亮和太陽都不敢升起，天地昏暗，巫師只好砍伐山中的樹木，燒來照明；山上的樹燒完了，只好取屋子的木頭燒。有一天，太陽從東方稍稍出現，隨即消失；隔一天，太陽右上升一點，後來逐日增加上升的時間，形成現在日升月落的情形。從前，月亮總是滿盈的，之後月亮也變得有圓也有缺。[29]

　　這些射日應該可以視作人類對於悲慘的旱災永恆的集體記憶，而求雨、暴巫（將巫師至於酷日下曝曬，以人為犧牲向天求雨）乃至絕望至極時對天日射出憤恨的箭，則是人類對於大自然嚴酷折磨的反擊。

蘭嶼島上雅美族「伊摩魯得」社的神話說：

　　從前有一位「伊摩魯得」社的孕婦，她趁著退潮的時候走到海邊取鹽水，當時看見白石滾到一旁，海潮沟湧而來，海水也逐漸漲起，漲到村子裡，也漲到山頭，後來連山頭都淹沒了。那些豬、羊、雞、鼠都死光了，人們雖然倖存一部分，卻因食物缺乏，也都餓死了。一年過去了，海水沒有退去，二年、三年過去了，只有兩個人留在「吉比卡翁」和「吉紫古爾門」山上。四年過去了，潮水仍然不退也不乾。又經過了五、六、七、八個年頭，山上才有礫石和夜光貝呈現。第九年，山上有老鼠被投入海中，於是潮水逐漸退去，海灘也露出來了。第十年，山上有了山芋田；第十一年有了青芋田；第十二、三年，山上長出竹林；第十四年礦石現出了，山上也長出許多樹木。這個時候，天神向地上一望，不禁讚歎「好一個美麗的雅美島啊！」便把巨大的岩石拋到「吉巴普多克」這塊地上，石頭破裂，裡面生出了人。這個人拿起地

---

[29]　衛惠林、余錦泉、林衡立《臺灣省通志稿.同冑志同冑志.曹族篇》台灣省文獻會，頁 197，1951。
浦忠成《台灣鄒族的風土神話》台北：臺原，1993。

上的「巴普多克」草來吃，然後走到海邊，海邊長了一些竹子，竹子迎著風
搖來搖去，忽然間竹子裂開，由其中產生了人。人走到山上，找不到食物，
竹生人便哭了起來。他邊哭邊走，走到茅草原，踫見石生人。兩人目瞪口呆，
過了許久，竹生人才詢問石生人「你我究竟是什麼東西呀？我們叫什麼名字
呢？」石生人回答「陶！我們叫陶！那就是人的意思。」於是兩人一同走著，
石生人走到「伊拉太」，而竹生人走到「伊發里奴」。竹生人在「卡沙維杜岡」
找到了銀子，而石生人在「吉瑪沙保」得到鐵。兩人不約而同回到祖先的家
鄉，興高采烈地敲打著生硬的鐵和柔軟的銀，鐵和銀發出響亮美妙的聲音，
讓他們哈哈大笑。後來他們的右膝生下男人、左膝生下女人，這些人長大後
兄妹自成婚配，結果生下了瞎眼的孩子；他們便讓竹生人和石生人的孩子相
互的婚配，才生下健康的後代，人口也逐漸增加。這些眾多的子嗣後來學會
造船和狩獵的技術，知道飛魚的漁汛，也懂得馴養禽畜之類……。[30]

　　這則神話是以「史詩」形態而由雅美人的長者一代一代傳述下來的，神話與歷史
的觀念雜揉一起，有敘述，也有抒情，與其他原住民純用直敘白描的表達方法去講述
神話有很大的差異。洪水發生的原因，故事並未明白說出，但是隱約告訴我們，那是
跟孕婦到海邊取鹽水有關，而洪水退去是因老鼠被投入海中，祈求牠將海水吸乾。石
生、竹生的見解，反映出雅美人主要祖先源自兩個並生的系統，這也是殘餘的圖騰形
成。鐵銀的覓得和使用，象徵新技術的產生，而造船、狩獵、養殖的技術肇起，卻已
褪去原始而神秘的色彩。人由膝生的說法，和布農族所說人由男人的小腿肚生出是一
樣的，即連希臘神話中雅典娜也是由她父親宙斯的太陽穴中生出的女神。[31]雅美族神話
提到洪水產生肇因於孕婦到海邊翻動石頭，或者是翻動珊瑚，譬如日人外山卯山郎記
述的故事：

　　　　曾有一孕婦想要吸取海氣，他到海邊，卻沒有海水，她把一塊石頭翻了
　　　起來，石頭下有少量的水。可是這時候海嘯突然來襲，孕婦拔腿就跑，其他
　　　的人也嚇得手忙腳亂，爭先跑上山去。瞬息之間，狂瀾淹沒了部落，老鼠以

---

[30]　小川尚義、淺井惠倫《原語臺灣高砂族傳說集》台北帝國大學語言學研究室，1935。另參陳千武譯
著《台灣原住民的母語傳說》1996。
[31]　「宙斯和思慮女神美諦斯結爲夫婦後，因有人預言他們兩人所生的兒子，其將來的權力將會在他之
上，所以宙斯乾脆就趁孩子還沒有生下來以前，就把美諦斯吃掉了。從此以後，宙斯便患了劇烈的頭
痛症，只好命令哈派斯用斧頭劈開他的頭，不料卻從裂開的腦縫裡跳出了執著槍的雅典娜來，她就是
所謂從腦袋誕生的聰明女神。」林崇翰編譯《西洋神話故事》，頁 28~29，台北：志文。

及其他動物全部溺死，只有逃到大森山 dikamimoron 和紅頭山 dikakurinam 的人保住了性命；可是山中缺糧，一個個都餓死了。最後只剩兩個男人。這兩個男人各自以自己的膝蓋摩擦，結果各有嬰兒從膝蓋誕生了。其後人口漸漸增多，恢復往日的盛況。[32]

這裡還提及人類祖先膝生的情節，雅美族觀念中有左膝之家系只能與右膝之家通婚的說法，跟這類神話內涵有關。

昔日活躍在台灣島上的民族不僅有前述的原住民族，在南北平原上也曾有十數或更多今日稱爲「平埔」的原住民族，他們在台島的時間也是相當久遠的，所以也有洪水神話的流傳，「巴宰」族或稱「巴則海」族的 pazeh 洪水神話說：

> 從前我們的始祖叫「馬基阿瓦斯」，他從天上降下來，住在台灣中央的平地，繁衍了許多子孫，後來大洪水出現，山陵河川和花草樹木都沈沒在水底，人和牲畜也都淹死了。只有「馬基阿瓦斯」的直系子孫姊弟二人，姊姊叫「沙彭卡卡奇」、弟弟叫「瓦斯那開吉」倖免於難，他們漂到「茲波歐查來幽次」山頂上。大約過了六天，大水退去，兩個人就下山居住在山麓的坡地上，那裡叫做「巴阿拉丹」。不久之後，他們走到平地，建立部落，叫做「發發歐・瓦・路茲路」（上面的村落的之意）。後來姊弟成婚，並且生下兩個孩子，姊弟把孩子的身體截成數片，並向每一片吹氣，他們就變成優秀的青年，被稱「發發歐梭」（上面村落的人之意）。後來這些人又分居各地，成爲「巴則海」的祖先，最初建立部落有「拉荷多波亞由」、「迪雅歐波亞由」、「拉賽」、「奧龍」四社，這些都叫做「龍盧弗阿拉哈」（下面的村落之意）；從此以後，子孫漸漸增多，在台中平原一帶建立了十六個部落。[33]

巴則海平埔人的故事提到他們具神身分的始祖，而洪水發生、退去的原因並沒有說明；近親相婚和將子嗣切成塊、吹氣成人與泰雅族、賽夏族類似，與漢民族女媧造人、希伯來神話神造人的情節也有相似的地方。巴則海人的洪水是極古老原始，也是台灣早期住民神話的典型。巴宰族尚有一則洪水神話：

---

[32] 同註 12，頁 342~343
[33] 小川尚義、淺井惠倫《原語臺灣高砂族傳說集》台北帝國大學語言學研究室，1935。另參陳千武譯著《台灣原住民的母語傳說》1996。另參臺灣省文獻會《重修臺灣省通志卷三住民志同胄篇》第二冊，頁 1240，1995。

　　曩昔，始祖馬基維瓦蘇 makiyawasu 從天上降臨，居住臺灣之中央平地上，後來子孫繁衍，但遇洪水為患，山川草木以及人畜悉遭其殃，幾全滅絕，唯有 makiyawasu 直系的一男一女，因避難漂至都波都阿拉留宇都 taubozuariwtsu 山頂上（即平原東方的觀音山）僥倖活存，男的叫瓦奈凱希 wanakaisi，女的叫本卡凱希 sabongakaisi。經過六日，大水退去，二人乃下至丘陵地帶，卜居巴拉檀 paradan 地方（即今日豐原，昔稱葫蘆墩）；後來再移住平地建村瓦窩瓦魯都爾 waowarutsaru，其意為上方之村。姊弟二人結婚，生下二子，將其身截為數塊，各予吹氣，則各塊頓成完整之年輕人。稱此等人為瓦瓦窩薩爾 vavaosaru、達伊雅窩布魯 daiyaoburu、拉魯薩伊 rarusai、阿額藝 abxan 四社，合稱魯布爾瓦達都哈 ravuruva datsua，意為下方之村。[34]

情節內涵與前一則相類，只是名字有別。埔里巴宰族尚有一則故事說：

　　相傳古時在巴宰族居住區域突然來了一次很大的洪水，全村的人都逃跑不及而被大水沖走，僅剩下 bana kaisi 與 sabun kaisi 兩兄妹倖免於難，因為他們二人在大水淹來之前，及時爬到竹枝上，因為竹子幾乎無法承受他們的重量，竹子只好往下彎，這就是現在竹尾向下垂的原因。Bana kaisi 與 sabun kaisi 爬上樹枝後就開始唸咒語，不久，水全退了，兩兄妹下來，但是地面不存一物。正為難時，飛來一隻鳥在地上抓土，兄妹心覺有異，也學鳥在地上撥土，結果發現地下存有很多稻穀，bana kaisi 與 sabun kaisi 因此得免餓死。他們發現所有人類已經全部淹死，妹妹 sabun kaisi 想到繁衍子孫，卻覺得兄妹相配不宜；最後她想到假扮的方法來，不讓兄長 bana kaisi 認出，兩兄妹就這樣成了夫妻。不久 sabun kaisi 生下一塊肉球，兩兄妹乃將肉球剁成若干塊，並對之口唸咒語，不久這些肉塊就各自變成許許多多不盡相同的人種。巴宰族就是這些不同人種的一族。從那時起，巴宰族人就崇拜 bana kaisi 與 sabun kaisi，而且兄妹二人被尊為始祖。[35]

---

[34] 臺灣省文獻會《重修臺灣省通志卷三住民志同冑篇》第二冊，頁 1240，1995。
[35] 同註 34，頁 1242

　　這則故事的情節在於不知來由的洪水沖走其他所有人類，僅剩兩兄妹，兄妹倆爬上竹子才能活命，而退去洪水的方法是唸咒語；學鳥挖土讓兄妹發現地裡的稻穀。爲了繁衍子孫，妹妹假扮他人與哥哥成親，惟生下肉球，將肉球剁成塊，唸下咒語，就變成許多不同的人種。這是結合洪水、穀種、近親婚配、人類祖先起源等主題的故事，附帶解釋竹尾下垂的原因；是很典型的臺灣原住民族洪水故事型態。Pazeh 還有水神 apu mao（男神）的故事：「apu mao 沒有妻子，祂常住在河裡，巴則海人都深信水是由 apu mao 帶來的，尤其大水更是由 apu mao 親自帶來。因此，巴則海人每年要祭拜 apu mao，請他將大水帶往其他地方，不使巴則海人受到災害。」[36]惟 apu mao 亦被認爲是能幫助巴則海人的神，因爲沒有祂帶水來，水田就無法耕種。

　　葛瑪蘭族也有由日本學者清水純所記錄的口述資料：

> quni baq-baqi-an ta 很久很久以前/⋯mli-nemnem a banang zina，nani 陸地沉沒了/mangu sna-quni smani nani　不知是怎樣沉的/maqni smani，yau a kin-tulu m-sa-swa-swani zina nani，反正不知從那裡出現了三兄妹/s-m-angi ti tu bawa zina tu' tuk，他們鑿木造船/yau ti mli-nam-namaw zina ta lzi-zing-an zina nani，在海上緩緩漂流/qni ti smani ta-lzi-zing-an nani，不知浮在海上幾天了/（ma）mai pama tu Taiwan zina 'nay，當時他們還未來到台灣/mai pama ya lawlaw na Taiwan zina nani 還未來到台灣的陸地/tayta-n na ti a lawlaw ta ta-zi-an nani，他們看到這裡的土地/qu, yau lawlaw tayan ka，看啊，這兒不是有陸地嗎/surung pa-yta tayan" 在這裡著陸吧！/zina tu，說著/s-m-urung ti zina ta-zi-an ta Taiwan zina ya baq-baqi, ta masang-ay na kin-tulu a, nani，三位祖先就在台灣登陸了/[37]

　　這則神話並未直說發生洪水，但是「陸地沉沒」就是所有民族洪水肆虐時最具象的形容。該族與阿美族、卑南族及凱達格蘭族等均有海外移來的故事情節。葛瑪蘭族另有一則洪水故事資料：

> masang, bai, nani, qu qa-yau ita haw, nani 從前，孫子啊，當人類乍現時

---

[36] 同註 34，頁 1243
[37] 清水純（王順隆譯）《葛瑪蘭神話傳說集》，頁 218~220，台北：南天，1998。

/masang nani mli-nemnem a banang zina　當時，島沉了/mli-nemnem a banang zina nani　傳說島將沉時/sa-biqbiq a zanum zina nani　水不斷的湧上來/m-niz m-patay lazat zina　人類都滅亡了/si-qatis nani, kina-usa ti ma zina qani abaskwa ti tilunukwa zina qatis na m-patay zina　據說只有abaskwa和tilunukwa二人存活/[38]

　　僅存的兩人是兄妹，他們著陸於宜蘭，並在那裡定居。後來他們亦如其他族群有「兄妹婚」或「姐弟婚」以繁衍子孫，並有「人狗交配」；後來妹妹帶著孩子到山上去，哥哥則留在山下，兩人預言，子孫日後相遇會互砍人頭。

　　透過對台灣原住民族所傳述的洪水神話的觀察，可以掌握構成這些神話的主要內容的基本架構是：遠古的時代，曾經有過一場大洪水（也許夾雜火山爆發與地震，或者海神動怒等），它淹沒大地，也淹死了所有的生命，倖存的少數幾個人（多半是兄妹或姊弟）逃到唯一（或者二座）的高山頂上，或者運用織布機胴、木臼得以漂浮於水面等，逃過一劫；在高山躲避洪水的時期，會因為失去火種，就派遣不同的禽鳥野獸，泅水到遠處另外僅存的高山頂取火，或者看見蒼蠅搓手腳而發現鑽木取火的方法；等洪水退去，他們走下山，找到居住的地方，透過近親的婚媾，繁衍新的人類。研究者把這樣的洪水神話，稱作「同胞配偶型的洪水神話」，他們所重視的是洪水和近親血緣婚配在原始民族社會的意義。不過有一些民族的洪水神話與部分文化的產生，如阿里山鄒族獵首、神聖祭歌的創造都有關聯。當然我們也不能忽視這些情節內涵大致相同的神話中，各族之間甚或同族的各社之間所傳神話的差異要素，譬如避水工具的不同，泰雅人用織布機胴，而阿美族人則乘坐木臼，善織布和重農作耕墾的不同文化因素，在個別的神話中得到明證；另外造成洪水的原因，巴則海人的故事根本沒有提及，布農和鄒人的神話則說是巨鰻或巨蛇橫阻河流所致，而北勢泰雅人則說是因為兄妹通婚，引起天神憤怒，才造成洪水；這些內容也足以使人瞭解個別神話的原始與否，或者已經受到晚期宗教和習俗的影響。

　　台灣原住民族洪水神話另外一個值得注意的是：文化的肇生也常伴隨這樣的故事而被提出。譬如取火的情節普遍的出現，固然反映出當時的現實環境，它也分別表現各民族在取得火種這樣一個重要資源時的態度方法，甚至想像、創造的能力都能在這樣的故事裡顯現出來。另外像排灣族神話裡避洪水的兄妹，他們同時也是找到粟、薯、芋種的人物，不僅如此，他們還曉得在蚯蚓排出的糞土上耕作，這樣看來，排灣人是

---

[38] 同37，頁165

將農作文化的創始者的地位賦予洪水孑遺的兩個人。而鄒族故事直接把他們視爲最隆重的祭儀的創造，就說成是在避水的玉山上，獲得神靈的啓示，除了要暗示這種祭儀文化的久遠之外，也要藉此給予它一種神聖的性質。等到洪水退去之後，人們就開始新的生活，首先他們要經歷一段遷徙，這個在阿美族和鄒族神話的敘述中最爲清晰；接著他們和所生育的子嗣要建立新的家園或者聚落，在這樣的內容裡，其實歷史的輪廓就在隱微縹緲中形成。

（三）文化創造歷程的解釋

排灣族部落地點的選定是由獵犬或獵豹所引導，在該族觀念中，獵犬知道土地的好壞，因此遵循牠們的抉擇；由獵犬引導者如 vuculj 番 tiaravacalj 部落的口碑言：

> 最初本社的頭目從原初部落的 tavatavan 之地移到現在之地，是因爲現社地區方面狩獵時，獵犬伏在其地不動，族人遂認爲應以該地爲定居之處。[39]

北排灣族 seveng 部落流傳祖先由 kalevuan 之地狩獵，獵犬伏在水坑不動而死，並堵住出水口，族人乃在該處建立部落。Kuvulj 番內文部落亦有類似情形。[40]據傳魯凱族昔日有以豹狩獵者，capungan 部落流傳一故事謂：

> 本部落頭目家祖先稱 sikipalic 的神人，從大湳社帶著豹來此區域狩獵。當時此地爲一片榕樹林，故人們如猴或豹般從一樹躍到另一樹上通行。Sikipalic 的獵報到 kalesengan （現爲祖先舊址，成爲有禁忌的森林）時，趴著不動，sikipalic 只好就這樣回到大湳社。可是怎麼等也不見豹歸來；於是 sikipalic 再率部下來該地狩獵，發現那隻豹竟然自行獵捕鹿、羌、羊等。於是 sikipalic 判斷該處才是有利狩獵之地，遂在其地建立部落，即今日的 capungan 社。[41]

另魯凱族史官後裔奧威尼.卡露斯盎提及類似的口碑：

---

[39] 臺灣總督府臺灣舊慣調查會《番族慣習調查報告書第五卷：排灣族》第一冊，頁130，中央研究院民族學研究所編譯，2003。按：此口碑日人列入排灣族，惟由其內有「大湳社」，此社今屬於台東縣卑南鄉之大南村，魯凱族語爲 tarumak。

[40] 同註39，頁130

[41] 同註39，頁130~131。按：此口碑日人列入排灣族，惟由其內有「大湳社」，此社今屬於台東縣卑南鄉之大南村，魯凱族語爲 tarumak。

　　　　　傳說有兩個兄弟帶著兇猛的雲豹，從希給巴里基經北大武山及霧頭山之間的中央山脈，也就是巴魯谷安（好茶的聖地）翻山越嶺來到加者膀眼社的拉喀拉勒水邊，雲豹舔水後賴著不走。兩兄弟感覺神明有意讓這塊地變成聚落，於是命其弟回到希給巴里基，接他們的族人移到加者膀眼，從此居民靠著拉喀拉勒水源生活，並生育子子孫孫。[42]

好茶部落（在今屏東縣霧台鄉境內）的開創神話說：

　　　…好茶部落的始祖 Puraruyan 是個孔武有力的獵人，約在距今 6、7 百年前，從台東縣太麻里社至知本間的 Rarando 山中腹突出轉彎處，名叫 Shichiparichi 的地方，帶著一隻雲豹，溯太麻里河翻越崇山峻嶺，來到霧頭山和北大武山狩獵。他的雲豹 likulau 在好茶的 Tataudaiwan 區的 Karusgan 之地不願離去，Puraruyan 這才發現好茶真是個風景優美而富於靈性的地方。[43]

　　多納部落（在今高雄縣茂林鄉境內）則是獵狗不願離開，而眾人覺得該地水源充足、獵物豐富，遂有人遷居其地。[44]據該族人的傳統觀念，包括好茶、阿禮、霧台、神山、達都古魯、佳暮、卡哇達那呢、伊拉等部落，均自稱「雲豹的傳人」；他們不殺雲豹，也不穿雲豹皮，因為雲豹是他們的獵犬，殺死或觸碰其屍體是重大的禁忌。[45]

　　阿里山鄒族達邦 tapangu 部落的建立，據稱是稱為 noacachiana（今稱莊氏族）的氏族所建立，該氏族由東方的 iskiana 部落到昔日稱為 jiaungana 的地方狩獵，發現走失獵犬，經過數日，獵犬仍未返回，後來再度前往狩獵，見該犬仍在其地，而且已經生下數隻小犬；該氏族人認為該地為神所啟示授與的福地，就移居該地；後來其他族人亦相隨而來，並且建立男子會所。[46]

　　不同族群發現或獲得粟種的方式不一，如賽夏族是發現狐狸遺下的糞便長出植

---

[42] 奧威尼·卡露斯盎《雲豹的傳人》，頁 71~72，台中市：晨星，1996。
[43] 臺灣省文獻委員會《重修臺灣省通志卷三住民志同胄篇》第一冊，頁 550，1995。
[44] 同註 43，頁 552
[45] 同註 42，頁 18~19
[46] 臺灣省文獻委員會《臺灣省通志稿同胄志曹族篇》，頁 13，1951。

物，並結出穗，試嘗其味，覺得味道很好，便帶回部落分別種植，這就是今天的粟米，[47]亦有言稻穀係觀察老鼠之後才知道可以食用：

> 本來我們賽夏人不知道種稻米，即使稻米在我們周圍的雜草內生長，我們也不知道去拿來種。從前有一個日姓的的小孩，每天早晨到外面玩時，都看到老鼠在某處留戀不去，人來了也不跑。小孩感到很奇怪，就回家告訴父母親，說要將老鼠打死，父親阻止他這樣做。要小孩帶他去看看。到外面看到老鼠在吃稻穗，它的莖長得像 oso 草；大人將這些稻穗取下來，去殼後拿一些給老鼠吃，其餘的曬乾之後拿去播種。這些稻子低垂而快成熟的時候，老鼠又成群光顧，這時候大人想到老鼠可以吃的東西，人當然可以吃，就將這些稻子割下來。…這家人說：「如果當時我們將老鼠打死，我們也不知道種稻米了，我們不曉得什麼是稻米，從什麼第方去要種子，以後要留一些給老鼠吃才是。」[48]

賽夏族還有鳥的行為才發現小米：

> 以前，在一個草原上常有鳥群結集。賽夏族的長老覺得很奇怪：「為什麼小鳥老是往那裡飛？」於是就去那裡觀察。在那裡，他們看見小鳥啄食一種結穗的穀物，也好奇的拿一些起來咬嚼，覺得味道還不錯，將這種植物帶回來播種，那就是小米。從此以後我們才開始有了農作。在這之前，我們賽夏族是靠狩獵維生的。[49]

排灣族 vuculj 群的 paiwan 社傳說說：

> 最初本社的祖神 saljimlji 到地下界得到粟種數粒歸來，將其播種在屋簷下，不料收成很好，乃取其中一粒放入鍋中煮，成為滿鍋的飯，試吃後因為味美，便分給眾人；這就是我們今日作為主食的小米的起源。[50]

---

[47] 同註 12，頁 282
[48] 陳春欽〈向天湖賽夏族的故事〉台北：南港，中央研究院《民族學研究所集刊》，1966，頁 178~179。
[49] 金榮華《臺灣賽夏族民間故事》台北：中國口傳文學學會，頁 143，2004。
[50] 同註 39，頁 124

據說後來在屋簷下作方一尺餘的小耕地種下小米、稗、芋頭等之作物，就是源自於。[51]Puljti 社亦有類似的故事。[52]Kulaljuc 社的傳說謂：

> 往昔本社的祖神 salamadang 以客人的身分降到地下界取得穀菜的種子，拿回來傳給地上的人。據聞他當時在鼻中藏樹豆，指甲間藏小米，頭布下藏著 lenguin（豆之一種），耳孔藏著 kavatjang（小豆之一種），兩手拿著藜、芋頭即番薯的種子歸來。[53]

高士佛社（今屏東縣牡丹鄉高士村）的傳說謂：

> 太古時，我們的祖先僅食稗、藜即稱為 kuilj 的草為生。在 tiagaraus（天上界）有 putjaljayan（掌管芋頭的神）造芋頭，puvusam（掌管小米的神）造小米。有一女子前往 tjagaraus，從 putjaljayan 處得來一個芋種播種，而 puvusam 卻不肯給我們粟種。有一年，當 puvusam 要收或小米時，命令本社的 pukenen（部落祭祀的副主祭）幫忙。pukanen 看到小米豐收，向 puvusam 乞求一穗，卻遭 puvusam 拒絕。因此，pukenen 偷藏一粒於指甲間，puvusam 懷疑而檢查其身體，幸未被發現。Pukenen 幫忙結束後來到地上界，將該粟種播種於地，粟作逐漸增加，後來也分給其他人。遂成本族的農作物。[54]

　　小米是掌管的神靈造成的，但是人類無法靠索取取得，還是需要透過別的方式取得，而藏在身上某處，以通過各種形式的檢查，是最普遍的情節。排灣族還有一種集體的神話思維，即認為其農作物與各種野獸是透過祖神 saljimlji 在 pinavavu' acan（祖先發祥地，在北大武山山腹），命其子 savlengan 造鹿、水鹿、山豬、山羊，放養於山野；命 savljengvengan 造魚類放入溪流；命 saver、satjukuzulj 造豬飼養於家中；又給 saquman 小米和芋頭的種子；給 saljaljasuap 稗和藜的種子，讓各類作物在旱田生長，永遠作為子孫的糧食。[55]在大竹高社（今台東縣大武鄉大竹村，屬東排灣的巴卡羅群）的神話說：

---

51 同註 39，頁 124
52 同註 39，頁 125
53 同註 39，頁 125
54 同註 39，頁 126
55 同註 39，頁 125

從前有一位老人，命令兩個兄弟開墾田地，在田地四周放置山豬、鹿及羌的骨頭，然後在田中央撒下葫蘆瓜的種子。過了不久，兄弟兩人來到田裡一看，骨已長成山豬、鹿及羌了。兩人大吃一驚，立刻返回家裡，其祖父vulvullun 感到奇怪，就問他們為何回來？兄弟便回答：「田裡有口長長牙的東西、長角的東西、還有全身通紅的東西（指羌）。」祖父一聽，不慌不忙地說：「給我去田裡摘一個葫蘆瓜，並將全身通紅的東西殺掉帶回。」兄弟聽命將這些東西帶回來後，祖父命兩兄弟拿出竹筐，然後將葫蘆瓜切成兩半，這時稻米從中長出來。祖父就炊米煮羌吃了。其他社的人們雖懇求他給他們一點，但全被祖父所拒絕。後來經不起眾人不斷請求，祖父表示，如果眾人都能自行耕作，就將種子送給大家；社內的族人都表示，如果有收穫，一定會獻給祖父。於是祖父就將種子送給了族人，並成為頭目。自此以後，如果族人捕獲羌、山豬等動物，就要獻一部分給頭目。這位祖父（祖先）創造了粟、稗、米。[56]

這是以巫術形式創造人類可以捕獵的野獸及穀物的起源故事，雖然是說明這些物類的源起，卻也解釋何以族群內部的貴族頭目能夠擁有收取租稅貢物的權利。

卑南族南王部落進行海祭是祭拜曾經由蘭嶼島人（非今日的雅美族人）偷來小米種的一對男女祖先，他們將粟種藏在生殖器躲過蘭嶼人的檢查，故事謂：

Puyuma 的祖先 temalasaw 為了尋覓可以當主食的植物，有一天來到蘭嶼島，住在蘭嶼島期間，愛上了當地的姑娘 tayban，並娶她為妻。…在不斷尋找下，果然發現島上有一種非常珍貴的主食---小米。…自從 temalasaw 發現可以做為主食的小米後，一心想帶回部落，他們非常高興的帶著小種子離開蘭嶼，卻被當地的青年沒收，因為當地青年不允許種子離島。於是夫妻兩人想盡一切可行的方法，然而這些方法都不盡理想，很容易被發現。最後是由 temalasaw 藏在下體，結果未被查出，他們終於順利將種子帶回部落。[57]

據說夫妻臨行前，tayban 的哥哥交代他們，每到小米收穫後，一定要製作 tinuerau

---

[56] 古野清人（葉婉奇譯）《台灣原住民的祭儀生活》，頁 128，台北市：原民文化，2000。
[57] 宋龍生《卑南族神話傳說故事集：南王祖先的話》，頁 126~128，灣省文獻委員會，1998。

（小米酒）到海邊煮小米飯糕，向著蘭嶼的方向遙祭 pumaduru，以表感謝和飲水思源，並祈求來年豐收。[58]此即 murai avan（海祭），其意為「源於海岸」，即祭海；因該族原無粟米，太祖 aduraman 與太妣 adurusao 赴東海之島，取回粟種，播於田中，此後方有粟米；為感謝祖妣功績，每年收成後向之獻新粟，而祖先之靈在海中，故須赴海岸行祭。部落青年各自攜帶新粟前往海岸，在海岸作薦臺，並建簡陋小屋，司祭將新粟飯揉團擲祭，全體參與者持生粟向海擲粟三回。該族人深信祭海後必有風雨，海水有如神靈向岸上薦臺奔騰狀，直到薦臺新粟飯漂去。這種祭祀於夏季舉行，在海邊面向東方（或謂面向蘭嶼），由祭師引領族眾祭拜。[59]卑南族的神話說昔日有兩座山，一座在本島，一座在海外，兩山間有大樹（或稱大樹根）可以來去；arasis 氏族曾有人因受人厭惡，被留置外島，後來被鯨魚帶回本島，鯨魚與其約定每年在小米收穫後，以新割的粟米向牠獻祭，這就是 arasis 氏族的 gamogamot（成年集會所）會在卑南族月曆的第七月 kapituan（約當現在陽曆的七月至八月間），到海邊朝綠島方向，舉行對鯨魚獻祭的起源。[60]東部排灣族的神話說太古時 ruboan 有一株大榕樹可以連結紅頭嶼，兩地人可以沿著樹根相互來往，後來也是一個男人藏粟得宜，成功偷回粟種，但排灣族並未因此產生祭儀形式。

布農族、鄒族與泰雅族則都認為粟種來自一種地下人。布農族的神話說：

> 古時候地底下有一種人叫做 ikulun（其他亞群亦稱 ikuur）；他們沒有肛門，所以只吸米飯的湯氣維生。他們很好客，喜歡邀請布農人進入他們居住的洞穴裡，吃他們煮的的米飯；只是由於他們長有尾巴，所以他們跟布農人約定，進入洞穴前要先在洞口喊叫，才能進入洞內，這樣他們就可以是先將尾巴藏好。有一天，不知是布農人忘了還是要惡作劇，他們入洞前並沒有喊叫，一進入洞穴，那些伊庫倫個個驚慌失措，想要藏自己的尾巴，但是也來不及了。ikulun 對於布農人不能信守承諾，感到非常生氣，便將布農人趕出洞穴，並且封住洞口，從此，布農人再也無法見到 ikulun。[61]

這段故事沒有直接提到人類由 ikilun 獲得粟種；根據布農族作家霍斯陸曼．伐伐改寫的神話，這種地下人與地震的發生有關；布農族人也認為：「通往地底的洞口還

---

[58] 同註 39，頁 128
[59] 同註 43，頁 688
[60] 同註 57，頁 50~52
[61] 田野資料，1992.8.1 花蓮縣卓溪鄉中和村，口述者：tian（黃泰平），浦忠成採錄整理。

在，大概在現在南投縣的信義鄉附近，如果一定要盡去找地底人，就必須遵守約定：邊走邊用叫聲通知他們，好讓牠們有時間把尾巴藏起來，否則地底人永遠不會出來見人。」[62]

阿里山鄒族認爲小米是 ba'e ton'u（粟女神）授與鄒族的祖先，並教導耕種的方法；祂還叮嚀：「你們在播種和收穫的時候，一定要舉行獻祭，我會讓你們永久得以豐收，不會缺乏。」[63]粟女神在阿里山鄒族的 miyapo（播種祭）、homeyaya（收穫祭）享受獻祭，據說祂喜歡安靜，所以在祭儀期間沒有歌舞，也絕對不能發出任何喧鬧的聲響，祂都是在凌晨的時分到達，孩子要讓他們早早入睡，以免吵鬧，狗亂吠叫時要用小竹弓輕射其身加以制止，進行所有的儀式都要謹慎，以免觸怒粟女神。在粟女神的眼中，松鼠就如同野豬一般，是祂最喜愛的食物，所以在收穫祭之前，各氏族會盡力捕獵松鼠，松鼠越多象徵家族來年必能豐收。各家族也在這時候彼此往訪，分享豐收的各種飲食。至於稻種的獲得的故事謂：

> 有一個男子在旱災缺乏食物的時候，到田野間挖山芋，沒想到山芋的根越挖越長也越大，最後竟然挖到一處很大的洞穴，裡面有一個人在那裡煮粟飯，那個人邀請他吃飯，吃飯時他發現洞穴人只吸湯氣，而不吃飯；挖芋的男子感覺粟飯很好吃，便向洞穴人索取一些，再攀著山芋回到地上，這就是今日我們所吃稻米的來源。[64]

泰雅族神話提及只吸湯氣的情節是一群稱作瑪西卡努 masikanu 的人，這則故事比較強調泰雅族如何戲弄他們，減弱他們擁有粟種的部分，但是應該與粟種來源有關。[65]

台東魯凱族大南部落流傳一則到地下找食物的故事：

> 從前，地面上不生長糧食，糧食都生長在地下，人們要到地下去向那裡的人

---

[62] 霍斯陸曼.伐伐《玉山的生命精靈》，頁 155~168，台中市：晨星，1997。此處提及地下人的洞口大概再南投縣信義鄉附近，因霍斯陸曼.伐伐爲台東縣海端鄉布農族人，屬巒社群，該群由南投縣境玉山附近遷移，因此將故事的地點擺在其祖先遷移前的地區；惟筆者在花蓮縣卓溪鄉採錄之際，口述者則言 ikulun 洞口在附近山中，惟不可尋得。這種故事地理位置的變換，爲口傳文學流傳的普遍現象，遷徙的族群尤其明顯。

[63] 同註 46，頁 199

[64] 同註 63

[65] 多奧.尤給海、阿棟.尤帕斯《泰雅爾族傳說故事精選篇》，頁 34，新竹：泰雅爾中會母語推行委員會，1991。

要才有糧食吃，大家主要以打獵為生。我們的祖先到地下要糧食的時候，地下的人只肯給糧食，不肯任他們帶回糧種或地瓜苗。後來，他們設法偷偷地帶了一粒小米種子回來，好讓後帶有糧食吃。這一粒小米種子就成了地面上第一株小米。[66]

魯凱族多納部落的粟種則是一個失蹤的嬰兒，數日卻以青年之姿返回的達古魯邦takuluban 所帶來，故事說：

多納部落 Qakilatan 家的家長 Pantelu 與其妻有一天到 Pulupulungan 地方稱作 Nunauano 的田地開墾，將其幼子 tanopako 置於樹下的嬰兒籃中，雖然孩子一直啼哭，但夫婦二人忙於工作，並未加以照顧。直到孩子哭聲停止後，夫婦察覺異狀，前去探看，才發現嬰兒已經失蹤，籃中卻留下一塊大石頭。夫婦二人當日回家後，晚上作夢，於夢中得神諭，神安慰他們不必難過，其子乃神靈接去照顧，幾日後會回來相會。…數日後，該名男孩果然如期返回，但那時已長成二十餘歲成人的模樣，個子高得不能直身進入家屋，並經神改名為 takuluban。他告訴父母親，有八位神靈陪他回來，這八位神的形貌常人無法以肉眼看見，只有 takuluban 能見到。…隨後神與人便合作耕田，雖不能見到神的形狀，但是所砍的樹木應聲倒下，種子播於田中，以及八隻手鍬在田中不斷工作的事實則具體可見。當收穫後，神與人共分收穫，一份帶回神棲之地 pulupululangare，另一份則由部落攜回。[67]

此則神話提及嬰兒失蹤，數日返回，已經成年，且由神靈陪同返回部落；粟種由神棲之地攜來，神靈尚且協助耕作，強調粟種難得。孩童突然被超自然存在所帶走，經歷一段或多或少的時日後，再度返回人間，就會有異於常人的作為；魯凱族這則故事就是典型的例子。魯凱族另有一故事謂：

創造粟的女神是「斯馬拉拉伊」的妻子「卡伊卡伊」。很久以前地上有個洞，「卡伊卡伊」為了取粟及蜻蜓玉，雖然懷有身孕，但仍然帶著孩子去取粟種。出洞口時，因為有些疲累，就在洞口吹起了口笛，她手拿的竹杖與

---

[66] 金榮華《台東大南村魯凱族口傳文學》，頁 25 台北：中國文化大學中文所，1995。
[67] 同註 43，頁 554

背上的孩子變成了石頭，而洞口也封閉不見了。之後，那裡長出了竹子，而舊社地就在那裡。「卡伊卡伊」將取得的粟頂在頭上，爾後人們舉行祭儀時，除了要祭拜天上的神靈，也會祭拜「卡伊卡伊」。[68]

這也是進入地下取得粟種的神話情節。

蘭嶼雅美族以芋頭作為主食，與台灣原住民族有別，紅頭部落的神話說：

> …當石人與竹人漸漸長大後，他們到處漫遊，尋找食物或其他事物回家，讓祖父鑑定；石人因有神的法力，故能告訴子孫，他們送來的各種食物能不能食用，也為各種事物命名。有一天，石人的兩個孫子在外尋找食物，無意間在一個樹洞裡看見一種東西，拿回去給祖父看過之後將此此物稱為sosoli（芋頭），後來他們把這個芋頭種下開始繁殖起來，於是芋頭漸漸成為達悟人的主要食物。[69]

石人與竹人是「眾神的祖父」Si-Ozamen 的孫子，在洪水之後被派遣到蘭嶼島上；他們找到 kois（豬）、kagling（羊）、manok（雞）等，經祖父命名後，都成為人類能夠使用的動物。造船、舂小米、織布、燒陶、編織等也是石人與竹人發明的。[70]

各族群的獲得穀物的方式，有的是偶然的機緣，譬如看見狐狸、老鼠、鳥類吃這些作物，從而獲得啟發，或者是在無意間進入特殊的空間，遭遇與一般人有不同飲食習慣的「地下人」，如布農族的 ikulun、泰雅族的 masikanu 等，因而獲得珍貴的穀種或其他作物；也有是存心要將看見的穀類帶回部落，如卑南族由東方之島帶回的粟種；這種型態有一個相同的情節，就是穀種的擁有者往往會熱誠款待外來者，卻嚴禁任何穀種被帶出去，所以人類總是千方百計要挾帶穀種，而隱藏的地方很一致的是男性的包皮。

族群或部落內部特殊制度的建立，並非憑空而來，在早期的故事中亦能尋得其逐漸形成的痕跡，譬如昔日排灣族部落的平民要向擁有土地權利的貴族納貢賦，拉瓦爾亞族部落的傳說謂：

---

[68] 古野清人（葉婉奇譯）《台灣原住民的祭儀生活》，頁 165，台北市：原民文化，2000。
[69] 余光弘、董森永《雅美族史篇》，頁 5，臺灣省文獻委員會，1998。
[70] 同註 69，頁 6

dagivalit 家的祖先 sadel 很有神力，射箭很準。古時由瑪家往南一直到牡丹一帶，都有很多怪獸會吃人，吃人時連木材一起吞下去。人被吞下去，第一天還不會死，兩天就會死掉。各地人要求 sadel 用箭射怪獸，並要求只能射它的腿部，以免傷及腹中未死的人。Sadel 射中後剖開怪獸的腹部，發現昨天吞下去的人還活著，前天被吞下去的人都死了。人們非常感激 sadel，當時還沒有頭目，以 dagivalit 家地位最高，人們為了表示感謝，每年豐年節收穫的芋頭、小米、稻米，都會送到大社，向向 dagivalit 家表示謝意。這就是最早的貢賦。[71]

此則口碑確立 dagivalit 家族獲得貢賦的合理性。這是口傳文學和部落制度牽連的例證。

泰雅族文面 patasan 是該族的重要象徵，依據傳統的觀念，女子需要學會織布、耕作並操持家務，方能獲得文面資格；昔日男性則須擁有熟練的狩獵技巧，甚至要有馘敵之首的經驗，方能文面。死後靈魂經過彩虹橋，會有守橋的螃蟹檢視每一個通過的人，如果沒有文面，將無法通過彩虹橋，與昔日的親友相聚。[72]日人記錄的文本謂：

世上的任何人均會死，死時即前赴靈魂之家。經過靈魂之橋時，即會有一螃蟹來查看你的手，若是生前為男子曾獲首級，為女子善織和完成雜紅的花布，螃蟹想要擦掉手上紅彩，也擦不掉。它就會讓人順利到達 pappaktowaqqa 的靈魂之家；若是沒有能力的男女來到，它就讓他們繞著路過去，要頭髮掉光，體無完膚，方能到達。[73]

日治時期，儘管日本警察對於文面的習俗採取嚴厲禁止的手段，但是許多堅持傳統習俗及倫理的泰雅族人，仍然甘冒被監禁、毆打、罰款的懲罰，偷偷文面[74]；而此一習俗的相應神話內容說：

太古之時，只有姐弟二人，姊姊很憂慮如何使人類繁殖，乃建議和弟弟

---

[71] 同註 43，頁 614
[72] 多奧·尤給海、阿棟·尤帕斯《泰雅爾族神話傳說》，頁 26，臺灣基督教長老教會泰雅中會母語推行委員會，1991。
[73] 同註 25，頁 106
[74] 馬騰嶽《泰雅族文面圖譜》，頁 85~86，國家文化藝術基金會獎助出版，1998。

結婚，以便傳宗接代。可是弟弟拒絕姊姊的建議，他認為同胞不能結婚。姊姊沒辦法，乃享出一計謀騙弟弟。他向弟弟說：「明天下午在山下有一個女人等你，她就是你的妻子。」弟弟信以為真，即準備翌日下午去赴約會。第二天，姊姊拿了黑灰塗了臉孔，先到山下去，弟弟到來，認不出是姊姊，遂和她交合。從此人類便可以傳宗接代下去了，而從那時開始，我們便有了刺面的風俗。[75]

傳統至青年期，約13、4至16、7歲，男子開始參加出草、出獵隊伍；女子開始學習家事、農耕集紡織工作。女子在此時其位待嫁期，請刺墨師爲之文面。男子在昔日必須曾參與一次出草而有成功獵首者，始可文面；女子則以學會紡織爲成人的條件。泰雅族無成年禮，惟以文面並改變髮型視爲取得成人資格。[76]曾經長期調查與研究泰雅族文面的馬騰嶽說：

> 相當複雜細密，具有皮膚文飾的美感外，泰雅族的文面在功能上更包括族群識別、成年禮、避邪繁生、褒揚男子英勇與女子善於織布等多重意義。[77]

此處所謂「族群識別」即區別敵我，部分泰雅族部落的口碑即稱係因過去出草行動時，因為天色太暗，兩方混戰，無法分辨敵我，產生誤殺，因此有人主張在額頭與下顎塗上黑灰，這就是文面的來源。[78]賽夏族傳統的文面據信是欲避免泰雅族人獵首而產生的習俗，[79]其面文稱稱 pinatasag；男女皆用額文 enolasanu 與頤文 enogowanu，是成年者的標誌。賽夏族亦刺胸文 enokalanu，曾獵首者方有資格擁有。[80]排灣族的文身 butsik 是一種階級權利，只有地主貴族才能享有，出身平民者則無，除非因為武功而獲得榮譽，或者用貢物獲得特許。排灣族貴族男性的文身部位在胸前、背後、手臂及小腿上，刺文可以自由選用，一般是幾何圖形，但是人文、人首文及蛇文，則限於貴族直系方能使用。婦女刺文限於手腕及手背部。

[75] 李亦園、徐人仁、宋龍生、吳燕和合著《南澳的泰雅人：民族學田野調查與研究》（上冊），頁253，中央研究院民族學研究所專刊之五，1963。
[76] 同註43，頁372
[77] 同註74，頁45
[78] 同註72，頁70~71
[79] 參黃榮洛〈賽夏族的紋身來歷〉，《臺灣風物》，47（3），1997，頁170~171。
[80] 陳運棟、張瑞恭《賽夏史話---矮靈祭》桃園市：華夏書坊，2000 增訂一版，頁89。

　　文面在泰雅族及賽德克、太魯閣族群有相同的意義，日治臺灣後期，對於文面習俗嚴厲禁止，[81]但是各族群仍然冒著被處罰、監禁、勞役而私下進行文面，可見這種習俗在其社會文化深層結構中所具備嚴肅意涵。

　　這些種種的神話主題呈現的內容，並不能截然設定其出現的時間，以及它們之間的先後次序，依據神話學的觀念，這些通常是人類的祖先最先關切的事項，即使是累積的經驗與知識不豐、理性思考能力低落，但是對於週遭世界環境顯現的紛雜情狀，以及出現的許多難以知曉其緣由的現象，他們也會予以注意與觀察，所以解釋、說明性質的神話，都是在嘗試探討、溯源、分類、安置自己和萬事萬物間關係的產物，這樣做了，心理的安適感才能出現。

三、轉化與實踐的層次

（一）傳承脈絡與內涵的深化

　　傳承自古遠年代的經驗、知識與價值觀念，會在部落社會內部形成一種延續系統，也就是文化傳遞的機制，如與會所制度等相連結的口傳系統，藉由這樣的體系，可以讓這些珍貴的集體經驗得以持續扮演提示、警惕與引導的功能。如果在某一時期，某部分集體記憶正好符合群體與所處環境的需要，就會被強化，甚而形成特殊的族群行為或思想的標記，譬如泰雅族與太魯閣族的文面、排灣族與魯凱族的百步蛇圖騰，都可以在神話與集體擁有、依循的觀念、規範中，找到它們存在的痕跡。

　　譬如「圖騰」（totem）這樣的文化烙印。熱帶地區會有較多如百步蛇、龜殼花之類的毒蛇，以蛇類特徵為基礎的文化在這樣的環境自然比較容易產生。「圖騰」一詞

---

[81] 譬如1913年，南投廳長石橋亨於九月三日往白狗監督所，召來白狗、瑞岩等部落頭目及有勢力者六人，宣告其禁止刺末的訓諭，並要求其在宣誓書上按押拇指印，以為保證，其內容為：「吾等蕃人，以馘首為無上之榮譽，並在面部刺墨以向族人同儕誇示彰顯。此舉雖然是為了遵守祖先流傳之習慣，然今承蒙皇恩，披沐聖澤，驟然醒悟昨日之非。馘首習俗違背人道，乃罪大惡極之事，面部刺墨更是彰顯此一野蠻行徑之舉。因此訓示子孫長久相戒，吾社自此改正馘首支惡習，誓言停止此野蠻風俗與面部之刺墨行為，並努力訓示子孫永遠戒除。若社中有人於面部刺墨者，即認定其進行馘首行為，我等將據實申告，或逮捕押送官方處置。」《理蕃誌稿》第二卷，頁445。臺灣總督府警務局編（吳萬煌、古瑞雲譯）《日據時期原住民行政稿》（原名：理蕃誌稿）第三卷，頁372，臺灣省文獻委員會編印，1998：「（大正四年，1915）南投廳為矯正原住民惡習，曾對全體原住民部落通令禁止紋身，違令者毫不留情地給予相當處分。然而北部深山蕃西卡耀、沙拉矛兩部族今年遇旱災疾病患，於是以為此乃廢除祖先遺俗之紋身而受天罰，並哀求解禁。對此給予拒絕並懇切教諭，但至四月竟發現沙拉矛避難蕃中有暗中刺青者。犯人是避難蕃中居住最遠者，是在距駐在所約二十五公里深山中的洗臘克社婦人六名。於是駐在所立即著手調查，查明真相，於五月二十三日召喚違犯者及有關頭目、青年等二十八名前來本廳，深刻教諭其不法行為，訓戒今後改正。對違犯者、刺墨手術者及有關婦女青年，令其繳納鍋及其他謝罪品，再依情節處以二月已內之拘留或苦役。」

是美洲一印地安族人的語言，意思是「它是我的屬親」或「它是我們的祖先」，在生活上有密切關聯的物資或資源，可以成為某一群體的圖騰象徵，如中國北方大興安嶺自稱「使鹿人」的少數民族認為馴鹿與他們的祖先起源有關；黑龍江畔的被稱作「魚皮人」的赫哲族以河中的鰉漁為圖騰。認為神秘難測的事物、現象，也會被當成圖騰之物，譬如非洲南部的布須曼人（bushman）認為蜥蜴在草叢中行動敏捷，臨危還可以斷尾逃命，生命力旺盛，所以也認為牠與祖先有關，必要時他們還會伸展身軀，讓人驗證他們與蜥蜴相似的骨架。對於恐懼的事物古人亦有處置之道，譬如排灣族對於百步蛇，其情感心靈是極為畏懼的，但是藉由圖騰關係的主觀建立，在精神層面產生了親屬關係的締結，儘管實際上畏懼依舊存在，但是深層的意識裡已經減弱了「牠對我們的威脅」。

圖騰可以衍生出複雜的信仰與文化體系，但是台灣的原住民族的圖騰文化僅有殘存的部分，譬如卑南族、鄒族、布農族有零星的人與動物、昆蟲交合或被蛇、狐狸撫養的情節，另外，賽夏族有些家族以日、章（樟）、風、豆等自然誤為姓氏，雖也有圖騰概念，至今僅知其梗概，難以掌握全般。只有排灣族、魯凱族還保有清晰完整的圖騰文化內容，在神話、藝術及日常工藝的表現上，都有豐富的內容與特色。其他族群如布農族所謂糞生、蟲生、葫蘆生之類，則是觀察自然界糞土招來或產生昆蟲，或見螞蟻、蜂子嗣及葫蘆籽粒繁多，以原始思維聯想後產生的結果。其他如泰雅族石生、鄒族土生與楓樹生等，說明其與土地關係的重要性，也是「大地之母」的具體實現。播植物種於土地，種子發芽成長，這種現象會引起相關的聯想，而石頭是土地突出的部分，巨石與形體、顏色怪異的石頭，都可能基於萬物有靈的觀念，使初民覺得這種石頭有一種靈力，如果有裂縫，就更容易進行一種不自覺的想像。

（二）謳歌舞踊的讚頌型態

原住民族在粟作由播種以迄收穫的過程，都有神聖的祭儀與禁忌，它們是原住民族祭儀最基本的部分，這些農事祭儀各具內涵與形式，如布農族在播種祭時，誦唱祈求豐收的歌謠 pasibutbut；部分族群如阿美族的收穫祭 ilisin（一般習稱豐年祭），搭配豐富的歌舞；而卑南族與阿里山鄒族的收穫祭則強調祭祀過程的安靜，缺乏歌舞的搭配；部分則是家族自行辦理，重視細緻隱密的儀式，如賽夏族。這些祭儀與神話的內容與穀種的發現者（有很多是女性角色），表面上不見得有直接的關聯，但是故事內涵與儀式象徵意義間，仍存在許多可以探索的蛛絲馬跡。

雅美族人捕捉飛魚的技巧與準則是由一隻稱為「黑色翅膀」（mavaeng so panid）

的飛魚所教導。當時石生人之孫將螃蟹、貝與飛魚混煮而食，發生疾病，雅每人甚至任意丟棄飛魚，讓天神感到痛心；有一天夜夢中，石生人見到黑色翅膀（亦有說是天神）與他相約在某一地點；天明，他們看見一隻黑色飛魚將翅膀取下，放在礁石上，用人語說：

> 我們是天神造的飛魚，你們可以捕我們，飛魚共有好幾種，現在我要代表牠們告訴你們，如何為我們舉行儀式、如何捕到我們、如何處理我們；請你們坐下來聽我的話。…我們黑翅膀的飛魚，在魚群中最少、最尊貴、體型也最大，你們可以輕易捕到我們。除了可以在白天乘小船划到海中，用蝦肉釣，也可以將我們當餌來釣鬼頭刀。但我要告訴你們，把我們曬成魚乾的時候，絕對不要再用火烤來吃，免得吃了會得皮膚病。…紅翅膀的飛魚 papata' on 在魚群中數量最多，你們若在船上點起火把，他們就會靠近來，而且一來就是成千上萬，你們可以盡量撈捕。…可以把他們曬成魚乾，也可以用火烤食。…Loklok 飛魚和 kalalaw 飛魚一樣，體型都很小，他們在我們的魚群中也不少，但肉質比 kalalaw 差一些，所以不能給孩童和婦女食用，只能給老人吃。Kararakpen no arayo 飛魚的體型更小，鬼頭刀很喜歡追捕他們，他們出現必定有鬼頭刀追隨其後。他們不喜歡被你們捕到，你們偶而捕到這類飛魚的時候，不能吃他們。……希望每一年都能為我們扉魚的到來，舉行招魚祭儀式。你們要在十月的時候砍伐做火把用的蘆葦莖，十二月時，我們看見砍下的蘆葦莖已經堆在那裡之後，我們就會從南方慢慢地飛到你們的島，所以要在一月時為我們舉行招魚儀式，我們就會很快趕到你們的島。此外，我還要叮嚀你們，在十二月時修好船隻並及早準備，一月十六日要預備魚架，一月十七日要洗碗盤，一月十八日要舉行招魚祭。招魚祭時，你們要穿禮服，佩戴黃金、銀帽，還要殺豬和雞，用豬和雞的血招引我們，我們很快就會到來。晚上你們出海點燃火把來召喚我們，我們就會很容易被你們捕獲。到了四月份，你們在白天划小船到海上來，拿蝦作餌，我們也會在海中等待，等待被你們釣起。千萬要記住，不要忘記。[82]

雅美族屬於海洋島嶼民族，依賴自海中獲取的魚類甚深，因此在傳統的雅美族社會中，與飛魚漁撈有關的活動和祭儀，其重要性凌駕其他一切歲事之上，飛魚並且成

---

[82] 同註 69，頁 7~9

爲神聖物，族人對其捕撈、剖理、曝曬、烹煮等，以及食用時地、盛器種類，都有繁複的規定與禁忌。[83]

（三）典型與價值的塑造

王孝廉曾言：「民族信仰的產生，並不是從理性的自覺而形成的，是依各民族累積長時間的經驗與傳統而形成的共同觀念，把這種共同觀念落實在現實生活之中，就是民間宗教或民俗節日的儀禮，但這種儀禮不是自外來宗教的傳入，而來自民族生活爲基礎的自然宗教信仰，如由於對山水木石等自然物的崇敬而形成的自然信仰，對日月星辰及風雨雷電等天然現象而引起畏敬和崇拜，由此而將天然現象加以神格化而形成精靈信仰，對於始祖神的崇拜畏敬以及對死靈的恐懼而產生的祖靈信仰，對死後的不安與對來生的憧憬而產生的天堂或幽冥世界信仰，由狩獵、農耕、航海而產生的獵神、農神及航海神的信仰。這些民族信仰並不是隨著民族文化的發展或科學技術的進步而消失，相反的是不分過去現在以至未來，長期地像化石一樣與科學文明及理性思維，並存於一個民族的精神和思想之中。」[84]部落內部流傳的神話，在各種不同的場合中不斷被講述，或者在男子會所中，或者在家族的聚會裡，甚或田野的勞動和狩獵的旅次，長者擔任故事的講授者與詮釋者，部落的成員分別聽取本身應該熟悉的部分；神話和傳說是部落歷史文化的雜揉機體，屬於成年男子知識的基礎，詮解部落對於時間空間形成的概念，建構部落價值與觀念的準衡，在一些膾炙人口的口傳故事中，部落的成員同樣能沉澱出一些足以陶養修鍊的德性與氣質。譬如曾經率領阿里山鄒族特富野部落男子與伊拇諸交戰並南襲達庫布雅努 takupuyanu 的 yaipuku 與渾名 meyaesi（巨食漢或甚麼都能吃的人）的 yapasuyo e muknana，前者表現的謀略 maoto'tohungu，後者表現的剽悍勇武'uteu 的特質，均曾爲部落成員所津津樂道。Aeyao 追擊事件中裨將 voe tosku 表現的忍耐 buveitsi 的精神，在故事敘述中，常成爲勉勵青年們的良好品格，而當時婦女們表現冷靜而有智慧的預備工作，使男子們能在完備的準備中出擊，其分工所做出的表現確實是可圈可點的。在迎擊來襲清軍的謀略戰中，婦女們和男子們的團結 tmuteuyunu 合作，忍辱負重 na'no buveitsi 與智謀 umnu tsi tahtsuhi'i，使部落免於滅亡。這些不同的口傳文學敘述內涵在不斷傳遞中，逐漸形塑部落成員的性情與品格，因此部落間呈現的差異由是而突顯，部落中受到眾人喜愛的是以下的性情與品格：

---

[83] 同註 34，頁 903，1995。
[84] 同註 18

忍耐 buveitsi

勤勞 bitotonu

意志堅定 atuktsa na to'tohungu

沉穩禮節 luaen'nva

慎言 bumemeyalu hola ya'ei

慷慨 na'no meyalu

勇敢 uteu

有智謀 mauto'tohungu

性情溫和 na'no ma'tsotsatsini

謙虛敬畏 yieinu

有愛心 himtsotsoveoi

節儉 na'no tiakak'ingi

而受到輕視的性情與態度為：

不能忍耐 oa buveitsi

懶惰 lu'amamza

懦弱 lua ngoheungu or masmoyo or lua peteozu

輕浮無禮 no'no oa luaen'nva

驕傲 bitano

暴躁 pak'i

多言 loyoe'e or yusvi

嫌惡別人 lua himkuzo

喜嘲諷別人 lua potfungu

吝嗇 kiala

喜偷竊 e'oyu

說謊 meknuyu

行事不光明磊落 kaebu asoe

浪費 oa tiakak'ingi

　　在部落成員生存的領域中，經由過去漫長歲月的經驗與體悟，藉著各氏族成員情感、理性思維及真實生活的融攝與凝煉，構建雜糅著精神與物質層面的多維向度世

界；在這樣的世界中，所有與人 tsou 有關的有生物與無生物，均被賦予一定的功能，擺在一定的位置，其質性與價值不一定藉由客觀的鑑定與辨識過程獲致，卻是在實際生活的紮實體驗中，受到主觀的詮釋和運用。在諸多的人事與自然現象的融會交錯中，外觀似是紛雜，卻有非常合理的存在架構與互動模式。

四、結語：起源、漫遊與歸宿

在這塊土地擁有最早生活經驗的民族，累積最原始、真實、多樣而綿長的部落集體記憶。土地、巨石、洞穴、樹木、葫蘆、高山、昆蟲、蛇類等是祖先起源所在；經歷許多的天象與氣候變化，這些體驗都沉澱在射日、射月與鳥類推高天空的神話描述；洪水的記憶，許多科學證據顯示這些絕非無稽的幻想，[85]而是曾經真實發生的自然災害。糧食作物自地下、海外、神授、動物啟發等方式獲得、部落的尋找與建立，以及各種文化習俗的萌生與發展，都有細緻而周全的說明。至於人類生命週期結束，也有自古已經設定的歸宿之地，譬如泰雅族人要走上彩虹橋通往祖靈之地，排灣族的祖靈就在大武山上，賽夏族相傳其祖靈石像仍然在大霸尖山矗立，而阿里山鄒族認為人死後會回到稱為 hohcubu（神靈聚居之處）的塔山。由人類最初的起源，生養於天地山川與部落族群之間，不論是個體微小的存在，以及族群部落整體生命的維繫，以迄最後生命的終止，都有完整而特殊的安頓型態，這些自成一格的文化內涵與生活的觀念，點點滴滴，在部落成員共同傳續的口碑故事中獲得不斷的詮釋、增添與調整，是一脈永不停滯與斷裂的活水泉源。

綜觀臺灣原住民族原始神話內涵呈現的思維，可以獲致幾個清晰的趨向：一是人與自然萬物間是對等而均衡的地位，人的生命來自自然界存在的一切物質，因此並沒有自高於動植物條件；二是崇敬祖靈或神靈，這些蒙上宗教色彩的種種角色的思維與陳述，其實是具體化的自然生命運轉，所以所有的祭典儀式與其說是膜拜超自然存在的神靈與精靈，不如說是對於大自然力量的敬畏與祈求；三是生活資源與文化發明都非純靠人力之能；要得到這些資源與利器常要進入不尋常的環境，並且需要一些特殊力量的奧援才能成事，所以對於這些難得之物應該予以珍惜，否則將會失去。

這些初始的集體思維與記憶，渾融著著自然與人類複雜的心理作用，並且深刻的鑿刻在族群與部落曾經生活的空間領域，因此大武山（排灣族祖靈之地）、玉山（阿

---

[85] 譬如在美國戴夫.巴爾錫格與小查爾斯.塞利爾在《尋找諾亞方舟》中宣稱諾亞時期的大洪水可以用科學證據加以證實。他們說這樣的大洪水必然會在地球各處留下大量的沉積岩，而科學的方法估測，75%以上地球的表面實際上是沉積岩。參陳建憲《神祇與英雄：中國古代神話的母題》，頁 108~109，北京市：生活、讀書、新知三聯書店，1994。

里山鄒族祖先起源與躲避洪水之地)、都蘭山(卑南族聖山)、雪山(賽夏族起源之地)、瑞岩(泰雅族起源之地)、白石山(太魯閣族或賽德克族人起源之地)大霸尖山(泰雅族與賽夏族起源之地)、鬼湖(魯凱族聖地,傳說 palem 嫁給百步蛇入湖處)、人之島(即蘭嶼,神降石生人、竹生人之地)等神話空間的辭彙,以及百步蛇(排灣族貴族祖先)、葫蘆(布農族起源之物與排灣族產生穀物之物)、飛魚(天神賜給雅美族人的珍貴禮物)、小米(神授之物)、老鼠(啓示穀種者)、麻雀(叼火者)、sisilig(泰雅族神鳥,舉天、卜鳥)、松鼠(鄒族小米女神的神聖珍物)等動物植物的品類,對應部落社會的五年祭、海祭、收穫祭、祖靈祭、飛魚祭、文身、毀飾、占卜、婚配、貴族制度等人文符號,讓自然大地與散處各方的部落族群,都鑲上晶瑩動人的原始記憶的母題,形成豐富多樣的神話世界。

這些承載最初記憶與思維的神話母題在漫長的歷史進程中,不斷釋出讓部落與族群面對環境變動的靈感與創意,也警惕著昔日遭遇的艱難與災禍。珍惜並善待大地自然存在的一切,就是這些母題最能概括的核心意義。

後來因爲原鄉發生天災人禍強渡黑水溝來到這塊土地的移民,在尋找生計活路的過程中,將這塊土地當作「無主之地」(terra nullius),遂行侵奪;更有統治者認爲原居此地者爲「非具法律人格」之物種,可以依據政策考量予以殲滅。[86]而日後統治者對於這塊土地所進行毫無節制的開闢、開發,導致土地倫理的崩解與自然山川空前的災情,都是緣起於對於原初思維與記憶的全然悖離。至於強要源於斯、生於斯、長於斯的原住民族也要認同於「中華民族」共有的文化脈絡,則更是等而下之的牽強。惟若是居住此地的居民,仍然無知於這塊土地最早的民族及其歷史文化早期的面貌與發展的軌跡,甚而以攜自原鄉包袱之物自珍,漠視蘊藏於台灣山海之間的珍貴神話母題意涵,以及最早的土地思維趨向,則所謂「建立台灣本土爲主體的思想文化」這樣的想像,毫無基礎,也根本無從實現。

---

[86] 譬如日治時期,總督府參事官持地六三郎參酌岡松博士於明治 28 年依據日清講和條約內容所作「清國不視原住民爲臣民,而視爲化外之民,繼承清國主權之日本帝國亦然」、「原住民在社會學上可視爲人類,在國際法上可視爲動物」[86]之論,引申而言:「(生番)他們與帝國並非國際法上之關係,而是國法上之關係,然而他們自帝國讓受台灣以來,未曾服從帝國主權,反而繼續採取叛逆態度。...不服從帝國之命令,亦不履行納稅義務,所以帝國有權討伐他們,且有生殺予奪之權。他們並非帝國國民,因爲未曾服從帝國主權,因而不能給予臣民籍。他們與帝國亦非國際法之關係,因爲住於帝國取得割讓之土地,所以有權成爲帝國國民。他們在社會學上可視爲人類,在國法上則無任何人格。生番爲叛徒,他們之生殺予奪完全操在國家處分權內,...他們類似原始人,而且猶如猛虎,時常據天險,恃地利反抗政府,以致難以討伐殲滅,若強行討罰責非經濟上之良策而得不償失,...但山地爲利源之寶庫,事業之起點,開拓利源需要一面討伐膺懲殲滅,一面撫育使其柔順,捨棄惡習,提高開化程度,並將名實皆成爲帝國臣民者列入『熟番』,給予帝國國民之資格,同時視爲帝國臣民,相信此爲國家必須採取之政策」;《日據時期原住民行政志稿》第一卷(原名《理蕃誌稿》),頁 148~153,台灣總督府警察本署編,陳金田譯,台灣省文獻委員會。

當代台灣人間佛教的成果與挑戰

釋昭慧
玄奘大學宗教學研究所副教授

一、略述當代台灣佛教之特色

2002 年 10 月 19 日，筆者曾應宜方教授之邀，在中國人民大學宗教研究所發表演講，題爲〈台灣佛教之榮景及其隱憂〉；後經學生將此演說內容加以紀錄，筆者乃以此講錄作爲底本，細加增補修訂，復於至 2003 年 3 月 15 日舉行的「台灣文化本土化研討會」上，發表〈台灣佛教之發展及其特色〉。該篇文章已於 2003 年 9 月收入《台灣漢文化與本土化》論文集中，由台北前衛出版社發行。

綜括該文內容，台灣佛教有如下幾點特色：

（一）政、經情勢與宗教力量之消長：台灣的人口約兩千三百萬，根據陳水扁總統在一次與佛教界領袖晤面時所述，台灣有百分之九十以上的宗教人口，其中廣義的所謂「佛教徒」，就佔百分之四十以上（故佛教徒約佔總人口比例百分之三十六）。當然此中有許多是與民俗信仰合流的民間佛教人士，但即使是這樣，只要看到佛光、法鼓、慈濟等人數以萬計的超大型法會，或賑災場合無處不在的慈濟社區義工，就可知道，佛教徒人數確實眾多。相形之下，基督宗教（包括基督新教和天主教）大約是百分之三點五，[1] 此消彼長之勢非常明顯。

（二）本土宗教的親和性：台灣佛教是在廣大民間神佛不分的觀音信仰基礎之上，形成民間佛教，復有漢傳佛教系統（且以閩南佛教爲主）的僧伽佛教，再揉合 1949 年後來台的大陸僧伽佛教。1960 年代以後，台灣佛教僧信共同努力，帶動了知識份子與大專學生的學佛風潮，終而形成了具足本土特色的漢傳佛教。

（三）大專青年佛學社團與營隊的成效：以周宣德居士爲首的佛教僧信大德，在 1950 年代以後，扶植大學校院成立佛學社團，並成立多種獎學金，以鼓勵學生研讀佛法，寫作學佛心得或佛學論文。這股大專生與知識份子學佛的風潮，帶來了佛教界整體信仰人口素質的提昇，改變了社會對佛教視同「迷信、消極」的刻板印象。

（四）國際交流的多元性：台灣佛教雖以漢傳佛教爲主流，卻不等同於傳統的中國佛教，南傳佛教與藏傳佛教在台灣不但自由傳播，而且各擅勝場，歐、美、日、韓……等各國佛教也常與台灣佛教作友好的交流。凡此種種，都促成了台灣佛教多元而豐富

---

[1] 台灣基督徒人口迄今仍有下降趨勢，根據台灣基督教資料中心每兩年推出的教勢報告，台灣基督徒人口已從 2001 年佔全人口的百分之二點七四，到 2004 年再減爲百分之二點五。以上的調查不包括天主教和真耶穌教會，但含蓋所有的更正教宗派。負責撰寫該項報告的朱三才牧師透露，調查過程中發現、有些教會根本已無聚會。（2004.07.28，http://www.twbm.com/agape/agape51-1d.htm）

的開展。

（五）多元領導而各擅勝場的教團特色：解嚴後，單一教會領導的局面改觀，各大教團紛紛成立全國性教會，使得台灣佛教呈現多元領導而各擅勝場的熱鬧局面。相形之下，中國大陸的佛教至今仍維持對內一元化領導的教會系統，它不啻是政權掌控宗教的「白手套」。

（六）典範人物建構學理，締造事功：在學理方面，有印順法師提倡「人間佛教」，並建構完整的佛教史觀與系統學說，期能懲前毖後，提供一套「復興佛教」的宏觀策略。在事功方面，更出現典範人物如星雲、證嚴、聖嚴等諸位法師，他們是深具群眾魅力的宗教領袖，有著強大的攝受能量，結合了數以百萬計的追隨者，在慈善、文化、教育事業上，展現了輝煌的成果，深獲台灣社會之認同。加上台灣傳媒的特殊環境，也有利於彼等擴大知名度與影響力，因此每逢巨大災變的場合，無論是國內還是海外，都可看到台灣佛教團體（特別是慈濟人）的身影。這些龐大佛教團體所展現的動員力與救援力，實非尋常「散戶」所能望其項背。

（七）僧尼總體素質提昇：傳統社會僧尼素質低落，被視為失意逃避的社會邊緣人，台灣卻因僧尼素質提高，弘法利生的表現傑出，因此一掃消極負面之形象，獲得了廣大社會的認同。

（八）社會運動的參與及主導：自 1980 年代台灣政治解嚴之後，社會運動蓬勃發展。為了實踐佛陀的護生教旨，並回應普世價值，引領時代思潮，部分佛教團體乃重視各種人權議題，並從事動物保護、環境保護乃至性別平權等社會運動，這在世界佛教中呈現相當鮮明而先進的特色。

（九）入世與出世之爭：佛教較能涵容異己，所以台灣佛教較無劇烈的宗派、教派之爭。近年台灣佛教內部較受矚目的論諍，是出世與入世的路線之爭，這幾乎也等於保守派與開明派的論諍。一些隱遁派的僧侶，往往指責入世形態的佛教是庸俗化與腐化的罪魁禍首，強調必須是出世清淨的修證，方為佛教特色；但徵諸台灣當代佛教實況，積極入世救度苦難的教團未必等同於庸俗腐化，反之，炫奇惑異而遭至社會譏評的，卻往往出自山林隱修而略有神秘經驗的禪僧。[2]

在負面的部分，筆者也提出了三點觀察：

（一）解嚴以前，與執政當局過於緊密結合：過往台灣民主運動的時代，佛教當權者與執政當局緊密結合，依附權貴的色彩過於濃厚；面對種種攸關土地、人民與苦難眾生的社會運動，佛教也幾乎無動於衷，甚且敬而遠之。作為一個人口比例佔大多數的主流宗教，未能即時參與改革事業，共同興利除弊，反而在無形之中，給予保守

[2] 2005 年 3 月 20 日，第四屆台灣文化「台灣思想與台灣主體性」國際學術研討會上，楊惠南教授於本文發表時擔任講評人，特提醒筆者：台灣佛教的發展，必須將日據時代日本佛教的貢獻也列入考察。在此感謝楊教授之補充指正。

力量以負隅頑抗的空間，卒遭致「在前人樹蔭下乘涼」之譏。

（二）攝眾募款迭遭非議：大教團由於家大業大，自是求才若渴，需財孔急。有的教團所使用的攝眾募款之道，迭遭非議。近數十年寺院經濟急劇膨脹，資源之運用，頗有重複與浪費的現象。有的寺院建築過分龐大，建材與裝潢極為講究，因此予人過於豪奢的不良印象。但是教團各自為政，沒有教內強而有力的監督、獎懲機制，連媒體都受到某些大教團人脈、錢脈的微妙牽制，往往不能形成正常的外部制衡力量。

（三）部分僧侶行為不檢，迭遭非議：如 1996 年的中台山剃度事件，1999 年的妙文事件，均震驚全國，動搖佛教信譽甚鉅。更有一些性醜聞，因當事人隱忍或投鼠忌器，而未獲揭露與公正處置，卒至姑息養奸，帶來佛教與受害人更大的傷害。

本文擬在前述台灣佛教論述的基礎之上，進一步介紹當代台灣佛教中，最具特色，也最獲社會好評的（遵循「入世」路線的）「人間佛教」。台灣江燦騰、中國王雷泉與鄧子美等多位學者，對當代台灣佛教的觀察、解讀與評議，也是本文寫作的重要參考資料。

本文論述內容包括以下幾點：

一、有助於人間佛教崛起的外部因素。

二、人間佛教運動簡史與學理建構。

三、台灣當代人間佛教的事功成效。

四、慈善事業範例舉隅：印尼整治紅溪河案例

五、人間佛教所面對的三項挑戰及其回應：

  （一）入世與出世之爭

  （二）抗拒性別歧視

  （三）釐清政教關係

最後歸結台灣當代佛教的兩大悖論：多元性與主體性、神聖性與世俗性，以及台灣當代人間佛教以「感恩文化」補強「權利文化」的貢獻。

二、有助於人間佛教崛起的外部因素

有關台灣佛教崛起之外部因素，江燦騰與王雷泉均指出：佛教之所以能夠在台灣快速發展，有兩項因素：

（一）經濟因素：七○年代之後，台灣的經濟起飛，各大教團的寺院經濟神速發展。相形之下，兩次戰爭（朝鮮戰爭和越南戰爭）和一次文革內亂，使得中國經濟停滯不前，佛教發展和佛學研究相形落後。

（二）國際形勢：七○年代的國際環境變化，造成美國勢力淡出台灣，連帶著使原來強勢的基督宗教影響減弱，從而使佛教在整個宗教生態中上升為顯教地位。（江燦騰：1995。王雷泉：1999）

此外，江燦騰也提到「社會轉型」的因素：經歷了六○到八○年代的劇烈社會轉型，大量轉而從事工商服務業的原農業人口，大量流動的各行各業人才與勞工，以及原居住在市中心而遷往郊區的人口，產生了對周圍陌生社會環境的「較強疏離感」，由於原有血緣與地緣聯繫被割裂，有著特別強的新的社會歸屬需求。因此，宗教正好替代了這個功能。（江燦騰：1997）

鄧子美更運用馬克斯・韋伯的宗教社會學的理論，強化了上述有關經濟與社會因素兩個重點的敘述：

（一）經濟因素對人間佛教運動的影響：他認為市場經濟全球化的歷史趨勢，通過各民族、各產業等多方面的多元競爭得以體現。而人間佛教的興起與保守宗派的衰落，實質上均乃此大潮的映象，是教內部分先覺初而被動地對社會劇變作出反應，漸而轉向主動順應，進而以自身理論上的優越性與實踐上的可行性吸引各宗派追隨，並力圖以其超越性影響社會的佛教轉型過程。

（二）市民社會的形成與台灣市民的宗教需求：平等競爭的市場環境確立使權力崇拜意識淡化，在精神層面為宗教信仰騰出了空間。面對龐大而複雜的市場顯現的偶然性，個人與民營中小企業的命運就更難把握，這是宗教需求增長的內因之一。從宗教與社會互動關係看，實際情形大體為，首先是能夠適應當時社會穩定取向的宗教或宗派取得了壓倒優勢，而後這些宗教或教派的教義教規反過來支援了世俗社會秩序的「固定化」。因此從社會基礎以觀，台灣當代人間佛教雄踞主流，與在這個政、經、文化等大趨勢下，台灣市民的宗教需求有關。（鄧子美：2004）

筆者則認為，外部因素還可再加上兩點：

（一）強鄰環伺之憂患意識：「人間佛教」之提倡，可溯源自民國佛教時代。當其時，反佛教之西方宗教人士、反宗教之西化論者，以及對國族積弱與文化凋零深具危機感的新儒學者，或是發出質疑佛教的言論，或是擬訂侵損佛教寺產的方案，凡此種種雖屬逆緣，卻也讓佛教中的有心人士產生憂患意識，走出山林，積極作為，以促成內部改革，爭取社會認同。

例如，1928 年 3 月，內政部長薛篤弼，有改僧寺為學校之議。中央大學教授邰爽秋，於該年與 1930 年 11 月，兩度提出「廟產興學」之具體方案，僧界大受震撼，紛紛呼籲反對。「人生佛教」的創說者太虛大師，即以「中國信佛的革命民眾領袖」名義，發表〈對於邰爽秋廟產興學運動的修正〉[3]

又如，太虛大師曾撰文回應新儒學者梁漱溟的觀點；[4]「人間佛教」的創說者印順

---

[3] 印順法師：《太虛大師全書》，頁 253、313。

[4] 梁君原係佛弟子，後迴佛入儒，雖猶稱許佛法為最究竟，而目下不贊同提倡佛法，欲以孔家文化救中國。1920 年 11 月，太虛大師作〈論梁漱溟東西文化及其哲學〉回應云：「大師評論之要，如說：「梁君視佛法但為三乘的共法，前遺五乘的共法，後遺大乘的不共法，故劃然以為佛法猶未能適用於今世，且慮反以延長人世之禍亂，乃決意排斥之。其理由，蓋謂東方人民猶未能戰勝天行，當用西洋化以排除物質之障礙；西洋人猶未能得嘗人生之真味，當用中華化以融洽自然之樂趣。待物質之障礙盡而人

法師，也述及其於抗戰期間在漢藏教理學院期間，會遇梁漱溟上山來訪，梁氏對佛教提出質疑，並以「此時，此地，此人」爲議。[5]受此影響，印順法師乃於爾後治學時追根探源，暢佛本懷，期能導正異時、他方、鬼神傾向的佛教。

台灣佛教在日據時代，甚受制於日本殖民政府。國府來台之後，台灣佛教的發展，已漸適應西方文化的衝擊，也減少了唇箭舌槍的儒佛之爭，但是依然曾經面對過西方宗教在六○年代咄咄逼人的文字攻訐，[6]以及親西方宗教之政治力量的微妙打壓。無論如何，人間佛教崛起於政治、宗教形勢不利且西學、儒學等強鄰環伺的處境之中，似亦證實了孟子的說法：「無敵國外患者國恆亡」。

（二）舊慣信仰的情感傾向：台灣原本已有漢民族觀音信仰與祖宗崇拜。這些舊慣風俗，形成了祭祀圈與宗族人脈的緊密聯結，不能接受西方宗教視其他神祇與祖宗等同魔鬼的看法。由於觀音信仰出自大乘佛教，所以民間對佛教有較大的親切感。且因佛教的排他性不強，與民俗信仰或祖宗崇拜較能相安無事，所以台灣人民在情感上，較爲接近佛教，當他們選擇身心修練或社會奉獻的途徑時，會優先考慮佛教。而人間佛教所推展的個人修行活動與社會奉獻事業，恰恰滿足了台灣人民的宗教需求。（釋昭慧：2003）

以上的政治、經濟、社會、文化與宗教形勢等外部因素，都可說是蘊釀人間佛教的沃壤。台灣當代的人間佛教運動，倘若沒有這些外部因素的催化，要單憑佛教內部有心人士的主觀意願，還未必能開展出這般強盛的局面。

三、人間佛教運動簡史與學理建構

思想改造的「人間佛教」運動，雖由印順法師（1906~）正式在9151年提出，但是早已蘊釀於中國大陸的民國二○年代。此中，明清與民初佛教的積弱、腐化、變質，即是促成佛教中人反省的第一要素。太虛大師（1889~1947）在中國提倡教制、教產、教理改革的新僧運動；[7]印順法師在自傳中慨談家鄉佛教的俗化情形[8]。在台灣，也有

生之樂味深，乃能覺悟到與生活俱有的無常之苦，以求根本的解脫生活；於是代表印度化的佛法，始爲人生唯一之需要。若現時，則僅爲少數處特殊地位者之所能，非一般人之所能也。」
[5] 印順法師於《印度之佛教》序文中說：「二十七年冬，梁漱溟來山，自述其學佛中止之機曰：『此時、此地、此人。』吾聞而思之，深覺不特梁氏之爲然，宋明理學之出佛歸儒，亦未嘗不緣此一念也。……吾心疑甚，殊不安。時治唯識學，探其源於『阿含經』，讀得「諸佛皆出人間，終不在天上成佛也」句，有所入。釋尊之爲教，有十方世界而詳此土，立三世而重現在，志度一切有情而特以人類爲本。釋尊之本教，初不與末流之圓融者同，動言十方世界，一切有情也，吾爲之喜極而淚。」（頁1~2）但梁漱溟晚年在西方學者 Guy Alitto 訪談時告訴他，佛家的境界比儒家更高，令 Guy 大爲震驚。詳見 Guy（艾愷）：〈中國文化形成的要素及其特徵〉，《文化的衝突與融合—張申府、梁漱溟、湯用彤百年誕辰紀念文集》，北京：北京大學出版社，1997 年，頁 271。
[6] 1963 年，印順法師曾撰〈上帝愛世人〉、〈上帝與耶和華之間〉、〈上帝愛世人的再討論〉等筆鋒犀利的文章，回應基督宗教之挑戰。
[7] 1928 年 4 月 21 日，太虛大師作〈對於中國佛教革命僧的訓詞〉。大師計劃之佛教革命方案，〈我的佛教改進運動略史〉，曾略述謂：「最根本者，爲革命僧團之能有健全的組織。其宗旨爲：一、革除：甲、

革命僧人證峰法師（林秋梧，1903~1934），面對佛教中的隨俗陋習與腐化現象，以及男尊女卑的落伍觀念，發出痛切的反省改革之聲。[9]這都是人間佛教的典範人物，也都在佛教衰微的憂患意識中，從事改革運動。

「人間佛教」運動開展的重大內部因素，即是典範人物的學理創說與事功締造。拙著〈台灣佛教之發展及其特色〉業已提到：台灣佛教之榮景，與典範人物輩出，有著重大關聯（釋昭慧：2002）。此外，鄧子美也針對當代台灣人間佛教典範人物的影響力，提出了敏銳的觀察與精彩的分析。他認為，任何社會階層中，都存在著天賦富有宗教氣質的人，儘管他們為數可能極少，但大多成為宗教團體中的骨幹。而今古宗教精英之不同在於：

> 「古代宗教精英多傾向于個人內在的精神解脫或『靈修』，對他們來說，社會既是污濁的，又是（由於古代社會的相對單純）容易瞭解的，因而並不需要多加關注。而現代宗教精英既感到個人生活被捲入市場經濟的不可避免性，又感到這與他所信奉的宗教生活理想的鴻溝越來越深，加以現代社會的高度複雜，難以把握。因而，為了其宗教生活理想不至完全被架空，以至失卻生存的意義，他在追求精神超越之外，還必須關注社會。有些宗教精英還依社會變化與需要，賦予經典以新的解釋，參與並推動了社會改革。……新教在這方面對社會的貢獻已被公認，當代臺灣人間佛教也正在向這方面努力。」（鄧子美：2004）

這恰恰是從民國初年以來，人間佛教精英僧侶心情與想法的絕佳寫照。如印順法師即於《成佛之道》中敘明，直入大乘之人菩薩行，其發心來自「不忍聖教衰，不忍眾生苦」的驅策力（頁249~250）。

君相利用神道設教的迷信；乙、家族化剃派法派的私傳產制。二、革改：甲、遯隱改精進修習，化導社會；乙、度死奉事鬼神，改資生服務人群。三、建設：甲、依三民主義文化，建由人而菩薩的人生佛教；乙、以人生佛教，建中國僧寺制；丙、收新化舊成中國大乘人生的信眾制；丁、以人生佛教，成十善風化的國俗及人世。」（參見印順法師：《太虛大師年譜》，頁253~254）

[8] 印順法師在其自傳《平凡的一生》提及家鄉浙江海寧縣的佛教情形：「我一直生活在五十幾華里的小天地裏，在這一區域內，沒有莊嚴的寺院，沒有著名的法師。有的是香火道場，有的是經懺應赴。」（增訂本，頁4）

又他晚年於《游心法海六十年》中說：「我的故鄉，寺廟中的出家人（沒有女眾），沒有講經說法的，有的是為別人誦經、禮懺；生活與俗人沒有太多的差別。在家信佛的，只是求平安，求死後的幸福。少數帶髮的女眾，是「先天」、「無為」等道門，在寺廟裏修行，也說他是佛教。理解到的佛法，與現實佛教界差距太大，這是我學佛以來，引起嚴重關切的問題。這到底是佛法傳來中國，年代久遠，受中國文化的影響而變質？還是在印度就是這樣-- 高深的法義，與通俗的迷妄行為相結合呢！我總是這樣想：鄉村佛法衰落，一定有佛法興盛的地方。為了佛法的信仰，真理的探求，我願意出家，到外地去修學。將來修學好了，宣揚純正的佛法。」（【華雨香雲】第5冊，頁5~6）

[9] 參見李筱峰：《台灣革命僧林秋梧：證峰法師》，台北：自立報系初版，1991；望春風出版社再版，2004年。

　　學理建構的代表人物，首推太虛大師與印順法師（1906~　）。二人之間有情真意摯的師生之誼，也有利世濟生的共同理想，但兩人的思想學說，仍有很大的差異，還曾爲大乘三系學說孰先與孰優的問題，展開過精彩的論戰。[10]

　　太虛大師一生提倡「人生佛教」，早在 1938 年，就提出了「人成佛即成」之說，[11]強調人格的完整是成佛的要件，這可說是台灣各人間佛教教團的共識。但他早逝於中國大陸，與台灣佛教接觸的因緣較淺。其弟子慈航法師（1895~1954）於 1948 年來台弘法，明確指示，爲了挽救佛教的危機，必須仰仗興辦教育、文化與慈善事業「三大救命環」。這可說是將台灣人間佛教的社會關懷，作了基本路線的定調。

　　中國已故中國佛教協會會長趙樸初（1907~2000），曾於 1983 年明確指出，要發揚「人間佛教積極進取的精神」。[12]但趙樸初的「人間佛教」說法較爲晚出，是在一篇精簡的佛教協會報告書中提出來的，並無類似太虛大師或印順法師在相關議題方面的完整論述。而且受限於地理因素，這種呼籲對台灣佛教的影響力並不大。因此最爲影響台灣佛教的人間佛教創說者，首推印順法師。

　　由於國共戰爭的緣故，印順法師先於 1949 年抵達香港，再於 1952 年（四十七歲）抵達台灣，自此定居台灣，教學、宏法、寫作不輟，著作等身。今（2005）年已百歲高齡，可以說，他一生的大半歲月是在台灣度過的，大部分的重要著作也完成於台灣，並發行到全球，對華人佛教與國際佛教學術界形成了鉅大的影響。

　　印順法師發現，從印度部派佛教時代，就已有理想化（神化）佛陀的傾向；也就是說，佛陀在信眾的宗教心理需求下，逐漸被塑造成「無所不知、無所不能、無所不在」而且在天上成佛的理想模型，失去了佛陀原來的人間性與親切感。因此他 1941 年在重慶，就已寫下了〈佛在人間〉一文，依《增一阿含》的教證而明確地說，佛陀是在人間而非天上成佛的。

　　1952 年在香港淨業林，他爲住眾講「人間佛教」，並完成一系列的「人間佛教」文章，如：《「人間佛教」緒言》、《從依機設教來說明「人間佛教」》、《人性》、《「人間佛教」要略》，學理建構至此已大體完成。到了 1989 年，他已七十八歲，特別撰爲三萬字的小書，名爲《契理契機之人間佛教》。該書綜合他畢生的治學成果，歸入「人間佛教」的要旨，頗有眾流入海的況味。

　　印順法師之所以會提倡「人間佛教」，主要原因是：（一）受到太虛大師「人生佛教」思想的啓發，贊同佛教重視「人」、「生」，而非偏重「死」、「鬼」。（二）受到新

---

[10] 參見釋昭慧：〈印順導師「大乘三系」學說引起之師資論辯〉，《如是我思（二）》，（台北市：法界，民 82 年），頁 55。

[11] 印順法師於《太虛大師年譜》記述：「一月十九日（「臘月十八日」），大師四十八歲滿，說偈迴向外祖母及母氏（即人成佛的真現實論）。「墮世年復年，忽滿四十八。眾苦方沸煎，遍救懷明達！仰止唯佛陀，完成在人格。人成佛即成，是名真現實。」（頁 426）

[12] 趙樸初：《中國佛教協會三十年》，北京：《法音》，1983 年第 6 期，頁 1；http://www.buddhism.com.cn/zcfg/china/g83fx30n.htm。

儒的刺激影響（如上已述）。（三）自己也觀察到中國佛教嚴重鬼化、僧侶生活腐化與教運積弱不振等諸般問題。（四）以此他上探佛陀本懷，求諸三藏典籍，並作印度佛教史之研究，乃發覺：佛教不祇是在中國有庸俗化、死鬼化的問題，在印度即已有了濃厚的「天神化」乃至巫教化傾向。

於是他提倡：不但要去除「死鬼化」，也要去除「天神化」的變質成份，體念佛在人間成佛、說法、建僧、教化的真義，把握難得的人身環境，以及人在知情意方面的三種殊勝要件，修學自利利他的人菩薩行，並且在此間（而非他方）建設人間淨土，濟度廣大眾生。

由於他所提倡的「人間佛教」，建立在深厚的教史觀察與學理基礎上，因此他的學說思想，經五十年之流傳，已成台灣佛教的「顯學」。藍吉富教授曾向筆者贊歎，印順法師之佛學成就，可說是「玄奘以來第一人」。王雷泉則綜合評斷印順法師思想，並給予如下的高度評價：

> 「印順法師的佛學著述和闡揚的『人間佛教』思想，為佛教從信仰層圈出發，契入社會、文化層圈，完成佛教的現代轉向奠下了理論基礎。印順以他透徹的理性思辨和冷靜的科學精神，提升了台灣佛教的學術水準，其著述絲毫不遜於一流的日本佛教學者和基督教神學家。可以這樣說，在當今中青年佛教徒和佛教學者中，不管是印順思想的忠實信徒還是從原教旨主義角度對印順提出批評者，幾乎無一不受到印順思想的洗禮。」（王雷泉：1999）

四、台灣當代人間佛教的事功成效

「人間佛教」必須落實在關懷苦難眾生的實際行動中。《阿含經》中僕僕風塵說法度眾的佛陀身影，《本生談》中捨己助人的釋迦菩薩，大乘經中「嚴淨佛土，成熟有情」的諸佛菩薩，這些都是人間佛教行者的人格典範。

「嚴淨佛土，成熟有情」是大乘佛教的理想，為了將這樣的理想落實於人間，於是救助苦難有情，建設「人間淨土」，就形成了人間佛教各教團在社會參與方面的動力。這也無形中矯正了一般人把佛教等同於「逃塵避世」或「迷信落伍」的偏見，增加了社會對佛教、僧尼的認同與支持。此中事功最顯著者，即為佛光、法鼓與慈濟三大教團。

以下略述人間佛教在教育、文化與慈善事業方面的主要成果：

（一）在教育事業方面，台灣佛教早已有寺院創設中、小學與幼稚園，但最受重視的是 1980 年代以後，台灣佛教自此邁入高教興學時代。

由佛教界所舉辦的私立大學，目前已經成立的，依創立先後順序，計有華梵大學、慈濟大學、慈濟技術學院、玄奘大學、南華大學、佛光大學等六所大學校院，若加上正在籌辦中的法鼓大學，則為七所。這是漢傳佛教前所未有的興學氣象，依佛教徒之經濟力，竟然於短短的十餘二十年間，從無到有地建成六所佛教大學。

此中除了華梵大學為曉雲法師（1913~2004）創辦、玄奘大學由白聖法師（1904~1989）倡議，了中法師（1932~）創辦之外，其餘悉是由慈濟、佛光、法鼓等三大人間佛教教團之所催生、主導。其餘兩校雖未標舉「人間佛教」，然而華梵大學提倡「覺之教育」，並以「人文與科技融匯，慈悲與智慧相生」 為創校宗旨；筆者所任教的玄奘大學，以唐朝高僧玄奘大師作為師生效法的菩薩典範，顯然兩校實質上亦充滿著「人間佛教」菩薩行者積極勇健的氣息。

復有法鼓山中華佛學研究所、法光研究所、佛光山各級佛學院、以及遍布全台的各佛學院，約計二十三所，呈現了佛學教育或僧侶教育的多元風貌。由法鼓山中華佛學研究所主編，結合國內二十三所佛學院所的力量，共同完成了《台灣佛學院所教育年鑑》創刊號，已於 2002 年 12 月出刊。

重視教育的結果，僧尼素質明顯提高。在台灣，比丘僧尼在大學任教者，已超過十五人，其中比丘尼至少就有十二人。

（二）在文化事業方面，各類報紙、刊物、電台、電視和大小演講遍佈全社會。慈濟大愛電視台全球無遠弗屆，收視率甚高；慈濟文化志業之一的《經典雜誌》，於2003 年以其高品質而榮獲金鼎出版獎。佛光系統辦了華人佛教界第一份每日出報的報紙，名為《人間福報》；結合梵唄與國樂的梵音演唱團，巡迴國際演出，更是佳評如潮。

以上這些大教團，由於知名度較高，所以它們的文化事業甚為多元而廣受矚目。但本文要特別一提的是，在藝文界深受推崇的「和南佛教藝術」團隊。在花蓮和南寺住持傳慶法師支持、詩人愚溪居士主導之下，於 1987 年創立了非營利性的文化事業體「普音文化公司」，從豐富的東方文化資產中，擷取適合現代人的體裁，融合文學、美術、音樂、多媒體的藝術創作，推出許多膾炙人口的多媒體作品，近年更舉辦百餘場藝術活動，在世界宗教弘法史上，創下了新的里程碑，並獲得文化界與宗教界的熱烈迴響。因其卓越之文藝創作，而榮獲行政院新聞局頒發多座象徵出版界最高榮譽的獎項——六座金鼎獎、三座金曲獎。其卓越而精緻之詩、歌、樂作品，帶領著當代佛教藝術，攀登藝術的頂峰境地。

（三）在慈善事業方面：三大教團皆努力從事慈善工作。此中又以慈濟志業體最具代表性。慈濟功德會於 1966 年由證嚴法師（1937~）創辦於台灣省花蓮縣，是立足台灣、宏觀天下的慈善團體，三十多年來，在台灣致力於社會服務、醫療建設、教育建設、社會文化等志業，並投入骨髓捐贈、環境保護、社區志工、國際賑災等事工。

1985 年起，僑居各國的慈濟人，將慈濟志業延伸到海外，凝聚在地的愛心資源，

推動濟貧救難等工作。目前全球有三十八個國家設有慈濟分支會或聯絡處。自 1991年因救助孟加拉颶風重災，慈濟啓開海外救援工作起，至 2005 年初，累計援助了全球五十七個國家，橫跨歐、美、亞、非、大洋洲等五大洲。[13]截至目前爲止，慈濟會員已超過四百萬人，委員一萬餘人。「哪裡有災難，哪裡就有慈濟人」，慈濟人在世界各地都甚受尊敬，連帶地也改變了世人對華人的觀感。在台灣外交環境困難的此時，全球慈濟人不啻爲台灣的「無任所大使」。

五、慈善事業範例舉隅：印尼整治紅溪河案例

各宗教都有慈善事業，但慈濟事業的最大特色，即在於其沒有佛教本位的宣教心態，不具文化侵略性，在賑災救苦的同時，也能充分尊重並無私協助在地宗教與文化的發展，因此它成功地跨越了種族、文化、國家、階級乃至宗教的藩籬。

在此特別要舉慈濟國際賑災案例中的「整治紅溪河，興建大愛村」案例。2002 至 2003 年間，印尼慈濟人在印尼雅加達與官方協力整治紅溪河，並爲河畔之拆遷戶建築一千一百戶大愛村，復與台灣農委會合作，在印尼發放五萬噸大米。

在整個賑災、義診、建屋、贈米的過程中，慈濟完全採取重點、直接的做法，讓躬自參與的印尼華裔富人，能親身感受這種雪中送炭的無限溫情。這種臨場感受，不祇是身力、財力的付出，更重要的是，布施者本身也由此而更體現了生命意義與生命價值。

原來，宗教最能稟於慈悲濟世的教義，於落後國家或是災區施行種種賙濟。但是十八世紀以來，一些宗教的殖民地慈善事業，幾無例外的挾帶著傳教的目的，也確實讓諸多殖民地人民拋棄了傳統信仰，改奉西方宗教。這種做法，往往引生當地人民文化認同的危機感，從而對異教慈善行爲視同「入侵」而排拒之。例如：1993 年印度馬哈拉邦發生芮氏六級嚴重地震，約有一萬人死亡，這種情形，原本亟需各界援助，但它堅拒西方宗教團體進入印度賑災。

印尼慈濟人以一個華人佛教團體，在印尼這個全世界最大的伊斯蘭教國家賑災濟世時，恪遵慈濟原則，不以慈善爲手段來趁機傳教，反而還在大愛村爲居民建設清真寺，以便伊斯蘭佔大多數的大愛村居民，擁有幸福的宗教生活。這種尊重本地人民宗教認同的寬廣心量，正是佛法「無我」智慧的實踐，業已產生了化解宗教隔閡的鉅大成果。

這些華裔慈濟人的貢獻，對印華社會與馬來人族群的和解，實具足指標性的意義。原來，三百多年前，一萬多名華人在紅溪河畔被馬來人殺害，血流染紅了溪河，河流以此得名。一九九八年的排華暴動中，許多華裔基督徒被殺害，基督教堂被破壞。

---

[13] 詳參「慈濟全球資訊網」，http://www2.tzuchi.org.tw/tc-brief/index.htm。

印尼華人與馬來人之間的種族矛盾，迄未得解。然而在三百多年之後，慈濟的無私大愛，卻爲種族仇恨的陰霾，射入了一道陽光，無形中化解了昔日來自種族、宗教、貧富階級等等差異所導致的藩籬隔膜與血腥衝突。

雖說這是印尼慈濟人「在地賑災濟貧」的成效，但我們依然要說，沒有台灣佛教的證嚴法師，就沒有慈濟志業；全球慈濟人精神上的大家庭，就在台灣的後花園——靜思精舍。這可說是當代人間佛教立足台灣而關懷世界的一大貢獻。

六、人間佛教所面對的挑戰及其回應

（一）入世與出世之爭

人間佛教的發展，當然面臨著許許多多的挑戰。例如：社會固然對慈濟有高度好評，但志業龐大而募款能力極強的慈濟，依然會承受到「過度吸納社福資源」的指責，以及網路中普遍流傳的惡毒謠言之所攻訐；佛光山支持陳履安競選總統之類的政治表態，更是甚受爭議。但本文所例舉的不是單一教團受到的挑戰，而是三項所有人間佛教團體在觀念或做法上，所須面對的內外挑戰：

1. 出世隱遁派對人間佛教的指責。
2. 傳統佛教嚴重的性別歧視。
3. 人間佛教政教份際之拿捏。

當然，人間佛教面對這三項挑戰，都不可能無動於衷，因此本文的重點，反倒是敘述人間佛教在這三項議題方面所作回應。

在此先談當代台灣佛教的「入世與出世之爭」。

2001 年間，有隱遁僧釋如石，兩度發表長篇大作，認爲人間佛教不重視修證，是導致佛教庸俗化與腐化的最大推手。[14]事實上，早在如石之前，就已有兩岸佛教中人迭發類似議論，但如石是第一個將這種看法用學術包裝呈現出來，而且來勢洶洶。

台灣史學家江燦騰立即以隆隆砲火加以回應。筆者更是前後撰寫兩篇長文（其中一篇是與釋性廣、釋見岸合作完成的問答錄），全面反駁其言論內容，認爲人間佛教並非不重修證，而是將修行寓於忘我濟世的生活之中；人間佛教不但不是導致佛教庸俗與腐化的推手，反而是扭轉傳統佛教庸俗與腐化之嚴重傾向的大功臣。性廣法師則提出了以印順法師禪學思想作爲研究議題的相關論文，反駁「人間佛教不重修證」之謬議。這些文章，再加上筆者於 2000 年間所撰〈印順導師對本生談與西方淨土思想的抉擇〉，都是針對中國傳統宗派佛教的挑戰，所作的有力回應，伺後乃編輯而成《世紀新聲：當代臺灣佛教的入世與出世之爭》(2002)，廣爲發行。此後復有崇敬印順法師

---

[14] 詳見釋如石：《現代大乘起信論》，南投：南林出版社，2002 年。

的林建德（現爲台大博士生），亦撰文於《香光莊嚴》雜誌，反駁中國大陸恒毓博士的類似論調。

在《世紀新聲》一書的序文中，筆者直指：大乘佛弟子之間的「入世與出世之爭」，是一場「千不該爭，萬不該爭」之論諍，原因是：

1. 名實不符：既名「大乘」，就不應該又要裡子又要面子———一方面要獲證無上菩提，祈願爲天人師；一方面又藉口凡夫無能，不肯行利生事。退一步言，隱修僧既然聲稱需要專力修持，就應做個名符其實「放下萬緣，不問世事」的隱修僧，倘不此之圖，反而向世間探頭探腦，說長道短，本身就已違背「隱修」之名了。

2. 自我顛覆：這些隱修者，聲稱要傾全力以修持，所以無暇行利他事，既然如此，理應交出一張「修持成績單」來證明：他們比不隱修的人有更好的自我觀照能力。但他們竟然無法覺察自己的起心動念，於出世、入世之議題上大動干戈，有的甚至以極端挑釁的語氣，辱罵主張入世利他的高僧大德。這樣一來，豈不是更加減低了隱修的正當性嗎？世人難免要從他們的言行來質疑「隱修無效」的。

3. 有違教證與理證：隱修僧若自認屬於「大乘」，卻迴避了諸大乘經明文規定的「六度四攝」利他功課，而單單挑選了「定慧」二度，就正當性而言，原是極其不足的。而這種「只有證聖才能利他」的言論，在邏輯上也大有問題。

4. 有欠厚道：隱修僧常讓僧伽因他們而面臨著世間諸如「寄生蟲」、「不事生產」、「逃塵避世」、「消極悲觀」、「不知民間疾苦」之類的羞辱責難。尙幸台灣有眾多無私投入佛教慈善、文教事業的僧尼，功績卓著，有目共睹，這才使得社會對僧尼的刻板印象改觀，辱僧風氣稍斂。這樣一來，隱修僧也無形中蒙受大利，得以有尊嚴、有奧援地繼續他們的隱遁生涯，而不似上一世代的僧中長輩，卑微存活於社會之中，默默隱忍著世人紛至沓來的羞辱之語與鄙夷眼光。

其實，不祇是在中國，普世（包括西方也一樣）對於隱修僧都有一種隱微的敵意，認爲他們不知民間疾苦，忽略社會責任。中國文化更是以「兼善天下」爲主流思想，對於「獨善其身」的隱士，從未給予太高的評價。隱士若不安份隱遁，更被譏以此做爲「終南捷徑」。因此佛教在中國的發展，一開始就傾向於大乘佛教，從而獲得了廣大人民的信賴與接納。

我們可以這麼說：正因爲歷代以「行菩薩道」自期的僧尼，共同撐開了一把巨大的保護傘，緩和了社會對隱修僧的反感情緒，抗拒著政治與異教勢力對佛教的刁難與迫害，並積極宏法度眾，而造就出大批護法居士，得以張羅隱修僧的四事資糧，有了這些「利基」，隱修僧方能如願避居山林，專力修持。

2004 年，復有南傳佛教觀淨比丘出書《復歸佛陀的教導(一)》，同樣以學術包裝，標舉「復歸佛陀的教導」，實則以南傳佛教自證解脫之宗旨，炒「大乘非佛說」的冷飯，拿來對印順法師思想加以明褒暗貶。筆者本未注意到此書，但經呂凱文在法光雜誌181 期以共計三篇的專論、論文與訪談文章，高度推崇其學說具足「典範轉移」的

意義，[15]筆者閱後，前後撰為二文[16]，嚴正反駁觀淨比丘與呂凱文的說法，這場論諍至此也告一段落。

總之，中國傳統宗派與藏傳佛教的隱修僧，出自愛護宗派的心情與出世隱修的理念，來勢洶洶地著書立說，質疑人間佛教。筆者與江燦騰、釋性廣、林建德等自 2001 年下半年以後，陸續撰文反駁之後，這場入世與出世之爭方才平息下來。相形之下，2004 年這場人間佛教與南傳佛教（或大乘佛教與聲聞佛教）之爭，是傳統學派或宗派之反撲力量的強弩之末，入世度眾的人間佛教，已然穩居當代台灣佛教的主流地位。

（二）抗拒性別歧視

佛教成長於社會，也無法自外於社會，當然要面對社會價值觀的種種挑戰。此中最為艱鉅的挑戰，莫過於抗拒性別歧視。傳統社會的性別歧視，在各大宗教中，都藉諸經教的權威，做徹底的洗腦，而牢固盤踞在教徒的心靈深處。時至今日，世界潮流都已有了性別平等的共識，宗教反倒成為性別歧視最頑強堅固的堡壘。人間佛教既然回應普世價值，當然要責無旁貸地面對種種歧視女性之佛教陋規，特別是男尊女卑的八條法規——「八敬法」。

星雲法師強調，沒有比丘尼就沒有佛光山。在他的開明領導之下，佛光山的僧團制度也明顯地保障兩性的對等合作，對「八敬法」束之高閣（與「凍省而不廢省」有異曲同工之妙）。

但由於男性沙文意識挾經教之權威性，比丘尼又多受「修道人不必計較」的論調催眠，這使得佛教界早該進行的性別運動，遲緩不前。連以「比丘尼質精量多」而舉世聞名的台灣，亦不例外。

有鑑於此，筆者乃於 2001 年發起了顛覆男尊女卑觀念的「廢除八敬法運動」，指證歧視女性之制度與言論並非「佛說」，以此瓦解性別歧視者的心防。這可說是站在「佛教尼眾史」的分水嶺上，掀開了佛教史上嶄新的一頁。

這場運動的遠因是：約自 1992 年起，有些關起山門做皇帝的比丘，陸續匿名撰稿於強烈「比丘優越主義」的《僧伽雜誌》之中，要求尼眾遵行「八敬法」（佛門男尊女卑法），並要求尼眾「背誦女人八十四種醜態」、「表演八十四態」，以各種方法加強「男尊女卑」的意識型態教育，引起許多尼眾的強烈自卑感。為了避免比丘尼讀者

---

[15] 詳參呂凱文：1.〈從決擇裡見法喜〉；2.〈試論觀淨比丘《復歸佛陀的教導(一)》— 略述與初步評論該書試擬與試用的「佛教聖典的解釋之學」〉；3.〈訪比丘觀淨—新時代的方向：學習佛陀的教導〉，刊於《法光雜誌》第 181 期，2004 年 10 月。

[16] 釋昭慧：〈方法學上的另一錯誤示範--論觀淨比丘與呂凱文教授之「佛教聖典詮釋學」〉，刊於《法光雜誌》第 183 期，2004 年 12 月。由於同期呂凱文復以〈人間佛陀之教的方向--澄清〈方法學上的另一錯誤示範〉〉一文回應，釋昭慧乃於 184 期（2005 年 1 月）再發表〈推崇，就要負起辯護的責任〉以駁斥之。

被單方面的謊言「洗腦」,筆者乃陸續展開凌厲的言論反擊,並把握許多講學或寫作的機會,利用學理分析或文獻解讀的方式,在佛教界公開地著書立說以「解構男性沙文主義」,俾喚起比丘尼的女性自覺。

在「無明我慢」作祟而又「近親相嫉」的人性微妙心理作祟下,「男女平等」這個在佛法的「眾生平等」前提下再簡單不過的邏輯,在現實環境中,卻受到一連串嚴酷的考驗,而且是自佛陀時代以迄於今;在歷代典籍論述中,殘留下了鮮明而不合邏輯,但又影響深遠的「男性沙文主義」遺痕。

「八敬法」,是八則男尊女卑法。它扭曲了佛門健康的兩性關係,讓許多比丘尼自覺「矮了比丘一截」,而萌生了極大的自卑感;它已成為比丘對比丘尼可以隨時祭起的緊箍咒。「八敬法」更讓許多比丘沉淪在「法定的優越感」中,無法長進。他們既放不下身段以向卓越比丘尼(或沙彌尼)學法,更無法以正常的長幼倫理來面對長老尼,自卑與自大交綜,嫉妒與驕慢滋長。顯而易見地,「八敬法」讓出家二眾都成了修道上的「輸家」。

台灣佛教自終戰以來,在老一代佛教領袖們開明作風的呵護下,一向有僧尼互敬互信的良好傳統。但不幸的是,一些年輕出家的「小伙子」們卻打破了這種均勢,熱切展開了「男尊女卑」的「洗腦」教育,讓許多女眾因此種不人道教育之自我暗示而心理全盤繳械,甚至進而成為「推廣男尊女卑觀念」的幫凶。這股「反智」逆流,已讓台灣佛教男女平等的良好傳統,受到極大的挑戰!

他們結合中國大陸歧視比丘尼的佛教保守力量,變本加厲,利用少數奴性較強之比丘尼作為共犯,透過戒場與佛學院系統,做神不知鬼不覺的「洗腦」工作。這種不人道的洗腦教育業已產生後遺症。海峽兩岸之佛教,於近年來有變本加厲地要求女眾「奉行八敬法」的傾向。台灣月眉山靈泉禪寺在 2000 年開戒之時,竟有以「奉行八敬法」自詡的比丘尼引贊法師,要求傳戒的大德長老尼「頂禮新受戒比丘」,令長老尼們至為憤怒。

種種兩性關係漸趨惡劣的形勢,是促使筆者用霹靂手段點燃「八敬法非佛說」引信的導火線。筆者衡量輕重,認為:要解構佛門男性沙文意識,一定要先從制度面下手,因此發起了震撼舉世佛教的「廢除八敬法」運動。

2001 年 3 月 31 日,弘誓文教基金會在中研院舉行的「人間佛教,薪火相傳」研討會,於開幕典禮中進行「宣告廢除佛門兩性不平等條約」儀式,由筆者發表「當代大愛道的二次革命——廢除八敬法宣言」。由於佛教第一位比丘尼大愛道,就曾質疑過八敬法的正當性,認為僧尼應依加入僧團的資歷來論禮數,所以筆者略帶嘲弄的態度,將這次的運動,定位為「當代大愛道的二次革命」。當日,筆者並邀請八位僧信四眾弟子,一起來進行歷史性的、世界性的首創之舉——撕揭八敬法條文,以象徵開明的四眾弟子共同廢除八敬法。

無論如何,這場佛門兩性的角力,大體上還算是成功地達成了筆者所預期的「震

撼教育」效果。江燦騰教授以「告別傳統——迎接佛教兩性平權的新世紀」來爲世紀初的佛門大震撼，作了精準的定位：

> 「此一漢傳佛教千年來前所未有的大膽革新舉動，當時除了立刻獲得台灣社會各方輿論的普遍肯定之外，也使台灣現代比丘尼呼籲佛教兩性平權的偉大訴求，不但直接強烈衝擊著二度來訪的達賴喇嘛，使其不得不立刻回應（儘管仍躲躲閃閃）此一具有普世人權價值的理性專業訴求，其後也連帶衝擊到台灣傳統的佛教界和亞洲其他地區的佛教界，並且儘管彼等的回應方式頗不一致，甚至連世界華僧內部的共識也遲遲未能達成，但台灣佛教現代比丘尼的專業水準之高，及其能倡導亞洲佛教兩性平權新思維的睿智遠見，已堪稱為百年所僅見的世紀大手筆。」[17]

　　值得欣慰的是：台灣佛教的女眾處境，有了微妙的轉變。例如：許多大男人主義比丘終於收斂了他們「高高在上」的身段，不敢再堂而皇之接受長老尼的頂禮，還有，中國佛教會也終於打破了不成文的禁忌，出現了比丘尼擔任常務理事與秘書長的新局面。人間佛教的性別平等運動，成了普世佛教的先行者，不但受到台灣社會的普遍支持，而且也贏得國際佛教界、學術界與女運界的重視。

（三）釐清政教關係

　　從日據時代到國民黨主政時代，由「南瀛佛教會」到「中國佛教會」，政治力量一下是透過全國性佛教會的白手套以控管宗教。佛教會雖是一個「由下而上」形成的鬆散組織，雖然沒有公權力，但是卻可以透過教會領袖對政治人物的影響力來控管佛教。解嚴以前，台灣雖有宗教自由，但由於政治領導人本身有西方宗教的信仰傾向，這使得政治力量常不免在暗中打壓本土宗教。

　　例如，五十多年前，天主教的于斌樞機主教建議「聖誕節應予放假」，[18]這是透過政治力量，運作「聖誕節放假」。但是這種事情有違憲法之宗教平等原則，不能明目張膽地做，因此迂迴宣佈：十二月二十五日是「行憲紀念日」（指該日中華民國正式

---

[17] 《弘誓雙月刊》第 52 期，台北：弘誓文教基金會，民 90 年 8 月，頁 1~2。
[18] 當時國民政府舉行「行憲國民大會第三次會議」時，天主教的于斌樞機主教有鑑於 12 月 25 日聖誕節爲普世慶祝的日子，三度發言建議聖誕放假，國民政府乃採納其議，將是日當作「行憲紀念日」（張哲民：〈聖誕節與行憲紀念日〉，http://www.fxsh.tyc.edu.tw/fxsh08/images/7-31.htm）。1963 年（民國 52 年），行政院正式決定以每年 12 月 25 日爲行憲紀念日。故推算起來，于斌樞機主教之建議，應是在 1951 年。

施行憲法），當日放假一天。佛教界領袖當然不服，也爭取過「佛誕放假」，但是政府說，涉及宗教平等之考量，怕其他宗教會講話，所以一律不准放假。迄筆者於 1999年發起「佛誕放假運動」，方才爭取到佛誕成為第一個宗教性質的「國定紀念日」，2001年台灣全面實施周休二日，行憲紀念日（亦即耶誕日）方才取消了放假的特權。

解嚴以後，人民團體法修法，允許成立兩個以上同性質的全國性法人，於是，佛光會、慈濟功德會、法鼓山等等，一個一個成立了全國性的社團法人。政治大環境改變了，這對台灣佛教的蓬勃生機與多元發展，無疑是一股新的助力。

但是在政教關係方面，台灣佛教（即使是入世濟民的人間佛教）省思的深度與廣度依然不足。人間佛教的團隊從事慈善救濟且績效卓著，這點殆無疑義。然而台灣在民主化過程中，很多苦難的發生，並非慈善救濟就能解決，因為許多苦難源自於政策或是法律的不周全乃至錯誤，這時必須要有社會運動團體，成立 NGO（非政府組織），用以監督議會問政與官僚施政，並促成有益眾生的法律與政策。在這方面，由於佛教徒習慣了「政治掛帥」的思考模式，為了避免貽「干預政治」之譏，大都標榜「中立」與「超然」，不願運用社會運動的手法，矯治政策與法律的偏鋒。

然而人間佛教既然以建設人間淨土、救度苦難有情作為職志，面對弱勢群眾與苦難生靈，以及遭到嚴重破壞的台灣生態環境，如果明知這是源自錯誤的法律與政策，人間佛教豈能自外於政治？

因此筆者認為，當代台灣人間佛教，還須要以更積極的作為，來面對政教關係。宗教可以基於教義的反省，關懷弱勢群體、苦難眾生與生態環境，進而要求改善不良的政策與法律，但這純屬政策面與法律面的訴求，而不介入「權力分贓」的遊戲。因此，筆者並不贊同佛教徒另組政黨，也不贊同佛教團體拉抬特定政黨。

但由於社會運動面對的往往是罪惡，包括政策的罪惡、法律的罪惡、人性的罪惡、政商微妙勾結的罪惡，以及意識形態的罪惡，而佛弟子期待的又是和諧而非充滿張力的生活。所以即使是慈悲為懷，他們也寧願面對苦難，因為那比較沒有爭議，而且廁身於救難行列，讓他們會有較大的成就感。但是一旦面對罪惡（而且是他人或集團的罪惡），經常可能要面對被報復、被反撲、被懲戒的後果，最起碼他們會身心勞苦。因此在台灣，社會運動迄今猶非人間佛教的主流，主要是包括筆者在內的，幾個屈指可數的佛教團體在推動它。

七、當代台灣佛教現象的兩個悖論

人間佛教是當代台灣佛教的主流。總的來說，當代台灣佛教，呈現了豐富而多元

的風貌，筆者於此歸納出兩項悖論：[19]

（一）包容性與主體性

台灣佛教的一個重要特徵，是它的包容性。無論是漢傳佛教的禪、淨、密、台、賢諸宗，南傳佛教的錫、泰、緬各路禪法，還是藏傳佛教的紅、黃、白各種教派，在台灣都有它們廣大的宗教市場，各自在這塊自由的土地上大鳴大放，著書立說，有的還帶著強烈的宗派意識，難免尊自貶他。

美國紐約莊嚴寺繼如法師於 1993 年 3 月 8 日來台時曾告訴筆者：十餘年來在美國觀察，發現漢傳佛教寺院在美國，往往不拘南傳、藏傳，什麼都學，而南傳、藏傳佛教團體則壁壘分明，絕不可能請漢傳佛教進入其道場中弘法；相形之下，漢傳佛教的主體性似嫌不足。

不但道場如此，教眾也是如此。許多台灣佛弟子，遊走於各系佛教之間，數年念佛，數年參禪，數年學密，再過幾年，又修學南傳禪法了。連一身袈裟都如同戲服，一會兒漢式僧服，一會兒喇嘛衣裝，一會兒南傳袈裟，穿穿脫脫，令人目不暇給。

十九世紀中葉以後，因中國積弱不振，漢人也就格外顯得崇洋媚外。而筆者在佛教中親眼見到的事實卻是：許多台灣佛教徒，「媚外」傾向容或有之，但所「崇」則未必是「洋」。南傳、藏傳無一是「洋」，其化區所處的社會，經濟與政治狀況，大都遠比台灣遜色；即使如此，台灣佛教徒還是以法為重，以朝聖的心情前往學法，而且絡繹於途。

學法而超越民族主義的藩籬，廣學諸家，取精用宏，這是好事；信仰宗教若還要搬出「民族大義」，那麼國人大概只能信奉唯一道教了。但有的台灣佛教徒，一邊向南傳、藏傳大師學法，一邊還向南傳、藏傳大師數落漢傳佛教的種種不是。筆者親聞有某比丘尼，連莊嚴而極具特色的殿堂梵唱，都當作告狀資料，把它說成是在「唱歌」。讓那些聽聞片面之詞的南傳、藏傳大師，對漢傳佛教不生鄙慢之想，也未免戛戛其難！

總的來說，台灣佛弟子有心胸與器度廣學諸善法，這使得台灣佛教具足更大的格局。即使是「胸無定主，有聞則變」之無頭蒼蠅，也有其廣大的生存空間，無頭蒼蠅就恰好成了不可多得的「基因變種」，得以提供有心人士觀察各種學風道貌的利弊得失，也提供了適宜佛教生存茁壯的豐富基因庫。於是，就如同生態學上的「物種多樣性原理」一般，台灣佛教反而在多元發展之中，呈現了與世界各地佛教迥異的，健康活潑的主體性樣貌。

---

[19] 本節所述，採自釋昭慧：〈當代台灣佛教現象的兩個悖論〉，《弘誓雙月刊》第 64 期，2003 年 8 月，頁 4~7。

（二）人間性與神聖性

在台灣，「人間佛教」顯係主流，無論它們的系統理論（緣起性空或真常唯心）是否有異，行事作風多麼不同，但無論如何，彼此一致的目標就是「走入廣大人間，貼近苦難眾生」。

隱遁派將「人間性」與「庸俗性」劃上等號，抨擊「人間佛教」導致台灣佛教的俗化與淺化，標榜他們自己的修證路線才具足所謂的「神聖性」。筆者不想在此呶呶論述「神聖」與「世俗」在東方與西方有著多麼重大的歧義，但只敘述一個現象中的悖論：

有的教派特別標榜「神聖性」，但其事實上的表現，卻未必比強調「人間性」的教團更趨近神聖，有時反而更犯了他們指責別人的毛病—淺俗。例如：某個宣稱以「修證」取勝的大道場，因其財大氣粗、濫剃徒眾，而引起了台灣社會的極度厭憎，讓佛教的社會聲望一度重挫。何以故？愚意以為：修證原是好事，但一旦以修證來自我標榜，就可能會出現重大問題。原因是：「神聖性」一旦成為「賣點」，再益以某些神秘經驗，最能吸納大量的人與錢；而弔詭的是，由於不屑走入「人間」，於是這豐富的人力與財力資源，失去了更具意義的出口，往往就揮霍在富麗龐大的殿堂，窮奢極欲的享受中。長此以往，個人心性與道場風氣，就這樣掉入了淺俗乃至腐化的泥淖之中，欲振乏力。

相形之下，走入人間，貼近苦難的人間佛教教團，即使在攝受群眾的過程中，因為人力與財力的龐大需求，難免有些「先以欲勾牽」的手法，但總的來說，它們畢竟還是呈現了長江大河的澎湃氣象，縱使難免夾雜大量泥沙而下，但終究不是涓涓細流所可比況的。

只要是重大災變出現的時刻與地區，台灣人民就可看到這些人間菩薩的身影。他們以其高遠美好的願景，篤實感人的踐行，而如滾雪球般地感動並攝受了眾多美質的心靈，轉化了眾多頑強駑劣的根性。正是這些人間菩薩，以其清新的整體形象，讓台灣人民對佛教的惡劣印象大幅改觀，從而願意接近或接受佛教。他們沒有神聖性嗎？不然，他們的神聖性，是在他們「無我」以利他的人間性中展現出來。

要論「神聖」，莫如冠以「佛說」之經文懺儀之神聖，因為它們的來源是「聖教量」。但其「神聖」一旦成為賣點，經文懺儀就形成了計場次以訂價位的工具，其「神聖」也正好弔詭地形成了讓佛教滑向「淺俗」的要害。在這方面，人間佛教（與淨土宗）移風易俗的重大貢獻值得一提。它們所組成的志工團隊，大幅度地改變了經懺佛教的生態，讓佛教的臨終關懷與告別儀軌，多了莊嚴感人的氣氛，少了強烈的銅臭味。

台灣佛教當然有一些宗派色彩強烈的個人與團體，獨尊己宗而無包容性；也有一些專志修證的個人與團體，孤峰獨拔而不墮淺俗；更有一些個人與團體，雖標榜「走入人間」，而實則長袖善舞，媚俗腐化。然而上述兩項悖論，無論如何宏觀地提供了

一個辯證性的角度，讓我們一窺台灣佛教（而未必是普世佛教）的特質。

八、結語

當代台灣人間佛教對社會與人類的貢獻，不祇是在它的事功績效，更是對教內部與社會大眾的觀念革命。它證明了利他主義的可行性，而且在以「權利」作爲基調的公民社會之中，加入了「感恩」面向的思維。特別是慈濟的「感恩」文化，在布施行中，不但不以「施恩者」自居，反倒是充滿著對受施者的感恩心。

「利己主義」的思考模式，認爲人必然是自私的，因此有必要以自私爲出發點，來解決問題。然而事實證明，自我中心不能帶來更大的平安，只會在強弱與貧富懸殊的境遇中，增加更多的怨懟與仇恨，卒至形成社會的紛爭與不安。因此，在社會資源的分配上，「公正原則」獲得了重視，二十世紀以後，先進國家更逐漸把原屬人道、慈善的社會福利，視爲國民應得的基本權利，和社會發展所應遵循的政策和措施，而非一項「德政」。然而公正原則倘無仁愛力量的推動，則將形成搶取「權利」而不重視「付出」的社會。

依佛法而言，布施者確實應該學習著以無私、無我，不求回報的心態來對待受施者。然而面對布施者的付出，受施者倘若欠缺一份「感恩」之情，理直氣壯地當作是自己應得的「權利」，好似一切獲得都屬理所當然，那麼，他的人生也將減損了幸福與快樂的泉源。「權利」導向的思考，原是爲了確保社會福利服務之提供，但少了布施者「無私」與受施者「感恩」的兩大要素，則社會福利服務熱誠的活水源頭，終將宣告枯竭。

台灣社會目前就有這種人情澆薄而社福資源拮据的隱憂。幸好台灣還有蔚爲另一主流思潮的「人間佛教」文化，調節其間創造「以包容替代對立」、「慈悲沒有敵人」[20]的新文明。不祇如此，筆者覺得，他們也在創造一種「以感恩論替代權利論」的新觀念。這正是當代台灣人間佛教的最大貢獻。

此外，在入世佛教與出世佛教的論諍，以及佛教女性運動的論述與行動方面，固然是人間佛教所面對的內部挑戰，卻也轉化成了當代台灣人間佛教符應佛陀精神，回應普世價值的養份。這與前述外部不利因素所激盪的憂患意識，正好可以對照理解。

唯人間佛教既以「建設人間淨土」爲其莊嚴職志，則是否有可能在政教關係的方面，捨除「政治掛帥」與「避不過問」的兩極化思維，而尋求一種主動監督、真誠建言並積極促成良好之法律與政策的政教互動模式？面對諸如統獨、藍綠選邊，重視立場而不重是非的台灣社會，其政教互動的拿捏分寸應如何掌握？這都是當代台灣人間佛教尚待通過的考驗。

---

[20] 法鼓山聖嚴法師於 2000 年總統大選之後，書贈陳水扁總統云：「慈悲沒有敵人，智慧不起煩惱」，被總統懸掛在辦公室書桌正後方。

**本文凡用到光碟版或網路版論文資料之處，大都不另作紙本之頁數標註，但直接於本文之中，依參考資料所列作者與年代，註明出處，以利對照查索。

參考書目

一、著作全集

太　虛

1980：《太虛大師全書》，臺北：善導寺流通版；網路版（簡體）：
　　　http://www.unc.edu/~zhaoj/buda/taixu/。

印　順

2004：《印順法師佛學著作集》光碟版，新竹：印順文教基金會。

二、專書與論文

王順民

1995：〈當代臺灣佛教變遷之考察〉，《中華佛學學報》第 8 期。

王雷泉

1999：〈第三隻眼看台灣佛教〉，《佛教文化》，1999 年第 1 期，國學網站：
　　　http://www.guoxue.com/discord/wlq/dszy.htm

2000：〈批判與適應：試論「人間佛教」的三個層面〉，《印順思想：印順導師九
　　　秩晉五壽慶論文集》，臺北：正聞出版社。

江燦騰

1990：〈論印順法師與太虛大師對「人間佛教」詮釋各異的原因〉，《現代中國佛
　　　教思想論集（一）》，新文豐出版公司。

1992：〈從「人生佛教」到「人間佛教」〉，《臺灣佛教與現代社會》，臺北：東大
　　　圖書公司。

1995：《20 世紀臺灣佛教的轉型與發展》，高雄：淨心佛教基金會。

1997：《臺灣當代佛教》，臺北：南天書局。

2001：《當代臺灣人間佛教思想家——以印順導師為中心的薪火相傳研究論文
　　　集》，臺北：新文豐出版公司。

鄧子美

2004：〈當代人間佛教的走向——由宗教與社會互動角度審視〉，《「印順長老與人
　　　間佛教」學術研討會論文集，台北：弘誓文教基金會，頁 L1~L62。

楊惠南

1990：〈佛在人間：印順導師之「人間佛教」的分析〉，《1990 年佛光山國際佛教
　　　學術會議論文集》，高雄：佛光山文教基金會。

2000：〈「人間佛教」的經典詮釋——是「援儒入佛」或是回歸印度？〉，《中華佛
　　　學學報》，第 13 期，頁 479-504。

釋如石

2001：《現代大乘起信論》，南投：南林出版社。

釋聖嚴

1999：《人間佛教的人間淨土》，《中華佛學研究》第 3 期。

釋昭慧

1993：〈印順導師「大乘三系」學說引起之師資論辯〉，《如是我思（二）》，台北：
法界出版社。

1995：《人間佛教的播種者》，東大圖書公司。

1998：《「人間佛教」試煉場》，台北：法界出版社。

2002-1：《世紀新聲：當代臺灣佛教的入世與出世之爭》，台北：法界出版社。

2002-2：《千載沈吟：新世紀的佛教女性思維》，台北：法界出版社。

2003-1：〈佛教慈善事業的一個範例——慈濟整治印尼紅溪河之成效與意義〉，台
北：《法光學壇》，第七期。

2003-2：《活水源頭——印順導師思想論集》，台北：法界出版社。

2003-3：〈台灣佛教之發展及其特色〉，收入《台灣漢文化與本土化》，台北：前衛
出版社。（佛教弘誓學院網頁：www.hongshi.org.tw）。

2003-4〈當代台灣佛教現象的兩個悖論〉，《弘誓雙月刊》第 64 期，2003 年 8 月，
頁 4~7。

2004：〈方法學上的另一錯誤示範——論觀淨比丘與呂凱文教授之「佛教聖典詮
釋學」〉，台北：《法光月刊》第一八三期。

2005：〈推崇，就要負起辯護的責任〉，台北：《法光月刊》第 184 期。

龔　雋

2002：〈從現代性看人間佛教〉，《「人間佛教與當代對話」學術研討會論文集》，
台北：弘誓文教基金會。

Giddens, Anthony

1989：《資本主義與現代社會理論：馬克斯、涂爾幹、韋伯》，台北：遠流，簡惠
美譯。

Max Weber（馬克斯·韋　伯）

1997：《經濟與社會》中譯本，北京：商務印書館。

1960：《基督新教的倫理與資本主義的精神》，張漢裕譯，台北：協志工業。

楊逵所受之左翼思想及其主體性
─自社會 realism 至普羅大眾文學的回溯

垂水 千惠
横浜国立大学留学生センター教授

序章

　　1935 年 7 月 29 日，楊逵於日本的媒體《時局新聞》上發表了一篇題名爲〈與進步作家共同戰線－對《文學案內》的期待〉的文章[1]。如標題所提示地，這是一篇談論對由貴司山治於同一年 7 月所創刊，並且日後刊載了楊逵的〈蕃仔雞〉等作品的雜誌《文學案內》之期待的文章。另外，楊逵在同年 7 月 29 日至 8 月 24 日期間發表於台灣媒體《台灣新聞》的文章〈新文學管見〉上，也同樣地談到了對貴司山治的期許[2]。

　　《文學案內》是一個跟楊逵有著緊密關聯的雜誌之事，至今已由多位學者予以論述[3]。然而，關於爲何楊逵有在這時期跟貴司山治及《文學案內》聯合之必要?再者，以作爲〈新聞配達伕〉的刊登誌而爲人所知的《文學評論》及《文學案內》，它們在跟楊逵之間的關係上存在著何種的歧異?等問題卻一直未經論述。

　　在本論文中，首先將針對在台灣文學研究上鮮少被詳盡討論的《文學案內》其編輯方針及主要內容等加以介紹。其次，探討《文學案內》的主事者貴司山治在日本普羅文學中的定位。再者，以對「社會主義 realism」的接近與背離之觀點，去論證楊逵從逐漸遠離起初刊載〈新聞配達伕〉的《文學評論》以至接近貴司的過程。本稿的目標則在於，透過以上的考察，描畫出在楊逵的左翼理論受容上其主體性確立的軌跡。

一、《文學案內》是為何物？

　　首先，先簡介一下〈與進步作家共同戰線－對《文學案內》的期待〉

---

[1] 楊逵:〈與進步作家共同戰線－對《文學案內》的期待〉《時局新聞》，1935 年 7 月 29 日；彭小妍主編:《楊逵全集　第九卷·詩文卷(上)》，頁 276~277，台南：國立文化資產保存研究中心籌備處，2001 年。
[2] 楊逵:〈新文學管見〉《台灣新聞》，1935 年 7 月 29 日-8 月 14 日。同註 1，《楊逵全集　第九卷·詩文卷(上)》，頁 280~304。
[3] 請參照例如張季琳:《台湾プロレタリア文学の誕生－楊逵と「大日本帝国」－》，頁 107~119，東京大學大學院人文社會系研究科博士論文，2001 年。

之內容。

此篇文章以「以貴司山治氏爲中心,《文學案內》逐漸嶄露頭角。本人則對它的現階段意義予以極高的評價」一文開頭。楊逵以由於其展現了貴司所提倡「進步作家的共同戰線」的意圖作爲予以評價之理由。依據楊逵所言,受到「法西斯的風暴」威脅的「進步的自由主義者」是無產階級大眾的「重要的同盟軍」,「在具體的舞臺上,一方面設起跟他們的共同戰線,且應該繼續結合並加強無產階級大眾的力量」、對於進步的自由主義者,無產階級大眾「不應機械地性急地強制信奉馬克思主義」;貴司「警戒、棄捨過去曾經毒化普羅文壇之獨善主義」,並期待在雜誌《文學案內》上組織起跟無產階級大眾與進步的自由主義之間的共同戰線,是此文的主旨。

筆者認爲應該注意到一點是,從楊逵的「希望警戒、棄捨過去曾經毒化普羅文壇之獨善主義」這句話,可以窺見他對解散前的日本普羅作家同盟(NALPF)之強烈批判。關於這一點,在後面還會加以論述,首先先從雜誌的篇幅來探討《文學案內》是具備何種性質的雜誌以及它的傾向。

如前所述地,《文學案內》創刊於 1935 年 7 月,不過這個創刊號只是僅僅爲數 16 頁的小冊子。根據由貴司所爲文的〈創刊之辭〉可知,該雜誌是藉由「向眾多進步的知識作家、既成的勞動者出身的作家等請託,刊登他們向勞動大眾當中喜愛文學的人們,詳細深入地教導並介紹小說、詩或戲曲的作法、寫法等的文章」,以培養創作「站在勞動者立場的文學」之作家爲目的所創刊的[4]。

更因「首先爲爭取千人的直接讀者」而在最初的三個月期間以小冊子的形式出版並「免費贈送」,在這段期間預付自第四號以後三個月份的訂閱費的讀者便可成爲該誌的「誌友」。並且明文表示,誌友得以接受每月一篇作品的批評修改之方針。也就是說,這僅僅 16 頁的創刊號是在以爲了爭取誌友而舉辦免費贈閱爲目的之下所發行的。

在考慮楊逵於 1935 年 12 月創刊的《台灣新文學》亦採取誌友方式之時,上述《文學案內》的這種經營方針是值得注目的一點[5]。《文學案內》創刊號上募集一篇賞金百圓的懸賞小說,而這個作法也爲《台灣新文學》所承襲[6]。此外,其徵文主題爲「描寫生產‧勞動情節的小說」一項,亦是在下一章將進行探討的跟楊逵的文學觀之關聯時必要留意的一點。

由 10 月份發行的《文學案內》1 卷 4 號的讀者投稿可知,在 7 月的

---

[4] 〈創刊之辭〉《文學案內》1 卷 1 號,頁 1,1935 年 7 月。
[5] 〈台灣新文學社大綱〉《台灣新文學》1 卷 1 號,脫頁,1935 年 12 月。
[6] 〈懸賞募集〉《台灣新文學》1 卷 2 號,頁 14 ,1936 年 3 月。但賞金爲一席 10 圓。

創刊號之後，如當初所預告地 8、9 月號亦如期出刊了。但由於筆者未親眼目睹，因此無法確認其實際的狀態[7]。10 月號的卷頭語中有「此次的 10 月號是《文學案內》實際上的創刊號」之記載，由此應可推測 8、9 月號也跟 7 月號一樣是以小冊子的形式發行。經過了三個月的準備期間，1935 年 10 月發行的《文學案內》1 卷 4 號符合了「十月飛躍號」的標題，讓讀者目睹了其近 200 頁的充實分量。

這一號當中刊載了楊逵的評論〈台灣的文學運動〉。從以下「台灣文藝作家協會的創立及雜誌〈台灣文學〉」「與〈台灣文學〉對立的〈南音〉」「台灣人作家究竟應該用哪種語言寫作？」「台灣的詩人們」「台灣人作家集合，創立「台灣文藝聯盟」」五點，概觀了台灣新文學運動的該篇文章已經收錄在全集裡，因此已無在此詳述之必要[8]。

實際上，該篇評論並非單獨刊載，它是在「新的報告」標題下，與朝鮮的張赫宙、中國的雷石榆並列刊登的[9]。在其開頭部分揭示了「《文學案內》對朝鮮、中國、台灣的文學感到如同胞般的親近感，期盼一同向新時代的文學建設學習。朝鮮、中國、台灣的詩人、作家啊，這裡有你的朋友《文學案內》。日本的勞動大眾引頸企盼著你們的不斷來函及投稿在此出現!!我們對你們送上東洋早晨的握手！」的一段文章。

閱讀比較他們三者的報告，筆者認為它們之間有共通性，而這或許是因為來自《文學案內》編輯部的某種指導標準所致。為供實際參考，在此對張赫宙、雷石榆的報告內容也簡單地介紹如下。

張赫宙〈朝鮮文壇的現狀報告〉

·「新建設」事件及「卡普」的毀滅

由左翼文人所組織而成的戲劇運動團體「新建設」只因為上演了一次的〈西部戰線無異狀〉，之後卻遭到禁演的苦境。此乃由於日本那普的解散，因此影響了已經有所動搖的卡普，卡普底下的作家們繼而失去活力，取而代之地由中產階級派的民族主義作家站上優勢。

· 現今已不存在任何團體

甚至馬克思主義也自朝鮮文壇隱形，幾乎已不存在任何的團體或組織。

· 新聞小說是展現本領的舞臺

---

[7] 〈アンテナ〉《文學案內》1 卷 4 號，頁 193，1935 年 10 月。本稿執筆時使用日本近代文學館及神奈川文學館所收藏的《文學案內》，然而這兩館中皆未見《文學案內》1 卷 2、3 號。

[8] 楊逵：〈台灣的文學運動〉《文學案內》1 卷 4 號，頁 66~67，1935 年 10 月。同註 1，《楊逵全集 第九卷・詩文卷(上)》，頁 358~362。

[9] 〈新的報告〉《文學案內》1 卷 4 號，頁 62~70，1935 年 10 月。順序為，張赫宙：〈朝鮮文壇的現狀報告〉，頁 62~65，雷石榆：〈中國文壇現狀論〉，頁 63~70。

在朝鮮文壇上，為了成為大家則不得不寫作新聞小說。朝鮮的新聞小說許多是興趣與藝術的混合物。

· 跟牧逸馬相似的李光洙

朝鮮文壇的長老李光洙在〈東亞日報〉發表了近十篇的長篇，有著在提昇初期缺乏文學教養的讀者之素質，並使讀者數增加之功勞。但是，他最近的作品傾向通俗，令人誤以為是牧逸馬。而金東仁等作家們亦然。

· 受期待的新人作家李箕永的作品

相對於以上逐漸成為過去之存在的大家，可以期待的是李箕永。在朝鮮日報上連載的長篇〈故鄉〉是一篇以踏實的現實主義寫成，且達到高度水準的作品。但是，他也因為是「新建設」事件的犧牲者，而一年多未發表作品。

· 勞動者作家李兆鳴及其他有前途的作家

跟李同樣對現實主義寄予強烈關心的作家還有俞鎮午和朝鮮的德永直李兆鳴。李孝石則發表了不同於現實主義的融合了現實主義及浪漫主義的優秀短篇。另外，在重視文體的美文家當中以李泰俊最為優秀。

· 關於朝鮮的女流作家

女流作家並不多，約有朴花城等六人左右，然她們的水準並不劣於男性作家。

· 評論界一瞥

在評論家方面除了舊卡普的朴英熙等人之外，還有俞鎮午等人。

雷石楡〈中國文壇現狀論〉

· 式微的中國文壇

最近因為反動政治的打壓、文化統制使得中國文壇停滯不進。
中國文藝作家聯盟亦處於崩壞狀態。

· 雜誌洪水時代的出現

因為單行本銷路不佳，因此文化事業者朝辦雜誌方面發展，在上海就有數百種以上的文藝刊物。其中可為代表的是〈文學〉〈現代〉〈春光〉〈文學季刊〉。

· 沒有損(難以辨別)的民族主義御用作家

當社會主義現實主義問題在日本備受論爭的時期，在中國因「大眾語」的問題而繼續討論，但看不到有所解決。關於社會主義現實主義僅有二三篇翻譯文章被發表。
寄生於國民政府文藝政策下的文學者提倡「民族主義文學」，脫離社會現實。

· 邁向新的現實主義的步伐

反映農村現狀的現實主義作家漸漸出現乃是個良好的傾向。其中有張天翼、吳組緗等人。

· 魯迅或矛盾的動向

魯迅或矛盾暫停了創作活動，埋頭於世界名著的翻譯之中。由上海生活書店創刊的〈譯文〉是純翻譯的雜誌。甚至也有大規模的「世界文庫」的大文庫版。

· 進步的雜誌〈太白〉

其他受矚目的雜誌有〈論語〉〈太白〉等等。

· 在日作家的活動舞臺

在東京留學的青年文學者發行的雜誌有〈東流〉〈現代文學〉〈詩歌季刊〉等等。

· 詩雜誌的活動

〈詩歌〉是由黃凡、林林、駱駝生等人組的詩雜誌，但台灣的吳坤煌也參與執筆。

· 非法雜誌的消息、被捕的田漢

創刊未經合法的〈木屑文學〉，由於刊登許多描寫中國赤區現狀的小說，因此僅發行了第 1 集及告結束。田漢被捕入獄，但對轉向者相當地憤慨。

如上，將三者的內容比較看看之後可以推測，那種一邊回顧各國的普羅文學的動態，邊談論關於現在的文學狀況的方式恐怕是出自編輯部的要求。這樣的編輯方針在之後也持續著，同年 11 月的 1 卷 5 號上刊登了高垣松雄的〈美國普羅文學的現狀〉、張赫宙〈朝鮮文壇的未來〉、楊達〈台灣文壇之現狀〉，1936 年 2 月的 2 卷 2 號上則刊載了小松清的〈法國文壇的現狀〉。楊達跟《文學案內》的關係是在這樣的世界性同時性當中形成的，這一點相當值得注意。

楊達除了前述的兩篇評論之外，在同雜誌上還刊登有評論〈肩負台灣文壇的明日的人們〉《文學案內》2 卷 6 號，1936 年 6 月、小說〈蕃仔雞〉《文學案內》2 卷 6 號，1936 年 6 月、翻譯賴和〈豐作〉《文學案內》2 卷 1 號，1936 年 1 月。尤其〈豐作〉以作為《台灣·朝鮮·中國作家集》中之一篇與吳組緗〈天下太平〉、張赫宙〈アン·ヘエラ〉並列的特輯，這點也充分表現了《文學案內》的特色[10]。

其它應注目的是，雖然未被收錄於全集當中但是在 1936 年 7 月的《文

---

[10] 關於〈豐作〉的刊載經過，有楊達：〈台湾を代表すべき作品を寄せよ〉《台灣新聞》，1935 年 11 月 13 日，可為線索。詳細參考註 3 張季琳：《台湾プロレタリア文学の誕生－楊達と「大日本帝国」－》。

學案內》2 卷 7 號上以〈集團制作〈東洋的一天〉審查發表〉的「入選侯補」「截止日到期的分」記錄了「台灣　寒し　台南　楊逵」[11]。

　　集體制作〈東洋的一天〉乃是仿效在高立基的呼籲下於蘇維埃進行的集體制作〈世界的一天〉，並在 1936 年 3 月的《文學案內》2 卷 3 號上呼籲徵求原稿[12]。這個企畫以「關於三月一日的事不消說是內地，尚且竭誠期待台灣、中國、滿洲、朝鮮、北海道、樺太、南洋的來稿！告訴大家你們如何地吃、住、勞動、思考等，日常生活的事情。讓「文案」的五月號因諸君的〈一日報告〉而充實！」為宗旨，而結果上如前所述地在 7 月號公布了 13 篇入選作品及 14 篇的入選侯補作品[13]。

　　這個企畫充分顯示了透過「向眾多進步的知識作家、既成的勞動者出身作家等請託，刊登他們向勞動大眾當中喜愛文學的人們，詳細深入地教導介紹小說、詩或戲曲的作法、寫法等的文章」，「自勞動階級自身當中」培育出創作「站在勞動者立場的文學」的作家為目的之《文學案內》的創刊性格[14]。同時，從它的呼籲口號「不消說是內地，尚且竭誠期待來自台灣、中國、滿洲、朝鮮、北海道、樺太、南洋的」，亦可窺見某種「大東亞共容圈」的想法已滲透到普羅陣營。

　　另一方面，儘管因為「蕃仔雞」的刊登等等早已受到作家待遇，但楊逵投稿「台灣　寒し」之事，是否也顯示了楊逵對以此企畫起步的《文學案內》編輯方針之高度關心。不過，《文學案內》的發行雖持續到 1937年 4 月，但是在那之後卻不見楊逵的名字再出現於《文學案內》上。這有可能是因為 1936 年夏天左右，楊逵的病狀惡化到連《台灣新文學》的編輯也不得不委託王錦江的緣故[15]。

二、貴司山治在普羅文壇的位置

　　以上概觀了雜誌《文學案內》，那麼關於貴司山治，他又是怎樣的一個人物？

　　貴司山治（本名伊藤好一）1899 年（明治 32 年）出生於德島縣板野郡鳴門村高島[16]。高島是個鹽田島，其父母也是在鹽田工作的勞動者。1920

---

[11] 〈集團制作〈東洋的一天〉審查發表〉《文學案內》2 卷 7 號，頁 149~150。
[12] 〈画期的集団制作東洋の一日原稿募集〉《文學案內》2 卷 3 號，頁 135，1936 年 3月。
[13] 由於 3 月 1 日是星期天，因此後來企畫改成 2 月 29 日。《文學案內》2 卷 4 號，頁122 ，1936 年 4 月。
[14] 〈創刊之辭〉《文學案內》1 卷 1 號，頁 1，1935 年 7 月。
[15] 王錦江：〈編輯後記〉《台灣新文學》1 卷 8 號，頁 133，1936 年 9 月。
[16] 增田周子：〈解說 貴司山治《同志愛》〉，貴司山治《新・プロレタリア文學精選

年貴司因作品〈紫袍〉獲得《大阪時事新報》懸賞小說的選外佳作（三等），之後前往大阪成為該報的記者。此後也入選《東京時事新報》《朝日新聞》等的懸賞，以大眾文學作家的姿態活躍於文壇。另一方面也開始接近普羅文學，1928 年因連載於《東京每夕新聞》的〈停止・前進－Go・Stop〉（後來改題為〈Go・Stop〉）而獲得讀者的反響，1929 年在日本普羅作家同盟(NALPF)創立的同時即參加該同盟。1930 年當上 NALPF 的中央委員，但是因主張普羅「大眾藝術」之必要而受到藏原惟仁等 NALPF 指導部的批判[17]。

看到貴司在 NALPF 中的位置時，首先令人注意到就是他跟刊登了楊逵〈新聞配達伕〉的《文學評論》之創刊者德永直之間的共通性。正如貴司自身在 1935 年 8 月發表的〈文學大眾化的再三提起〉當中所指出地，在三次的藝術大眾化論爭中，1930 年的第二次是對貴司的批判，而 1932 年的第三次則是 NALPF 指導部對德永進行的批判[18]。關於該論爭對德永的批判筆者已在別稿中詳加論述，為避免重覆故不在此贅言，他們兩者受到批判的要點在於提倡「在我作家同盟裡基本上被指為謬誤，而過去也一直被批判說那種東西是不可能存在普羅文學中的「普羅大眾文學論」的公然復活」[19]。

亦即，德永及貴司都是因為對「普羅大眾文學」的主張，而再三受到來自 NALPF 主導部批判的作家。這兩位跟楊逵有深切關聯的日本人作家都在普羅文學運動史上有著這樣的定位，再加上從前面所述的「希望警戒、棄捨過去曾經毒化普羅文壇之獨善主義」的言論可以窺見其對 NALPF 的批判態度等等，這些都是在考察楊逵對左翼思想的接受過程時重要的線索[20]。

楊逵跟德永的關係已經在筆者的別篇論文中有所討論，在此將避免贅述。但於 1934 年 3 月，創刊於跟 NALPF 解散同時期之《文學評論》以及德永在當時之所以站上指導位置的原因在於，它們比 NALPF 更早援用

集 14・同志愛》頁 1~5，東京：ゆまに書房，2004 年。

[17] 藏原惟仁：〈藝術大眾化的問題〉《中央公論》，1930 年 3 月。本稿參考的是《日本普羅文學評論集 4 藏原惟仁集》，頁 305～312，東京：新日本出版社 1990 年。此外，關於貴司跟藏原的論爭在尾崎秀樹《大眾文學》，東京：紀伊國書屋，1994 年；佐藤卓巳《キングの時代》東京：岩波書店，2002 年，等著作中皆有所探討。

[18] 貴司山治：〈文學大眾化的再三提起(一)駁德永君的二三見解〉《文學評論》2 卷 8 號，頁 34~41，1935 年 8 月。

[19] 宮本顯治：〈邁向對普羅文學的晚成與退卻的克服〉《普羅文學》，1932 年 4 月。引用於《日本普羅文學評論集 5 宮本顯治集》，頁 203~226，東京：新日本出版社，1990 年。

[20] 再要補充一點的就是，楊逵跟於 1928 年 10 月發表了「普羅大眾文學的問題」的作者林房雄之間的關係。這個問題將於別稿中討論。

社會主義 realism 論[21]。

在德永於 1933 年 9 月發表的〈創作方法上的新轉換〉當中，一方面他援用基爾波金的社會主義 realism 論，批判藏原所提倡並且也是那普的指導理論的「唯物辨證法的創作方法」是「機械且觀念的」[22]。以「今日更尚且必要向新的大眾的「生活學習」。唯有能無限地正確地反映豐富的現實，才能產生出主題的積極性」「我們要一腳踹開文學批評的官僚性支配，無限伸展、自由自在地放肆地揮灑創作」作為結論的德永〈創作方法上的新轉換〉，甚至發展出被後人稱為是「製造了那普解體契機的文章」之程度的影響力[23]。

創刊後的《文學評論》積極地刊登與社會主義 realism 相關的的論文，為社會主義 realism 論爭提供了重要的舞臺。那麼，對於社會主義 realism 受容的動向，楊逵採取了何種立場與態度？

三、楊逵對社會主義 realism 的接近與背離

《楊逵全集第九卷・詩文卷(上)》裡，收錄了從 1934 年 10 月 24 日於《台灣新聞》刊載的〈新聞配達伕 關於楊逵君的作品=文學評論十月號揭載〉到 1936 年 6 月《文學案內》上刊載的〈肩負台灣文壇明日的人們〉為止，計 40 篇的評論。但是經由河原功指出在全集當中未被收錄而於 1934 年 11 月 28 日《台灣新聞》上以王氏琴之名發表的〈新聞配達伕－女性如此觀之〉亦是出於楊逵之筆[24]。

關於其詳細的考據論證就委由河原論文。本稿所欲注目的焦點則是在於〈新聞配達伕－女性如此觀之〉是眼前最早楊逵談及社會主義 realism 的資料。相關部分引用如下。

> 由於是在百忙之中所寫的，因此有文章彆扭、對話奇怪等等許多缺點可為指正。（來自楊貴君的信）

---

[21] 垂水千惠：〈台灣新文學中的日本普羅文學理論受容：從藝術大眾化到社會主義 realism〉，中央研究院中國文哲研究所《正典的生成：台灣文學國際研討會 大會手冊論文集》，頁 61~78， 2004 年 7 月 15 日-16 日。

[22] 德永直：〈創作方法上的新轉換〉《中央公論》1933 年 9 月號。引用為《日本普羅文學評論集 7 後期普羅文學評論集 2》，頁 264~274。

[23] 小田切秀雄：〈解說〉《現代日本文學論爭史 中卷，頁 339~349，日本：未來社，1957 年。

[24] 河原功：〈不見天日十二年的〈送報伕〉－隻身力博台灣總督府的楊逵〉，國家文學館《楊逵文學國際學術研討會論文集》，2004 年 6 月 19 日-20 日。但是，〈新聞配達伕－女性如此觀之－〉是 2004 年 6 月 26 日河原氏在東京台灣文學研究會報告時分發的自製書面資料。

這是毫無意義的。文章彆扭、對話奇怪算得了什麼，即便那樣也沒
關係不是嗎。吾人所追求的應該並不是技巧、形式等的東西。我們
要追求的第一是內容、第二仍然是內容 ，以及社會主義 realism
的創作方法。(略)總之，〈新聞配達伕〉是生活體驗的勝利，是社
會主義現實主義的凱歌。贏得入選之榮譽的原因絕非身為殖民地人
民的這個障礙，亦非因為取材特殊。乃是由於實力。

另外，在〈(二)給徐瓊二君的一句話〉中對於徐的批判，他一邊引用
馬卡略夫，作了如下的反駁。

> 徐君縝密的批評亦或許是正確的。不過即便它是正確的，但那根本
> 是無關緊要的。縱使他多麼嚴厲斥責這事，都絲毫無法動搖〈新聞
> 配達伕〉是在怎樣的階級界線的斷面上、在如何具體的歷史情勢當
> 中、在怎樣的社會勢力階級鬥爭的影響下成立的這個事實、對於他
> 那冗長的歪理，吾人只要一笑置之或者漠視即可。
> 吾人從物質觀點談論吾人的新文學或是社會主義 realism 時，首先
> 就意味著藝術家對現實的新的接近，被吾人時代的前衛思想之光所
> 照亮所表現。─馬卡略夫─
> 前往內地的動機、在內地體驗的生活、在內地遇到的人們、農村的
> 描寫、「我」的成長，這些跟社會主義 realism 的創作方法是否謀
> 和？─徐君為何不深究這一點，而光只是注意一些雞毛蒜皮之事呢。

這篇整體上是以社會主義 realism 為盾牌對徐所做的反駁，不過在此
我們應該注意的是他引用馬卡略夫這一點。楊逵所引用的是在〈新聞配
達夫〉被刊登出來的 1934 年 10 月《文學評論》1 卷 8 號上所揭載的馬卡
略夫〈維護此水準！(二)─關於〈被開拓的處女地〉─〉。該篇評論在「它
既展現了蘇維埃文壇到達的最高水準，也以具體的作品對社會主義
realism 問題提出論述，對我這個作家評論家而言，它給了我諸多的教訓」
的介紹文下，斷斷續續地從 1934 年 9 月《文學評論》1 卷 7 號至隔年 2
月的 2 卷 2 號為止連載了 4 回[25]。

把楊逵的引用跟《文學評論》所刊登的馬卡略夫的文章，對照比較
下發現，楊逵引用中有若干處的遺漏。雖然並不嚴重影響到論旨，但為
慎重起見在此將原文引用出來。（ □是遺漏部分，底線部分則是表示表

---

[25] 〈編輯後記〉《文學評論》1 卷 7 號，頁 146，1934 年 9 月。

記有所不同之處）

　　吾人談論物質上新的、吾人的文學 的內容 時，或者是吾人在談論
社會主義 realism 時，首先就意味著藝術家對現實的新的接近 ，
吾人的階級從所站立的高處 ，被吾人時代的前衛思想之光所照亮
所表現。[26]

　　但是，雖然〈新聞配達伕－女性如此觀之〉有論及社會主義 realism，
不過實際上卻沒有任何具體針對所謂的「社會主義 realism 的創作方法」
之內容的分析。

　　另一方面，楊逵在發表該文的一個月前左右的 10 月 24 日也以筆名
賴健兒在《台灣新聞》上發表了名為〈新聞配達伕 關於楊逵君的作品＝
文學評論十月號揭載＝〉的文章，但是在這篇文章中他並未對社會主義
realism 有所談論。

　　在同年 12 月的《台灣文藝》2 卷 1 號上發表的〈台灣文壇一九三四
年的回顧〉上談到，「我批評家諸君品讀 N・馬卡略夫關於〈被開拓的處
女地〉的批評文〈維護此水準〉，我們必須從他的態度上有所學習。(文
學評論九月號開始連載中)。」，但是關於社會主義 realism 未表示任何意
見。

　　從這樣的情況來判斷，或許楊逵在 1934 年的階段對於社會主
realism 並未有相當程度的理解。只不過在以別名做自我宣傳時，可能在
為了增加權威性而引用馬卡略夫的同時，也就社會主義 realism 略加談論。

　　之後楊逵直接地談論到社會主義 realism 是在 1935 年 7 月 29 日～8
月 14 日期間連載於《台灣新聞》的〈新文學管見〉上[27]。此篇評論可謂
是楊逵開始以本名發表談論社會主義 realism 的文章，但是跟前述以王氏
琴之名發表的〈新聞配達伕－女性如此觀之〉不同地，它對社會主義
realism 表示了懷疑的見解。

　　首先，在 2 的〈關於社會主義 realism〉裡，不管是「森山、中野、
德永諸氏」亦或久保榮或金斗鎔所提倡的社會主義 realism 都在承認「吾
人俱在防範非無產階級的要素上還不充分，故也是不正確的」之上，有
論述如下。

---

[26] N・馬卡略夫：〈維護此水準！(二)－關於〈被開拓的處女地〉－〉《文學評論》1
卷 8 號，頁 24~42，1934 年 10 月。引用之處在頁 28。但是，關於這遺漏部分，是出
於楊逵自身亦或是《台灣新聞》在刊登時所發生的失誤又亦或是因為檢閱的關係則
不得而知。
[27] 楊逵：〈新文學管見〉，前揭《楊逵全集 第 9 卷・詩文卷(上)》，頁 280~304。

吾人見到以《文學評論》為中心的這個討論，深深地為人們在言語上的貧乏感到悲傷，我們終究還是無法看到在這些討論中有被付與任何新的東西，泛濫在紙面上東西有許多是吹毛求疵及詞語解釋上的爭論。

目前，吾人假若沒有的注釋便無法將吾人欲向大眾傳達的東西清楚而正確地使其留下印象的話，與其如此我認為何不使用真實的realism。我看到俄羅斯的黨的機關誌被命名為真理，同樣若不加以注釋，可是堅持它是正確的此一事實清楚明確的話，那麼我寧可選擇一般的詞語。

蘇維埃・俄羅斯的五年計劃決定第二次奮戰到底時，在蘇維埃・俄羅斯所使用的社會主義realism這個詞語，並不像我們一樣需要詞語的注釋。因為在那裡具體的社會主義建設的事實比起任何的言語都更正確且豐富地注釋了這個詞語。

更進一步地，在3的「結論」之處，不斷強調排除派系並且下結論道「當時，貴司山治氏的進步作家間的合作之提案是極具意義的。普羅文學必須徹底破除派系。而對正義派作家提示真正的事實以及通往realism的徹底的道路。即便從這一點而言，我們亦不應對正義派作家性急地強求現成的意識形態。了解到意識形態是漸進發展的這個事實的我們認為，就此而言，改虛張聲勢的社會主義realism為真實的realism是比較好的。」

〈新文學管見〉中的言論與企圖以強調跟社會主義realism的關聯以加深〈新聞配達伕〉之評價的〈新聞配達伕－女性如此觀之〉是完全相對的，但是終究這個差異是因何而生的呢。如前所述的，在〈新聞配達伕－女性如此觀之〉中雖然有談論到社會主義realism，然而，卻沒有對於那麼所謂的「社會主義realism的創作方法」具體而言是怎樣的內容之分析。這恐怕是因為在1934年11月以王氏琴之名發表這篇文章的階段，楊逵對於正在日本展開的社會主義realism論爭，並尚未那麼地掌握到其狀況。根據楊逵回憶錄〈日本統治下的孩子〉，楊逵由於經濟狀況窮困，在訂閱雜誌・新聞上有困難，而《文學評論》也只是在何集璧的家中看過罷了[28]。因此可以推測，楊逵定期地訂閱雜誌《文學評論》，開始關注閱讀在《文學評論》上展開的許多論爭是在1934年10月〈新聞配達伕〉

---

[28] 楊逵：〈日本統治下的孩子〉《楊逵全集 第14卷・資料卷》，頁22~30，臺北：國立文化資產保存研究中心籌備處，2001年。

被刊登在《文學評論》上之後。因為作為注目的殖民地作家,《文學評論》自然不用說,還有可能登在各種雜誌的贈書名單上。就這樣他恢復了跟日本普羅文壇的交流,而在接觸到許多的論爭之中,終至抱持如前述〈新文學管見〉中的意見。

四、總結

　　如以上所概觀地,開始於 1935 年 7 月楊逵對貴司山治以及《文學案內》的接近跟以雜誌《文學評論》為中心所進展的對社會主義 realism 受容之批判是表裡一體的。

　　不論好壞,某種以世界規模席卷文學界的社會主義 realism,雖然幾乎挾著同時代的性格傳到了 1930 年代的台灣,然而楊逵卻以這樣的方式做了某種的拒絕,筆者認為這正提起了非常意味深遠的問題。尤其關於日本普羅文學的社會主義 realism 受容,正因為受到「在不得不對普羅文學的理論與實踐的總體盡全面地總括批判的當下,它以作為合理化對該課題逃避的適當理論發揮了作用」[29]之評價,所以楊逵的拒絕可說是論證了其左翼理論受容的主體性確立。

　　那麼,是何種原因令楊逵自社會主義 realism 叛離?在討論這個問題時其關鍵,也許是楊逵對「大眾」的定義。在本稿上雖已無多餘的篇幅可以加以論述,然此時期楊逵的問題意識乃在於「大眾」上面,在 1930 年代的評論中,以〈藝術是屬於大眾的〉為始,楊逵發表了許多關於「大眾」的言論。另一方面,筆者認為楊逵對於隨著議論往來的交疊,而逐漸對遠離「大眾」問題的以《文學評論》為中心之日本普羅文壇的狀態應是持批判態度的。

　　更應該注目的,自 1935 年 7 月起貴司山治與德永直之間圍繞著「文學大眾化」的問題開始了論爭[30]。如前所述,〈新文學管見〉在質疑社會主義 realism 的同時以表明對貴司的期許作結束之事,或許也跟貴司－德永之間的論爭不無關係。假若我們想起不管是在此時期楊逵企圖接近的貴司亦或是最初楊逵接近的德永,這兩人皆是「普羅大眾文學」主張者的話,那麼,究竟在德永跟貴司的主張上存在著怎樣的差異?而它跟楊逵所設想的「大眾」之間又有著何種相異之處?此外,這跟「殖民地」作

---

[29] 栗原幸夫:《普羅文學及其時代》,頁 247,東京:平凡社,1971 年。
[30] 前揭貴司山治:〈文學大眾化的再三提起(一)駁德永君的二三見解〉。再加上,1935年 8 月左右開始跟楊逵展開論爭的劉捷積極地提倡導入社會主義 realism,這或許也關係著楊逵自社會主義 realism 乖離。

家楊逵的主體性有著什麼樣的關係性？筆者深感有另書他稿加以詳細論述之必要。

（楊智景譯，お茶の水女子大学博士後期課程）

「中國改造論」論戰的歷史再閱讀
——左翼運動的崛起與 1927 年的台灣

陳芳明

政治大學台灣文學研究所

一、問題的提出

　　台灣文化協會在 1927 年的左右傾分裂，究竟是受到外來力量的影響，還是受到社會內部的自主要求，是討論殖民地歷史的一個重要課題。依照台灣總督府《警察沿革誌》的說法，文化協會在分裂之前，內部成員對共產主義理論的掌握還不甚明確。不過，由於中國左翼運動的高漲，例如李主三與王明激進路線的抬頭；以及日本山川主義與福本主義的對峙，再加上折衷路線的日共系統之策略等影響，而終於反映到台灣左右派的分裂。這種政治路線的分裂，具體影響了台灣文化協會的內訌。[1]

　　如果台灣總督府的分析是正確的，則事實證據的基礎在那裡，就值得深入去追究。中共極左路線，是由李主三與王明相繼構築而成。假使中共激進策略對台灣政治運動產生影響是事實的話，也必須透過台共組織的管道才能完成。問題在於台灣共產黨要到 1928 年才宣告組黨成功，而台灣文化協會的分裂卻是在 1927 年就已發生。其間的連繫，也許需要大量事實來支撐，才能夠合理化。也就是說，1927 年的國共分裂是否牽涉到台灣文化協會的左右分裂，還有待進一步了解。

　　至於日本左翼陣營中山川主義與福本主義的對峙，是否也直接、間接對台灣左翼運動產生衝擊，也是亟待釐清的一個議題。台灣總督府在上述的警察檔案也指出，在 1927 年至 28 年之間，台灣文化協會內部在策略與路線方面發生嚴重分歧。一是上海大學派（簡稱上大派），遵循中共的激進路線，一是由連溫卿的山川均主義所領導的非上大派，比較接近日本共產黨的綱領。[2]上大派的成員包括蔡孝乾、翁澤生、王萬得、潘欽信等人，偏向當時中共的戰略主張。非上大派的成員則有連溫卿、林朝宗、黃白成枝等，傾向於接受日共路線。台灣總督府的這個說法，似較貼近史實，不過，這種對立並不影響 1927 年的文協分裂，而是造成 1929 年新文協的再分裂。[3]

---

[1] 台灣總督府編，《台灣總督府警察沿革誌，第二篇社會運動史》（複刻本，以下簡稱《警察沿革誌》），東京：台灣史料保存會，1969 年，頁 244。

[2] 同上。

[3] 有關上大派與非上大派的內訌而終於導致新文協的第二次分裂的史實討論，參閱陳芳明，〈連溫卿與抗日左翼的分裂〉，《殖民地摩登》，台北：麥田，2004 年，頁 265-292。

因此，1927 年文協的分裂，是否就是國共分裂與日共分裂的延續效應，並不能成爲歷史定論。殖民地台灣的政治運動，有其自主的歷史性格。沒有台灣特殊的政經條件，就沒有文協的左右分裂。中共的或日共的因素，在某種程度上可能對台灣左翼運動有一些催化作用，但不宜過分誇大。如果把焦點集中在文協分裂前的「中國改造論」論戰內容，或許可以找到一些歷史的答案。

所謂「中國改造論」論戰，是 1920 年代台灣政治運動左右兩派在理論上爭論的一次對決。具體而言，這也是社會革命主張與社會改良主張的路線之爭。這兩條路線，是二〇年代初期啓蒙以降思想漸臻成熟的徵兆，也是暗示日後台灣知識分子如何實踐各自的政治信仰。重新評價這次論戰的意義，既可觀察當時的政治理論究竟到達怎樣的高度，也可測量出殖民地政治運動的主體性究竟何在。

二、論戰前左右兩條路線的形成

參與「中國改造論」論戰的主要成員其實只有兩位，亦即代表右翼思考的陳逢源，與代表左翼立場的許乃昌。在兩人展開論戰的過程中，上大派的蔡孝乾也撰寫一篇文字插隊介入。從 1926 年 8 月到 1927 年 2 月，陳逢源與許乃昌各寫兩篇長論。雙方爭辯的焦點，在於確認台灣社會的資本主義是否已臻成熟。資本主義的成熟與否，牽涉到日後殖民地政治運動到底是選擇民族路線還是階級路線。因爲，路線的抉擇直接關係到政治運動的策略。若是走民族路線，運動策略將遵循合法的議會改革主張。若是採取階級路線，則策略有可能傾向於訴諸群眾的革命主張。因此，陳許兩人的辯論並非止於資本主義發展的議題，還進一步暗示了改良主義與革命主義之間的抗衡。這場論戰的格局雖然極其有限，但是兩人之間的言論往來，已經預告政治運動者內部的分歧路線之對峙。

論戰的爆發，自然有它一定的歷史發展過程。台灣文化協會在 1921 年成立時，最初是以聯合陣線的形式出現，亦即由左右翼知識分子的共同參與而組成。然而，不可否認的，右翼知識份子著手最早的組織行動，功不可沒。在歷史書寫上爲右派資產階級辯護最力的葉榮鐘就特別指出，台灣近代史的濫觴，乃是由於林獻堂與梁啓超的見面而得到啓示。梁啓超是晚清立憲運動的主導者之一，依照葉榮鐘的說法，其議會路線的思想啓發了日後林獻堂對改良主義的抉擇。[4] 質言之，台灣政治運動原先是由思想啓蒙的工作出發，而負起啓蒙任務者則是以右翼議會路線的成員爲主導者。在殖民地

---

[4] 葉榮鐘，《台灣民族運動史》，台北：自立晚報，1971 年，頁 9。葉榮鐘指出林獻堂與梁啓超的見面是在 1909 年：「林獻堂受梁啓超啓發最深，影響最大的一點，是關於台灣民族運動的方法問題，也就是任公啓發他效法愛爾蘭人之抗英，厚結日本中央顯要以牽制總督府對台人的苛政。」

運動初期，右翼改良主義誠然有其歷史階段的使命。他們一方面以思想啓蒙爲重心，積極喚醒台灣人的政治意識，一方面則以議會請願運動爲輔，以期達到台灣地方自治的目標。[5]這說明了文協發行的《台灣青年》（1920～1922）與《台灣》（1922～1924），其中發表的文字大多集中在議會政治與地方自治的議題之上。

不過，這並不意味民族意識次第被喚醒之際，階級意識全然蟄伏不動。連溫卿在1927年發表的〈過去台灣之社會運動〉指出，台灣社會運動之發軔較諸日本還要遲晚，這是因爲殖民地經濟較爲落後所致。他又指出，台灣社會運動理論的介紹，肇始於留學生的推介，而終於使島內的無產青年展開實踐的行動。因此，他說：「前者（留學生）的運動都偏於模仿，而後者（島內青年）的主張，卻是以應照台灣社會的實情，想要離脫這種模仿的缺陷。」[6]連溫卿的觀察值得注意，左翼思潮的理論確實是由留學生的翻譯與鼓吹而傳播到台灣，但是，這樣的理論並不必然爲台灣社會全盤接受，而應該是在實踐過程中，使理論與現實得到恰當的結合。確切而言，左派運動的萌芽，顯然有台灣社會主體的要求。

台灣留學生在日本與中國兩地，自1923年以後便開始呈現活潑的狀態。這是因爲日本國內進入史上所謂的「大正民主」時期，馬克思主義思想在知識分子之間的傳播並未遭到警察的查禁。思想空氣開放之下，在這個時期到達東京的台灣留學生也逐漸燃燒起社會主義研究熱。日本警察檔案指出，「從來以主張民族自決主義來維持統一的台灣青年會內部，漸漸出現了傾向共產主義派的學生之對立。」[7]在東京活躍的左派學生中，最值得重視的，是活動力極爲旺盛的徐乃昌。他在東京完成「社會問題研究會」的組織，旋即於1923年抵達上海，進入上海大學社會科進修，獲得陳獨秀的賞識，被推荐前往莫斯科孫逸仙大學就讀，停留期間從1924年8月到1925年6月。返回上海後，又於同年8月前往東京，參與左翼運動。

赴莫斯科讀書之前，許乃昌在上海參加一個左翼團體「平社」。在這段期間，他對台灣的議會路線就已表達高度不滿。在平社的機關誌《平平旬刊》上，他以「沫雲」的筆名對議會請願運動抱持反對態度。在這篇文章中，他分析資本主義入侵台灣社會後所造成的影響。許乃昌認爲，議會運動的抬頭，主要是因爲台灣資產階級與壟斷台灣經濟利益的日本資產階級發生利害衝突。台灣資本家爲了改善自己的生存環境，遂有台灣議會設置的參政運動。他的文中堅決指出，日本統治者絕對不可能施惠於台灣人，「台灣議會」的美夢斷難實現。許乃昌主張：「倒不如對內尋求團結，對聯合勞農

---

[5] 有關議會運動的形成及其影響，參見周婉窈，《日據時代的台灣議會設置請願運動》，台北：自立晚報，1989年。

[6] 連溫卿，〈過去台灣之社會運動〉，《台灣民報》（東方文化書局複刻本），第138號，昭和2年（1927）1月2日，頁12。

[7] 參閱〈東京台灣青年會社會科學研究部の結成〉，《警察沿革誌》，頁37。

階級國家及日本的被壓迫階級，乃至受日本掠奪的支那、朝鮮等國的人民，組成國際性戰鬥團體——反帝國主義大同盟，全力從事革命鬥爭。」[8]許乃昌對台灣右翼路線的公開批判，應該是始於這份文獻。從他的思考方式來看，他在赴莫斯科前，就已經具有國際共產主義運動策略的視野。

相形之下，做爲經濟學家的陳逢源，就傾向於自由主義的思想的擁護，從而對於合法的改良主義也以具體的文字與行動表達高度支持。在議會設置運動的成員裡，陳逢源不僅是追求政治上的地方自治，而且也是主張經濟上財政自治的少數倡言者。他在 1925 年正式提出「財政自治論」，特別指出自明治 37 年（1904）以來，台灣已經不再依賴殖民母國的援助。相反的，對日本的國庫貢獻至鉅。因此，他主張帝國議會應該考慮到集權財政的流弊，而容許台灣納稅者參與編列年度預算的權利，使殖民地經濟能夠更爲自由發展。他進一步建議，殖民地預算應轉讓於殖民地機關，帝國政府僅保留認可權與公布權。同時，在殖民地設置財政評議會，可以提出監督會計的意見。[9]

因此，陳逢源的右翼思考極爲清楚，便是讓台灣社會在資本主義的基礎上充分自由地發展經濟，並且也帶動自由思想。他在《台灣民報》還刻意翻譯英國思想家羅素的演講詞〈自由思想與公開宣傳〉（Free Thought and Official Propaganda），藉以宣揚思想自由與言論自由對社會發展的重要性。在譯文之前，陳逢源附有短言，認爲這篇文字「著眼何等確切，立論何等深刻」。[10]

許乃昌與陳逢源在發生論戰之前，兩人的立論基礎顯然已都齊備。站在左翼立場的許乃昌，認爲議會設置運動企圖在日本的範圍內追求立法的權利無非是緣木求魚。以台灣的殖民地身分，絕對不可能得到帝國議會的正面回應。陳逢源的看法是，台灣財政對帝國的經濟發展有很大的貢獻，而這種財政實力足以支撐台灣地方自治的實行。他的理想是，議會請願運動必須持續下去，以爭取台灣議會的設置。通過台灣議會的成立，地方自治遂得落實，在政治上與經濟上都有深遠的意義。相較兩人的運動策略，許乃昌走的是國際共產運動的路線，主張聯合各國被壓迫的人民對抗殖民統治。陳逢源則是在日本帝國的範圍內，尋求帝國議會成員的支持。前者是強調國際主義與階級意識；後者則訴諸於自由主義與民族意識。

然而，造成陳逢源與許乃昌論戰的原因，還有直接與間接的因素。就間接因素來說，必須回到本文前言所說，台灣總督府認爲國共分裂對文化協會的分裂有所影響，

---

[8] 沫雲（許乃昌），〈台灣議會より革命運動まで〉，《平平旬刊》，創刊號，轉引自《警察沿革誌》，頁 78-79。

[9] 陳芳園（逢源），〈台灣的財政自治論〉，《台灣民報》，第 86 號，大正 15 年（1926）1 月 1 日，頁 3-5。

[10] 羅素著，芳園譯，〈自由思想與公開宣傳〉，《台灣民報》，第 104 號，大正 15 年（1926）5 月 9 日，頁 10。

但欠缺具體的分析。文化協會的領導者之一謝春木，在 1931 年回顧文協分裂的原因，認爲有中國的因素，也有來自日本的影響。

就中國因素來說，謝春木指出，1924 年 1 月國民黨在廣東召開全國代表大會，決定聯俄容共的政策，致使孫中山失去舊同志，黨內遂出現西山會議派，造成左右兩派的傾軋。謝春木認爲共產黨之樂於加入國民黨，是因爲可以轉暗爲明，公開宣傳社會主義的理念，利用國民黨的全國組織擴大自己的力量。因此，聯俄容共政策實行後，國民黨本身反而造成分裂，共產黨從而在工人勞動運動中取得主導地位。這個事實，使留學中國的左派台灣學生受到一定程度的影響。

就日本因素而言，1925 年日本勞動總同盟分裂，而另外成立日本勞動組合評議會，左派的無產政黨也參與了日本的選舉，終於造成左右對立之勢。在這段時期，福本主義的菁英理論特別盛行，使左翼台灣留學生對激進主張產生認同。他們回到台灣後，已無法滿足文化協會既有的意識型態。[11]

但是，更爲重要的是，左翼思潮的崛起也是相應於當時台灣島上農民運動的不斷開展，階級意識也跟著高漲飛揚。1925 年發生的二林蔗農事件，從發生到公審，前後拖延將近一年。這個事件大大刺激了左翼運動的勢力，也加速培植了更爲濃厚的階級意識。[12]台灣社會的階級意識是一點一滴逐漸累積的。1925 年《台灣民報》在出刊五週年的專輯時，蔡孝乾就撰文表示，台灣從大正 9 年（1920）以後，由於經濟蕭條，已迫使資本家、小資產階級、農林百姓一齊同歸於無產階級化。他當時就已預言：「我想此去五年，諒必發生無產階級的解放運動。」他更進一步吶喊：「看啊！台灣民眾將有『階級意識』而至『階級鬥爭』的開始。」[13]蔡孝乾的觀察極爲準確，就在同年年底，二林事件就發生了。參與這場事件展開鬥爭的領導者，正是知識分子的醫生李應章。在公審時，他被判五年有期徒刑。

從國際的角度來看，左翼勢力在中國與日本的崛起，在很大程度上帶給台灣留學生無比的衝擊。就台灣內部的政治演變來看，階級意識與階級鬥爭也節節昇高。這些客觀的形勢都在要求台灣文化協會必須調整其既有的思想啓蒙的角色，而更積極回應甚至是日本警察業也窮於應付的階級運動。從這個歷史角度來看，文協似乎已經到達一個十字路口，向左轉或向右轉？文協的領導者敢不敢站出來介入農民運動與工人運動之中，就成爲殖民地社會的重大課題。把陳逢源與許乃昌的論戰放在這個政治脈絡來考察，其歷史意義才能彰顯出來。

---

[11] 謝春木，《臺灣人の要求》，台北：台灣新民報，1931 年（東京龍溪書舍複刻本，1972 年），第二章，〈文化協會の改組〉，頁 50-53。

[12] 有關二林蔗農事件始末，參閱「二林事件公判號」，《台灣民報》，第 122 號，大正 15 年（1926）9 月 12 日，頁 2-16。

[13] 蔡孝乾，〈五年來的台灣〉，《台灣民報》，第 67 號，大正 14 年（1925）8 月 26 日，頁 13-15。

三、「中國改造論」論戰的再閱讀

陳逢源原先計畫在《台灣民報》發表系列的〈最近之感想〉，卻因為與許乃昌發生筆戰而未再撰寫。陳逢源的第一篇，是對後藤新平對台政策的嚴厲批判，指出日本統治者對台灣人完全採取歧視貶抑的態度。[14]第二篇則是以〈我的中國改造論〉為題，討論中國必須發展資本主義的理由。第三篇是〈新港北港講演記〉。[15]

〈我的中國改造論〉是站在資產階級立場，檢討中國為什麼要走資本主義的道路。全文分成五段落，主旨在於強調資本主義比起封建時代帶給人民自由與幸福。然而，引起論戰的爭議點有二：第一，他引述馬克思主義時，將之稱為「社會進化論」。第二、他在討論中國問題時，認為發展資本主義才是僅有的出路。中國資本主義之所以不能發展，主要是受到帝國主義的侵略，同時也不能收回治外法權而造成國家不能統一。他認為，要克服這種經濟上的障礙，就有必要更加發展商工階級的勢力。也就是說，中國只要發展更具實力的資本主義，就有力量對抗外來的帝國主義。

這些論點，立即引來許乃昌的強烈反駁。《台灣民報》分成四期連載他撰寫的〈駁陳逢源氏的中國改造論〉[16]，這可能是許乃昌在報上發表的僅有文獻。他首先駁斥陳逢源對馬克思主義的一知半解，因為馬克思的理論是主張社會革命論，而非社會改造論。然後他集中火力抨擊陳逢源的中國資本主義發展論。首先，他強調中國軍閥的割據不能簡單稱為封建勢力，因為這些軍閥無非是依賴外來帝國主義的支撐而得以存在。也就是說，帝國主義與封建勢力結合之後才發展了中國的資本主義。因此，中國若要尋找出路，首先必須打倒軍閥，從根本去反對帝國主義。

許乃昌站在社會革命的立場指出，只要外國資本主義在中國一天，中國就沒有一天發展資本主義的可能。他提出了一個極為核心的問題：中國有發展資本主義的可能嗎？他認為是有的，但首先的前提就必須發動國民革命。在這點上，許乃昌提供非常精闢的觀點，國民革命不能依賴資產階級。面對國民革命運動時，資產階級往往為了保護自身利益，如果不是妥協便是反動。真正能夠使國民革命完成歷史任務的，唯無產階級而已。這裡似乎已經暗示，中國國民革命是在國共合作的策略下展開，但是革命陣營內部暗藏著反動勢力。許乃昌撰寫這篇文字時，北伐軍的行動已臻於最後階

---

[14] 芳園，〈最近之感想（一）：後藤子的殖民政策〉，《台灣民報》，第119號，大正15年（1926）8月22日，頁11-12。

[15] 芳園，〈最近之感想（二）：我的中國改造論〉，《台灣民報》，第120號，大正15年（1926）8月29日，頁8-10。芳園，〈最近之感想（三）：新港北港講演記〉，《台灣民報》，第125號，大正15年（1926）10月3日，頁13-14。

[16] 許乃昌，〈駁陳逢源氏的中國改造論〉，《台灣民報》，第126、127、128、129號，大正15年（1926）10月10日、10月17日、10月24日、10月31日。

段。從來沒有人預料，在北伐軍成功後，蔣介石立即攘奪革命的果實，背叛國共合作的承諾，遂殘酷進行清共運動，展開大規模屠殺，使國民革命全然變質了。

這篇駁論的可貴，並非只是針對陳逢源而已，還更進一步分析中國國民革命的本質。果真像文中所說，資產階級如蔣介石者，在面對國民革命時，就只會妥協或反動。因此，這篇文章確實穩健地站在馬克思主義的立場，指出國民革命必須由無產階級來領導才能完成。循著這樣的理路，許乃昌進一步強調中國在現階段不能充分發展資本主義，而是要依賴國民革命去尋找出路。他又指出，中國社會是一個「中間型態」的社會；所謂中間型態，是指過渡時期。因為，中國封建制度已被外來的資本主義所破壞，卻又不能發展出自主的資本主義。這種畸形的特殊階段，更有賴國民革命來反對帝國主義。這樣的革命，不僅要聯合國內的各個階級，而且還要聯合全世界無產階級及其他被壓迫民族，才能使國際上的帝國主義削弱，從而使中國社會獲得解放。如果依照陳逢源的說法，朝著資本主義的道路去發展，中國則繼續落入帝國主義的操控，亦無出路一天。

陳逢源對於許乃昌的駁論全然不能接受，撰成〈答許乃昌的駁中國改造論〉，分成八期連載於《台灣民報》。[17]他先就自己的立足點作澄清。他承認社會進化有一定的次序，現階段中國社會確實是封建主義的崩壞期，資本主義的萌芽期。也就是說，中國資本主義尚未成熟，所以就更需要經過資本主義的洗禮，才能到達社會主義的階段。他認為馬克思主義史觀，並不是要經過突變或革命，而是一種進化的過程。他也主張，中國的迫切任務是打倒國內軍閥，取消不平等條約，使資本主義有充分發展的條件。

在他的答論裡，陳逢源並沒有像許乃昌那麼悲觀。他舉出一些數據，證明中國的商工業正蒸蒸日上，已有威脅日本產業之勢。因此，他認為，中國與其他殖民地應加速興起工業，使帝國主義的擴張受到阻撓。他說，英國工業已經式微，這個帝國主義魁首的國家既已受威脅，中國應加速收回關稅自主權，就能促使資本主義的發展。在如此有利的條件下，中國若樹起共產主義的旗幟，必將再度引來帝國列強的聯手干涉。至於俄國革命的前例，他認為並沒有真正完成無產階級的專政。在蘇維埃政權裡，真正獨裁的是擁有三十萬名黨員的俄國共產黨。以中國的經濟條件與國情文化，也並不適合實行共產主義。他提出一個異於左派的觀點，中國的歷史發展是有階段的，必先求得民族的解放，才能更進一步求得階級的解放。僅就這一點來看，顯然陳逢源似乎比許乃昌還有歷史透視的能力。因為，二十世紀八〇年代的中國共產黨，已經回頭

---

[17] 芳園，〈答許乃昌的駁中國改造論〉，《台灣民報》，第 130、131、132、133、135、136、137、139 號，大正 15 年（1926）11 月 7 日、11 月 14 日、11 月 21 日、11 月 28 日、12 月 12 日、12 月 19 日、昭和元年（1926）12 月 16 日、昭和 2 年（1927）1 月 9 日。

走資本主義的道路。他在答論指出,中國非經資本主義的洗禮不可,然後採取漸進的社會主義政策。結論中他再度強調,中國的迫切問題不是社會革命,而是對外恢復國權,對內統一國家。實行徹底的民主,才能使中國找到出路。

緊接陳逢源的答論,蔡孝乾也發表另一篇駁論抨擊回應。[18]蔡孝乾抓住的第一個重點是,陳逢源在觀察中國問題時,僅專注於中國本身的情況,卻未注意到國際的變化。舉凡中國境內所發生的問題,無不強烈帶有國際的意義。他列舉系列的史實,從鴉片戰爭到割讓台灣,從俄國佔領旅順、大連到辛亥革命,沒有一個事件不是密切聯繫到國際的帝國主義。他也承認,中國封建制度確實已遭到外國資本主義的破壞,農業經濟與大家族制度也全然被衝破了。蔡孝乾答以兩個重要論點:第一、中國已經存在著國際資本主義。第二、所以中國已不可能向資本主義的道路發展。任何與資本主義相關的行動,都在外國勢力掌握之中。他反問陳逢源,中國商工階級有真正的實力去打倒國際帝國主義的勢力嗎?五卅運動便是最具體的答案。蔡孝乾強調,中國的出路應該是改變既有的生產力與生產關係。只有摧毀這種定型的關係,新的社會才會產生,也就是打破經濟上支配階級與被支配階級的關係。他說,在經濟上支配的階級,在政治上仍是支配的階級。所以經濟構造的改變,自然需要政治構造的改變。他特別陳述最重要的觀點,革命的原因不外是生產力與其榨取階級在政治權力擁護的生產關係之間的衝突對決。蔡孝乾已經點出他的主要意旨,社會革命要改變的不只是政治權力的掌握,而且也是經濟上生產關係的改變。

這場論戰的最後總結,是許乃昌的答辯〈給陳逢源氏的公開狀〉。[19]在這篇文字裡,許乃昌似乎動了一些情緒,但整個思考理路仍然非常清晰。他公開對陳逢源聲明,「我們相信無產階級將來要出來創造新的歷史,我們一切的主張都要以無產階級的利益為前提。」以此劃清界線,表示與資產階級的立場迥然不同。這篇文字先釐清唯物史觀的問題,以及譯文上的夾纏問題,然後集中於中國資本主義的討論。他指出陳逢源所有提出的數據都是抄襲而來,並沒有從事真正的研究。顯然,他要強調的是,陳逢源的知識都來自紙面上的紀錄,而不是經過實地的研究調查。對於主張實踐(praxis)的左翼知識分子來說,沒有任何理論是可以脫離現實的。而且,沒有一種研究,都只是停留在表面現象,而不透視事物的本質。在這篇結辯的文字,許乃昌並沒有提出更新的詮釋。不過,從陳逢源對他使用調侃、嘲弄語氣的文字,以及許乃昌以憤怒而嚴肅的態度回敬來看,已經清楚預告台灣左翼與右翼運動從此就宣告分道揚鑣。因為,在

---

[18] 蔡孝乾,〈駁芳園君的「中國改造論」〉,《台灣民報》,第 134 號,大正 15 年(1926)12 月 5 日,頁 10-13。

[19] 許乃昌,〈給陳逢源氏的公開狀〉,《台灣民報》,第 142、143 號,昭和 2 年(1927)1 月 30 日、2 月 6 日,頁 11-12、頁 11-14。

雙方辯論的過程中，文協內部已展開前所未有的權力鬥爭。「中國改造論」論戰，正是這場政治分裂的一個主要症候。

四、論戰的歷史隱喻

　　台灣文化協會的分裂，主導者應推連溫卿。這是因為鑑於台灣農民與工人的階級意識已臻於成熟，文協應該有責任和義務擔任領導的角色。也就是說，文協不應繼續停留在思想啟蒙的階段，而應積極以實踐的行動介入當時的社會運動中。[20]更重要的是，連溫卿認為殖民地運動的模式，無需完全仿效殖民母國的運動策略。他主張凡屬台灣的社會運動，都是屬於政治運動。因此，他堅持認為農民運動與工人運動「可以組織統一之，不以地方利害打算，應以全島的目標方可。」[21]他之所以積極爭取文協的領導權，便是希望透過這個全島性的組織去領導日益成熟的農工運動。

　　面對如此洶湧的左翼奪權策略，右翼運動的精神領袖林獻堂在其日記有如此的紀錄：「……恐惹人恥笑並生誤解而起內訌，則我文協之前途不可收拾矣，六年間辛苦奮鬥之歷史，具付諸東流，實為可惜。不如暫作冷靜，以觀其作為，若彼等具有相當之努力，吾人亦當亦以相當之應援。若彼等用文協以宣傳其共產主義，或是無力努力啟發文化，那時欲分裂欲改革，皆無不可也。」[22]這是林獻堂宅心仁厚之處，但也是他對左翼運動實況的不了解。在文協內部，對左翼運動者，也是盡量包容共存。最明顯的證據是，在論戰以後，文協的《台灣民報》開始大量刊登有關農民運動的報導，以及宣揚社會主義的文章。蔡孝乾發表的〈轉換期的文化運動〉一文，最能彰顯這次論戰的影響。他認為陳許之間的論戰，「是台灣思想界轉換期的特徵之一」。緊接著他就強調：「有了思想界的轉換，才促成了文化協會有意義的改組，才證明了台灣思想界的有意義的轉換。」[23]

　　不過，這樣的左右共存，僅持續不到半年。《台灣民報》在發行到第一百六十六號以後，編輯部從東京遷回台北，並改為週刊發行。也就是說，《台灣民報》在 1927 年 7 月 22 日發行旬刊的最後一期後，正式成為文協分裂後的台灣民眾黨的機關刊物，因為林獻堂及其幹部林幼春、蔣渭水、蔡培火、陳逢源，終於還是無法接受組織內部

---

[20] 參閱陳芳明，〈連溫卿與抗日左翼的分裂——台灣反殖民的一個考察〉，《殖民地摩登》，台北：麥田，2004 年，頁 265-292。
[21] 連溫卿，〈過去台灣之社會運動〉，頁 12。
[22] 林獻堂著，許雪姬編，《灌園日記（一）一九二七年》，台北：中央研究院台灣史研究所籌備處，2000 年；昭和 2 年（1927）1 月 3 日條，頁 16。
[23] 蔡孝乾，〈轉換期的文化運動〉，《台灣民報》，第 143 號，昭和 2 年（1927）2 月 6 日，頁 11。

的階級意識過於膨脹。他們決意脫離文協，另組政黨，同時也把機關誌《台灣民報》一併帶走。左傾後的新文協，反而失去了發言的機構，遂不得不自創刊物，亦即《台灣大眾時報》。一份純屬左翼言論的月刊，於焉誕生。[24]

連溫卿在《台灣大眾時報》，特別撰文爲「中國改造論」論戰的意義做了更爲明晰的詮釋：

> 台灣社會的發展是以一九二七年一月，台灣文化協會改組後，極其多忙成
> 長起來，遂見有二個潮流的對峙。先是未改組以前，即有由中國改造問題，
> 而引起對資本主義的論爭。亘三個月間，而雙方的主張台灣有資本主義也
> 是沒有？很引起一般社會的留意。一是主張，台灣雖沒有所謂資本家，那
> 自然就沒有資本主義的存在，所以台灣要豫先使台灣人的資本家發達起
> 來。能夠到達和日本資本家對抗的地位，才是合理的。欲著到這個目的，
> 須要以民族運動去進行的。他（另外）的主張，和這個主張，卻是相反。
> 台灣雖有資本家也沒有發展到能夠獨立的地位。因爲在台灣的資本主義，
> 已經鞏固了地盤的緣故，而被壓迫、榨取的台灣人，不是祇限於少數資本
> 家及地主而已。此外，還有最大多數的勞動者與農民存在。所以欲解放台
> 灣人，應該要主張階級鬥爭。[25]

連溫卿的說法，使「中國改造論」論戰的意義彰顯出來。原來陳逢源的「中國改造」，其實是暗示著「台灣改造」。也就是說，他在討論中國要不要走資本主義的道路，原來就是在爲台灣民族主義派的議會路線進行辯護。同樣的，許乃昌的駁論，也是在爲台灣左翼運動宣揚政治理念。他在文字中指出中國資本主義完全爲外來帝國主義者所壟斷，無非就是在揭示台灣資本主義其實都掌握在日本殖民者手上。具體而言，只要把兩人所提的「中國」符號全部轉換成「台灣」，整個謎底便昭然若揭。

因此，「中國改造論」論戰的重心完全是放在殖民地運動的主體性之上。只有通過這種隱喻與影射的方式，他們才能在文中暢談「解放」、「推翻」、「革命」、「改造」的議題。歷史條件並未容許殖民地運動的左右兩派有充足發展的空間。如果左傾新文協與台灣民眾黨沒有被解散，他們的辯論內容是否就能得到恰當的檢驗，現在已無法提供準確的答案。然而，這項歷史公案足以證明，殖民地知識分子在追尋台灣社會的

---

[24] 有關《台灣大眾時報》發行經緯，參閱陳芳明，〈《台灣大眾時報》與《新台灣大眾時報》〉，《殖民地台灣》，台北：麥田，1998 年，頁 193-214。

[25] 連溫卿，〈台灣社會運動概觀〉，《台灣大眾時報》（台北南天書局複刻本），創刊號，東京：大眾時報社，1928 年，頁 15。

出路時，以行動實踐之餘，有繼之以思想理論的營造，那種用心良苦的努力，留下了無窮的歷史想像。論戰之後，陳逢源成為日據時期重要的台灣經濟學家，而許乃昌則消失在歷史迷霧中。

畸零人「物語」
—論鄭清文的〈三腳馬〉與〈髮〉的邊緣發聲[1]

林鎮山

加拿大雅博達大學東亞研究系/所

一、 前言

「2005 年的台北國際書展」，再度像往年，於春節飛揚愉悅的氛圍中，在台北的世界貿易中心起跑。顧名思義，國際書展固然是世界各國以刊物/書籍：從事文化產銷與互動的「商機」，然而，也是敏銳的觀察家，藉以觀照：參展國的文化步道的「契機」。春暖冰融，「真心握手」，羽扇輕搖，「誠意相待」，于充滿著「合作、共生」的波光流轉之中，以文化的龍章鳳姿，更新萬象，誰曰不宜？只是，於此文化產銷/互動的全球化時際，台灣究竟將以何種文化的質感與歷史的涵養，來呈現福爾摩莎的生命圖像？這應該是研究台灣文化的我們，應該關注的焦點之一。

詩人李敏勇於參觀國際書展的主題館「大韓民國」之後，回顧、比較了台、韓今日所展現的文化差異。他認定——與台灣同樣走過殖民悲情與歷史轉折的韓國，其實，不只輸出消費性的「韓流」，用拼經濟，也更以嚴肅的文化觀，向世界發聲。非但深受大漢文化的啟發，也倍受大和民族的文化薰陶。以傳承古典的詩禮而言，他們比台灣更具有「形式和儀式」，就鋪天蓋地而來的西潮/美雨/東洋風而論，卻更從而衍生出具有「一種東方的近現代化。」然則，何以致之？詩人把脈之後，因而，提出解析：都是緣由於大韓民國「積極凝聚國民意志力」之故，他們不斷地開發「主體性」的思考，更永不怯於「深刻的文化反省和自覺。」[2]

職是之故，藉由「探討臺灣住民的思維方式與價值觀」，來「推動具有台灣主體性的台灣思想之研究」，應該是檢視、形塑當今台灣文化最刻不容緩的課題之一。歷史涵養醇厚的中央研究院院士杜正勝如是說：「文學往往走在歷史之前」，畢竟，「文學容易感動人心，影響層面深遠。」他還更進一步強調：「改造社會應從文學入手……台灣的文學教育，主要分歧在於文學主體性的認知。」[3]由是，意圖建構「台灣思想與台灣主體性」的文化建設，其實，台灣文學的研究、辯議、與教育，也是一新福爾摩

---

[1] 這篇論文的撰寫、完成、與發表，要特別感謝：第四屆臺灣文化國際學術研討會籌備會召集人莊萬壽教授、葉海煙教授、姚榮松教授的雅意、許俊雅教授的多方協助、以及特約論文講評人李魁賢博士的鼓勵與建設性批評。文友的牽成，銘感於心，粗記於此。初稿因撰寫、交稿過於匆忙，註釋因而簡略萬分，現在予以擴大、補記。文中或還另有疏失，自然都應該由我承擔。
[2] 李敏勇〈國際書展，爛新聞〉《台灣日報》2005 年 2 月 23 日。
[3] 莊金國〈台灣文學發展開幕 走入作家生活地圖〉《新台灣週刊》2005 年 2 月 13 日，4661 期。

莎的文化/精神所不可或缺的環結之一。

就文學而論，放眼當今台灣文壇，最能結合台灣主體性思想與世界文學思潮的創作者之中，鄭清文先生自然是最值得注意的小說家之一。他精諳國際思潮與西方小說的美學形式，思維卻又扎根於原鄉故土。他的小說英文選集《三腳馬》(*Three-Legged Horse*)，[4] 由於「兼顧地方特色，以及人類的共同性主題……也爲英語圈的人畫出鮮活的台灣」，[5] 於 1999 年榮獲美國「桐山環太平洋書卷獎」(Kiriyama Pacific Rim Book Prize)。而該選集的作品中，最能定義鄭清文所意欲建構的「台灣思想與主體性」的後殖民論述(postcolonial discourse)，則非〈三腳馬〉(1979)與〈髮〉(1989)莫屬。

要之，兩作之中的主角都是原鄉的畸零人——「白鼻狸」、跛腳漁夫、「卿本佳人。」然而，私淑契訶夫、海明威、福克納的鄭清文，刻意棄絕神祇般的全知全能敘述，運用單一的聚焦(focalization)、局外的目擊者、或「非故事的參與者」(heterodiegetic narrator)，[6] 來客觀地發聲，並全面展示(to show but not to tell)——以期讓文本自己說話，恪慎地彰顯：福爾摩莎應該建構的公正思維與精神，兼且一再啓用西摩‧查特曼 (Seymour Chatman)所謂的富有象徵意涵的物件/場景，[7] 來「物語」庄腳的畸零人那「心內的門窗」，替他們從邊緣發聲，記述他們的內裡掙扎、與故園的生活肌理，詮釋「人在做、天在看」與西方的「詩的正義」(poetic justice)，從而以廣慈大愛、慈悲爲懷 (benevolence and generosity)，[8] 倡議：以「尊重生命」、疼惜眾生、生命一律平等，爲台灣主體性思想的主張，以致再現：受害者(victim)、加害者(victimizer)「角色互易 (role reversal)、身份輻輳」、哀悼「生命的無奈」，那些全人類都關懷的「生命真象」的議題——十足地體現他：立足台灣、放眼國際的主體性思想模式。以故，我們提議：採用他所熟稔的西方敘事理論(narrative theories)，來探勘他「清」冷的「文」意，或可進一步演述他一向最關注的——台灣主體性的思想與價值觀的建構，終而期許：用以營造東、西方思想與軌範準則(norms)的相互對話關係。

二、「生活、藝術、思想」：鄭清文的文學主張與告白

在鄭清文先生迄今爲止，最重要的自述〈偶然與必然——文學的形成〉一文中，他非但述寫著：他成長的那個崇尚「忠厚人」的環境、以及他那屬於「忠厚人」的親

---

4 Pang-yuan Chi, ed. *Three-Legged Horse* (New York: Columbia University Press, 1999).

5 請參閱，鄭清文〈桐山環太平洋書卷獎〉《小國家大文學 Small Country, Great Literature》（台北：玉山社 2000 年），頁 57。

6 有關這個概念，請參閱，Gerard Genette, "Person," in *Narrative Discourse: An Essay in Method* (Cornell University Press, 1980), pp. 243-252.

7 有關這個概念，請參閱，Seymour Chatman, "Setting," in *Story and Discourse: Narrative Structure in Fiction and Film* (Cornell University Press, 1980), pp. 138-145.

8 有關這個普世都崇敬的概念，請參閱，Wayne C. Booth, *Rhetoric of Fiction* (Chicago, Illinois: University of Chicago Press, 1983), pp. 71-75.我相信這是鄭清文先生能獲得 1999 年「桐山環太平洋書卷獎」的原因之一。

人，也銘刻著他那最具啓發性的「忠厚人」的主體性思想與願景——「追求如何融合和調和。」[9]

的確，他那個世代，都經歷過「一連串的激變」：從黃牛/水牛的農業社會、過渡到耕耘機/插秧機的工業社會、再邁向如今奈米、晶圓的高科技社會。也與台灣文學的先行者，王昶雄和他那一代的台灣人，共同走過了殖民屬地、戒嚴、白色恐怖與解嚴——苦心孤詣地追尋人類「尊嚴」的那些日子，見證了殖民台灣、戒嚴台灣、與民主台灣的一頁頁滄桑史。由是，原鄉的一草一木、一景一物，例如滄桑舊鎮的大河，於他，就不只是水流，而且「是歷史，也是時間。」[10]而「時間是留不住的。時間是殘酷的。不過，人可以記載它」——這是他內心的感觸與衷心的期盼，雅不願：「時間一過」，福爾摩莎的百子千孫，竟讓台灣的歷史留白，畢竟，東洋的大和民族就善於記載。[11]

然而，他謙稱，小說，於他，是生活的再現，「主要是在記載生活」，而不是「書寫歷史」，因爲「那些國家大事，有史官在寫。」何況，他更無意師從孔子：作春秋，而亂臣賊子懼。職是之故，他堅持：小說只「不過是描寫生活而已……沒『孔子作春秋』那麼嚴重。」[12]但是，他也並不否認，透過創作，風吹草偃的輻射圈——也有無遠弗屆的一天。

只是，他所燒鑄的「記載生活」的小說，其實，也並非全然是虛擬的建構。他固然很「重視細節的正確性和豐富性」——常以劄記/筆記登錄所讀、所見、所聞，[13]也以寫實的筆觸，勉力模擬：現實與真實——凡此，在在只求精確。至於用字遣詞，他則執意運用樸稚的鄉土語言敘事，一如墾荒的儉樸山林中人，即使故事的背景逕回當今他所滯居的亮麗台北都會，他也絕不華麗藻飾，如此刻意經營的文體，自是流露出這個出身滄桑舊鎮的「忠厚人」，爲自己的文學論述所抉擇的書寫位置。而講求嚴謹、幽微的敘述結構設計，又以客觀、公正的敘事形式，銘刻、見證一系列最引人注目的鄉親角色，他不僅意在：展現那一些人、那個時代，其實，也更意圖：表達他對福爾摩莎主體性思考與價值觀的反思。由是，「生活、藝術、思想」，[14]即是鄭清文的文學主張與告白。

（一） 一場幽夢同誰近：〈三腳馬〉的惶惑與弔詭

---

[9] 請參閱，鄭清文〈偶然與必然——文學的形成〉《鄭清文小說短篇小說全集：別卷，鄭清文和他的文學》（台北：麥田 1998 年），頁 15。

[10] 請參閱，鄭清文〈偶然與必然——文學的形成〉同上，頁 14。

[11] 請參閱，鄭清文〈偶然與必然——文學的形成〉同上，頁 16。

[12] 有關鄭先生的這個看法，請參閱，林鎮山訪問，江寶釵、林鎮山整理〈「春雨」的「秘密」：專訪元老作家鄭清文（上）〉《文學台灣》2004 年 52 期，2004 年 10 月，頁 130。

[13] 有關鄭先生的小說形成過程，請參閱，林鎮山訪問，江寶釵、林鎮山整理〈「春雨」的「秘密」：專訪元老作家鄭清文（下）〉《文學台灣》2005 年 53 期，2005 年 1 月，頁 65。

[14] 有關鄭先生的主張，請參閱，鄭清文〈偶然與必然——文學的形成〉同上，頁 16。

1979 年 3 月發表於《台灣文藝》第 62 期的〈三腳馬〉，可能是鄭清文先生象徵寓意最濃、千古憾恨最深的傑作之一。此作的故事，透過雅好蒐集木刻馬匹的敘述者「我」，為了擴大收藏，自台北前往外莊，探訪現時擁有製銷各種「木刻產品」工廠的工專同學賴國霖，從而展開序幕。

在展覽室觀覽之際，敘述者「我」驚詫地發現了一隻至為奇特的木刻「三腳馬」——有別於日常大量生產而規格化的馬匹：「牠的臉上有一抹陰暗的表情，好像很痛苦，也好像很羞慚的樣子。」[15]因而，提議去拜訪雕刻者。於是，故事的場景，就從大都會台北邊緣的外莊，再度延伸到滄桑舊鎮之外的深埔。

在那兒，敘述者「我」遽然發現：雕刻者原來是日治時代，兒時原鄉的「民族罪人」——崎零人/白鼻狸/台灣警察曾吉祥。而更匪夷所思的是：一隻隻的「三腳馬」竟是這個當年的畸零人/白鼻狸/台灣警察/「民族罪人」現時刻意日夜雕刻，用來寄託懺悔、痛苦、與羞慚的唯一救贖。由是，透過追溯垂垂老矣的曾吉祥、他灰僕僕的一生，故事的時間縱深，又從現時，溯及日治時代、國府遷台，一直牽延到膾炙人口的台灣經濟奇蹟之後、繁華的今日（1979 年）。

就敘述結構而言，值得我們關注的是：此作的序幕與落幕，皆由敘述者「我」發聲、擔當目擊者/觀察者，而設定由「我」、曾吉祥、與賴國霖三人一來一往的互動，做為敘事的基礎架構。然而，緊接著從第一小節到第五小節的追溯，鄭清文卻訴諸早先結構主義者所謂的「敘述觀點轉移」(shift of point of view)，運用內在的聚焦，透過以曾吉祥為意識中心(center of consciousness)[16]或敘事學家所謂的意識焦點(focus)，而改由「故事外的敘述者」(heterodiegetic narrator)來發聲/敷述。[17]只是，我們不免納悶：為何僅在第一小節到第五小節的追溯時程裡，採用「敘述觀點轉移」，另外啟用故事外的敘述者來發聲？

要之，就小說的演述而論，最講究真實、公正、客觀、平衡的鄭清文，特別偏愛使用目擊者/觀察者來陳述。不過，敘述者「我」在日治時期，原來是：方才啟蒙的小六學童，[18]當時的幼童行止，雖然不再止於方丈，然而，小童的認知與視界，畢竟，自有止限，況且，長者（如曾吉祥）複雜的前半生歷練，也因為敘述者「我」，其時尚未出生，當然無由參與全方位、多面向的客觀目擊或觀察，即使貿然啟用這樣的敘述者，必然也會有諸多的時空制限，就藝術化、客觀化、戲劇化而言，可能得不償失。

另一方面，如果啟用身份複雜的畸零人/白鼻狸/台灣警察/「民族罪人」，曾吉祥，

---

[15] 引自，鄭清文〈三腳馬〉《台灣作家全集‧短篇小說卷/戰後第二代（1）：鄭清文集》（台北：前衛 1993 年），頁 168。

[16] 有關這個概念，請參閱，Wayne C. Booth, *Rhetoric of Fiction* (Chicago, Illinois: University of Chicago Press, 1983), p. 153.

[17] 有關這個概念，請參閱，Gerard Genette, "Person," in *Narrative Discourse: An Essay in Method* (Cornell University Press, 1980), pp. 243-252.

[18] 引自，鄭清文〈三腳馬〉同上，頁 196。

爲「主角自述的敘述者」(autodiegetic narrator),[19] 緣由於他早年——絕非是不慍不火、反而是一個爲了一己的尊嚴與「生命意志」、而最嫺於逆勢操作、並持有「定於一尊」思維的極具爭議性的人物,如何要他做客觀持平的自述,避免讓他另有立場、強勢地自圓其說?況且,於文本中,畢竟,是非與衝突、傲慢與偏見、善良與愚蠢——並行、充斥,因而,前後的敷述照應,並不容易拿捏、掌控。職是之故,于第一小節到第五小節,運用「故事外的敘述者」發聲,做全面、精準、平衡式的追溯,而在序幕與落幕,藉由敘述者「我」與曾吉祥做公平的對話,俾使讀者能夠前後相互參照、再「自己判斷是非、衝突、對錯」,[20] 應該是比較合乎:鄭清文「冷眼旁觀」的小說美學原則,特別是他恆常的客觀性、科學性的思維主張、以及世間大小生命——「眾生一律平等」的主體性思想。[21] 因此,即使是論及如此專業性的小說敘述架構,鄭清文的主體性全面審思,都值得我們詳加關注。

就〈三腳馬〉全文而論,鄭清文最重要的創意,自然是他所雕鑄的「三腳馬。」而如今,人馬已過萬重山,「達達的馬蹄」,[22] 打「海洋台灣」與「環太平洋」文化交會的輻輳點上走過——山鳴谷應、旗正飄飄。

然而,長久以來,我們一直忽略了此作中鄭清文所創鑄出來,正是可與「三腳馬」做「雙襯」的另一個最具創意的隱喻——那就是阿福伯在山上捕捉到的「三腳」的「白鼻狸」:

> 有一次阿福伯在山上捉了一隻白鼻狸,放在鐵絲籠裏,準備拿到外面去賣。牠的毛黃裏帶黑,鼻樑是一條長長的白斑通到淡紅色的圓圓的鼻尖。牠的一隻腳被圈套挾斷了,走起路來一跛一跛的。[23]

要之,鄭清文的化身——「冷眼旁觀」的「故事外的敘述者」,此際,所敷述的三腳的白鼻狸,顯然,是人類「圈套」的受害者,是獵者/加害者的籠中物,也是有待被支配/被出賣的次等生物。藉此,鄭清文似乎以海明威的筆意,托腔轉韻,提出質疑:生命是不是真正平等?藉此,是不是也意在言外、遙相指向:三腳的白鼻狸——那被「圈套」挾斷一腳的獵物,生,又何其苦?此中,或許還真暗含著鄭清文最悲天憫人的長嘆與訊息:「當人能看到不幸,才能看到了生命。生命才是永恆的主題。」[24]

---

[19] 有關這個概念,請參閱,Gerard Genette, "Person," in *Narrative Discourse: An Essay in Method* (Cornell University Press, 1980), p. 245.

[20] 我這個論點受到鄭清文先生與我討論〈春雨〉的敘述者所受到的啓發,鄭先生的論點請參考,林鎮山訪問,江寶釵、林鎮山整理〈「春雨」的「秘密」:專訪元老作家鄭清文(下)〉,同上,頁96-97。

[21] 鄭清文先生透過敘述者在〈放生〉這篇小說中,質疑:「生命也分大小嗎?」請參考,鄭清文〈放生〉《鄭清文小說短篇小說全集:卷6,白色時代》,頁250,台北:麥田 1998年。

[22] 我這個句子刻意諧擬鄭愁予的名詩〈錯誤〉。

[23] 引自,鄭清文〈三腳馬〉同上,頁174。

[24] 我以爲:鄭清文先生的這個論點深受契訶夫的啓發,這是台灣文學與西潮,或可謂「互爲主體」的

然而,「民族罪人」曾吉祥,何其不幸,正如被「圈套」挾斷一支腳的白鼻狸,自小「從眉間到鼻樑上就有一道白斑,好像是一種皮膚病」、[25]一種與生俱來、揮之不去的「天殘」:

「你也是白鼻狸。」阿金突然指著他的鼻子說。

這以後,大家都叫他白鼻狸,好像已忘掉了他的名字。[26]

因而,〈三腳馬〉序幕甫一結束,追溯畸零人/白鼻狸/「民族罪人」曾吉祥的童年生涯的第一小節方才起始,鄭清文就透過故事外的敘述者,記述天殘的畸零人/白鼻狸/曾吉祥所遭受到的「與眾不同」的、「非我族類」的拒斥與歧視:

「轉去,不轉去,拿你來脫褲。」

……。

「轉去。」阿金回頭推了他【曾吉祥】一把。他倒退了一步。阿金是阿福伯的最小兒子。第一次叫他白鼻狸的就是他。[27]

於是,第一小節的場景就如此演述著鐵血聯盟的五個頑劣的原鄉小孩──阿狗、阿金、阿成、阿進、阿河,以野蠻的話語、叢林法則的暴力,拒斥非我族類的畸零人/白鼻狸/曾吉祥,與他割袍斷義,輪番賦予個頭最小的他:始原創傷的挫辱記憶。以是,淳樸的村莊竟也一再上演著:眾暴寡、強凌弱的戲碼,而生命意志堅強、自尊自我至上、反叛意識高漲的曾吉祥,[28]以內化的哀慟,爾虞我詐,運用權謀策略而抗敵、自保,絕不輕言退怯,職是之故,自此殘暴見血、戰況激烈、日月無光。哀哉!哪來鄭清文主張的「融合和調和」?

就敘述策略而論,鄭清文于第一小節以次的第二、第三小節,一再運用「反覆」(repetition)敷演的敘述模式,[29]再度「反覆」敷述畸零人/白鼻狸/曾吉祥緣由於天殘,而

思想發展的一個實例。請參閱,鄭清文〈新和舊──談契訶夫文學〉,收入《小國家大文學 Small Country, Great Literature》(台北:玉山社,2000 年 10 月),頁 119。

[25] 引自,鄭清文〈三腳馬〉同上,頁 171。

[26] 引自,鄭清文〈三腳馬〉同上,頁 174。

[27] 引自,鄭清文〈三腳馬〉同上,頁 174。

[28] 有關「生命的意志」這個概念,請參閱,鄭清文的小說,〈放生〉,收入,《鄭清文短篇小說全集:白色時代,卷 6》(台北:麥田 1998 年),頁 157。此作中最令人警醒的哲學性雋語應該是:「不懂得尊重生命的意志時,生命就充滿著危機了。」世間翻雲覆雨的政治/軍事人物,豈能忽略小說家苦心孤詣所提出的生命哲理?

[29] 我認為鄭先生在這兒所運用的「反覆」(repetition)敷演策略,似乎就是敘事學家通常所謂的 "telling n times what happened n times," 請參閱,Shlomith Rimmon-Kenan, "Frequency," in *Narrative Fiction: Contemporary Poetics*, (Methuen, 1983), pp. 56-58. 在這種「反覆」敷演策略的運用下,雖然鄭先生習於:下筆若輕,但是,他為曾吉祥所受到的「無所不在」的「非我族類」的拒斥與歧視,三次從邊緣替他「反覆」發聲,即使鄭先生只「輕輕點到」三分,其「風人」力道,卻無形中增強到十分。這算不算

遭受到的「無所不在」的拒斥與歧視。由是，從應該守望相助、卻「剝掉」他「尊嚴」的鄰里鄉親起始，應該展現「有教無類」、卻揮動竹棍體罰他的小學老師井上先生為次，到應該更加文明寬容、卻羞辱他生身父母的台北都會人士——在在莫不反覆、一步步、由鄉村到都市、從族人到異族，都將他逼向死巷與牆角。人世之不公，何可言宣？莫此為甚！

最終畸零人/白鼻狸/曾吉祥不禁反思：為何他不是那個會唸咒的唐三藏？許他超人神力，不至於再被打入社會底層、倍受凌遲？由是，畸零人/白鼻狸/曾吉祥邁向與權勢結合，他要成為不再被歧視、被欺負、而低人一等的動物：

在【籠檻】裏面的人從來沒有叫他白鼻的。

……他要做警察，只有這樣，所有的人才會尊敬他，才會畏懼他。[30]

鄭清文如此不厭其煩地反覆敷述，或許旨在暗示：人世不公、及其日積月累所「加害」於人的始原創傷(trauma)的「非我族類」式的挫辱記憶，可能才是爾後——將畸零人/白鼻狸/台灣警察/「民族罪人」曾吉祥，逼上梁山的罪魁禍首之一。[31]然而，當上日治時代的線民/以致於警察的曾吉祥，既已鹹魚翻身，[32]前帳已清，又可曾打下江山學朝儀？

不幸的是：受過始原創傷、識見有限的畸零人/白鼻狸/曾吉祥，心思何曾清明？他以心理創傷所累積的記憶，將人類只「化約」為天各一方的兩極：「欺負人的」與「受人欺負的」，[33]其中，竟沒有禮尚往來、相敬如賓的斯文人。而他也不再願意歸屬

是隱藏在龐大的「冰山」底下的秘密？

[30] 引自，鄭清文〈三腳馬〉同上，頁184。

[31] 林瑞明教授曾經引用若林正丈的解說，認定：「曾吉民和殖民體制的結合，最主要的是他具有『史蒂克瑪』的不利條件，而在這種不被同胞認同的狀態下，唯一能讓他重新站起來的條件就是認同統治者來醫治他的心理創傷…殖民體制雖是次要元素，卻是參與形成『史蒂克瑪』的元兇。」引言中的「史蒂克瑪」，可能是從日語中音譯的外來語 stigma（身體的特徵）而來。基於鄭清文于第一小節以次的第二、第三小節，一再運用「反覆」(repetition)敷述，銘刻「白鼻斑」受到「非我族類」的拒斥與歧視——那種敘述模式的啟示，我的讀法與若林正丈的解說，重點稍微有些出入，我刻意著重的是：stigma 這樣的「烙印」所加諸於曾吉祥的「不公、不正」，所以，我並沒特別注意到：「殖民體制…【為】參與形成『史蒂克瑪』的元兇」，那種詮釋。有關若林正丈的論點，請參閱，林瑞明〈描繪人性的觀察家——鄭清文的文字與風格〉，收入，林瑞明編，《鄭清文集》（台北：前衛，1993 年），頁 346-347。有關「逼上梁山」的論點，請參閱，黃樹根在〈鄭清文作品討論會〉中，獨到一面的發言：「阿祥之所以有出賣同胞的舉動，除了他自己沒有強烈的民族意識外，也有被逼上梁山的成分。由於長期受到外面環境的壓迫、欺負，為了建立自我的尊嚴，使他產生反抗的心理，於是，他在日本警察的權威下，找到庇護。」收入，〈鄭清文作品討論會〉，《文學界》，第二期，1982 年夏季號，頁 24。

[32] 論及曾吉祥由要從「弱者」變成「高高在上的強者」，這種「轉換角色」，請參閱，林梵（林瑞明教授）的論文，〈悲憫與同情〉，《文學界》，第二期，1982 年夏季號，頁 78。對鄭清文先生最有研究的李喬先生，也持類似的論點：「【曾吉祥】由於先天的不平，然後被欺、自卑，自卑後又被欺，最後變成漢奸，為了自保，不得不用心機去投靠。」請參閱，李喬先生在〈鄭清文作品討論會〉中，的發言，收入，〈鄭清文作品討論會〉，《文學界》，第二期，1982 年夏季號，頁 25 與 9。

[33] 引自，鄭清文〈三腳馬〉同上，頁183。

於「受人欺負的」一族。既然，自我定位如是，就以為只有立志：「以王者的姿態君臨舊鎮」，勇往直前。於是，他在「權勢」與「生命的意志」為考量的主導下，完全失去了批判性、主體性，全面接收了殖民母國所加諸於他、並內在化的思考模式。

因之，只因為部長的柔性規勸，畸零人/白鼻狸/台灣警察/「民族罪人」/曾吉祥就堅持使用日本式的婚禮，與未婚妻吳玉蘭成婚，立意：拒斥父母、岳家、戚友的台灣人的「集體聲音」，[34]揚棄台灣人的傳統結婚儀式。此外，他也學柔道、劍道，然而，那是緣由於警察用以護身與晉升的手段。至於學打網球，他早就看到眼底：那畢竟是「社交活動的重要一環。」[35]凡諸種種莫不與他確保一己的地位、「不再被欺負」有關。

然而，畸零人/白鼻狸/台灣警察/「民族罪人」/曾吉祥又身受洗腦，失去主體性思考，而竟然崇信──日本一定會打勝仗，有朝一日，台灣人還要與日本人到南洋去當指導者──的迷思，甚且，並未因（身為律師的）玉蘭的姊夫善意的開示而頓悟。[36]在在顯示：曾吉祥是何等閉塞，而沒有自覺性的反思。

既然不具備批判性、主體性的思考能力，任由殖民母國將外來的觀念，強加於他，並將它「內在化」(internalize)，曾吉祥自然不自覺地向殖民母國的思想、價值體系全面傾斜，甚且終究認同──以致於沐猴而冠，也同聲斥責「台灣人的愚蠢和無教育」，更「很快學會以同樣的眼光看自己的同胞。」兼且，狐假虎威，「自以為是虎、是獅子」，而「以王者的姿態君臨舊鎮」，[37]魚肉鄉親。其惡言惡行，實在罄竹難書。此際的曾吉祥已從過去被支配的畸零人/白鼻狸/「受害者」，[38]迴身一變，完全轉化為癲狂的「加害者」──鄉民心目中：助紂為虐的「民族罪人。」顯然，鄭清文于此關鍵時刻，拉高了分貝，關切「角色互易」的身份輵輵。

即然如是，其實，畸零人/白鼻狸/曾吉祥始終最關切的依然是一己的生命意志與不受凌虐。畢竟，等到日本戰敗、無條件投降，不少大和民族的大小官員引咎自戕，連愛妻吳玉蘭也都以為：打下江山學朝儀，完全皇民化的丈夫，恐怕也要切腹殉國、壯烈成仁，她也預備追隨丈夫犧牲，不求同年同月同日生，只求同年同月同日死。反諷的是──畸零人/白鼻狸/「民族罪人」/曾吉祥此刻竟然變臉，向愛妻否認自己是皇民，何用輕生？甚且他還念念不忘日本郡守的命令：要「本島人維持治安」，還妄想「繼續領導鎮民」，完全無視於台灣人追究「民族罪人」的情緒脈動。職是之故，我們必須注意，只有當宛如大地之母的愛妻玉蘭為「民族罪人」的他，承受：盲眾的清

[34] 引自，鄭清文〈三腳馬〉同上，頁185-86。
[35] 引自，鄭清文〈三腳馬〉同上，頁187。
[36] 引自，鄭清文〈三腳馬〉同上，頁186-87。
[37] 引自，鄭清文〈三腳馬〉同上，頁197。
[38] 林瑞明教授曾經用「被害者」變成「加害者」這個概念，來分析鄭清文的〈寄草〉中的清海與〈三角馬〉中的曾吉祥這兩個人物，我所使用的術語「受害者」(victim)與「加害者」(victimizer)，深受英文語用的影響，即然與他稍有不同，但是，必須感謝他的啟發。請參閱，林瑞明〈以生命的熱情觀察人生：《鄭清文集》序〉，收入，林瑞明編，《鄭清文集》（台北：前衛，1993年），頁13。

算，為他「出醜受辱」，最後染患傷寒，孤獨而終，[39]彼時，曾吉祥才算真正地悔悟。

畸零人/白鼻狸/「民族罪人」/曾吉祥的一生，其實，不「吉」、不「祥」、又不利，一如落入獵人「圈套」而被挾斷一腳的白鼻狸，鼻上的天生一道白斑，成為「非我族類」的終生恥辱印記(stigma)，將他直直拋入橫遭排斥與歧視的黑洞，直到擁有權勢，方得超生、崛起。然而，權勢挑戰著人性，人性總有闕失。

臨老的畸零人/白鼻狸/「民族罪人」曾吉祥，最終潛逃到舊鎮邊緣的鄉間，借住在他父親儲藏農具的倉庫——（一個）簡陋的土塊厝，[40]有如被拋棄、矮化，成為不再有生命的工具，以邊緣人的身份，雕刻著跛了一腿、苦痛羞慚的三腳馬自喻，[41]聊過殘生。鄭清文借用那偏僻、簡陋的土塊厝，對比著位於原鄉舊鎮的賴國霖那欣欣向榮的木刻工廠——邊緣與中心、主流與疏離，究竟一場幽夢同誰近？物件與場景都似乎在「物語」著：一度是畸零人/白鼻狸/「民族罪人」的曾吉祥，如今已被人間所遺棄，而他也離棄了人間。

由是，善於：敏銳觀察社會變遷、捕捉人性闕失、以及運用多焦點的敘述模式的鄭清文，最能心領神會：內耗、相殘、與人性的複雜——竟是何等令人惶惑。於是，透過曾吉祥從畸零人/三腳的白鼻狸/受害者的身份——備受歧視、排斥，因而，力求鹹魚翻身，繼而轉化為日本線民/殖民地警察的加害者身份——踐踏眾生，最後又轉化為鄉親冤冤相報的受害者/民族罪人的身份——以三腳馬自傷、聊過餘生；另一方面，舊鎮的鄉親童伴，何嘗不是從傲慢的加害者——拒斥、歧視曾吉祥，繼而轉化為受害者——被台灣警察/「民族罪人」所欺壓、凌辱，最後，日治時代結束，又以冤冤相報成為盲目的加害者。間中，受害者/加害者、「角色互易、身份輾轉」，暗含著多少生命的委曲、傷痛、與無奈，在在未免令人嘆息。

職是之故，鄭清文認定，其實，「台灣不是天堂，到處可以遇到不幸和悲痛」，[42]既然人間充滿著變數，「人隨時可能變成邊緣人，邊緣人可能在你身邊，也可能是你自己。」[43]因之，他「疼惜眾生」，透過「三腳馬」/白鼻狸來「物語」畸零人，為邊緣人發聲，訴說：唯有自我反思、尊重彼此生命、生命一律平等、實現公道正義，由是，普世公認的軌範準則，方能終極實踐——這豈非才是全人類的真正救贖？

（二）天地不全：〈髮〉的卿須憐我我憐卿

1989 年 3 月發表於《聯合文學》的〈髮〉是鄭清文先生最圓融寬厚、人情練達的力作之一。此作原來述說：日治時代，太平洋戰爭末期，台灣鄉間下埔仔最漂亮的一個名叫麗卿的年輕女子——「卿本佳人奈何做賊」的悲劇情事。麗卿的丈夫金池，是

---

39 引自，鄭清文〈三腳馬〉同上，頁 199。
40 引自，鄭清文〈三腳馬〉同上，頁 170。
41 引自，鄭清文〈三腳馬〉同上，頁 201。
42 請參閱，鄭清文〈新和舊——談契訶夫文學〉，同上，頁 119。
43 請參閱，鄭清文〈新和舊——談契訶夫文學〉，同上，頁 119。

個跛了一隻腳的漁夫，以捕魚勉強營生，而她則是由街上逃難、疏開、流落到鄉下、來歷不明的佳人。一個天殘，一個卻是心有千千結，竟都天地不全，同是天涯畸零人、卿須憐我我憐卿。

一如〈三腳馬〉，鄭清文在此作中，依然啓用他最擅長、偏愛的敘事模式：以敘述者「我」爲客觀的見證者/觀察者來發聲。只是，由於〈髮〉的人物、情節、動作比較單純，因之，全作一直都以敘述者「我」爲意識焦點，絲毫沒有〈三腳馬〉那樣複雜的敘述觀點轉移發生。然而，表面上似是儉約的事實陳述、或客觀的見證敷述，其實，若與作中的其他結構元素——時空與場景——相結合來進一步論述，其滔滔雄辯的力道卻是甚爲犀利、剛猛。

故事真正的起始是：三年前，敘述者「我」回到了下埔仔去參加他大哥的葬禮，碰上了男主角金池。在兩人的一場敘舊之際，故事繼續追溯到四十一、二年前日治時代，太平洋戰爭末期發生的舊事。最後，故事返回現時，以金池憶及早夭的亡妻麗卿，不勝欷歔，戛然而止。

就故事的人物設計而論，麗卿的丈夫金池，是敘述者「我」的親戚，依照台灣的文化習俗應該是「論輩不論歲」，但是，金池雖然低敘述者「我」一輩，卻稍爲年長十多歲，本來還是應該稱呼敘述者「我」爲阿叔，但是，最後兩人依舊直接以名字相稱。金池是下埔仔捕魚的高手，而敘述者「我」的大哥則是佃農。故事的演述就以鄉間的農漁生活爲主軸，舒緩地展開。由是，舉凡相互之間的人際關係、戰爭末期的經濟、物質、信仰、道德……等等諸多的現實生活面相，都因鄭清文「重視細節的正確性和豐富性」，而得到細膩的演述，十足合乎鄭氏的文學主張：「生活、藝術、思想」——以藝術的手法，精準、豐富地記述當時人民生活的實相，並提出自覺性的反思。

要之，于〈髮〉一文中，最重要的事件自然是：有一日，敘述者「我」的大哥所養的大閹雞，忽然失蹤了。據敘述者解析：依照當時的農業社會民俗，大家認定——大閹雞「性情溫順，不會爭鬥，專心吃東西，所以長得快，也長得肥，肉多油又香」，因此，執意安排大閹雞「在舊曆過年、正月初九天公生、和正月十五上元節時」來調用，其中，特別是「天公生一定要用閹雞祭拜。」[44]職是之故，大閹雞失竊，自是非同小可！

其實，在大閹雞失蹤之前，下厝及其鄰近就有失竊的先例：他們丟過金錢、走失過正在生蛋的小母雞、以及不翼而飛了其他有價值的東西。既然全村只有一條牛車路，又少見外人進出，村人推論：必有內賊。而第一個受懷疑的內賊就是麗卿，因爲在她來到下埔仔之前，還沒有人丟過東西。於是，在敘述者「我」的大哥明查暗訪之下，斷定是「卿本佳人奈何做賊」的麗卿所爲，並決定親自審理這件竊案。然而，提問之下，卻遭麗卿全盤否認：

---

[44] 引自，鄭清文〈髮〉《相思子花》（台北：麥田 1992 年），頁 67。

「你敢發誓？」

「敢。」

「怎麼說？」

「我有偷，要遭殺頭。」

「不要隨便發誓。」大哥說。

「我真的沒偷。」[45]

不幸的是：大哥早就從麗卿家的灶槽，挖到了潮濕的雞毛，由是，證據確鑿，因而，案情急轉直下，直令「卿本佳人奈何做賊」的麗卿百口莫辯。在金池追問之下，麗卿才流著淚承認，並且辯說：

「紅嬰仔，沒有奶吃……。」[46]

的確，「卿本佳人奈何做賊」是〈髮〉一文中，前後一直「反覆」敷演，[47]最為震撼鄉親的事件。儘管金池與麗卿，從後竹圍搬回下埔仔，或是，之後，再從下埔仔搬回後竹圍，「卿本佳人奈何做賊」都是一直在鄉里「反覆」搬演的戲碼。平靜、安寧的鄉村，原來是：劃地為牢、道不拾遺、夜不閉戶的桃花源，如今出現「美麗壞女生」，鄉里不啻轉化為盜竊的核爆家園——人人自危。只是，卿本佳人，為何作賊？卻是撲朔迷離，真耐人尋味！然而，透過微妙的場景與時空的設計，鄭清文又似乎意有所指。

首先，雖說金池善於捕魚，然而，跛腳的他，在外營生的時間遠比在家還長。簡陋的土塊厝，家徒四壁，土塊牆還遺留著稻草的痕跡，而房中的地面猶是原始的泥土地，地面則凹凸不平。至於三、兩個老式的家具：椅條和八仙桌都是白身，不是為了省錢沒有上漆，就是用得太久油漆已經脫落。桌子的稜角甚且已經磨損，污舊不堪。[48]凡此，在在都以物件/場景「物語」著他們一窮二白、進退失據的情境。

此外，大閹雞事件爆發之日，正是日軍發動太平洋戰爭、戰區越拉越大之際，而當下已經到了大戰末期，物質非常匱乏——許多日用品都受到了管制。[49]雖然農家可以飼養雞鴨，然而，以捕魚為生的麗卿家，似乎並沒有大量的家畜。因之，自從生了嬰兒之後，她才只吃過一隻雞，[50]雖然金池認為：他為麗卿留下的大白鰻比雞更為滋養。

---

[45] 引自，鄭清文〈髮〉同上，頁69。

[46] 引自，鄭清文〈髮〉同上，頁70。

[47] 就〈三腳馬〉與〈髮〉這兩篇作品而論，我們可以確認，「反覆」敷演是鄭清文先生最重要的敘述策略之一。一樣的下筆若輕，卻是一樣的劇力萬鈞。

[48] 引自，鄭清文〈髮〉同上，頁72。

[49] 引自，鄭清文〈髮〉同上，頁66。

[50] 引自，鄭清文〈髮〉同上，頁70。

只是,麗卿可曾同意?可有別的信念?是否還認定:麻油雞才是產婦傳統的佳餚、補品?此外,我們也關注:依照鄉規,麗卿在即將受刑、慘受處罰之際,其言也哀的一再懇求/話語:

> 「金池,你真的要殺我?」大概麗卿已看到了地上的木砧和菜刀。
>
> 「你怕,怕就不要做。」金池說,用力拉了她一下。
>
> 「我,我要餵紅嬰仔。沒有奶,紅嬰仔……」麗卿喃喃的說,聲音有點顫抖。
>
> 「沒有奶,就可以偷?」
>
> 「真的,沒有奶,紅嬰仔會餓死掉。」
>
> 「跪下去!」金池令麗卿在土地公的牌位前面跪下。
>
> ……………
>
> 「我,我不要死。」……。
>
> 「我不要死!我死了紅嬰仔怎麼辦?」[51]

初為人母的麗卿,為嬰兒一再地請命,即然訴求因累犯而打了折扣,然而,塵境滄桑,其鳴也哀,其言也善,「以言廢人,固不足取,以人廢言,亦不足讚。」職是之故,誰能毫無一絲罣礙,我自揮刀成一快?如此透過麗卿「反覆」的敷述與懇求,鄭清文的冰山所暗藏的同情的焦點,逐不免呼之欲出。

金池辦案、行刑,是台灣小說史上最驚心動魄的場面之一。鄭清文交叉使用預示(foreshadowing)、拖延不報(delay)、懸宕(suspense)、驚詫(surprise),[52]種種敘述策略,來燒鑄他理想的美學效果。

於是,奔走、低聲相告的女人以:「要殺麗卿了」,[53]拉開了序幕,金池再請出福德正神與公媽牌位,以鬼神與祖先來見證:公道正義必得伸張、人在做天在看。而木砧、放豬頭(人頭?)的大湯盤、磨得發亮的大菜刀(剁人?):[54]凡此種種無不一一「預示」著:砍頭,就要進行/勢在必行。然而,另一方面,鄭清文又以「減速」(deceleration),[55]好整以暇地大量描繪著:踏著木屐的大哥、他那類乎包公的長相、金池的家與家人……,彷彿有意將讀者最好奇的一幕,盡可能推後、「拖延不報」,以增加興味。最後,鄭清文決定啟用「懸宕」:除了操刀的金池才能預知這一幕的結果以外,讀者、其他人物,都完全被蒙在鼓裡,不但無法事先與聞,鄭清文甚且還刻意製造「驚詫」

---

[51] 引自,鄭清文〈髮〉同上,頁74-75。
[52] 有關這個概念,請參閱,Mieke Bal, "Suspense," in *Narratology* (University of Toronto Press, 1992), pp. 114-115.
[53] 引自,鄭清文〈髮〉同上,頁71。
[54] 引自,鄭清文〈髮〉同上,頁74。
[55] 有關這個概念,請參閱,Shlomith Rimmon-Kenan, "Text: time," in *Narrative Fiction: Contemporary Poetics* (Methuen, 1983), pp. 52-53.

——偏使砍頭事件的結局與大家原先的預期不符，甚且，大家還被結局嚇了一跳，因為，金池竟然並沒有依照鄉規，將違反重誓的麗卿斬首示眾：

「剁！」一聲清脆的聲音，菜刀剁了下去。

「哎唷！」麗卿叫了一聲。金池的手，抓著兩把剁斷的頭髮，夾子還在上面。

「——吁。」天宋和長庚都舒了一口氣。我看到每個人的表情都鬆下來了。

麗卿並沒有死，人已昏過去了。金池輕拍著她的臉頰，把她叫醒，像問犯過錯的小孩一般問她。[56]

其實，作品中，「忠厚」的庄腳人都無意——見到麗卿被殺。畢竟，誰能無過？由是，「剁髮」而不是「斬首」的處置，終究讓眾人「舒了一口氣。」鄭清文是深受契訶夫中期以後的作品所撼動，勉力提出——對於弱者，對於不幸的人，我們都應該關懷和同情：「人是不能避免不幸的。有些不幸是來自天災，有些不幸是來自人為。」[57]至於畸零人麗卿——她那「卿本佳人奈何做賊」的不幸，固然可能是來自于：她自己疏開、流落期間所養成的叢林行徑，然而，疼惜眾生的鄭清文，似乎寧可有意藉著「時空」與「背景」，將探針暗中指向可能的其他外緣因素：人為的戰爭、後天的窮困。[58]

此外，我們也必須再度指出，疼惜眾生的鄭清文，兼且透過——與麗卿相濡以沫、卿須憐我我憐卿、同是天涯畸零人的金池，來傳達他的不捨：職是之故，在公領域中，金池固然是以「剁髮」代替「斬首」——連麗卿都嚇得「尿水洩出」，用作最戲劇性的、眾人都心服的懲罰，來平息眾怒。但是，在私領域中的金池，卻是噓寒問暖、[59]「用手擱在她的肩膀上…小聲問她能不能走下去」、呵護著麗卿、連夜搬離了他們的傷心地——下埔仔。因而，連平日最堅持冷靜、客觀「展示」(to show)的鄭清文，于此，竟然，也特別罕有、而又別有所指地，啟用敘述者來評議：「我實在無法想像中午的那個『兇狠的』男人」，[60]來為這個「大閹雞」事件——金池所要面對的公/私領域的「兩難」——解套、作結。

麗卿在最後一次「卿本佳人」的搏命演出中，失風，而泳入、藏躲於：冰冷的水圳，其後，因染患急性肺炎，驟逝於寒冬。夢斷香銷，人世滄桑，莫此為甚！最後，我們也必須指出：疼惜眾生的鄭清文是三度透過——與麗卿相濡以沫、卿須憐我我憐卿、同是天涯畸零人的金池，來傳達他的不捨：「這個查某人、這個查某人。」[61]依舊

---

[56] 引自，鄭清文〈髮〉同上，頁77。

[57] 請參閱，鄭清文〈新和舊——談契訶夫文學〉，同上，頁118。

[58] 「卿本佳人奈何做賊」，究竟是先天手癢？還是後天有失調教？也許可以引起心理學家 nature VS nurture 的另一番論辯。

[59] 陳雨航有類似的解說，請參閱，陳雨航，編者的〈評介〉，〈髮〉，收入，《七十八年短篇小說選》（台北：爾雅，1990年），頁93。

[60] 我的詮釋與陳雨航的雷同，只是比較偏重敘述結構的解析。

[61] 引自，鄭清文〈髮〉同上，頁84。

跛腳的金池說著:「眼睛已經紅了。」鄭清文的眼睛也一定已經紅了。閱畢,讀者的眼睛是不是也已經紅了呢?

三、 結論

藉由「探討臺灣住民的思維方式與價值觀」,來「推動具有台灣主體性的台灣思想之研究」,鄭清文先生的小說與「生活、藝術、思想」的文學主張,是最值得注意的一環。他曾經立於:婆娑之島、海洋台灣——與西潮、美雨、東洋風,在各方文化,風雨交會的輻輳點上,以「互為主體」的方式,做批判性的審視,並進而以台灣本體性的思考,重新對鄉親的思維模式、人際互動、道德信仰、軌範準則,做系統性的反思。

他堅持:小說是生活的再現,記載生活則是不願台灣的歷史留白。因之,他所建構的文學世界是:扎根於原鄉故土,卻以常人最易於忽略的公正、客觀的方式敘事,而訴諸細節的精確性與豐富性,為畸零人從邊緣發聲。至於他所主張的尊重生命、疼惜眾生、生命一律平等,則是具有普世價值的思想與軌範準則。

總而言之,鄭清文認定——在困苦中長大的台灣文學,應該是正如福克納所說:「代表一種微弱的聲音,道出人類的勇氣、希望和尊嚴,也寫出人類的同情、憐憫和犧牲。這種聲音雖然微弱,不會消失。」[62]其實,這何嘗不是鄭清文的文學特質,也是我們建構台灣主體性思想所要嚴肅反思的方向之一。

---

[62] 請參閱,鄭清文《《恍惚的世界——文學的素養(2)》》,收入《小國家大文學》(台北:玉山社,2000年10月),頁24。

戰後現代詩人的台灣想像與現實

金尚浩

修平技術學院

一、前言

　　台灣這個場域過去是外來政權對外發展或侵略的基地、跳板,從來沒有自我空間的自主性,一直喪失了做為一個主體資格。近百年來的台灣,在特殊的歷史際遇下,夾於中國與日本之間,文化的衝突與國家的認同歷經轉折,形成文學表現時代的核心問題。起源於日本統治下的台灣新文學運動,其外在因素無疑佔有主導性的決定作用。過去的台灣文學傳統,因戰後而斷裂,也不被重視;反映現實經驗的本土文學,更不在人們的生活當中。因為台灣的政治措施及其所導致的一切發展徹底地由日本的殖民統治變成完全以中國為本位。所幸在一九八七年解嚴之後,促使言論自由,台灣意識擡頭,在社會和政治以及文化上的各個領域中,台灣本土的喊呼聲起而對抗中國本位的主調。簡單而言,戰後到七〇年代之前,在台灣的文學莫不自稱為中國文學,而七〇年代鄉土文學論戰之後,由於台灣意識覺醒,面對台灣此時此地的社會現實,人們開始針對過去所忽視的台灣本土文化重新加以認識。八〇年代以來,傾向於過去所認同的中國文學分道揚鑣的,關於台灣文學的一個新的概念逐漸呈現,而台灣文學的定義和定位,從此成為許多作家和學者關切的焦點。這應該是「發現台灣」,也是承繼台灣精神的開始。其實,文學是時代的反映,在歷史的變化過程中,文學的變化亦有其複雜的過程。台灣文學的主體性,只有站在台灣這塊土地上,以之為立足點加以觀察,台灣新文學演變的主流,也只有台灣為主題,從土地、人民與歷史三個層面加以觀察和考量,才能呈示歷史的透視力,而避免任何折射的假像。[1] 總之,由於台灣的特殊地理位置、歷史背景和社會人民,這種環境和文化所產生的台灣文學,其發展的軌跡必然與中國的新文學有所不同,而呈現出臺灣文學的主體性。

　　詩文學的表現,因為它具有高度的隱喻、意象,曲折效果,使得它可以在某種適當的保護傘之下,與政治和社會活動比較起來早踏先一步,故能建立在詩文學上的台灣主體意識。本文將在台灣主體性的位置,來觀察和追究戰後詩人詩作中,從台灣想像與現實的角度,來闡釋其意義。

---

[1] 參見杜國清,〈台灣文學的主體性、歷史、傳統與古典作品〉(美國加州大學台灣研究國際學術研討會論文集,2004 年 11 月 18 日至 20 日),頁 15。

二、日據時期新詩的鄉愁意味

　　台灣文學在日據時期，被認爲是排除在日本文學之外的「外地文學」，而在中國本位者看來，又被議論爲中國文學支流的「邊疆文學」。因此，台灣文學本土化的訴求，具有尋根、紮根和自我定位的意義。日據時期，台灣新詩人的作品中，已可看出他們濃厚的鄉愁意識的流露。故國不在，故鄉喪失的自身的立場才是他們根本的出發點，基於此而渴望搜尋和探索，作爲他們的生根源的鄉愁，而產生了故鄉的憧憬。詩人張多芳在〈旅人〉一詩中，顯示出殖民地時代的知識份子飽受的自意識和知的苦惱。這實在是典型的鄉愁詩：

　　　　善感哀愁的旅人喲
　　　　必須有駐腳的日子
　　　　終於來臨
　　　　旅人啊
　　　　不要埋怨　不要憎恨
　　　　一切　像似天空漂流的雲
　　　　你的命運
　　　　你的希望
　　　　（中略）
　　　　漂到更遠的日子
　　　　也有呢
　　　　啊啊旅人啊
　　　　暫時　駐腳的日子
　　　　終於來臨
　　　　　　（陳千武　譯）

　　詩的自我喪失了主動生存的意志，「一切／像似天空漂流的雲」，活著黑暗的壓迫感「你的命運／你的希望」恐怕「漂到更遠的日子」。善感哀愁的旅人一直在漂流的同時發現「暫時　駐腳的日子／終於來臨」，最後他發現痛苦和虛無的自我。詩人持有生存於殖民地現狀的立場與省察，而以浪漫的詩情加以表現。日據時期受到異族迫害欺凌的台灣人，以含蓄的內斂的文字，表達出他們生命中的歡樂與痛苦，出生於台南

縣「鹽分地帶」[2] 的詩人郭水潭〈故鄉之歌〉一詩中，仍然可以感受到所遭遇環境的
險惡和艱難：

> 懷念的故鄉
>
> 故鄉的　回憶的人們
>
> 　　　（中略）
>
> 諸多快樂的　玩耍
>
> 不珍惜那些　忘了它吧
>
> 如今時勢轉變　我的故鄉
>
> 新的生活　就要開始了
>
> 　　　（中略）
>
> 懷念的　故鄉
>
> 故鄉的　許多來歷
>
> 　　　（中略）
>
> 今天　該向那些廢墟告別
>
> 正順著新的政風　給故鄉
>
> 添上新的風景　要展開了
>
> 　　　　　　（陳千武　譯）

　　殖民統治終歸脫離不了掠奪、剝削、歧視，這就是無法掩飾的現實。在時代和歷
史產生新的變化的瞬間，也就是從喪失的故鄉意識感受到回歸故鄉、新生的心情之
際，微妙地表達了詩人的徬徨和失望的心境。張冬芳和郭水潭的詩作，就呈現其鄉愁
意識作基調而形成的獨特性，融合和歷史意識相結合。

　　巫永福在〈故鄉〉一詩中描寫：

> 踏出永遠昏闇的路吧
>
> 尋求一線眾生的光吧
>
> 負了殖民苦難的重架
>
> 故鄉　勇開冥門的扇呀

---

[2] 所謂的「鹽分地帶」就是日據時代台南州北門郡。它包括佳裏、學甲、北門、將軍、七股、西港等
六個鄉鎮。

> 看過苦難的荊棘之道
>
> 雖會流出多少心酸血淚
>
> 故鄉呀 步步 探索 勇敢求取
>
> 為你子孫代代的榮光
>
> （光復前作品 原載於 1932 年 12 月「福爾摩沙」自譯）

這首詩便呼喚自己的故鄉，要喚醒無知地昏睡於黑暗中，卻背負這沉重的歷史包袱的故鄉，詩人呼籲故鄉要在荊棘的路上邁開艱苦的步子，含著血淚，要不斷地尋找自己，要受苦，冥暗的門扉才能打開，才能走向光明。日據時期台灣是一個苦難之地，也是一塊充滿受創心靈的土地。台灣的先民，在荊棘的土壤上寂寞地開墾了三百餘年，盼望知道恰當的形式唱出自己的歌聲。這首詩不只是向故鄉大聲疾呼，不只是詩人自我的省思，也是對所有台灣島上的人敲響猛省的警鐘。

日據下的台灣新詩壇，是詩人從日本文壇、中國作家、歐美文學擷取養分，甚至於法國超現實主義作品，台灣也有人在倡導，「風車詩社」即是台灣接受西潮影響而成立的。太平洋戰爭期間，報紙雜誌的漢文欄遭全面廢止，台灣人在皇民化運動下進退維谷，日本政府極力鼓勵「台灣島民」參戰謳歌戰爭。一九四二年，一些文藝青年自組「銀鈴會」，[3] 後來創辦《潮流》季刊，這算是戰時不滅的微弱之聲。另外，在戰前臺灣新詩發展史上，不能忽略台灣話文 [4]，此在一九三〇年八月十六日，黃石輝於《伍人報》第九號，發表〈怎不提倡鄉土文學〉一文中，主張：「用台灣話做文，用台灣話做詩，用台灣話做小說，用台灣話做歌謠，描寫台灣的事物」。[5] 可見黃石輝提倡以台灣話來從事文學創作。[6]

---

[3] 這是由台中一中同學張彥勳、朱實、許世清三人發起，由朱實帶進台灣師大前身師範學院，之後，再膨脹到幾十名的同仁詩團體。「銀鈴會」在前期出版《岸邊草》詩刊，到 1948 年春改為《潮流》發行。前後出刊二十餘期，均由張彥勳主編。主要成員如上述之外，尚有林亨泰、子潛、蕭翔文、詹冰、詹明星、陳素吟等人。

[4] 僅指「閩南語」而已，由於當時居住在台灣的六百萬居民，大部分以閩南語為溝通工具。參見羊子喬，〈日據時期的台語詩〉《台灣現代詩史研討會》（台北，文訊雜誌社，1995 年 3 月至 5 月），頁 1。

[5] 廖毓文（廖漢臣），〈台灣文字改革運動史略〉《臺北文物・三卷三期、四卷一期》（1954 年 12 月 10 日、1955 年 5 月 5 日）。轉引自羊子喬，〈日據時期的台語詩〉，同註 4，頁 1 至 2。

[6] 由於台灣話文的推行，便產生了台語詩，其中有徐玉書的〈我的親愛的母親〉（1931 年 3 月 28 日《台灣新民報》第三五七號）；楊華的〈女工悲曲〉（作於 1932 年，刊登於 1935 年 7 月 1 日《台灣文藝》第二卷第七號）；蘇維熊的〈春夜恨〉、〈啞口詩人〉（1932 年 7 月 15 日《福爾摩沙》創刊號），以及楊守愚、楊少民等人詩作。同註 4，〈日據時期的台語詩〉，頁 4。

　　總之，戰前的台灣新詩，無論用日文寫的、或中文白話寫的，或用台灣話文寫的，在詩人表現為詩的精神位置、歷史意識，均有其共通的特質。但在藝術性表現的價值而言，卻要歸於詩人是否受過現代藝術思潮的洗禮？或能否深入觀察事象的本質等？這些就決定其詩作品給人的不同感受和效果。

三、台灣想像與歷史意識

　　文學是動態的、精神的文化現象，無可避免地與時代的現實發展相互干涉；文學內容與形式的變化，各有其複雜的過程，一部分是內在的藝術性求變化所促成，另一部分則是外在的，因社會的、思想的和廣義文化的變動所導致。莊萬壽在〈文學主體性的建構〉一文中說：

> 台灣文學的主體性，勿論物質基礎，精神建構都是完滿充足的，祇因被殖民的扭曲歷史，造成台人心靈世界嚴重損傷，文學藝術的創造力也就抑鬱不暢不揚；台灣文學的主體性也就顯得不絕如縷魂弱欲斷。[7]

　　戰後在一九四六年十二月，台灣行政長官公署陳儀頒布命令查禁日文。這種無視在文化傳遞現象正反兩面的事實，又沒有預警的措施，文化的暴力讓使用日文接受各種知識的台灣知識份子，或者寫作的詩人或作家們，失去了求知的表達思想和感情的工具。當時台灣作家在語言的空窗期發表作品的唯一空間，如龍瑛宗主編的《中華日報》日文文藝欄[8]也被封殺了。這就是對於寫作不死心的台灣詩人，後來不得不在「跨越語言」[9]的煉獄裡備受痛苦的原因。

　　一九四九年五月二十日，國民政府宣佈戒嚴，並實施「動員戡亂」制度，進行所謂的白色恐怖。同時，在大陸喪失政權的慘痛經驗，在文化上砍斷、掩蓋台灣在二Ｏ年代至日本戰敗前已締造的台灣新文學。陳芳明在〈日據時期台灣新詩遺產的重估〉一文中說：

---

[7] 李永熾、李喬、莊萬壽、郭生玉編撰，《台灣主體性的建構》（台北，群策會，2004年5月），頁79。
[8] 該欄始於1946年2月20日。
[9]「什麼是跨越語言？」簡單而言，被迫放棄一種已經嫻熟於吸收知識、思考和寫作的語言，不得不重新學習另一種陌生的語言來訓練自己吸收知識、思考的寫作。《笠》詩社有多位詩人屬於跨越語言的，如巫永福、陳千武、詹冰、吳瀛濤、林亨泰、錦連、張彥勳、羅浪、陳秀喜、杜潘芳格……等人。

日據時代的作品，可以視為台灣文學史上的一個完整的時期，這個時期因一九
四五年戰爭的結束而告終。可是，在戰後卻由於官方的偏頗政策和文化上的偏
見，使得此一時期的文學未能獲得正面的評價。[10]

這種文化傳統的斷裂和隔絕，以及愚民政策嚴重傷害和扭曲了台灣人民的性格，
便造成了台灣的「文化沙漠」，扼殺了台灣的主體意識。因此，從五０年代的反共抗
俄文學，和進入六０年代之後的現代主義，它最大的矛盾在於其文學的焦點沒有台灣
的主體性，也不認同台灣。[11] 其實，在日據時期出生的大多數的台灣人，都缺乏中國
經驗。他們間隔五十年後又面對國民政府統治，從歡迎想像中的「祖國」接受之後，
到對其當權者產生反感的心裡變化，當時的詩人都反映在詩作裡。因此，他們被殖民
體驗、戰爭經驗、以及戰後的歷史變化、新時代的來臨，透過對於新時代的生活，精
神經驗而呈現出來的不同的特質。詹冰在〈水牛圖〉一詩中描寫：

角　　　角
黑
（中略）

不懂阿幾米得原理

角質的小括號之間

一直吹過思想的風

水牛以沈在淚水中

眼球看上天空白雲

以複胃反芻寂寞

傾聽歌聲蟬聲以及無聲之聲

水牛忘卻炎熱與

時間與自己而默默等待也許

永遠不來的東西

只

等待等待再等待！

---

[10] 陳芳明，〈日據時期台灣新詩遺產的重估〉《左翼台灣——殖民地文學運動史論》（台北，麥田出版，
1998 年 10 月），頁 142。
[11] 葉笛，〈論《笠》前行代的詩人們〉《笠詩社四十週年國際學術研討會》（國家台灣文學館，2004 年
10 月 2 至 3 日），頁 3。

　　這是詹冰著名的圖像詩之一。當然，基本上言，圖像詩是表現詩人視覺上的巧思，以圖形來增加詩的情趣。但卻詩的重點還是在詩的語言上所傳達的意義性。這首詩雖在表面上寫的是水牛，並描繪了台灣早期鄉村的生活，以及農夫的性格。不過，筆者認為前面的大黑字和兩邊的角字，比喻溫順的一張百姓臉型。無知而對執政者「不懂阿幾米得原理（即浮力）」的愚民，一直被洗禮「吹過思想的風」。最後，溫順的「水牛以沈在淚水中／眼球看上天空白雲」，戒嚴下的台灣百姓「忘卻炎熱與／時間與自己而默默等待也許／永遠不來的東西」，可是，不放棄的他們仍是「等待等待再等待！」。詩人以反諷的手法，描寫在新的歷史裡，焦灼的感覺和心情，面臨故鄉的渴欲與期待。這樣，面對戰後的台灣，讓睽違祖國五十年的台灣人重建文化與國族認同，可是出現了政經、文化逆退的現象，「在二二八之後，『祖國』的幻象破滅了」。[12] 詩人們也逐漸由祖國熱中冷靜下來，並對新統治者感到失望。

　　戰後的國家想像，幾乎籠罩在「中國」的論述裡，但早在日據時期，已產生的台灣民族意識，也使得台灣人內心所期待建立的國家，與國民政府威權體制所建立的國家，有了實質上的落差。一般而言，往往透過語言隱喻、意象，曲折地去傳達知識份子以反諷的心聲，呈現出來的就是詩作。今日的文學，不是知識份子和大眾分離，而是詩人可以代言自己所屬的共同體的性質。此並非靠一位天才能夠做到的，而是共同體或集團的吶喊。陳千武在此共同體具象化的形態中，發現台灣民族。他在〈禱告〉一詩中，描寫出他的鄉愁意識，毋寧說是陰鬱的，沉重而努力地在尋求與「喪失了的故鄉」的連帶感。

> 啊，庇佑你這無依的子孫吧
> 我底祖先！
> 近代歷世的祖母，以至冒險渡台，
> 苦苦開拓麗島的世祖，
> 以至未移民以前，世居祖籍的，溯
> 自「族譜」記載的歷代祖先和那「祖譜」上的始祖。
> 以至始祖以前，
> 動亂時代的，

---

12 鍾肇政，〈重建台灣精神〉《鍾肇政回憶錄（二）——文壇交遊錄》（台北，前衛出版社，1998 年 4 月），頁 318。

> 啟蒙三千年的「子曰」而上，頭目統治的原始，
>
> 人權和神權都分不清，
>
> 　　（中略）
>
> 肉眼看不見的，
>
> 較有名無名的廟宇的鬼神更是正統的，
>
> 連連綿綿，終於，造成我這後代的，
>
> 我底祖先！
>
> 啊，庇佑你這聰明的子孫吧。

詩中「人權和神權都分不清」，並且「肉眼看不見的／較有名無名的廟宇的鬼神更是正統的」觀念，這種情況下，「終於，造成我這後代的」祖先！既然如此，詩人再次呼籲祖先「庇佑你這聰明的子孫吧」。這一首詩，祖先與我之間的關係，充滿了矛盾觀念，並看到與祖先之間的微妙的現象，表現了陳千武的批判精神。詩人是大眾的代言人，他在時代裡抽出最核心的價值，和尋找合適應變方法。因此，詩人的使命，就是民族的情感和願望，以詩來表現。不僅自然發生的民族情感在歷史意識中，經由將對邏輯的過程來紮根，而且共同體的意識，透過內在知性的批判來表達。

關於台灣新詩的發展，到了七０年代，由於台灣人的意識逐漸抬頭，詩人陳千武，早在第三次鄉土文學論戰（一九七七年）之前，就提出台灣現代詩的發展來自兩個球根的看法。他在〈台灣的現代詩〉一文中說：

> 台灣的現代詩，除了紀弦從大陸帶來的新詩的球根之外，台灣在源自於日據時期留下來的新詩的球根，……這個詩的球根可分為兩個源流予以考慮。一般認為促進直接性開花的球根的源流是紀弦從中國大陸帶來的戴望舒、李金髮等所提倡的「現代派」。……另一個源流就是台灣過去在日本殖民地時代，透過曾受日本文壇影響下的矢野峰人等所實踐的近代新詩精神。[13]

陳千武的這一觀點具有矯正台灣文學史觀的重要性，因為在這之前一般認為，台灣文學是五四以來中國新文學一脈相承發展下來的，而事實上現代詩乃至台灣文學一般的發展，不能不考慮一向被忽略的另一個球根的源流，亦即呼應台灣的歷史發展，

---

[13] 陳千武，《台灣新詩論集》（高雄，春暉出版社，1997年4月），頁41至42。

透過日本文壇，日據時期台灣作家在吸取二十世紀文學思潮時所實踐的現代主義。戰後詩除了其所繼承的，戰前台灣新詩的遺產之外，還具備、形成了那些自身獨特的特色。其中，女詩人的詩作擁有特殊的質素則是例證。如在杜潘芳格的〈聲音〉一詩中，把過去的歷史體驗上鎖之後，以強烈的思考性格來，描寫傾向於形而上和觀念化的感覺：

> 不知何時，唯有自己能諦聽的細微聲音，
> 那聲音牢固地，上鎖了。
>
> 從那時起
> 語言失去了出口。
>
> 現在，只能等待新的聲音。
> 一天又一天，
> 嚴肅地忍耐地等待。
> -- 一九六三年冬

在戰後的國民政府，強力的改造台灣知識界，從而使得台灣知識界的性質產生根本的變化。台灣的歷史將來怎麼走，「語言失去了出口」詩人擔心的同時也抱著希望「只能等待新的聲音」。這是在理想和現實、流動性和固定性之間呈現出正反的兩面性和矛盾。人們對於現實椿了很深的根蒂，同時不斷渴望理想的矛盾的存在。理想和現實之間的葛藤就是全人類原來的面貌不是嗎？跨越語言一代的詩人，不管是透過事物的形象、母體、故鄉的風土或祖先的影子，努力於聯結詩人自身內部世界與現實、歷史的表現。

另外，鄭愁予在早期詩作〈無終站列車〉中，由於省籍背景或族群背景為主要分歧的理由，描寫出漂泊而不同國家想像的鄉愁意識：

> 在偎著遠雲的家鄉
> 我的小名被喚著
> 而黃花順著三月開
> 在春天　母親總是穿著藍袍子

> 哎 想起了那袍子我便流淚
>
> 母親啊 在偎著遠雲的家鄉
>
> 　　　（中略）
>
> 而列車在自己的軌上
>
> 明天 在開闊的祖國
>
> 為了去升一面旗 浪子造著歷史
>
> 　　　（中略）
>
> 而列車已行在自己的軌上
>
> 在遠離家鄉的一個地方
>
> 有人在小站下去了

這首詩列入在第十三輯《衣缽集》的作品。鄭愁予在〈衣缽後集〉一文中說：

> 這些詩把我的鄉國之情表露得特別鮮濃。想不到，這份感情，經過時間愈久則愈發強烈起來，我想今後我會寫出更多這一類詩篇的。[14]

詩人「在偎著遠雲的家鄉」，漂泊的浪子渴望回家，並想像列車應該到達，卻遠離家鄉的一個地方。對他而言，家終於一塊夢土。他神色憂鬱的進行一趟又一趟的感傷之旅。這是屬於異鄉人的雙重失落，離去和歸去的雙重失落。詩人對台灣文化認同的困難，神魂顛倒於對大陸的懷鄉愁，這可以說是不願紮根於台灣土地心態的結果。一九八〇年代末期，台灣開始經歷本土化的轉折，對於不同省籍的人國家認同的衝擊。其實，「目前對於統獨立場的嚴重對立，在台灣社會中，大多數的人對於這些陷入認同困境的人並不太關心，也不想去瞭解他們的想法，以及這些想法背後的理由」。[15]

經由戰前出生戰後成長的世代，他們戰前已受過幾年的日文教育，而在戰後才受到完整的中文教育，已有能力掌握中文的寫作，不必再等待一段時間才跨越語言之障礙。另外，戰後出生成長的，皆完全接受一整套戰後的教育體制，但他們卻沒有像跨越語言詩人對歷史的痛苦掙扎，他們在戰後，置身於一個全新的歷史階段，則國民政

---

[14] 鄭愁予《鄭愁予詩集（1951-1968）》（台北，洪範書店，1996 年 5 月第五十五印），頁 333。

[15] 參見高格孚，《風和日暖──外省人與國家認統轉變（王甫昌撰，推薦序）》（台北，允晨文化，2004年 1 月），頁 8。

府接受支配台灣,由此,立基於大陸和台灣的承接點而出發邁步。李魁賢在〈土地的愛〉全詩中描寫:

> 在你的懷抱裡
> 種子聽到春天的號外
> 生命有了開花的消息
>
> 因為你是我的土地
>
> 我信守的土地
> 即使被別人佔領過
> 即使被無端踐踏過
> 永遠是純潔的
> 永遠是神聖的
>
> 因為你是我的愛

詩中呈現出已經歷過的痛苦和悲哀的體驗,如「即使被別人佔領過/即使被無端踐踏過」,可是他仍是抱著期望,似乎很親密的傳達我們,「生命有了開花的消息」,最後,永遠是純潔和神聖的台灣就是我的土地,「因為你是我的愛」。他從早期現代主義的影響傾向,到近期現實主義的加重份量,他的詩基於社會現實和歷史意識,同時其頗深厚的媒介與自然抒情和藝術意識,因此,他的詩具有著充分的個性和普遍性。

另外,白萩的台灣歷史意識的發現,大抵可以從他的《天空象徵》詩集中的作品來考察。詩人在思考其生與存在之際,賦有深意的對象。他在〈形象〉全詩中描寫:

> 這是一條無人的路
> 阿火走著,無人
> 出現
> 既非為了走這條路
> 路,也不是因他而存在

一條蛆蟲的阿火走著
誰來證明？
「我是一個人」
誰來證明？
一條蛆蟲的阿火
走在一條無人的路
無人來證明

於是他照著太陽
影子投在山後
不見影子
沒有人
誰來證明？

「世界空無只有我
我卻空無」
於是他的影子從山後走來
這是一條無人的路
一條蛆蟲的阿火走著
他的影子走著
終於相遇

「啊，妻啊，妻啊
你是一條蛆」

　　白萩擺脫文學主流，而轉向邊緣去尋找詩情，如果從語言層次來考察，不難發現「阿火世界」的重要意義，他把生活化的粗俚語言放置在詩的結構裡。阿火便是現代主義潮流之外的一位邊緣人，在詩中以「一條蛆蟲」的形式呈現。阿火的卑微「沒有人／誰來證明？」他的存在，但他對自己的存在，竟能宣告「世界空無只有我／我卻空無」。詩人重新凝視賴以生存的這塊土地，正是文學與土地結合的開始。台灣詩人無論有沒有受過現代主義的洗禮，均持著本土愛的精神為基礎，採取寫實的手法。陳千武在〈現

代詩中的台灣經驗〉一文中說:「要有現代精神配合現實生活,把現代與寫實融合起來表現;有現代感,又有現實感的現代詩,才是我們應該要推動的,才能夠對社會有用」。[16]

四、本土化、現實

過去的台灣文學傳統,因戰後而斷裂,也不被重視;反映現實經驗的本土文學,更不在人們的生活當中。現在的作品,離生養的台灣越來越遠,不但鄙視地方文化、鄙視母語,文學脫離了現實生活,且自以為高雅,其實俗不可耐。所幸解嚴之後台灣文學不再瑟縮於學院的角落,這是「發現台灣」,也是承繼台灣精神的開始。葉石濤在〈台灣文學本土化是必然的途徑〉一文中說:

> 台灣文學的本土化其實和政治意識形態無關。他真正的意圖是獲得台灣作家的創作自由,繼承傳統,吸收外來前進文學以締造充分能反映台灣各族群的外在生活和內心夢境。[17]

戰後台灣詩的現實意識是,對個人的現實生活、國家和社會、歷史意識等,在詩中往往顯示詩人的原始體驗,構置出個人和時代精神糾葛的模樣。集結眾多本土詩人的《笠》就是紮根於現實,主張現代詩要落實於社會和鄉土,以日常口語表現了台灣本土情境以及對於生存環境的反省。鄭炯明在《台灣精神的崛起——「笠」詩論選集》編後記中強調:

> 「笠」下的台灣詩人,在面對戰後的台灣現實時,除了文學的基本藝術條件的要求之外,對於凝視現實所採取的姿勢、角度,亦是不可忽略的。二十五年來,在台灣的特殊政治、社會、文化環境下,使得「笠」一直是「在野」的存在,但也更具韌性。[18]

因此,戰後詩所呈現的現實生活,基本上乃是根源自一種主體意識。此對詩的風範的講究、個人位置的確立、詩的多樣性與本土性的追究等。如李敏勇在〈根〉一詩

---

[16] 陳千武,《台灣新詩論集》(高雄,春暉出版社,1997年4月),頁106。
[17] 葉石濤,《展望台灣文學》(台北,九歌出版社,1994年8月),頁14至15。
[18] 鄭炯明編,《台灣精神的崛起——「笠」詩論選集》(高雄,文學界雜誌,1989年12月),頁477。

中表達對自身誕生根源的思慕與哀愁：

> 只要有根
> 就不怕風雨凌虐
> 他掌握土地上的現實
> 我們掌握土地裡的現實
>
> 土地是一切生的孕育
> 根就是源頭
> 土地是一切生的據點
> 根就是立足
>
> 要忍耐
> 要等待
> 堅守意志的陣地
> 譜出莊嚴旋律

從凝視自己的生和土地的感情衍伸對現實狀況的考察，不只基於感性的立場，而有意從理念與觀念的確立來範疇根的概念。他又在〈心聲〉一詩中描寫，以往生活在痛苦歷史的台灣民眾的悲哀，把它昇華為藝術的形象：

> 我只歌頌土地
> 如果我只能愛一個對象
> 那無疑就是妳
> ——我們的島嶼
>
> （中略）
>
> 我夢想——
> 在島嶼的都市
> 台灣的孩子們在那兒茁壯

新的秩序在他們手中開創

島嶼的航程和方向
是為了這樣的夢想
我們流過的血和汗
也為了這樣的希望

編織夢想
描繪希望
為了綠色和平的島嶼
——台灣

　　這首詩並沒有墜落為單純的煽動、觀念詩，卻媒介深奧的悲哀，同時持著「編織夢想」和「描繪希望」的力量。最後基於你和我都是「台灣」一體的真正的歷史意識。今日的台灣在國際社會中欠缺國家人格的殘酷事實，這是所有台灣人民，無分族群、黨派都必須共同面對的、必須共同承擔的問題。另外，在〈故鄉〉、〈戒嚴風景〉、〈自由〉等作品，和台灣現實的發展息息相關，他敏銳的現實觀察力及感受力是追尋認同最重要的條件。

　　趙天儀的詩作，往往以鄉土的風物、追憶的情緒來展現他的鄉愁面貌。如在〈故鄉啊　我要為你唱歌〉一詩中抒發鄉土情懷：

　　（前略）
我要為你歌唱　故鄉啊
正如懷念我底親慈一樣
是出自我心底的衷腸　一種親切的聲音

時光不再　故鄉啊
景物不再　故鄉啊
跟著歲月的流轉　你我都變了模樣

但你的可親　永遠存在

　　像飄流異地的旅客

　　每逢鄉親　每聽鄉音　都倍感鄉愁

　　故鄉啊　當我更了解何謂生死別離

　　故鄉啊　當我更體驗何謂共同患難

　　我只要為你歌唱　就會感到一種溫暖　一種

　　　辛酸

　　運用鄉土的特殊風物以及時代變遷的體驗，使詩人的鄉愁意識流瀉在昔日歷史的畫面中而浮現。另外，〈陀螺〉、〈歸鄉〉、〈鄉土的擁抱〉、〈爸爸我要回故鄉〉、〈故鄉的芒果樹〉等都在時間的意識之下，加入了空間的意識，交織成縱與橫雙脈構成的作品。江自得在〈解剖〉一詩中描寫：

　　夜半，我在解剖日誌上寫下結論

　　死亡的原因是‥

　　大中國意識導致中樞神經衰竭

　　金權黑道橫行導致心肺衰竭

　　生態環境潰決導致肝腎衰竭

　　「死亡的原因是‥」台灣主體性的迷失，以及兩岸的糾纏、金權黑道橫行、生態環境潰決，詩中相當清楚的抨擊台灣社會最根本的盲點。葉石濤說：

　　不管主張台獨、獨台或統一，加速台灣文學的本土化才能反映台灣的現實社

　　會，保持台灣人的尊嚴以不墜，這應該是不爭的事實。[19]

　　一九七九年底的美麗島事件，正式深化了使文學家台灣意識的覺醒。詩人用銳利的眸光注視著母土的悲愴，注視著每一個台灣人所遭逢的歷史、精神、現實悲愴，終至匯聚成為一股沛然莫之能禦的力量，在各個領域都用他們的創作來唾棄黑暗、反抗壓迫。向陽在十行詩〈種籽〉中，作為一粒種子，一切都是為了選擇一個適合自己縈

---

[19] 同註17，頁17。

根的土地。若離開媽媽的懷抱，只能死路一條：

> 除非毅然離開靠托的美麗花冠
> 我只能俯聞到枝芽枯萎的聲音
> 一切溫香，蜂葉和昔日，都要
> 隨風飄散，除非拒絕綠葉掩護
> 我才可以等待泥土爆破的心驚

> 但擇居山陵便緣慳於野原空曠
> 棲止海濱，則失落溪澗的洗滌
> 天與地之間如是廣闊而狹仄
> 我飄我飛我揚，僅為尋求固定
> 適合自己，去紮根繁殖的土地

　　詩中追求的是理想，勸導應持「適合自己，去紮根繁殖的土地」的正確觀念。詩人指出了一條更加果決勇敢的道路，還能站在這塊土地上呼吸，是因為他願意相信，生命、土地尊嚴的崇高價值，是沒有任何東西可以替代的根本價值。也是同樣十行詩的〈立場〉中所展現的，是對於人生行路的肯定。在全詩中描寫：

> 你問我立場，沈默地
> 我望著天空的飛鳥而拒絕
> 答腔，在人群中我們一樣
> 呼吸空氣，喜樂或者哀傷
> 站著，且在同一塊土地上

> 不一樣的是眼光，我們
> 同時目睹馬路兩旁，眾多
> 腳步來來往往。如果忘掉
> 不同路向，我會答覆你
> 人類雙腳所踏，都是故鄉

　　這首詩思想和理念的層面上，觸及最終的主題——人類和土地的愛，不因相互路向的異同而有所歧異。以「天空的飛鳥」不用爲路向困擾，來反諷人的拘泥於路線之爭：以「在同一塊土地上」來正面說明人的一切試探最後都是生活的大地的果實，最後合於「人類雙腳所踏，都是故鄉」的歸屬感。

　　另外，農民出身的吳晟，觸摸到台灣的現實時，心之所感，故在憂患意識下寫出了「吾鄉印象」，他由自己的母親開始寫起，寫到周遭的鄉里和土地。他在〈土〉一詩中描寫：

> 赤膊，無關乎瀟灑
> 赤足，無關乎詩意
> 至於揮汗吟哦自己的吟哦
> 詠嘆自己的詠嘆
> 無關乎閒愁逸致，更無關乎
> 走進不走進歷史
>
> 一行一行笨拙的足印
> 沿著寬厚的田畝，也沿著祖先
> 滴不盡的汗漬
> 寫上誠誠懇懇的土地
> 不爭、不吵，沉默的等待
> 　　（中略）
> 也願躺成一大片
> 寬厚的土地

　　一個平凡的願望，就在這塊土地上，憑著祖先所傳下來的東西，「寫上誠誠懇懇的土地」，並「不爭、不吵，沉默的等待」。李永熾在〈台灣失意的開端——從台灣主體與人權談起〉一文中說：

> 人家以終戰作為光復的開端，台灣卻以終戰作為放棄自我成長的指標，終於成為全體失意的開端，失意是台灣這塊土地的特色，因而不敢面對普世化的人

權……我們要繼續失意下去，還是自我灰復記憶，是一個相當重要的抉擇。[20]

其實，對台灣內部來說，認清今日台灣在國際社會之中，欠缺國家人格的殘酷事實，乃是兩千三百萬台灣人民，無分族群、黨派都必須共同面對的、必須共同承擔的問題。台灣要走出去，在國際社會當中與其他國家享有同等待遇，台灣人民要在國際社會享有尊嚴。[21] 不過，台灣社會內部對於國家想像的轉型也缺乏共識，絕大多數的人都表示希望「維持現狀」。至於所謂的維持現狀是什麼，恐怕更缺乏共識。[22] 這也許在本土共同體觀念的展開中，在思考現實的國家想像時，才能確立其主體性。

五、結語

文化，涵攝了一個民族的基本生活方式，以及表達民族情感的文學、音樂、藝術，乃至於宗教信仰。更重要的，它具體呈現了一個民族的價值觀念與理想典範。爲了建構有台灣主體性的「台灣人民」，必須先檢討什麼是台灣主體性？應進而從文化、文學與歷史等角度分析台灣過去喪失主體性的原因，令人知道建構台灣主體的重要。另外，檢討建構台灣主體性與「全球化」的關聯，以彰顯台灣是世界的一部分。

過去的台灣文學作品一直被大報章雜誌及教育管道緊緊拒絕。自從一九八〇年代以來，本土文學的書寫主體性愈來愈激烈。不過，在評論和學術界一再單向重視日據時期的作品研究，對於戰後和當代的文學研究視而不多見，終至只見過去，不見現在與未來。這是大家值得思索的問題。

由於台灣詩人曾經日據時代以日文爲創作媒介的歷史階段，中文不是台灣文學藉以創作的唯一媒介。台灣文學是無法純粹以語言來界定的，正像世界上有些國家也在本國文學中容納作家使用多語言的創作，例如美國、加拿大、新加破都是如此。本來以土地和人民作爲文學定義的要素，應該是天經地義的，換爲世界其他地方的文學，不論任何一個國家的文學，也都是無可異議的。

任何人都擁有想像的權力，每一想像也必定體現想像者的選擇。因此，不同想像的衝突也是爭奪解釋權的較量，若立場和想像不同，歷史的面目就不同。將來哪些想像被固定爲台灣歷史，恐怕仍是要看台灣內部和兩岸現實力量的消長。無論如何，台

---

[20] 鄭南榕基金會，《自由之路 Road to Freedom 1999-2004》（台北，鄭南榕基金會，2004 年 12 月），頁 194。

[21] 參見於 2004 年 7 月 5 日《台灣日報》社論。

[22] 同註 15，頁 8。

灣是台灣。台灣的詩必須反映台灣人民的心聲、而更高度的格調語韻裡，孕育堅強積極的意志與內容的意味，努力創作下去。台灣現代詩該是根植於台灣這塊土地的藝術之花。面對中國本位與台灣本土的對峙，毋寧盼望台灣詩人能夠超越意識形態和政治權力的糾葛，在台灣、中國的視野之外，能夠放眼世界，創作出更具有超越時空的藝術傑作。

參考書目
（依刊行先後排列）

笠詩社主編，《美麗島詩集》（台北，笠詩社出版，1979 年 6 月）。

陳千武，《陳千武詩集·安全島》（台北，笠詩刊社，1986 年 2 月）。

李魁賢，《台灣詩人作品論》（台北，名流出版社，1987 年 1 月）。

鄭炯明編，《台灣精神的崛起——「笠」詩論選集》（高雄，文學界雜誌，1989 年 12 月）。

白萩，《風吹才感到樹的存在》（台北，光復書局，1989 年 6 月）。

陳明台，《心境與風景》（台中縣立文化中心，1990 年 11 月）。

彭瑞金，《台灣新文學運動四十年》（台北，自立晚報社，1991 年 3 月）。

李魁賢，《詩的反抗》（台北，新地文學出版社，1992 年 6 月）。

趙天儀、李魁賢、李敏勇、陳明台、鄭炯明編，《混聲合唱——笠詩選》（高雄，春暉出版社，1992 年 9 月）。

詹冰，《詹冰詩選集》（台北，笠詩刊社，1993 年 6 月）。

趙天儀，《腳步的聲音》（北京，人民文學出版社，1993 年 7 月）。

葉石濤，《展望台灣文學》（台北，九歌出版社，1994 年 8 月）。

羊子喬，〈日據時期的台語詩〉（台北，文訊雜誌社，1995 年 3 月至 5 月）。

呂正惠，《戰後台灣文學經驗》（台北，新地文學出版社，1995 年 7 月）。

江自得，《從聽診器的那一端》（台北，書林出版社，1996 年 2 月）。

鄭愁予，《鄭愁予詩集（1951-1968）》（台北，洪範書店，1996 年 5 月第五十五印）。

沈萌華主編，《巫永福全集·詩卷 I》（台北，傳神福音文化，1996 年 5 月）。

林瑞明，《台灣文學的本土觀察》（台北，允晨文化，1996 年 7 月）。

陳千武，《台灣新詩論集》（高雄，春暉出版社，1997 年 4 月）。

陳明台，《台灣文學研究論集》（台北，文史哲出版社，1997 年 4 月）。

陳千武，《詩的啟示》（南投縣立文化中心，1997 年 5 月）。

鍾肇政，《鍾肇政回憶錄（二）——文壇交遊錄》（台北，前衛出版社，1998 年 4 月）。

陳芳明，《左翼台灣——殖民地文學運動史論》（台北，麥田出版，1998 年 10 月）。

李敏勇，《心的奏鳴曲——李敏勇詩集》（台北，玉山社，1999 年 4 月）。

陳義芝編，《台灣文學經典研討會論文集》（台北，文建會、聯經出版，1999 年 6 月）。

陳映真、曾健民主編，《台灣文學問題論議集：1947-1949》（台北，人間出版社，1999 年 9 月）。

陳鴻森編，《笠詩社學術研討會論文集》（台北，學生書局，2000 年 9 月）。

鍾肇政，《台灣文學十講》（台北，前衛出版社，2000 年 11 月）。

趙天儀，《台灣文學的周邊——台灣文學與台灣現代詩的對流》（台北，富春文化，2000 年 12 月）。

鄭清文，《小國家大文學》（台北，玉山社出版，2000 年 12 月）。

李魁賢，《李魁賢詩集・第三冊》（文建會，2001 年 12 月）。

趙天儀，《時間的對決——台灣現代詩評論集》（台北，富春文化，2002 年 5 月）。

吳晟，《吳晟詩選 1963-1999》（台北，洪範書店，2003 年 4 月三印）。

葉笛，《台灣早期現代詩人論》（高雄，春暉出版社，2003 年 10 月）。

高格孚，《風和日暖——外省人與國家認統轉變（王甫昌撰，推薦序）》（台北，允晨文化，2004 年 1 月）。

文建會，《文化台灣——新世紀、新容顏》（台北，遠流出版公司，2004 年 2 月）。

李敏勇，《青春腐蝕畫——李敏勇詩集（1968-1989）》（台北，玉山社，2004 年 4 月）。

廖炳惠、黃英哲、吳介民、吳叡人編，《重建想像共同體——國家、族群、敘述國際學術研討會論文集》（台北，文建會，2004 年 4 月）。

莊萬壽、陳萬益、施懿琳、陳建中編撰，《台灣的文學》（台北，群策會，2004 年 5 月）。

李永熾、李喬、莊萬壽、郭生玉編撰，《台灣主體性的建構》（台北，群策會，2004 年 5 月）。

陳儀深、林美容、葉海煙、林有士編撰，《台灣的社會：從移民社會、多元文化到土地認同》（台北，群策會，2004 年 5 月）。

———《台灣日報》（於 2004 年 7 月 5 日的社論）。

陳明台，《強韌的精神——台灣文學研究論集 2》（高雄，春暉出版社，2004 年 11 月）。

杜國清，〈台灣文學的主體性、歷史、傳統與古典作品〉《台灣想像與現實：文學、歷史與文化探索》（美國加州大學台灣研究國際學術研討會論文集，2004 年 11 月 18 日至 20 日）。

鄭南榕基金會，《自由之路 Road to Freedom 1999-2004》（台北，鄭南榕基金會，2004 年 12 月）。

金尚浩，《戰後台灣現代詩研究論集》（台中，晨星出版社，2005 年 3 月）。

「台灣思想」初探

李喬

作家／總統府國策顧問

一、緒　說

（一）何謂「思想」

　　社會思想史專家，今村仁司在「現代思想的基礎理論」乙書[1]說：凡是推動人間的思想都是「現代思想」；非洲諸部族的神話思想，亞洲或拉丁美洲民眾的「土著思想」等，都擁有悠長傳統；欠缺這些，人們便難以正常存活下去。不僅是依據科學或哲學精密建構的「思想」而已，那引導日常生活的種種思想也應予納入。

　　依上文引申，思想是整個生存場域中人、生命、存在等事實與現象，依於科學或哲學（往往兩者兼備）原理原則，有系統的加以理解詮釋，成爲想法觀念，此謂之思想。

（二）「思想」冠以「台灣」的必要與可能

　　論證不能托以空言，試以下列事例來說明：

　　科學技術乃文化所生產，或是文化的一部份：科學教育家「魏路威因、培露芝」受聘日本 20 年，他在東京帝大的演說，其中一段漢譯的大意是：關於西方科學的起源與本質，日本人往往有所誤解。以爲科學，祇是常年作多少工的機械而已，搬運到別處也可以做工的機械。這是錯的。西方科學的整體，決非機械而已；乃是一種有機體的存在，其成長跟其他有機械體一樣，需要一定的氣候一定的環境[2]。

　　此說指出，自然科學也與一定的環境有關。

　　日本的思想史上有所謂「西田哲學」。西田幾多郎生於日本，首度全面接觸西方哲學之際，西田由研究西方哲學，加上坐禪體驗綜合出來的想法觀念，指出主客未分的純粹經驗之獨有立場，以之深化發展出來，行爲的直觀，「絕對矛盾的自身同一」等概念爲基本底學說。在此，西田給予日本底人生意義問題，作出答覆[3]。

---

[1] 今村仁司《現代思想的基礎理論》，日本：講談社，1992 年，頁 15。
[2] 金山宣夫《文化的衝擊》，日本：研究社出版會社，1976 年，頁 7。
[3] 《現代哲學事典》，日本：講談社現代新書，1987 年，頁 475－477：宮川透所釋「西田哲學」條。以及《言泉》，小學館，1989 年，頁 176：「西由幾多郎」條。

此名目由個人而及於群體，成就特殊思想概念，於是「西田哲學」成立，並為獨特思想流派。

北韓的「朝鮮勞動黨」，在反對美日帝國主義，反對國內的「事大主義」恐美屈從思想，和反對黨內的教條主義，修正主義等鬥爭中，發展所謂「主體思想」。這個「思想」認為人民是自然與社會的主人；是革命和建設的主人，是決定一切的因素。主張行政、經濟和國防上自衡原則；認為革命不能輸出，也不能輸入，更不能由別人代替[4]。

上述三例，分別就自然科學的「在地性」，哲學思想由普世進入個別情境發展的必要與可能；尤其朝鮮在危機中形成「生存方式」思考：都證明所謂「思想」落實於現實情境而形成，或創生為該情境所容所需的思想，是可能的，而且必要的。「台灣思想」的提出，當然有其必要而且可能。「主體思想」的「思想」，予「今日台灣」極佳啟示！

「台灣思想」的必要與可能的理路既現，接下去是探索型塑「台灣思想」的力量，然後追尋其成型的脈絡（context），然後試圖指出「略具模型」的「台灣思想」樣態。最後提出發展方向，簡單作結。

二、「台灣思想」的型塑力量

「霍爾」（Stuart Hall）在其「文化研究」中聖徒傳裡說：在嚴肅的，批判性的智識作品中，並沒有「絕對的開始」，也很少有不曾斷裂的延續性....[5]。

此段文字提示是：智識自萬山水滴而濫觴而溪川河江，是前後相續的；但人智究意非「無意志」的流水，在歷史的某情境中，會突萌「斷裂」，斷裂正是新思維取代舊思想的美麗演出。然則這個「情境」的或隱或顯力量是什麼？

（一）居民的種性（人種 race）特質

以「人種」差異分辨在觀念、思想形成力量的差異，是很危險的指述，因為溯及DNA 生化基礎上。不過透過「存在事實」的背後，所謂 DNA 生化特質之異，仍然來自長遠歷史演化而來；這個演化力量，至少「環境」是重大因素，而「環境之異」是可以驗證的。今日黑種白種之間，台灣漢系、南島系之間，藝術表現的不同有目共睹。

---

[4] 「主體思想」義涵，詳見《社會主義詞典》，結構出版社，1989 年，頁 163－164「主體思想」條。
[5] 詳見 chris Jenk 著《文化》，巨流圖書有限公司，2000 年，頁 254。

（二）生態背景之內涵

此點幾乎是不證自明的。從長遠生物發展史看，生物的生存形態幾乎都由生態背境所決定，或者說，生物的生存狀態不過是生態演化的「產品」而已。具體而言，溫度、濕度、日照，生活場域中動植群分佈，高山深淵，大海平原等等空間特色必然會深刻影響「在地者」的思考模式，價值觀等。

（三）「文化傳統」的制約

文化型塑人，也限制人的發展。人在不同文化體系中的展現披露無遺。

傳統文化中較高層次的抽象觀念，價值觀，思行模式等變遷不易，成爲整個族群的「習慣性勢力」，近乎集體潛意識狀態的文化力量就是「文化傳統」（Culture tradition）。這個力量使文化控制力持續、衝破它，就是上文提及的「斷裂」才能出現。從另角度看不能說不是一種力量。在此要致意的是：一般把型塑文化的力量分別爲「環境決定論」與「文化決定論」二勢力。個人的認定是：把「文化」看作「歷時性的環境」。此說偏重環境，但「文化傳統」的制約力量不可能忽略——可以是負的，也可能成爲正的。

（四）重大歷史經驗—天災人禍，政經形式的大變動

這是「生態背境說」的延伸。適應是人的天性，歷史重大變故或災難當然影響人的反應；反應是在適應狀態中呈現，於是接受教訓、啓示，調整或萌生新的「適應」理論或方法，這是「水」（重大歷史經驗）到，於是「渠」（新觀念、思維、方法）成。

（五）域內所屬族群的相對位置，以及他族群的對待態度

現代國家，尤其是 Nations Nation，其根本建立在成員的 identity 上，然而其建構進程中，各族群因在此「共同體」的位置——或階級、或人數、或政經等大政的實力不同，另外，「共同體」中其他族群的相對待態度，或客觀的「實力」等，都影響著各族群中個人的思考與價值判斷。於是那種「相對的生存情境」，產生不同「思想」是極自然的。進一步說，這種「位置」的差異臻至殖民 VS 被殖民，或大族群懷抱「民族自我中心偏見」（ethnocentrism）時，各族群對於「生活場所」的思想必然大異其趣。

（六）周邊異族異國的特質，以及相待態度

今日資訊交通發達，世界「縮小」彼此關係密切，任誰都不能鎖國行事。就「台

灣現實」而言，西岸彼國揭示同文同種之誼卻以 700 飛彈相向，必欲納之囊中而後已。言種荒謬、怪異，憤恐交迫、進退不得的生存境況，絕對會「迫使」台灣居民形成救亡圖存的「思想」。

（七）世界大趨勢，人類大方向的喻示

思想由歷史經驗提供基本模式，在生態條件與內部特質特色制約下成型，但在地球村世紀，任何生活場域都不能不追隨大趨勢，大方向同步而行。那年東歐共產體制、蘇聯的解體就是供證。台灣島國的「趨勢敏感」尤甚。這是有心者應予在意的。

三、「台灣思想」的脈絡（Context）

以上就型塑具備台灣風格、特質、的「台灣思想」的力量，依於理論加以分梳。接下去指述該力量的隱約脈絡（Context），也就是在歷史長河上的點滴，逐漸凝集，沉澱、鍛鍊，浮現意義，串連形成乃至成型的「風景」：

（一）太古時代台灣島嶼的誕生，二百多萬年前的「蓬萊造山運動」，台灣的經緯度確立，大約一萬年前才真正固定確定，「台灣之全部」基於此而產生。這是一切的「母體」[6]。

（二）台灣溫濕度，日照風向，水文地勢，動植物群，夏、秋多颱，水患連年，地震不斷⋯⋯這些「母體」脾性，深刻影響居民的思考模式，生活方式，價值觀。

（三）傷心悲憤第一次接觸經驗

這是記於「隋書」的傳說：隋大業元年（公元 605）軍人朱寬與航海人何蠻出使台灣探訪，因語言不通，抓走一人。606 年招降。607 年陳棱率萬餘兵往攻，俘虜男女數千載返中國。誠然記事疑點不少，但所指應是台灣。原住民泛指漢移民為「派浪」－壞人，豈是憑空！

（四）「素面」台灣的美麗意象

台灣擁有亞熱至冷帶動植物群，蒼翠原野，花鹿奔馳，少女翩然；以樟樹、檜柏

---

[6] 陳玉峰《台灣植被誌》第一卷，玉山社出版社，1995 年，頁 15－31。

爲主的多層青綠世界，藍天白雲四面海洋。這個「母體」的意象隱喻，是供世代居民形成救恩、疼惜，寬宏、光明，生意盎然的心象，生命情調；凡此特色特質千百年下來，悠然而然地成爲居民身心所有的「底基」（Substratum）[7]，也當然可列爲「台灣思想」的溫床、基調。

（五）分類械鬥的陰影與疑義

古老中國常年，「分類械鬥」不斷。1755～1758 年間正是美國獨立戰爭的偉大時刻，在台灣卻是漳泉、閩粵械鬥烽火連天歲月。這個歷史記憶與傷痕，雨夕風晨多會隱隱發作。問題似乎不在械鬥事實本身，而是史家偷懶、史實荒廢，致使因循誤解造成無窮後遺。例如：台灣的分類不是原鄉的「族群分類」，而「墾戶之別」；族群不同方便械鬥，械鬥動因目的則是：兩個利益集團（即墾戶）利益衝突[8]。個人以爲械鬥的誤讀，將是「台灣思想」負面的參考因素，值得有心人注意。

（六）各類造反，革命基本樣態

台灣三年小反五年大反是事實。自葡荷、清日幾乎無一例外；草率起事，草率行動，匆匆破局身亡事敗。後期的起事，都幻想一個「靠山」－中國方的援助，結果無不幻滅結束。1915 年余清芳事敗逃至「荏萊庄」，追兵包圍於山頭，余某還遙眺海邊，看看中國救兵是否及時救命？如果理解史實，可以成爲一警訊或啓示，之於「台灣思想」頗有「發明」功效。

（七）1895 年脫出中國，日本殖民

台灣島嶼自 200 萬年起，幾度沉淪又浮起。這是神的造化人不能置一詞，1895 年起 50 年又 156 日被日本統治是人爲的悲劇。台灣人像後冰期的古老鱒魚，被陸封在台灣深山裡，被斷絕被拋棄，說是亞洲孤兒，實際是孤哀子；實際是新生者高山鱒由而伊始....就台灣人來說，這是曠古未有巨變。就「思想」的動力言，等同地質學的蓬萊造山運動。台灣進入真正的被殖民時代。世潮往前推進，被殖民，卻帶來「現代化」，「現代性」與「殖民型態」糾葛。台灣自血淋淋的武鬥到文化、農運的抗爭；由自然反抗到意識覺醒而左右互鬥，右消左盛，激進壓溫和，最後被殖民者揮手擺平....這段

---

[7] 「底基」意涵非漢字字面而已。有置於下面作基礎，實在存有，可產生主體意識之謂。詳見《西洋哲學辭典》，華香園出版社，1989 年，頁 512 Subject 條。

[8] 關於台灣械鬥，本人就多年田調所得，頗有不同解論，亦多所發言。2004 在美國「聖地亞哥」以「族群主體性與族群問題」爲題發表專題。演講稿未出版

煙雨朦朧的歷史經驗,絕對是「台灣思想」,萌芽至逐漸成型的重要激素,思考點。

(八)「霧社緋櫻」,悲劇史詩的啟示

1930 年,泰雅賽達克人發動的「霧社排日」戰鬥,是一齣古典悲劇,就現實義看,是被殖者苦難的象徵。

一群近乎原始的民族,無預警地被擁有高文明的外來者統治;其精英受教育成為統治者助手,也給了廣闊的世界,給他智識陶治,給他文明生活,享受「自覺我」的滿足,愛情、家庭幸福領受,更給予燦爛未來的盼望。然而這個恩賜者不斷有形無形虐待族人同胞,有朝一日竟然以現代武器剿滅我族同胞。然則已然被造就的我應如何面對?「摹拿魯道」率領族人玉碎於母土深山,花崗一郎著族服,二郎著日本官服,他們佩戰刀而自刎當下....這是天地同恫的慘絕場面。意涵深邃,能量無窮,所需要的是不斷詮釋、釋放其種種意義。

(九)「亞細亞的孤兒」的隱喻(metaphor)

小說家吳濁流在「亞細亞的孤兒」乙作中,塑造了一個文學原型(archetype)。「胡太明」,那個年代台青追求希望的一種型態:被殖民者在地難展理想,往殖民者內地尋找,殖民者明白告知:他是一個「他者」(Other);轉往夢想的原鄉,卻被疑為通敵者。返回台灣遇上親弟死於戰地。胡太明瘋了。胡太明誠為「虛構人物」,卻絕對是當時台灣智青中部份人的投影。台灣人錯亂的追尋,雜亂的認同悲劇。然而胡太明總是不死,現在依然偶爾現形。值得深思。

(十)228 歷史痛點,歷史的必然與必需

1947 年 228,以消滅台灣智菁為目的的屠殺。

1945 年終戰,國府以盟軍一員身份來台受降,並即宣佈「回歸祖國」。台人以壺漿王師之姿迎接,未滿二載卻引來歷史所未有的大屠殺;是有計劃的消滅反抗火種的殘暴殺戮。台人自古所未聞未嚐的大劫。以台灣人的聚集無群無國的生存姿態而言,卻是必需的歷史痛點,也反證糊塗認同的必然結果。

台灣居民經由 228 獄火鍛鍊,是真正覺醒的起點。

(十一)謝雪紅的中國經驗,一帖清涼瀉劑

台灣有志青年,和別國他地菁英一樣,總要對共產天堂嚮慕一番。謝雪紅台灣奇

女子，女子自求解放的先覺者。228 後脫出台灣，投身「祖國」解放大業。1949 年以「地方主義」罪名被整肅。這不是個案，正是台灣左派的原罪。工人無祖國，世界共產人。可是中國共產黨絕對不行，它與故有文化的血統主義結合，成為變形的「文化民族主義」。遙處海隅的台灣，遇此風浪祇有傾覆一途。謝雪紅的樣板，值得當下台灣菁英再三沉思。

（十二）獨盟的啟蒙與行動

「獨盟」的醞釀、成形，風格與行動，是台灣歷史與台灣文化脈絡中「血統」最純的「本格」產品。也就是這種歷史累積，這種文化過程，台灣的智菁必然萌生「獨盟」的志士，思考模式，價值觀與行為模式。「獨盟」是一種「文化創造」。

個人在題為「文化創造的理論與實際」[9]論文中，參照「社會行為學派」與「結構功能學派」的均衡理論，提出文化變遷（創造）的行程表；（註九）。

社會（或個人）不滿不穩定（壓力）→尋求改變（觀念成型）→改變創造（行動）→塑造模式（行動完成）→制度化穩定（滿意）......下一波不滿不穩定（隱藏下一波創造）。

「台灣思想」在政治訴求，民族解放層面，「獨盟」可以說已然「成型可識」因為是團體型創造，所以無法眉月清楚，不過在諸領導人身上散發的氣性倒是清清楚楚，燦然可品：智識豐富，高瞻遠矚，堅持本土立場，疼惜同胞，無私奉獻，永遠堅持等等。尤其領導人：「喜樂予同志，苦澀吾獨嚐」的情操，是台灣人美麗典範。

（十三）長期戒嚴與冷酷暗殺的「沖積礦床」

人間事務的解釋或作用往往是兩面性的；長期戒嚴，統治者不斷暗殺肆虐使民心震慴噤聲無語。但「死地求生」人之本能，所以戒嚴殺戮堆積成酷烈之「礦場」「意志煉獄」，正是莊嚴的「台灣思想」催迫力量，強大激素。

（十四）1979 年「美麗島事件」見天光

1979 年高雄「美麗島雜誌」為名的聚會演講，其行動與訴求是台灣社脈動的自然流露，其「抗壓度」完全在「上升曲線」合理範圍之內。當局存心肇事「先鎮後暴」－造成拒捕判刑的預設目標[10]。「當局」必然預料之外，竟然成為一種啟蒙運動的樞紐

---

[9] 詳見李喬《文化、台灣文化，新國家》，春暉出版社，2001 年，頁 197−211。
[10] 「美麗島事件」是「先鎮後暴」，已經世有定評。

或鼓聲。也可以看成「後殖民性」統治情境中，台灣人意識甦醒的總啓動－鬱悒的老人，馴順的中年，蕾騰的青年，在「美麗島鐘鐘聲」中霍然儆醒，進而沉思、行動。個別看，「美麗事件」是播種，在歷史長河裡，也可視作「收穫」；這個「收穫」，又爲更高層次「收成」的種子。事實上，從此政治、社會人各領域含「台灣主體性」的觀念、想法、或隱或顯已然洶湧奔騰，莫之能禦！鄉鎮各地紛紛成立的「文史工作室」，「台灣教師聯盟」成立，「台灣教授協會」啓動，以至於「城鄉新風貌」的營造，台灣文學正式進入大學系所。這就是「台灣思想」浮現的證明。脈絡也許不十分明晰，但鴻跡宛然，點滴可辨。

四、「台灣思想」的島嶼

以「島嶼」形容「台灣思想」的存在情況，用意有二。一是「思想」來自人所有所限之內；四海心同理同，所以磐基同在人類所有，而以島嶼狀態呈現其異。二是所謂「台灣思想」，大抵祇是一叢觀念思法，至多附有些許策略方法而已。一種「組織系統」與「分類系統」完備[11]，又有方法，方法論的「思想」，可能迄今不見公開展現。以下以試探之意，提出「數座」充作「台灣思想」的「景觀」之一：

（一）乙末「抗日三秀才」保鄉衛民而殉難

1895 年台人抗日行動中，以吳湯興爲首、姜紹祖、徐襄三義士的行動最具深刻意義：1、三人都是年輕智識份子 2、不具官方身份，傳檄明志，祇爲保鄉街民而戰 3、大好青春生命無悔捐軀。吳湯妻投井獲救，絕食而亡。在台灣多難而扭曲歷史行程中，樸素的「保鄉衛民」觀念，這是「台灣思想」的一個「原型」[12]。

（二）「台灣人自救宣言」明示「台灣思想」

上文三之二節評述「獨盟」，提及其「台灣思想」的內涵，在政治訴求，民解放層面，已昭然可識。1964 年台大教授彭敏明與學生魏廷朝、謝聰明共同揭示的「台灣人自救宣言」，可以看作前者的具現；脈絡上也是條貫一系的。

「台宣」是台人對國府 1945 年以來，經 228 事件，白色恐怖，長期戒嚴的反省回應、覺醒聲明。「台宣」明確主張：1、「一中一台」，重新制憲，加入聯合國 2、團結全台一千二百萬居民（當時總人口）；不分省籍、族群合作成立新政府，建設新國

---

[11] 所謂「組織系統」指上下銜接不衝突，同階不矛盾。「分類系統」指在閉鎖狀態下，能與他者能分辨，又能並比。詳見註 9，頁 8「Autonomous Cultural System」。
[12] 關於「乙末抗日三秀才」傳略，專書厥如，唯少數個人文字及苗縣文獻中可查。

家。這是冒死揭示的崇高主張、高瞻遠矚，迄今可作國共同願景。允爲「台灣思想」的一號檔案。

又：史明先生從左派理論出發，以「台灣民族主義」爲動力，一生從事「台灣獨立運動」理論建構與啓蒙行動，允爲文化、政治的「台灣思想」的一部份。

（三）「黃彰輝神學」，天國近了

改革宗基督教，一進入台灣就朝「在地化」的路走。超越性的一神教，進入近於內在性台灣民間信仰土壤有根本的困境[13]。在此情境中，黃彰輝牧師（1914 –1988 ）作出對基督教，台灣基督教偉大貢獻，絕對是「台灣思想」的一座殿堂。

1、由早歲使用母語引出「m 甘願」的感觸，進入神學思索層次逐創倡「m 甘願－出頭天神學」。這是解放神學的台灣版。何以「m 甘願」？神所允許，惡者豈可剝奪？一再容忍，醜類不退；於是確認處身情況，決意追求出頭天。台灣苦難神聖化，台灣神學因而與世界神學接軌。

2、基督救恩高懸普世合一理想，但自然空間有異，歷史進程不同；各不同文化傳統中子民，以何種方式策略同蒙神恩？黃牧師首倡「實況化神學」（Contextualization－theology）──搭一座橋樑，讓台灣人更能接近神，而神也更接近台灣！就文化意義說，「黃彰輝神學」不止是基督徒的，也是「台灣思想」的一部份。其意涵可及人文社會，文化哲學各個層面[14]。

（四）鄭南榕浴火、台灣生命哲學、文化哲學的無上境界

1989 年四月七日，鄭南榕爲堅持言論自由，抗議國府非法逮捕而壯烈自焚。其深刻意義「如果能夠」徹底理解，進而釋放其巨大能量。台灣人心洗滌提昇，康莊大道就在前面。「鄭南榕浴火」其決志、用心，能源與姿態，爲台灣曠古所未有；後來者極難超越。國人應以「鎮國之魂」奉祀於靈台之上。茲分梳二點：

1、就生命哲學說：人之生命非自願，死則可能選擇；擺脫生命的偶然性，拿唯一而祇有一次的生命與不義決鬥；以「一次用完」的壯烈方式，獲得生命的絕對自由。而這個行動時神佛默默，以「台灣自由」爲形而上的追求，潔淨無私，全然理智思維，所以「自焚」是形而上行動，實踐的形而上。是「超宗教」的儀式。鄭南榕浴火的前面，除了「台灣自由」之外，別無招魂；國人唯創造「自

---

[13] 關於 Transcendence 與 Immanence 的歧異，參閱註 9，該書第二章三節，頁 75－76。
[14] 有關黃彰輝牧師行誼思想散論頗多。專著有 1991 年版「安慕理」牧師修整後的「黃牧師回錄」。參見張瑞雄《台灣人的先覺－黃彰輝》，望春風文化，2004 年。

由台灣」，英靈方得安息。這是「鄭南榕底台灣思想」，國人應引為共同的「台灣思想」。

2、就文化哲學說：鄭氏有身世之嘆[15]，也洞悉台人散漫、懦弱，異化深重，面對罪惡統治已然習以為常。群體的思考模式、價值觀是錯誤的。如何隻手回天？鄭氏以「身化火把的行動」，與請積弱惡德對決 — 一舉創造了新的文化價值與行動哲學。這個崇高的文化創造，國人應點滴領受，並引起連鎖效應。

個人以為，今後論「台灣思想」，「台灣價值」，鄭南榕行動的哲學意義，文化意義是重要標竿之一。

（五）李登輝，悲哀場所的建國「忍者」

在台灣歷史上，李登輝先生的獨特位置，現在已可論定。族群位置，宗教信仰，東西學殖，軀體身材，官場經驗均非尋常。綜括以觀：台灣人質性，日本細緻簡樸，西方條理寬闊，深刻基督信仰，這四者型塑獨一無二的「李登輝模式」。一位最具現實感的理想主義者；其處境使之成為「等待時鳥自鳴」的德川家康。這個處境他進一步體悟「場所的悲哀」[16]與如何自「場所」起義之道。而今形勢已成，遂以光復母土為職志，成為一位實踐家，行動哲人。因為是思行合一，其「思想」以「集叢」形式存在；如何梳理歸類，納入「台灣思想脈絡」以觀？這是今後學界的沉重工程。

五、結語

台灣是一個被忽略而又被扭曲的島嶼。原住民千年以上的生存生活史，漢裔人四百年的開拓發展史，在在需要吾人重新發掘，重新詮釋。台灣的歷史人物，應予「考古」研究。以往考古是在「發現」，現在則是「詮釋」。

探討或創倡「台灣思想」，其標竿一是確切的「台灣主體性」的存在，其次是放在普世脈絡，人類共同大趨掌握的原則。

生態學原理原則，是今後自然科學，人文科學共同的顯學。有關台灣為底基思想觀念，由此出發並遵循之，應該是正確方向。

台灣長期被不同外來者殖民，自信自尊受損，難以凝聚居民的共生一體感。自古沒有自己的國家；而今祇是外國滅絕武器威脅下的「幻影國家」而已。根本在於回頭

---

[15] 鄭氏是新住民第二代，看盡母國殖民之惡，新住民的徬徨與族群扞格，痛感無奈之境。

[16] 李先生提出「場所的悲哀」，少有深入論述。「場所」乃古老哲學議題，以今日觀之：場所—空間—土地的思考，在文化哲學、生態學、神學上都俱備不斷產生新思維的空間。參見李喬〈認同土地、安住生命〉該文第三節論文，《台灣文創》季刊，2005年3月號。

直視被殖民的創口，從「遺忘意志」（Will-to-forget）脫出；抵抗這「遺忘意志」，才能以真正健康身心去抵抗外敵。這個救生抗敵過程，亦可以激發生命火花，創萌新的、偉大的「台灣思想」。回顧歷史前塵，可見一縷脈絡，點點島嶼，然而放在人類的各領域的思想叢林中，「台灣思想」畢竟灌木弱枝而已。不過吾人確信，在時代風雨裡，求存活奮鬥中，「台灣思想」必然茁壯成林的。有志深思之士盍興乎來！

（2004 年 12 月 5 日完稿）

台灣精神史緒論

莊 萬 壽

長榮大學客座教授

前言

　　台灣精神是台灣立國所恃的靈魂，現在尚是渾沌、或微明的狀態。台灣精神史則是台灣時空中台灣人精神面向發展的歷程，精神史的研究是積累台灣精神縱深的必需論述，這在學術上幾乎全是空白。本文嘗試以自殺、復仇等與生命攸關的命題，探討台灣人在外來統治下馴服與反抗的性格與思想，進而尋出「中心信仰」的歷史辯証的法則，以「中國正統中心信仰」VS「非中國正統中心信仰」將產生「台灣中心信仰」作為台灣精神史研究的初步理論。

一、台灣精神史與民變

（一）精神史與生命

　　台灣人的核心價值是什麼呢？吾人所要推動及建構台灣主體性為目標是無庸置疑的，它是以台灣為主軸、為立場的概念。「台灣主體性」之外，還涉及其他的名詞，如「台灣意識」（或「台灣人意識」）、「台灣認同」（或「台灣人認同」）。這兩詞，角度、範疇略有不同，但很難絕對劃分是手段，還是目的。今天就現實、學術或教育上，「台灣精神（spirit of Taiwanese）」一詞或許更是值得鼓勵使用的。它通俗易曉，將民間所謂的「日本精神」的稱呼，來轉叫「台灣精神」[1]是極適當的，而具有「台灣主體性」的「台灣精神」是台灣核心價值的所在。那麼什麼是「台灣精神」呢？須從台灣歷史全面的發展來歸納。

　　所謂的精神，泛指思維、意志、觀念、性格、情感……，它是內在的價值，支配人的行為與活動的力量。它具有正、反的相對價值，而不是只指所謂正面的意義。至於精神的來源，不論一元、二元，或唯心、唯物，但得承認下層政經結構，是左右上層結構精神領域的重要基礎。「台灣精神史」則是從台灣數百年來各族群的生活與發展中的積累的精神價值。具體的說，地理風俗、歷史人群、歷史事件是創造精神史的重要角色。日本戰後，鶴見俊輔的《戰時期日本の精神史1931—1945》，即以日本戰爭史作為精神史的主軸。

---

[1] 莊萬壽〈全球化的挑戰與台灣精神的建構〉，收入《迎戰全球化・人文社會》，台灣心會，2004.1，頁 203-225。

悲情的台灣歷史・生命價值,是檢驗精神最主要的指標[2]。台灣歷史是統治者與被統治者的關係,被統治者的反抗自然成為精神史的主題。反抗,會面臨生命的抉擇,非自然的死亡,是台灣人司空見慣的下場;被屠殺、捕殺常是弱者被決定死亡的方式;拒絕被殺,自主選擇死亡,世界史且會為之改寫,可惜在台灣太缺乏悲劇英雄的史頁。

台灣人用生命連綴的精神史,是台灣思想史的重要的部分及精神之軸心,在「台灣思想」尚未凝聚成為一個學門之時,用台灣精神史來推動台灣思想史、台灣思想,是可行的方向,亦是論述本文的動機。

(二)邊陲外對抗的子民

台灣是一個海島,是四面環海的固定空間。早期二十幾個南島語系的原住民,低密度的較原始的社會、相鄰的部落,已存在著對立與戰爭。來自海外各個不同語言、文化、地望的族群,一批批的不斷的湧入台灣,更形成許多結構複雜,彼此相對立的居民圈。同時,新統治者也一波波的覆蓋下一層的舊政權。一直到二次大戰終戰,全球殖民地逐漸解放的時刻,又有一波的新政權帶百萬移民君臨台灣。

複雜的住民,接受不同時代外來政權的統治,身陷於不同文化中心之邊緣夾縫中,被擠壓、糾纏而不知自己是誰?沒有自我,就很難產生大眾的意志和共同的思想,這就是悲情台灣的結構與宿命。

台灣十九世紀前的移民,來自唐山靠海的閩、粵二省的福佬、客家,他們在原鄉是明、清王朝北京政權統治的邊陲子民,他們的語言、文化,迥異於北方官話的中原,他們又離開邊陲之外,到「海中番島」[3],主要是為生計,絕非是為王朝主子開疆闢土。1721(康熙 60)年隨軍來台鎮壓朱一貴反清事件的藍鼎元說:

> 「台灣古無人知,明中葉乃知之,而島彝、盜賊,先後竊踞,至為邊患。……台灣山高土肥,最利墾闢。利之所在,人所必趨。」[4]

---

[2] 按「日本精神史」的研究,起於大正時代,受歐洲古典哲學的影響,而蔚成風潮。「精神史」一詞,即取自德文 Geistesgeschichte。1926 年和辻哲郎著有《日本精神史研究》。戰後鶴見俊輔(台灣總督府民政長官後藤新平之婿)著有《戰時期日本的精神史 1931－1945》,李永熾有譯本,學生書局。參見《哲學事典》,日本平凡社「精神史」條。

[3] 黃叔璥,《台灣使槎錄・赤崁筆談・原始》,引季麒光《蓉州文稿》。

[4] 藍鼎元,《平台紀略》,收入《鹿洲全集》,廈門大學,頁839。

　　閩、粵的近海人民，泉州、漳州、嘉應州等都富有刻苦犯難的精神，特別是泉州人，將討海、航海、經商、拓殖的傳統，帶到台灣來。以男性青少年為主的移民敢冒九死一生，橫過黑水溝，到達一個陌生的世界，又能安然生活定居下來，這無異於生物演化、適者生存，被重新過濾的選民。他們驃悍勇猛、又堅韌耐勞，本就沒有所謂「國家」、「民族」的觀念；他們雜居的移民社會中，身分的歸屬，是生活圈的小團體，亦即認同的是同鄉、同宗、同姓、同業，其中親疏大小有別。然而畢竟忠誠對象只是個較小圈圈的我群（we group）。我群面對著更多而複雜的外群（out group）：包括缺乏地緣、親緣關係者，語言歧異、甚至全然不通者，以及利益對立，足以影響生計者。再加以清帝國國家機器的操縱、分化，而且也沒有能力與條件去調解、處理這個無秩序的社會。於是「三年一小反，五年一大亂」，層出不窮的民變、械鬥，便在族群分割的島上滋生蔓延。

（三）屢敗屢反的集體記憶

　　約二百年大清帝國的封建的封閉的治台，台灣住民連續性的抗清武裝鬥爭，從朱一貴事件起，開始寫台灣精神史的史前頁。朱一貴，漳州人，漳州人是台灣諸大民變軸線的主角[5]，在台灣墾殖發展過程中不如泉州人的優勢，同語言而人口最多的泉州人不可能同心作伙打拼，就注定民變缺乏縱深，易於失敗，而且在自保利益的考量下，在清廷的利誘、壓力下，不僅是客家人，泉州人也成為清王朝的義民。況且受制於舊封建時代的侷制性，民變的動機、過程、結束，從現代的觀點，並不具有革命的意義，但被統治的人民，不論是早期出身賤微的勞動者朱一貴，或是晚期出身地主階級的戴潮春，都敢於向統治王朝挑戰，起兵殺官，攻城掠地。被迫反抗，而屢敗屢反，維繫了一絲敢拼、敢反的歷史集體記憶。

　　總的來講，移民時代，命如草芥，極不穩定的社會逼著人們不驚死。「台民喜亂，如撲燈之蛾，死者在前，投者不已。」[6] 前仆後繼，奔向死亡。依統計，清代治台 212 年間，民變有 73 次[7]，基本上都官逼民反使然。台灣遠隔大海，若能擴大號召，攻掠迅速，可能有最高機會亦未可知，結果與中國「內地」大小的民變或「農民起義」皆淪於失敗的命運，不論主從，被逮捕者必遭殺戮、抄家滅族，三大事件的朱一貴、林爽文、戴潮春還迢迢海陸送解北京處決。當此時此景，同情民變的台灣人能不驚恐？能不悲憤？然而是否有更多的人，袖手旁觀，或乘機靠攏清廷呢？敢鋌而走險，起而抗官，總認為都具有反抗的精神，事實並沒有那麼單純。

---

[5] 按朱一貴、林爽文、張丙、戴潮春四次清代最大的民變，皆漳州人。
[6] 藍鼎元，《東征記·論擒獲奸匪便宜書》，《鹿洲全集》。廈門大學，頁582。
[7] 翁仕杰引劉妮玲統計，見《台灣民變的轉型》，自立，頁40-52。

二、台灣自殺的精神史

(一)「悲劇英雄」的缺席

我們今日詫異的是,抗官民變失敗者,都是被殺而沒有人自殺。是來不及自殺即被捕呢?捕後也沒有機會自殺嗎?或者是留得青山在,不怕沒柴燒?我們所見的都是最後日暮途窮,走投無路,終於被活捉受辱而遇害的。以武力反抗一定要被視為叛逆、造反,要推翻朝廷,自己斷無活命而能倖存,而且還要株連九族,起事者在台灣賭下從未有過勝算的賭局,應可預知下場,但既然身陷下去,已不能自拔。我們很難揣測這些曾稱王道孤的領袖,在兵敗滑鐵盧之際的最後一刻是如何的心境?必須接受千刀萬剮的凌遲,或五馬分屍……的肉體折磨外,人性尊嚴的踐踏,才是心頭之大痛。主要是他們缺乏的信仰(belief)的機制,亦即台灣的移墾社會並沒有給予反抗者自殺的鼓勵,自殺是受社會制約,是受價值左右的,涂爾幹說:

> 「有些自殺可以說出於利他目的,如寧願戰死而不願戰敗的士兵,及那些為了維護家庭的榮譽而自殺的人,因為這些人是為了那些他們認為比自己生命更重要的東西而放棄生命。」[8]

涂爾幹將自殺行為從社會來觀察,我們對民變未有自殺者,不能光看個人性格,他這些話是正確的,前提必須是社會要認定士兵是屬於社會的,才能肯定士兵為了利他而放棄生命。戴潮春的時代,甚至再經一百多年的今日,台灣社會並沒有累積一個信仰系統(belief system),個人以及個人與個人之間形成一個共有的認知與信念的傳承,亦即歷史的信仰或宗教的信仰及其理性詮釋的世界觀。從唐山人與儒教君父思想進入台灣,女子為男人自殺的記錄,不絕如縷,從清治開始的蔣毓英《台灣府志》(1685),日治時連橫的《台灣通史》(1921),國治的《台灣省通誌》(1920),多有「列女」封建體例的傳紀,台灣最早自殺的列女為鄭氏東寧王國鄭斌的女兒[9],死於1681年,最晚的列女是呂阿棗,死於1893年[10],兩人都是自縊。其間無數的「烈女」,台灣足夠寫一部《台灣二百年女性自殺史》。可見自殺是社會價值引導的結果,女性自殺,是封建禮教殺人。

自殺,在國家機器的營造下,女性的悲劇成為儀式、典範,悲劇產生美學的效果。然而台灣雖然反亂不止,但並沒有可以在「造反有理」的氛圍下,產生悲劇的英雄人物,讓民間社會來傳頌,倒是有歌頌清廷、醜化民變,如《台灣朱一貴歌》,七言的長篇歌謠,大半寫「拿下朱一貴」後,解送北京「五馬分屍」的

---

[8] 涂爾幹(Emile Durkheim),《自殺論》(Suicide),黃丘隆譯,結構群,頁211。
[9] 蔣毓英,《台灣府志‧節烈女貞‧鄭氏列傳》,北京:中華書局,頁224。
[10] 《台灣省通誌‧人物志》(眾文版43冊)4冊,頁357。

歷程，窩囊至極。朱若能及時自殺，就沒這個故事，所以近代布袋戲〈鴨母王朱一貴〉將被清廷殺害，改以自刎做結局，這是近人補償的心理。[11]

（二）施琅切斷鄭氏東寧國的國魂

盱衡三大民變的朱、林、戴三案之號召，他們三人都打「反清復明」的旗號起事，朱一貴距鄭氏才37年，距真正的明朝已74年，他又姓朱，滿清之於朱明，是異族異姓，朱一貴以此號召自有其意義，但台灣畢竟不是唐山，不是中原。明王朝之於鄭氏，是沒有任何實質意義的[12]，泉州南安人的鄭氏，才是真正的統治家族，在兵敗投降，官吏兵丁幾萬人連根被清國拔回中國。最初清廷本答應鄭經「不必薙髮，不必易衣冠」，但施琅登陸，台人敢不薙頭？三大民變皆曾蓄髮，但曇花一現而已。男子不薙（剃）髮，不剃光頭頂前緣之髮，本是常態，不一定就心向朱明王朝，但若不剃一定是抗清，台灣之民沒有任何精神力量願意用生命去反抗不剃髮。鄭氏東寧國在台灣西南部為中心的22年統治之後，旋被切斷歷史傳承，並少有足成為台灣民間社會傳頌的記憶[13]。不可否認的，從舊時中國天朝的規模、體制來看，鄭氏三朝，只是一個獨立的諸候國，它沒有也不可能具有一個帝王王朝的氣節與精神，足以產生一種信仰。1683年施琅攻台，東寧主力由劉國軒守澎湖，兵敗，將官百餘人皆降，只有吳潛一人自刎，而劉國軒逃回台灣，與文武官員不戰而投降清廷，鄭氏東寧國沒有一種精神力量，私恩情誼，可以讓一個朝官、遺老去為鄭氏殉國、犧牲[14]。這與清廷的收買、安撫之計有關。另外，依施琅的說法：

> 「吾欲報怨，彼……不能守，亦必自盡，鄭賊雖不成氣候，將來史傳上也要存幾張紀傳，至此定書某某死之，倒使他家有忠臣孝子之名，不如使他家皆為奴囚妾婦於千秋，其報之也不大於誅殺乎？」[15]

不讓鄭氏有忠臣孝子，瓦解了東寧可能陰魂不散的國家意識，消弭了施琅有殺父之仇的鄭家有借屍還魂的可能。躊躇志滿的施琅為異族的主子對付自己的同胞，機關算盡，不愧是台灣歷史上奔投征服政權而甘為鷹犬的第一名忠貞之士。而不僅僅是攻台滅鄭而已。當是時也，且看一位隨鄭氏來台四十多年的明太祖朱元璋的九世孫，封寧靖王的朱術桂，與他五個妃子自縊，遺書寫：「時逢大難，

---

[11] 曾子良，〈《台灣朱一貴歌》考釋〉，《台灣文獻》。50卷3期，1999年9月，頁87-151。又戴潮春有歌謠〈辛酉一歌詩〉、〈新編戴萬生作反歌〉傳世。

[12] 鄭氏來台後，仍用「永曆」年號，永曆16年（1662）永曆帝被殺，傳鄭氏仍襲用永曆，見《台灣外紀》。

[13] 連橫，《台灣通史》，〈建國紀〉〈劉國軒傳〉。古亭書屋，頁29-849。按中華人民共和國官方長期在研究如何效法施琅、姚啟聖等人以內部顛覆台灣的方法，不戰而「統一中國」。

[14] 連橫，《台灣通史》，〈宗教志〉。「鄭氏部將痛心故國，義不帝胡，改服緇衣，竄身荒谷者凡數十人，而史文不載」。古亭書屋，頁653。

[15] 施琅，《靖海紀事》。

全髮冠裳而死，不負高皇……。」[16]這似是充滿吊詭的行為。與清廷對抗的鄭家子孫可以免死，那麼，只依附鄭家而生活的朱明王孫，更罪不致死。我們或許認為該死的不死，不死的反而死。這是涉及認同的問題。朱元璋是農民起事而取得天下的，朱明王朝是中國（中原）正統的朝代，已演繹成皇家及士大夫階級的歷史信仰價值。最後的崇禎皇帝朱由儉，在北京城破的時刻亦自行上吊。朱術桂他寧死而不願剃髮，是拒絕在清統治下偷生，這樣才不負他的祖先明太祖，強烈國家及神聖王權的意識不是鄭氏家族所擁有的，鄭氏東寧國並沒有形成一個「正統中心」的傳統信仰體系。

（三）台灣人難以抗拒的「正統中心信仰」

個人所舉的「正統中心」的信仰，是指佔據中原的霸權，自稱為世界（天下）中心，而叫「中國」，在這個中心上前後相承的強大政權王朝，具有唯一合法性的稱為「正統」。在歷代王朝雖有許多的理論，包括夷夏、大小……等不同的見解[17]。基本上是為肯定本朝的合法性而攀上一個被認為是正統的前朝，然後成為一串合法性的正統傳承。這不僅是事關史觀、歷史地位的問題，而是自以為取得合法性的政權，可以合法、合理的，具有正義性、權威的去控制、掌握天下。北宋蘇軾說：「正者所以正天下之不正也，統者所以合天下之不一也。」[18]南宋朱熹說：「天下為一，諸侯朝覲，訟獄皆歸，便是正統之所在。」[19]兩方面看，一是（合法性的）正統，是霸權者自己講自己的，有了正統的地位，更可以去糾正人家、統一人家。二是誰能統一天下，誰就是正統，天下人就要歸服。正統的核心是「中國」，中國等於中心，它是政治的中心，也是文化的中心，這是儒家公羊學「大一統」思想的發展[20]，非中原中心以外的四夷，如東南的古越族，及其後代的閩、客人，和台灣移民者，長期接受儒化思想的灌輸而有內化的「正統中心」的信仰，卑微的去崇拜中原的文明直至近代，嚴重的阻礙了具有主體性的「台灣中心信仰的建構」。

台灣民變的時代，滿清已經有效而穩定的統治唐山，已「合法」的繼承朱明，取得正統的合法性，蔚成一種超越有形政治力的力量，足以對大多數的順民，產生吸引的信仰，民變的精神力量要依什麼呢？戴潮春起事，八卦會供奉著朱一貴、林爽文「先賢」神位[21]，失敗的教訓，也許足以傳承、砥礪民眾。台灣民間結社的天地會、八卦會，在群眾組織與信仰間可以連成一氣，但是閩南台灣齋教為主的多神民間信仰，散漫的帶有功利的色彩，並沒有為一神而寧可奉獻生命的

---

[16] 高拱乾，《台灣府志・藝文・明寧靖王傳》，《台灣府志》。北京：中華書局，上冊，頁1084。
[17] 參見饒宗頤《中國史學上之正統論》。宗青，1979、趙令揚《關於歷代正統問題之爭論》。香港太子，1976。
[18] 蘇軾，〈後正統輪・總論〉，《東坡文集》。卷二十一。
[19] 朱熹，《朱子語類》，卷一〇五。
[20] 莊萬壽〈春秋公羊大一統與西漢政治思想〉《中國論》p.211。
[21] 連橫，《台灣通史》，〈宗教志〉，頁655。

狂熱信仰，也沒有如基督上帝永生性（immoritality）的救贖與期待。在「正統中心」信仰價值中逆境的挫折、犧牲，能夠獲得死後流芳的補償[22]，因為「正統中心」價值是無遠弗屆。戴案時間較晚，文人的落井下石[23]，使叛逆者要付出「千秋臭名」的超額代價。

除了朱、林、戴外，比較小的民變：吳福生、黃教、陳周全、高夔、許尙、楊良斌、張丙、沈知、洪紀、李石、林恭等等[24]...的清代民變都是圍捕或被出賣而被處死的，沒有一人自殺，從舊時民變的下場，很難凝聚台灣人的氣節。而民變與械鬥的糾葛，宗族、聚落的「我群」與「外群」的矛盾，爲利益、爲私仇而動武，更降低了抗官的反抗精神和社會正義性。轟轟烈烈的戴潮春事件即是一例。[25]

（四）復仇・台灣魂

論自殺，也要論及亦頗有社會性的「復仇」問題。這是存在於東方儒教的一種精神，與上述《公羊傳》「大一統」思想並生的。《公羊傳・莊公四年》「九世猶可以復仇乎？雖百世可也。」一國主君被殺，即使一百世後也可以復仇，復仇報恩、暗殺、自殺，有連鎖社會關係。中國、朝鮮、日本、儒教社會被認爲具有「正義性」的復仇，對統治者名教有利的復仇，雖不被贊同，卻被默許[26]。台灣在械鬥的時代，小的「我群」復仇不已，朱一貴抗清，而引發出來的閩粵械鬥，誠如藍鼎元所言：「漳泉百姓，......被殺被辱，復仇爲義，鄉情繾綣，共憐其死。」[27] 然十九世紀末二十世紀初，東亞諸國政治不變，台灣地方勢力抗拒日軍佔領而功敗垂成。其後雖有零星武裝抗日，終歸消失。足以稱道的是 1930 年泰雅族抗日的「霧社事件」，起義頭目莫那魯道自殺身亡[28]，爲台灣史留下典範。而朝鮮自 1910 年被併吞後，抗日成爲全朝鮮人的復仇運動，朝鮮長期爲中國藩屬，亦絲微有「正統中心」的思想，但畢竟它只是滿清的屬國，內政是獨立的，有自己的國王與臣屬，基本上只奉大清正朔（年號）而已，台灣當年不幸淪爲一府而後一省，始終沒有國家，人民不知有亡國之恨，不能將族群、鄉里的復仇，昇華爲全島對外的復仇行動，內心也很難體會朝鮮人何以激烈的抗日，自殺、暗殺，如蛾撲火般的前仆後繼。1928 年 5 月 14 日，24 歲的趙明河在台中驛附近行刺久

---

[22] 按台灣兵備道孔昭慈自殺，淡水同知秋日觀戰死。
[23] 如林豪，《東瀛紀事》、吳德功，《戴案紀略》、蔡青筠《戴案紀略》、陳肇興，《陶村詩稿》等，皆附和清廷、鞭笞戴某。
[24] 《台灣省通誌・人物志・民族忠烈篇》3 冊 p.221。
[25] 羅士傑＜試探清代漢人地方菁英與地方社會──以戴潮春事件爲中心＞《台灣史蹟》38 期，2001.6，p.135-。
[26] 如「赤穗義士」四十六人於 1702 年爲主公復仇殺敵，然後集體自殺。
[27] 藍鼎元《東征傳・論閩粵民人》卷五《鹿州全集》p.586，按漳人鄭章被客人有義民身分（平朱一貴案）賴姓兄弟殺其「兄弟眷屬」，乃復仇，殺賴兄弟，而被官府正法。
[28] 日人所栽培的族人警察花岡一郎、花岡二郎亦自殺。見鄧相揚《霧社事件》，玉山社。

邇宮邦彥親王的一幕,給了台灣人現場的教育。而日本人的自殺史,更是日本歷史的重要部分,日本精神史是自殺史所連綴的。此外,儒教的復仇在日本化爲武士道,並爲日本精神或軍國主義。而中國則成爲排外的民族主義。唯獨台灣,被壓迫、踐踏的人民,似乎久已馴服於外力,內化養成缺乏復仇、自殺、暗殺的反抗性格。戰後,二二八及白色恐怖,壓垮了台灣人的彈性係數。台灣共產黨負責人蔡孝乾被捕,投降保命,因他的全盤供出而殺害了甚多的黨員,這位有文才且參加中共長征的革命者出賣同志,是台灣亂世的荒謬。另一人廖文毅是極優秀學者,台灣共和國臨時政府總統,被國民黨以家屬做人質,迫其自日本歸降,終了一生。這兩位五十年代共黨、台獨的代表菁英,臨危之際不知了斷,我們爲台灣歷史叫屈。今日我們何等期許他們當年學習日本倒楣的末代總督安藤利吉服毒,爲台灣寫下文學、史詩的典律,就差咱台灣缺乏「台灣中心」的信仰,人家日本有千年文化傳統的中心信仰。

等到海外台灣獨立運動的高亢,1970 年 4 月 24 日,留學生黃文雄、鄭自才在紐約槍擊蔣政權的接班人蔣經國,台灣成爲全球矚目的焦點,是爭取獨立的台灣青年首次向統治者說 No 的槍聲。再等了十九年,一位外省第二代的奇男子鄭南榕,因所辦刊物刊載＜台灣共和國憲法＞,被以「涉嫌叛亂」起訴,1989 年 4 月 7 日他拒絕被捕,自焚於辦公室,5 月 19 日鄭喪禮中,詹益樺又自焚於總統府前,鄭、詹堪稱「爲台灣自殺的經典」,鄭南榕終於招回飄流四散的台灣魂(soul of Taiwanese),促進「台灣中心信仰」的建構,爲二千年大選的勝利醞釀無比的能量。[29]

三、「中國正統中心信仰」VS.「非正統中心信仰」的歷史辯證
↓
「台灣中心信仰」

台灣人的性格及其表現的生活方式,是受多種因素決定的,包括各種族、聚落的文化傳統、風土地理等等,而力量最大的莫過於時時易主的國家暴力。數百年以武力與教化所施加於住民身心上的創傷,是決定台灣人價值取向的最重要的因素。而這個因素,正是台灣地理位置決定的。

台灣是西太平洋島弧中的一個中型大的島嶼,距最鄰近的兩個強權中國、日本的核心—中原與本州,其實一樣的遙遠,只是中國核心的力量,老早擴張到台灣的對岸,在今日中國的南方征服了數以百計的異民族,納入漢字儒教文化圈,受中國「正統中心信仰」的薰陶。其中一部分,東渡台灣,與南島語族,共同成

---

[29] 按 1987 年 7 月 15 日解嚴,1988 年蔣經國逝世,李登輝繼任總統。1991 年廢除動員戡亂法。

爲今日台灣人的主要成份。

　　台灣在重要的航道上，大航海時代曾被荷蘭、西班牙一度的佔據。由於地緣之故，不得不受來自大陸的舊時代王朝統治二百多年，然後又接受來自北方的強權日本統治。我們發現台灣歷史的發展，有對立辯證的規律。是一個中國的「正統中心信仰」與「非正統中心信仰」的對立發展。所謂「正統中心信仰」是中原崇拜，認同中國文明爲正統，不論是明朝或被稱爲異族的清朝或中華民國，這是內化的價值，是潛意識。但就日本時代的台灣人而言，「正統中心信仰」者，不一定是行動的親中國派而是文化上對中國的臣服。

　　清朝官吏腐敗統治所激發的民變，都是無產者或小地主階級的反抗，而清官方拉攏士紳地主助清鎮壓。戴潮春年代，這些有科名、讀經書的士紳是清王朝的幫凶，是清末經濟的獲利者。在割讓之際，最爲掙扎，並支持以尊中國正統中心信仰而空有台灣之名的「台灣民主國」，不旋踵間，成了大日本帝國的擁護者，在日本嚴厲控制下推動殖民地的現代化過程中，他們之中有人致力於啓蒙運動，對台灣有所貢獻，但日本人亦讓他們更富有。中國（清朝、及新成立的中華民國）已與台灣切離，但感受到日本異語異種的差別待遇統治，孺慕「母國」，寄望「祖國」者，一般潛在的「正統中心信仰」依舊堅韌的存於日本時代。世家士紳內遷、遊歷、留學中國外[30]，民間還有想當皇帝的余清芳，寄望祖國軍隊的支援。當然新的「日本中心信仰」是日本官方的同化教育，尤其是後期皇民化的核心。然而台灣人與日本人文化認同的差異太大，且統治時間也不夠久，即使台灣人不少講日本語，願意作日本兵、日本國民，但並非意味著都有「日本中心信仰」。台灣被認爲最親日的，莫過於辜顯榮、林熊徵。辜氏是新貴，他認同日本國，甘作日本人，但他的生活和種種行爲、潛意識仍是存有「正統中心信仰」。至於林熊徵是板橋林家，是二百年「正統中心信仰」的豪族，故不待言。

　　台灣易主，對漢化的民間社會而言，已經不是「清國人」，也不必被迫表態，舉「大清良民」的旗幟；但日本人，又不承認你台灣人是日本人，「台灣人」是別無選擇的共名。在海外民族自決與獨立運動之後，「非正統中心信仰」開始質變躍進，「台灣中心信仰」於焉萌生，這是一個由辯證而產生「合」的新階段。「台灣文化協會」的發展，看似右派、左派的階級路線之分，然就二百多年的台灣文化背景看，亦是「正統中心」與「非正統中心」（或「台灣中心」）的中心對立，而這個對立無關左右，左派的王敏川等是屬於「正統中心信仰」的知識分子。

　　在文化協會的年代，有一股不小的「中國正統中心」力量將台灣推向祖國─中國，中華民國繼清朝是正統，北京、南京都好，知識分子不論是否因爲反日、

---

[30] 按割讓世家豪族不少「內遷」唐山原鄉，後來發現台灣比中國好又搬返台，如板橋林家、霧峰林家。

抗日，或其他理由，幾乎都以日本人的身分進入中國，留學、工作，有部分人投向中國國民黨，戰後返台是爲「半山」，成爲台灣的新貴。

　　整個日治五十一年間，台灣不屬中國的領土，「正統中心信仰」雖沒有正式的政治舞台，但早期地主、士紳階級以及漢化的民間信仰、文化傳統的漢語族社會，都保有濃厚的中國「正統中心信仰」。在台灣現代化、本土化，漸漸擺脫傳統價值以及對日本文化反撲的同時，而將清代原有的「非正統中心信仰」部分轉爲「台灣中心信仰」，因而與「正統信仰」，產生了正面的對立。[31]

　　戰後，統治台灣的所有四十萬日本人撤走光光。中國政府班師回朝，國民黨及蔣介石成爲台灣人「正統中心信仰」，殊不料心向祖國的台灣人遭受洗劫，堅強「正統中心」的信仰者，還有遷台的「半山」慘遭屠殺，增大了「台灣中心信仰」的地盤。不久國民黨被逐出中國，百萬人遷台，人種文化的大換血，照說國民黨可以「正統中心」自居，永保政權，但歷史辯証發展，「正統中心」又回到共黨的中國北京，中華人民共和國成爲正統中國。隨台灣的民主化，「台灣中心信仰」取代了「非正統中心信仰」，而與中國「正統中心信仰」當面對抗。未來不久，當台灣成爲獨立的正常國家（Normal Country），辯証的發展，咱將要「去中心」（decentering），台灣成爲世界的一部分，那麼未來要講的是「世界中心信仰」，地球整個是中心，台灣不必再是中心了。

　　數百年來，台灣因征服王朝、族群的複雜，引發內部政治、經濟、文化的多層、多種的矛盾，且與時俱增，台灣人發揮智慧，順應時潮，走過顛簸的長路，一步步的化危機爲轉機，以至今日民主之局面。

　　在這漫長的歲月中，有什麼思想力量在支配社會的前進呢？是一股由辯証關係而緩慢發展出來，屬於本土的、人民的、台灣的「中心信仰」，它所否定的是長期居於主流地位的「中國正統中心信仰」。各個王朝時代登上歷史舞台的人物，常迷失於兩個夾縫之中，游離、漂浮、現實、勢利，甚至出賣自己的靈魂以博取富貴，博得掌聲，這是「台灣中心信仰」太薄弱之故。在逐漸擴大本土「信仰」成爲主流之際，我們有必要從兩個中心的價值來檢驗歷史人物的性格與價值。

---

[31] 按 1928 年謝雪紅在中國創「台灣共產黨」，主張「建立台灣共和國」，但客觀條件以及她擺脫不了中國，使她註定成爲悲劇人物。

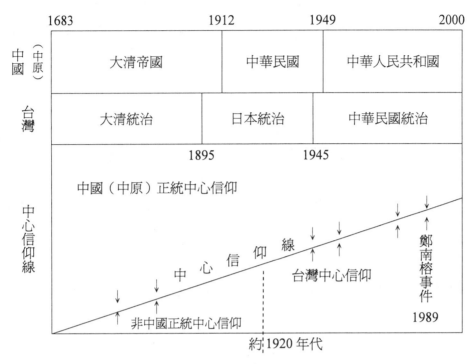

中國與台灣中心信仰消長圖

結語

　　台灣過去漫漫的歷史中，只是外來政權統治下邊陲的一個地區、一個海島；從來不是一個獨立的國家。台灣人被欺壓、屠殺而奮起反抗，反抗不斷失敗，終再反抗；台灣人從不知為台灣人自殺、復仇，以至知道自殺、知道覺醒。這種發展的規律，乃思想辯証發展使然，亦即在「中國(中原)正統中心信仰」的支配下，產生「非中國正統中心信仰」，兩者在對立下，約在1920年代開始萌生「台灣中心信仰」，到2000年國民黨下台後，「台灣中心信仰」開始超越「中國正統中心信仰」。這將使台灣人的思維價值與性格產生一個關鍵性的變化，台灣精神史又進入一個新的階段。

　　本文的論述，只是提出個人對台灣精神史核心命題、綱領的看法，並未面面俱到的關照到整個精神史的全部，它只是一篇起頭嘗試的論述而已。

（補記：本論文為原擬〈台灣思想的建構與台灣思想的分期之試探〉的前面部份）

第四屆台灣文化國際學術研討會論文集
台灣思想與台灣主體性

主辦單位：國立台灣師範大學台灣文化及語言文學研究所
　　　　　長榮大學台灣研究所籌備處

協辦單位：臺灣哲學會

贊助單位：教育部、行政院文建會、台灣師範大學學發處、
　　　　　長榮大學研發處、長榮大學人文社會學院

主　　編：莊萬壽

編　　輯：莊萬壽、姚榮松、葉海煙、林義正

發　行　者：國立台灣師範大學台灣文化及語言文學研究所

地　　址：台北市和平東路一段 162 號

電　　話：02-23410583

印　　製：萬卷樓圖書股份有限公司

出版日期：2005 年 10 月初版

ISBN 957 – 739 – 548 – 1